百年のマン島
―TTレースと日本人

大久保 力
Riki Okubo

三栄書房

1959年6月3日　英連邦・マン島

美しきアイリッシュ海に浮かぶ、面積227平方マイルの島、英連邦・マン島。

その島で、クリプス・コースと呼ばれる1周17・38キロの周回ルートがある。このコースを舞台に行なわれる1959年の「TTレース」で、排気量125ccをそのレギュレーションとするウルトラライト・クラスの決勝レースには、前年の覇者・MVアグスタを駆るカルロ・ウッビアリ以下、総勢34台のマシンとライダーが駒を進めていた。

そのレースにエントリーしたホンダ・チームの監督・河島喜好は、この決勝レースのために、日本から持参した部品を現地で組み上げた「4バルブ・エンジン」で参戦することを決意する。そして、その最新鋭エンジンを搭載したレーシング・マシンに「RC142」の名を与え、谷口尚巳、鈴木義一、鈴木淳三という3人のライダーに託しホンダ・チームを結成した。

さらに、レーシング125ccエンジンとして、ホンダがそれまで育ててきた「2バルブ」タイプ搭載の「RC141」には、先の3人と同じく社員ライダーである田中楨助と、個人参加というかたちを取る米人ビル・ハントを乗せた。

1959年6月3日。

これは歴史から永遠に消えることのない、マン島TTレースにおけるホンダ初挑戦の日である。

この日のマン島は、いつものように、濃い霧に包まれた朝を迎えた。霧によるスケジュール変更が心

1

配されたが、250ccライトクラスの決勝が行なわれる午前10時頃には太陽が島の全域を照らし出し、レースは、イタリアのMVアグスタと西ドイツ(当時)のNSUが真っ向から対決するものとなった。

ライトクラス250ccは、1953年以来、MVアグスタ、モンディアル(イタリア)、NSU、DKW(ドイツ)、さらにイタリアのモトグッツィというメンバーによるワークス対決がつづいていた。

この1959年、「マン島TT」でのライトクラスは、激戦区を平均時速124・4kmで駆け抜けたMVアグスタ/タルキニオ・プロヴィーニが優勝した。そして、2位も3位もMVで、ライダーはカルロ・ウッビアリとD・チャドウィックだった。

つまり、MVアグスタによる「1・2・3」フィニッシュなのだが、後年、この「完全制覇」を競うのが「ホンダvsMV」になることは、この時点ではもちろん、誰ひとり予想もしていない。

その250ccのレースが終わって、いよいよ、125ccウルトラ・ライトクラスの決勝の時刻が迫って来た。4日間にわたって行なわれた公式プラクティスのタイムによって、ホンダ各マシンのスターティング・ポジションは、以下のように決まっていた。

12番手が谷口尚巳/RC142、13番手が田中楨助/RC141、14番手が鈴木義一/RC142、15番手が鈴木淳三/RC142、そして19番目がビル・ハント/RC141である。ちなみにポールポジションは、ルイジ・タベリの乗る東ドイツのMZであった。

舞台となるのは250と同じクリプス・コース、ウルトラ・ライトクラスはここを10周する。

午後1時、スターターがユニオンジャックを振り下ろし、34台のレーシングマシンがスタートを切っ

た。重量車のように、間隔をあけて1台ずつスタートしていくインターバル・スタートではなく、125ccクラスは全車一斉というマス・スタート方式を採る。

ライダーはローギヤに入れ、クラッチレバーを握り、ハンドルを掴んだ腕と、大地を蹴る足腰の身体全身でマシンを押し出す。マシンが動きだす数秒間、ライダーの歩幅が短くなり、"人車併行"ともいうべき滑りだしのリズムが重なったとき、ライダーは左手のクラッチレバーを離し、シートに飛び乗る。

エンジンが、バッバッババーンといった音とともに、レースに向けての鼓動をはじめる──。

出走34台中の27台を占めるドゥカティとMVアグスタ、そしてMZ、EMC、モンディアル。しかし、こうした場慣れしたメーカーやライダーにスタートで遅れを取ることなく、ホンダ勢は第1コーナーに果敢に飛び込んで行く。

数えようにもよるのだが、総計70あるいはそれ以上のコーナーがある高低差の激しい1周17キロ余のクリプス・コース。そこを1周8分40秒ないし50〜55秒のタイムで走行し終えたマシン群が、相次いでピット前に還ってきた。

ドゥカティの名手スパッギャリ、そしてMVのチャドウィックが早くもリタイヤするなか、谷口尚巳を筆頭に、鈴木義一、田中楨助、鈴木淳三のホンダ勢は、順調にラップを重ねる。個人出場という立場でスタートしたビル・ハントは2周目を終わりかけたところで転倒し、リタイアとなっていた。

このクリプス・コースを初めて試走したときには、「こんな走りやすい道はない」と語り、国道なら

ぬ"酷道"の日本から来た者にとって「舗装路とはこんなにも走りやすいものなのか！」という感想を持ったのが、ホンダのライダーたちだった。
そして試走を重ねて走り込み、スピードが上がっていくに連れ、そうした"安堵"が恐怖に変わっていったメンバーだったが、しかし、この本番レースでは、外国の一流ライダーに勝るとも劣らない流麗なライディングで、ピット前を駆けぬけてゆく。
日本の浅間高原や富士で、ダートや砂利道ばかりを走っていたライダーに、「マン島」が走れるのか？当初のそんな懸念が嘘のようだ。
そんな日本の特殊な路面を経験しているから、そして、外国のライダーができることならば、日本人のライダーにできないはずはない。何より、いま乗っているこのマシンだって、そんな日本人が創ったのだ！

全10周のレースの、残り周回数が少しずつ減ってゆく。「早く時間がたってくれ！」「この調子で走ってくれ！」という河島監督とスタッフの願いは、同時に「早く時間がたってくれ！」でもあった。ホンダ・チームの胸中に、そんな期待とも哀願ともつかぬ感情が交錯する。
果たして5周目。順調に7位をキープしてきた鈴木淳三の調子がおかしい。次の6周目、ついに鈴木はピットに飛び込んできた。
「ブレーキが、ブレーキが使えないんだ！」

メカニックの広田俊二は、すかさず、リヤブレーキのロッドをとめている割りピンが外れているのを見つけた。

その間に、首位を走るMV／プロヴィーニ、そしてMZのタベリらが、ピット前を駆け抜けていく。

ホンダの鈴木は1周遅れになる。

そんなホンダ・チームに、ひとりのオフィシャルが駆け寄ってきた。

「何をグズグズしているんだ、とにかく走れ、走るんだ！」

鈴木淳三がリタイヤすることなく、何とかこのままゴールまでたどり着けば、ホンダはTTレースにおける「チーム賞」の対象となる。

君たちは、こんな重要なことも知らないのか⁉

このオフィシャルの怒号は、それを踏まえた上での、怒りにも似た激励なのだった。

ピット作業が見渡せるグランドスタンドから、「走れ、行け！」という声援が起き、それがホンダのピットまで聞こえてくる。

そこには、「東洋からやってきた"ポッと出"に何ができるんだ」というような、こすっ辛い視線はまったくなかった。

はるばるとマン島へ、レースのためにやってきた者は、すべて等価。そこには、国や人種の区別はない。

ロードレースという《人間叡知結集のマシンと、人間能力の限界を競い合う》高遠な競技に参加して

5

いる者への、率直な共感がそこにあった。

そんな声援のなか、メカニックの広田はとっさの機転で、チェーンジョイントとワイヤーを使って、リヤブレーキを甦らせることに成功した。コースに戻っていった鈴木に送られたのは、スタンドからの万雷の拍手。そしてオフィシャルも、白い歯を見せて手を振っている。

この年のウルトラ・ライトクラスは、スタートした34台のうち、フィニッシュラインでチェッカーを受けたのは、わずかに16台。半数以上が脱落を余儀なくされた、厳しいレースとなった。

10周のレースを最初にゴールしたのは、MVアグスタのタルキニオ・プロヴィーニ。2位のルイジ・タベリとの差は、およそ300メートル。走行タイムは1時間27分25秒、平

'59年マン島125クラスをRC142で力走するホンダスピードクラブ（HSC）の鈴木淳三。途中リヤブレーキピンが脱落してピットイン。再スタートして平均時速102.7Kmで11位。このレースのベストラップは、2サイクルマシンのMZ（独）でL・タベリが記録した時速119.98kmだった。

均時速は118・5km/h(74・06mph)。そして最速のラップタイムは、MZ/ルイジ・タベリが記録した119・98km/h、マイルにして74・99mphだった。

順位	ライダー	国籍	車名	メーカー国籍	周回数	平均時速(km/h)
1	タルキニオ・プロヴィーニ	(イタリア)	MV	(イタリア)	10周	118・5
2	ルイジ・タベリ	(スイス)	MZ	(東ドイツ)	10周	117・8
3	マイク・ヘイルウッド	(イギリス)	ドゥカティ	(イタリア)	10周	116・2
4	フューグナー	(東ドイツ)	MZ	(東ドイツ)	10周	115・7
5	カルロ・ウッビアリ	(イタリア)	MV	(イタリア)	10周	114・6
6	谷口尚巳	(日本)	ホンダRC142	(日本)	10周	109・9
7	鈴木義一	(日本)	ホンダRC142	(日本)	10周	107・4
8	田中槇助	(日本)	ホンダRC141	(日本)	9周	105・7
9	トミー・ロブ	(イギリス)	ドゥカティ	(イタリア)	9周	105・3
10	F・パースロー	(イギリス)	ドゥカティ	(イタリア)	9周	104・7
11	鈴木淳三	(日本)	ホンダRC142	(日本)	9周	102・7

ホンダの世界GP初挑戦は、1959年6月のマン島TT・ウルトラライト（125）クラス。優勝は平均時速約119kmで走ったDOHC単気筒に乗ったゼッケン5のT・プロヴィーニ。イタリア人の彼はライト（250）クラスでもMVを駆って優勝を重ね、MVの絶対優位性を印象づけた。ホンダの最高は平均時速約110kmで走った6位の谷口尚巳だった。

「（TTレースは）初めてなのだ。まずは、勝つということなど考えず、来年のため再来年のため、あらゆるデータを集め、完走する」

河島監督のこの願いは、鈴木淳三の完走により成就した。

そして、TTレースにおけるこのレギュレーション——「同一メーカー3名で組むチーム全員が完走し、3名の合計タイムが最も少なく、かつ3名のうち一人でも、トップ走者（この場合はプロヴィーニ）のタイムの116.7％を超えなかったチームを『チーム優勝』とする」というルールにより、ホンダはメーカーチーム賞を獲得する。

過去52年間、そして40回に及ぶTTレースで、初めて出場したメーカーが全車完走したというのは、それまで例がなかった。

マン島TTレースの鋭い観客、そして他の

メーカーは、ホンダの高度の工業力と、高い信頼性を持ったマシンを造り上げた技術力で、ホンダというメーカーを超えて、ここで初めて「日本」を知ることになった。

河島監督のめざした「とにかく全車完走だ！」は成功したが、しかし、単なる完走だけであったら、よくやったね程度で終わっていたのではないか。その意味で、信頼性・耐久性が実証された証しである「チーム賞」の獲得は限りなく大きい。

また、鈴木淳三のマシントラブルのとき、「とにかく走れ！」といったオフィシャル、その後方を埋めていた観客の声援、さらにリヤ・ブレーキ修復のときに発揮されたメカニック広田俊二の機転がなかったら、このチーム賞はなかった。

そして、この「TTレース完走」では、もうひとつのセンセーションがあった。日本人は何でもマネをするだけ、そっちの方の達人だ……と思っていた外国のメディアは、ホンダのマシンを見て驚愕するのだ。

チェッカー後に、オフィシャルが保管するホンダのレーシング・マシンを公開の場で目にした外国メディアは、驚きとともに「まるで〝工芸品〟のような作り、ほとんど時計を思わせるほどの精巧なエンジン構造」として、日本人がまったく思いつかないようなフレーズによる賛辞を記事にした。そしてそれは、すぐさま世界各地に発信され、日本にも伝わった。

ホンダ社員の喜びだけでなく、とりわけ本田宗一郎と藤沢武夫両名の胸中には、計り知れないものがあったであろう。ホンダによる「マン島TT初陣のリザルト」は、ホンダと日本国内のみならず、日本

「ホンダチーム全車完走でチーム賞を獲得」の第一報を深夜の東京・新宿区西落合の自宅で受けて、満面にほほえみを見せる本田宗一郎・チヨ夫妻。ホンダがマン島挑戦を宣言してから5年目。東洋製マシンの挑戦、そして初参加のメーカーがチーム賞を獲得した前例はなかった。

のオートバイ、そして日本の『ものづくり』が改めて見直され、世界から信頼される源となったのである。

ホンダ・チームのなかで最上位という結果を残したライダー・谷口尚巳は、マン島から羽田空港（当時、成田空港は存在していなかった）に帰ったとき、社長の本田宗一郎みずからが出迎えに来たと、この初陣を回顧する。

そして本田宗一郎は「とにかくよかった！何が嬉しいといって、全員が無事に帰ってきたこと、それが最も嬉しい」と、まずは労いの言葉を述べたあと、以下のようにつづけたという。

「もっとやれ、どんどんやれ！俺の家なんか、売っぱらってもいいんだ。徹底的にやれっ！」

百年のマン島──TTレースと日本人── 目次

1959年6月3日　英連邦・マン島 …… 1

第1章　危機下の決断
(1) 海外への視線 …… 18
(2) 藤沢武夫と本田宗一郎 …… 21
(3) TTレース出場宣言 …… 23
(4) 宗一郎、マン島へ！ …… 32

第2章　浅間に響いたエキゾーストノート
(1) 周回コースでレースができる！ …… 36
(2) ヤマハの颯爽たるレース・デビュー …… 41
(3) 出現した「浅間高原自動車テストコース」 …… 45
(4) 浅間火山レース、ふたたびワークス・ヤマハが！ …… 47
(5) ホンダ、惨敗からの再出発 …… 55
(6) 浅間以後の日本レース界 …… 59

第3章　スーパーカブとモンディアル
(1) "小さな乗り物"が生活を変えた …… 70
(2) ヤマハ、海外レースに挑戦 …… 76
(3) 本物のレーサーが欲しい！ …… 79
(4) モンディアルがやってきた！ …… 81

第4章　矢は放たれた！
(1) 「来年のTTにでるぞ！」 …… 86
(2) 悲劇のライダー、秋山邦彦 …… 91

第5章 ケルトの島

- (3) ホンダ、マン島に上陸 …… 95
- (4) 恐るべし、クリプス・コース …… 99
- (5) MV、ドゥカティ、MZ……"世界"は速かった! …… 102
- (6) マン島の"おにぎり" …… 106
- (1) 大英帝国でもイギリスでもない島 …… 110
- (2) 「ケルト」とは何か …… 112
- (3) ケルトの衰退と抵抗 …… 115
- (4) 「妖精の橋」fairy bridge …… 117
- (5) 孤高のマンクス …… 120

第6章 自動車の曙とレースの始まり

- (1) 機械工業の先進国イギリス …… 124
- (2) イギリスの発展を遅らせた"悪法" …… 127
- (3) 欧州大陸とイギリスの違い …… 130
- (4) 「競争」と「競走」 …… 131
- (5) ナショナル・カラーの誕生 …… 134

第7章 "レースの島"として

- (1) イギリスでもレースを! …… 136
- (2) 第一回のマン島TT …… 140
- (3) 「TT」という名称の由来 …… 143

第8章 マウンテン・コース誕生

- (1) 自転車とエンジン …… 146
- (2) 市議会からのクレーム …… 148
- (3) 恒久のマウンテン・コースへ …… 150
- (4) セニアとジュニア …… 153
- (5) 安全への試み …… 155
- (6) 中断と再開 …… 157

第9章　マンクス・グランプリ

(1) 英国の至宝、HRD登場！ … 162
(2) "ニュー・テクノロジー"続々 … 166
(3) 「サイドカー」出現す！ … 168
(4) メーカー競走と契約ライダー … 171
(5) 「マンクス・グランプリ」の誕生 … 174

第10章　オートバイと日本

(1) 明治に始まる車輪の文化 … 178
(2) 国産オートバイ続々 … 183
(3) 日本のレース、はじまる … 186
(4) 鳴尾競馬場とオーバル・レース … 188
(5) 変化と"余裕"の大正期 … 191
(6) 輝けるライダー、多田建蔵 … 194
(7) 戦前日本の"レース黄金期" … 199
(8) 「エローファースト」と「SSD」 … 201
(9) 軍需としてのオートバイ … 206

第11章　世界最高峰のロードレースへ

(1) ノートンの時代 … 214
(2) レースの高速化と長距離化 … 218
(3) スタンレー・ウッズの「情報戦」 … 219
(4) レースは"ナショナリズム"へ … 223

第12章　戦後のマン島TTと世界GP

(1) マン島に、レースふたたび！ … 234
(2) 世界グランプリレースの発足 … 240
(3) ニューエイジのライダーたち … 243
(4) パーツメーカーの積極サポート … 245
(5) 敗戦国イタリアとドイツの猛襲 … 249

第13章　戦後日本とレース

- (1) 敗戦と進駐軍 　　　　　　　　　　　256
- (2) 生まれ変わる軍需品 　　　　　　　　259
- (3) 道交法と多摩川レース 　　　　　　　264
- (4) 「原付」隆盛と乱立するメーカー 　　267
- (5) 外国製オートバイの刺激 　　　　　　271
- (6) 性能比較がはじまる 　　　　　　　　272
- (7) 「実用車」と「遊びクルマ」 　　　　279
- (8) 「富士登山」から「浅間」へ 　　　　284

第14章　戦後の欧州〜MVアグスタの時代

- (1) 戦後の英国レース・シーン 　　　　　290
- (2) スピードの向上と「カウリング」 　　295
- (3) 無敵のMVアグスタ！ 　　　　　　　301

第15章　日本メーカーの挑戦　1959〜1960

- (1) ホンダ、250ccフォアを投入 　　　　308
- (2) 2サイクルでTTレースへ！ 　　　　　313
- (3) ホンダ、ついに世界グランプリへ 　　316
- (4) これが「マウンテン・コース」だ！ 　321

第16章　日本の挑戦　1960

- (1) トム・フィリスと北野元 　　　　　　332
- (2) スズキ・ワークスとサー・ジェフ・デューク 　341
- (3) MVアグスタ、強し！ 　　　　　　　348
- (4) 鈴鹿にサーキットができる！ 　　　　351

第17章　日本の挑戦　1961

- (1) ホンダ、すべてのGPに参戦 　　　　356
- (2) MV、ワークス活動を停止 　　　　　361
- (3) ヤマハもGPに参戦する！ 　　　　　366

第18章　日本の挑戦　1962
　(4) 1961年マン島TT、ついに「日本」が勝った！……369
　(2) 名手エルンスト・デグナーの亡命……384
　(3) 超絶の「ワークス50ccマシン」……387
　(4) マン島TT50ccでスズキ勝利……389
　(5) ホンダの悪夢、高橋国光クラッシュ！……392
　(6) トム・フィリス、マン島に眠る……398

第19章　日本の挑戦　1963
　(1) GPを支える日本製マシン……402
　(2) マン島で日本人ライダーが勝利！……406

第20章　日本の挑戦　1964
　(1) 4サイクルか2サイクルか？……412
　(2) "日本製マシン+外国人ライダー"……414
　(3) 世界を制した日本の技術……424

第21章　終章　マン島は独自の道を歩む
　(1) 新・車両規定と"メーカー離れ"……430
　(2) 世界GPとの訣別……434
　(3) 戦後日本の「工業」を牽引したオートバイ……437
　(4) マン島よ、自らの道を行け！……440

エピローグにかえて　『TTを通じて』25のエッセイ
　(1) 継続への信念……456
　(2) 挑戦に駆り立てるもの……457
　(3) 世界との大きなギャップ……459
　(4) 挑戦の共有……461
　(5) 三者三様……464
　(6) 裾野産業への波及……467
　(7) 日本という財産……468

あとがき

(8) 伝統を引き継ぐ ……470
(9) ロードレースの変化 ……471
(10) 非日常性の昇華 ……473
(11) 危険への考え方 ……476
(12) 自己責任の確立 ……479
(13) 日本での自己責任 ……481
(14) 反対と互助の兼ね合い ……482
(15) ホスピタリティ ……483
(16) 継続の底力 ……485
(17) 伝統のバックボーン ……487
(18) 形式だけの継続 ……489
(19) イベントは儲け場所か ……490
(20) 日本のモータースポーツ・イベント ……491
(21) 日本のモータースポーツ・イベント2 ……496
(22) 名物から伝統へ ……503
(23) 「TT」に魅せられて…… ……506
(24) きれいに齢をとる ……509
(25) "忘却文化国"からの脱却を ……512

不朽の挑戦　マン島TTレースから世界へ飛躍した日本の偉業 ……518

マン島に挑戦した日本人ライダーの記録（WGP時） ……528
座談会出席者略歴 ……532
参考文献、写真提供一覧 ……533
注釈 ……541
著者略歴 ……542
奥付 ……544

第1章 危機下の決断

(1) 海外への視線

1950年代前半、敗戦から徐々に立ち直りつつある「戦後」の日本。工業的には二輪車を作りはじめ、そして、そのバイク作りを切磋琢磨する一環として、"競い合い"(レース)をするという動きも出てきていた。たとえば、名古屋TTレース、そして4回行なわれた富士登山レースなどである。

そんな中、もし海外のレースに出られるチャンスがあるなら出たいと思うメーカーも出現していた。その代表がホンダとメグロだ。

1953年、日本の小型自動車工業会に、ある依頼が舞い込んだ。レースのレベルからすれば、国際レースというほどのものではなかったかもしれないが、それは1954年の2月にブラジルで行なわれる「サンパウロ市400年記念イベントレース」に、日本からも出場してくれないかというオファーだった。

ブラジルのサンパウロには、日本からの移住者も多く、戦後、復興しつつある日本の状況を、レースという姿で見せたいという思いがあったのかもしれない。そして、こうして外国からのレース参加招請

ホンダの海外初レースは、'54年のサンパウロ市制400年祭記念レース。ゼッケン136のドリームE型改に乗った大村美樹雄は出走22台中の13位。「刀を手にして、ピストルの相手に立ち向かったようだった」と後日に語っている。

があったということは、レベルの差はともかく、当時の日本のオートバイ工業がそれなりに盛んであったことを知っていたともいえる。

このときホンダは、125ccクラスに、自社の「ドリーム3E」150cc（正確には145cc）のエンジンをスケールダウンし、鋼管パイプを用いてオーバルレース用トラックレーサーを急造してブラジルに送った。ライダーは、オーバルのレースで活躍していた大村美樹雄。

メグロは、350ccクラスに、メグロ・レックス（エンジンは348cc）と田代勝弘を派遣した。この田代も、オーバルレースの名手である。

しかし、この「400年記念レース」が行なわれたのは、実はあのインテルラゴス・サーキットなのだ。そう、バリバリのロードコ

ースである！　そしてこのレースには、イタリアのモンディアルやMVアグスタなど、世界GPで活躍中のマシンやライダーが出場していた。このレースを目の当たりにした大村をはじめとする日本の関係者は、このとき初めて、外国のレースやそれに使われるマシンと当時の「日本」とでは、ほとんど絶望的な差があることを知る。

そのレースで、350ccクラスのメグロ／田代は転倒・リタイアしたが、大村はにわか作りのレーサーを駆りつつ、22台中、13位で完走した（1周遅れ）。

むろん、成功とはいいがたい結果である。

しかし、ブラジルでどんなレースが行なわれるかということも把握しないまま、それでも挑戦してしまうという勇気。

また、世に「レース」というものがあるなら、あらゆるチャンスを捉えて出る！　こんな気構えが、この頃、本田宗一郎の胸中には芽生えはじめていた。

とはいえ、ブラジル遠征後の1954年春先は、ホンダにとって危機の時期でもあった。浜松の町工場・本田技術研究所から、資本金100万円の本田技研工業株式会社へと法人化したのは1948年の9月だったが、この1954年は、初めてホンダが会社存続の危機に直面した時期だったのである。

1950年、本田宗一郎の“夢”の第一歩を記した「ドリームD型」は、その翌年、河島喜好が開発に加わって、4サイクル・エンジン、146cc、5・5馬力の「E型」に発展していた。そんなドリーム号は、さらにその排気量を189ccへアップし、一応好調に推移した。

そんな流れに乗って、さらに、大幅な馬力アップを果たした220cc9馬力の「ドリーム4E型」を発売するのだが、このモデルは故障が続出。在庫は溜まる一方になってしまう。

さらに、50年1月に発売したスクーター「ジュノオK型」も、大きな誤算であった。このジュノオは、プラスチックボディー、エンジン始動はセルモーター方式（キック不要）、多少の雨ならしのげる大型風防装備など、およそ、当時の自動車技術の常識を覆した画期的なスクーターだったが、いかんせん、25万円という高価な値付けでは、やはり売れない（ドリーム4E型は16・2万円）。

新ドリームとジュノオの不振。そして、ホンダが1952年からやってきた、近代的設備の整備、また欧米からの工作機械購入のために使ってきた資金15億の金利負担なども、重くのしかかる。順調に進んできた、自転車に付けるための原付エンジン「カブF型」の需要も、他社からの各種オートバイの登場で、徐々に落ち始めていた。巷からは、やっかみ半分に、「ホンダもこれでおしまいか」といった声が洩れていた。

（2）藤沢武夫と本田宗一郎

本田宗一郎という技術屋の才覚を見込み、宗一郎がやろうとすることなら、どんな手助けでもする。こう心に決め、宗一郎の女房役を引き受けた藤沢武夫（本田技研工業・初代専務取締役／副社長）は、ここで窮余の策に出た。

その一つ目は、最新の工作機械設備で作りはじめた新型ドリームの減産態勢である。しかし従業員には、製品が悪いので作らない（売れない！）とはいえない。そこで藤沢が社員に要請したのは、「旧型もまだ人気があるので、189ccの方を全力で作ってくれ！」だった。

この作戦は功を奏し、生産した旧型を販売代理店に送ると、すべて完売。これで急場をしのぐ資金はできたものの、220cc 4E型の在庫は何とかしなければならない。必死の宗一郎は会社に泊まり込み、対策を模索していたが、ある早朝、藤沢に電話が入った。

「片付いたよ！　昨夜、寝床の中で考えついたキャブレターを付けてみたら、頭の中でエンジンがちゃんと回り出して止まらなくなった。排気量アップで増大したエンジンのパワーに、キャブが合わなかったんだ。これで俺の思った通りになった。もう心配しないでいい」

宗一郎が考えた通りのキャブを作り、実車に取り付けると、本当に問題は解決してしまった。要するに、部品などの周辺技術が、本田宗一郎が考え出すことについて行けなかったのだ。

その新型のキャブを携え、ホンダとキャブメーカーの社員が全国の販売店やユーザーを回って、部品を交換した。そして、こうしたホンダの動きは、単に技術への注目だけでなく、ホンダというメーカーは、苦情に対して敏速に対応するのだと、カスタマーからの信頼を獲得することにもなった。

藤沢の機転、宗一郎の研究力、そして従業員の努力は、ホンダの倒産危機を、こうして乗り越えた。

その後の「ドリーム号」は、SA250cc、MEを経て、1957年のOHC2気筒「C70」へと発

展し、ホンダのドル箱となる。まさに、本田宗一郎の夢（ドリーム）となっていく。

一方の画期的なスクーター、あの「ジュノオ」は、やはり期待通りの製品にはなれぬままに終わったが、しかし、新素材FRPの採用、新しい乗り物（新コンセプト）への挑戦など、時流を超えた製品作りへの意欲と技術は、ホンダとして、開発力や生産技術力を蓄積する結果となり、その後のホンダ製品に、計り知れない影響を与えた。

（3）TTレース出場宣言

ブラジル・サンパウロレースから帰った大村美樹雄らから、ヨーロッパのマシンの現状やレース方式の違いを知らされた宗一郎は、焦ったに違いない。このままでは外国車に追いつけない。戦前にレース（オーバル）の現場で活躍していた宗一郎は、自動車やオートバイにとって最も必要なことは、最も過酷なことへの挑戦であることを知っていた。そして、その典型が「レース」であることも──。

ブラジルのレースに参加して、宗一郎が心の奥に秘めていたレースへの野望、それへの挑戦心に一気に火がついたのか、それとも、かねてからそんな宗一郎の心根を知り尽くしていた藤沢の一計か。

こうしてホンダは、ついに「マン島TTレース出場宣言文」なるものを発表するのだ。

藤沢は、ジュノオの不振、故障続発の新型ドリーム、こうした対応に追われるなかで、しかし宗一郎

23

は、必ず技術的な解決を見いだすに違いないと思っていた。だが、それまでに時間がどのくらいかかるか、適切な解決への方法はあるか。さらには、もしそれができなかったとしたら……といった懸念も、同時に持っていた。

経営危機に、銀行や販売店の不信が重なり、それは従業員の意欲低下となって現われ始めてもいた。わずか20人から始まった会社も、すでに2000人を超える従業員を抱えた組織となり、また巷では労働争議のニュースが毎日流れてもいた。ホンダでもボーナス発給の遅延が始まり、ホンダという会社の先行きへの不安は、経営者と労働組合の対立の因ともなり、赤旗が揺れる労使紛争が始まってもいた。

藤沢はその天性のカンで、自分が従業員に経理や生産状況をいくら説明しても、ほんのわずかしか理解されないことを知っていた。そこで、かねがね宗一郎が胸中に抱く夢と情熱をかたちに表わす一計を、宗一郎に持ちかける。

「会社はいまはこんな状況だけど、でも、もっといいオートバイできるようになったら、どうかね、マン島レースにでも出るかね?」

「うん、そりゃいいだネ！　ぜひ出たいだネ！」

これが以心伝心というものだろう、そこに長たらしい理屈はない。

時あるごとに、「やがては世界一になる」という夢を描いている宗一郎にとって、これほど奮い立つ話はない。それを知っているからこそ、藤沢は、マン島TTレースに出るという目標を掲げ、そして、その夢を従業員ともども共有することが会社全体の意識高揚になり、活力を生み出す最善の方法と考え

ときは、1954年4月初めであった。

藤沢の、宗一郎の夢を叶えさせたいという気持ちは、このときに始まったものではない。しかし、本田技研という会社が明日はどうなろうかという時に、こんな大それた宣言を、しかも社内のみならず、全国の販売店にまで表明するというのは、ちょっと常識を越えていたかもしれない。

謹啓

尊兄益々御機嫌麗わしく御隆昌に渡らせられますこと慶賀この上もなく存居ます。弊社創立以来五ケ年有余、劃期的飛躍を遂げましたことは皆様の御愛顧の底厚く感謝致して居る次第で御座居ます私の青年時代の夢は私の製作致した自動車競走場裡に於て覇者となることで御座居ます。

終戦後二輪車なれば最初から四輪車のような尨大なる設備をしなくても企業として成り立つと考え、先ずこの分野に於て出発致しました。

時を同じうして欧米でも劃期的大飛躍がこの分野に許て展開されたのであります。

岳界の覇者となる前に、先づ企業の安定、精密なる技術の設計を要する事は勿論であります。この点を主眼として専ら優秀な実用車を生産し、国内の需要者に提供することを主眼として居りますため、オートバイレースには全然力を注がず暇もなく今日に及びました。

その間国内の優秀工作機械と又貴重な外債百四十万弗を以て米独瑞から購入して工作機械として絶対の自信を以て生産し得る次第となった次第で現在九百名を越える設備となりました。精度性能に於ても何等劣らぬ努力をなって居ります。

本年二月、全岳界から参加した選手に依り行われましたブラジル、サンパウロ市四百年祭行事のオートバイ・レースに弊社もドリーム号を一部改造して一二五ccとして出場させましたところ非常に難コースで全行程六四粁、十九ヶ圏二十二分に出場、四名故障にて未着、大村は最高時速一二五粁と云う国際レース初出場としては先ず好成績で御座居ます。両名よりの報告で欧米諸国の実状を詳細に事知致しました。私は可成り現実に拘泥せず岳界の事に気がついたのでありますが、やはり世界は物凄いスピードを以て進歩致して居るので御座居ます。然し私は年来の着想を以てすれば必ず勝てると云う自信が昂然と湧きより待前の闘争心がこのままでは許さなくなりました。

弊社企業の内外の体制も完了致しました現在、当初よりの願望の漸く時期来るの感を深く致し、昭和三十年六月、英國にて毎年催さるるT・Tレースに出場する決意を此處に固めた次第で御座居ます。重年道路では相當数あり其の上難行道路で御座居ますし、重藍揚は相當数あり其の狀態で日本人の出場した事はありません毎年予選決勝に於て第三位は必ず出ますし、其行状態で以て日本人の出場したこと其の人氣の程も勿論比較になりませんが、六月に決行されるので觀覽券は三月で賣切れると云ますから其の人氣の程も勿このレースの覇者は勿論賣車で無故障で完走出来れば其れ丈で全世界に報道されます。送て、この名声に依り輸出数量が決定すると云われて居るので獨英伊佛の各大メーカー共その準備に全力を擧げて之れに力を注いで居ります。又都名メーカーも全部英國に集りその車に付けてある自己の製品のサービスをして、又其の都名の不良が原因で故障した場合は全世界への責行きにも関係すると云う住にて御座居ます。

私はこのレースに二五〇CC（中級車）のレーサーを製作出場させます。時速一八〇粁以上の速力は絶對出ない自信が御座居ます。優秀なる飛行機の發動機も（一立當り一五五馬力）程度を製作して御座居ます。このレーサーは當り一〇〇馬力迄で御座居ますので丁度共の二倍と云うことになりますし、勿論後働にはなく全くの獨創で御座居ます。これが完成致しますれば全世界最高峰の技術水準と見て頂きまして差し支え無く御座居ます。オートバイは近代重工業の雛形であり、且つ綜合企業であります。エンヂンは勿論、タイヤ、チェーン、氣化器等に至り最高度の技術を要するものであります。辛い弊社か情然に燃ゆる若い社員三千五百名が私の命令を如何なる困苦にも耐え、徹密な作業研究にも日夜努力を致し、一進んでこれを貫徹して呉れます、御協力下さる各工場、販賣店の皆様、下さる全國の代理店、も材質又は精度に耐え、徹密な作業研究にも日夜努力を致し、一進んでこれを貫徹して呉れます、御協力下さる各工場、販賣店の皆様、その他のお願客様も、又そのお願客様に最善のサービスを努力頒注下さる全國の代理店、優秀なる飛行機の發動機も、又そのお願客様に最善のサービスを努力頒注下さる全國の代理店、販賣店の皆様、金融を愛して下さる銀行の皆様、此の情祭をこの一美に集中して製作出来ます事は幸運兒と居ります。満たして下さること、信じて呉れます。又私共の製品を此の上愛して下人間の敬戰國のドイツのあの隆々たる産業の復興の姿を見るにつけ、私はこの雛事業を是非共完遂致さねばなりません。敗戰は私共世代の行の皆様、思えばここに全力をこの一美に集中して製作出来ます事は幸運兒と居ります。同に敬戰國のドイツのあの隆々たる産業の復興の姿を見るにつけ、私はこの雛事業を是非共完遂致さねばなりません。敗戰は私共世代の同に日本の機械工業の眠っていなかった事を全鏡界に誇示出来ます。そしてこれを機含に自動車工業の輸出が拓まりますれば、若人に盛らの明るい希望を持って頂く事が出来、技術者としての私の幸これに過ぎるものは御座居ません。

私の宿意と決心とを申上げこのT・Tレースに出場、優勝するため精魂を傾けて創意工夫いたしますことをここに宣誓致します。

私四月末歐洲に旅出、英國に赴き現地に於て各種調査の上六月歸國の予定で御座居ます。

昭和二十九年 三月十五日

本田宗一郎

敬具

マン島TTレース出場宣言文（'54）の写し

謹啓

尊兄倍々御機嫌麗わしくご隆昌に渡らせられますこと慶賀この上も御座居ません。弊社創立以来五年有余、割期的飛躍を遂げました事皆偏に御愛顧御庇護の賜と深く感謝して居る次第で御座居ます。私の青年時代よりの夢は私の製作致しました自動車を以て全苦界の自動車競争場裡に於て覇者となることで御座居ました。終戦後二輪車なれば最初から四輪車のような尨大なる設備をしなくても企業として成り立つと考え、先ずこの分野に於て出発致しました。時を同じうして欧米でも割期的大飛躍がこの分野に於て展開されたのであります

苦界の覇者となる前に、先づ企業の安定、精密なる設備、優秀な設計を要する事は勿論でありますので、この点を主眼として専ら優秀な実用車を生産し、国内の需要者に提供することを目標と致しておりましたため、オートバイレースには全然力を注ぐ暇もなく今日に及びました。その間國内の優秀工作機械と又貴重な外貨百四十万弗を以て米独瑞から購入しました工作機械とを加えて現在九百台を越える設備となりましたし精度性能に就きましても絶対の自信を以て生産し得る態勢となった次第で御座居ます。

本年二月、全苦界から参加した選手に依り行われましたブラジル、サンパウロ市四百年祭行事のオートバイ・レースに弊社も社員大村を選手に、馬場を介添えとして派遣致しました。その事の決定より出発迄三十日余りしかなかったのでドリーム号を一部改造して一二五ccとして出車させましたところ非常に難コースで全行程六四料、十九ヵ國二十二名出場、四名故障にて未着、大村は最高時速一一五料を以

て十三位と云う國際レース初出場としては先ず好成績で御座居ました。両名よりの報告で欧米諸国の実状を詳細に承知致しました。私は可成り現実に拘泥せず古界を見詰めて居りました心算で御座居ますがやはり日本の現在の周囲のことに心を取られていた事に氣がついたのであります。やはり古界は物凄いスピードを以て進歩致して居るので御座居ます。然し逆に私は私年来の着想を以てすれば必ず勝てると云う自信が昂然と湧き上がり持前の闘争心がこのまゝでは許さなくなりました。

弊社企業の内外の体制も完了致しました現在、当初よりの願望の漸く時期来るの感を深く致し、昭和三十年六月、英國にて毎年催されるT・Tレースに出場する決意を此處に固めました次第で御座居ます。御高承の通りこのレースは長距離二四二・八八粁の難行道路で御座居まして未だ国産車を以って日本人が出場した事はありません。毎年予選決選に死者三名位は必ず出ますし、重軽傷は相当数ありますが年を逐うて旺んの状態で御座居ます。日本のそれとは勿論比較になりませんが六月に決行されるのに観覧券は三月で賣切れると云いますからその人氣の程も解る訳で御座居ます。

このレースの覇者は勿論、車が無故障で完走出来ればそれ丈で既に優秀車として全古界に報道されます。従て、このレースの名声に依り輸出数量が決定すると云われて居るので独英伊佛の各大メーカー共その準備に全力を挙げてこれに力を注ぎます。又部品メーカーも全部英國に集りその車に付けてある自己の製品のサービスをして、又その部品の不良が原因で故障した場合は全古界への賣行きにも関係すると云う位で御座居ます。

私はこのレースに二五〇cc（中級車）のレーサーを製作出場させます。時速一八〇粁以上の速力は絶対出せる自信が御座居ます。

優秀なる飛行機の発動機でも一立当り五五馬力位で御座居ますので丁度其の二倍と云うことになりますし、勿論模倣ではなく全くの独創で御座居ます。これが完成致しますれば全世界最高峰の技術水準として見て頂きまして差し支え御座居ません。オートバイは近代重工業の花形であり、且つ綜合企業でありますからエンヂンは勿論、タイヤ・チェーン・氣化器等に至る迄最高度の技術を要するものであります。幸ひ弊社には情熱に燃ゆる若い社員二千五百名が私の命令なれば如何なる困苦にも耐え、緻密な作業研究にも日夜努力を致し進んでこれを貫徹して呉れますし、御協力下さる各工場、各部品メーカーも材質又は精度に対し私が過酷な迄の要求をいたしても、満たして下さることと信じて居ります。又私共の製品をこよなく愛して下さる全國十五万の御顧客様も、又そのお顧客様に最善のサービスを努力傾注して下さる全國の代理店、販賣店の皆様、金融をして下さる銀行の皆々様、思えばここに全力をこの一点に集中して製作出来ます私は幸運児と存じます。

同じ敗戦国のドイツのあの隆々たる産業の復興の姿を見るにつけ、私はこの難事業を是非共完遂致さねばなりません。敗戦は私共世代の人間の責任で御座居ます。この惨憺たる国土とした事は若いこれからの人に何としても申訳なく思いますが、ここに皆様の御教導を得まして日本機械工業の眠っていなかった事を全世界に誇示出来ますなれば、そしてこれを機会に自動車工業の輸出が始まりますなれば、若人

に幾らかの明るい希望を持って頂く事が出来、技術者としての私の幸これに過ぎるものは御座居ません。
私四月末欧洲に旅出、英國に赴き現地に於て各種調査の上六月帰国の予定で御座居ます。
私の宿意と決心とを申上げこのT・Tレースに出場、優勝するため精魂を傾けて創意工夫いたしますことをここに宣誓致します。

昭和二十九年三月十五日

敬具

本田宗一郎

そもそも、ほとんどの従業員にとって、「TTとは何⁉」状態だった。まして、労使紛争の最中である。
外国のレースだぁ？
社長はいったい何を考えてんだぁ？
そんなことより、まず給料の安定だ！　谷口尚己は語る。
「まあ、ホンダスピリットなんでしょうね、皆に夢を与えるという——。
でも、その時期には（ホンダにも）労働争議があったんですよ。給料も払えない、ボーナスも難しい……。赤旗がはためいて、かなり危険な時があった。それを、何とか変えなくてはいけないというオヤジさんの気持ちだったんでしょう。
もちろん、その後、マン島に、ほんとに出かけることになるんですが（笑）」

藤沢は、社内を説得する。

「いますぐやろうというのじゃない。しかし、ウチの技術で外国のレースに勝てるようにならなければ、会社として、大きな成功は得られない。社長の力、そして社員の力を合わせれば、ウチならできる。みんなで、『世界』を目指そうじゃないか。その気持ちがある者だけ、この会社に残ってくれればいい」

まさに、捨て身ともいうべき覚悟であった。

「TT宣言が出た昭和29年（1954年）、その年に私はホンダに入社し、エンジン組み立てに配属されていました。TTというのは、これは国内ではなく、海外のレースを意味しているんだなと思いました。

それからしばらくして、工場正門、守衛所の前に、『国内はもとより、海外レースを主眼とするライダー養成のクラブ、組織を作る』という選手を社内募集する掲示が出ました。その時初めてライダー養成ということで、これで『ホンダ・スピードクラブ』という組織の第一歩が始まったわけです。入社早々マン島という宣言もあったし、国内だけでなく、海外のレースにだんだん近づいているということは、自分なりに意識していました」

こう語ったのは、田中楨助である。

一方、のちにスズキのエース・ライダーとなる伊藤光夫は、

「その当時、私は17歳。ホンダの社員でした。とはいっても、ホンダには2年半くらいしかいなかった

のですが……。私は浜松製作所にいまして、工場の外を走り回る、製品テストのライダーでした。でも、実際に自分が、将来『TT』に出られるなんていう意識はまったくなかったですけどね」
藤沢の後押しは、宗一郎にとって、「堂々とレースをめざしていいゴーサイン」となったのかもしれない。ともかく、田中槙助が入社して数ヵ月後には、ライダー養成の構想まで発表しているわけで、これは有言実行というか、はっきり口に出すことで、それを自分へのプレッシャーにするという、宗一郎ならではの思考回路なのかもしれない。

（4）宗一郎、マン島へ！

こうなると、宗一郎はもう、じっとしてはいられない。「会社の方は、俺がやるから大丈夫だ」、こんな藤沢の強い自信に甘えるかのように、「TT宣言」から2ヵ月経った1954年の6月、宗一郎は、新たに工作機械を購入するため、イギリス、フランス、スイス、イタリア会社顧問の佐貫亦男とともに、新たに工作機械を購入するため、イギリス、フランス、スイス、イタリアへの旅に出る。そして、そのツアーの最後に設けられた訪問先は、もちろん、英連邦・マン島とそこでのTTレース視察だった。
宗一郎が見たこの年のTTレースは、NSUが125ccと250ccのダブル・タイトルを獲得した年。そしてそのNSUを、イタリアのMVアグスタが激しく追い上げている時期であった。
マン島に集合していたのは、NSU125cc単気筒・レンフォックス、250cc2気筒・レンマック

ス、そしてモトグッチ、さらにMV4気筒、またノートン・マンクスなど。こうした本場のレーシングマシンは、宗一郎の目に、いったいどう映っていただろう。

このときのNSU125ccは、推定出力18馬力／12000回転。そして250ccは、推定出力37馬力で、11000回転まで回っていた。こうした性能に宗一郎は愕然としつつ、しかし、スポーク、レーシングタイヤ、チェーン、キャブレターなど、レースに使えそうなものは何でも研究用に買い入れる。

そして、このときのおもしろいエピソードとして、「プラス・ネジ」のことがある。宗一郎はたまたま、「マイナス」つまりネジの頭部に一文字のミゾしか切られていないものではなく、頭頂部に⊕型にミゾが切られたタイプのネジを拾ったのだ。この見慣れないネジを、宗一郎はすかさず大量に買い入れる。こんな拾いものが、それ以後の日本の工業とその製品作りに、大きな影響を及ぼすのだ。ネジは機械工業の重要基礎であり、それなくしては何も造れないが、当時のネジは⊖型（マイナス）のみで、⊕ネジ（プラスネジ＝十文字穴つきネジ）は当時の日本では見当たらなかった。

アメリカで開発された⊕ネジは、日本でも1938年頃にライセンス製造したが、やがて軍部の敵国製品禁止で姿を消し、1950年頃に一部の工業品に使いだしたようだが、やはり⊖ネジが主流であったことは否めない。

しかし、ヨーロッパで目にした⊕ネジの効用を鋭くつかんだ宗一郎が、すぐに自社製品に採り入れた効果が他の工業分野にも波及し、プラスネジ、プラスドライバーが一般化していったとされる。

しかし、宗一郎がヨーロッパから帰国してのちの54年7月。折から開かれた第2回富士登山レースで、

ホンダは敗れる。「TT宣言」が業界に知れ渡った後だけに、ホンダへの注目は熱いものがあったが、結果はホンダの惨敗であった。このレースでは、ヴェロセットのハイカムOHVをその範として、野村房男が製作したスポーツ性の高い「モナーク」と、市場参入2年目の「スズキ・コレダ」が優勝した。
何やら「宣言」はあったものの、実際には、国内のレースでまったく奮わないホンダ。人の噂も七十五日、いつしか、ホンダ挑戦の話題も人々の口の端から遠のいてゆく。
いや、遠のくというより、果たして「TT」というレースが、いったいどのようなものなのか？このことをわかっている人は、ホンダ社内を含めて、実は国内にはほとんどいなかった。
私自身のことを振り返っても、この1954年というのは、オートバイという乗り物に乗り始めたばかりの頃。地元のバイク販売店の親父さんが、「ホンダってえのは、何だか、外国の凄いことをやろうってんだね」「ああ、あの本に出てたことか」などと、漠然と語っていた程度だった。もちろん、「TT」の何たるかも知らない。
だが、「TT」はわからなくても、「レース」という言葉、そしてオートバイの世界にはレースが当たり前のものといった風潮は、徐々に広がっていたのがこの時期でもあった。レースといえばギャンブル・レースしか想起されなかった時期から、それが多少なりとも修正され、オートバイにレースはつきものであるといった認識も、少しずつ浸透していた。

第2章 浅間に響いたエキゾーストノート

（1）周回コースでレースができる！

1950年代の日本という土壌に、富士登山レース（別項で詳述）やホンダの「TT宣言」が行なわれることになる。舞台は浅間山麓。その名目は「国産車の性能向上と輸出振興を目指して」で、日本小型自動車工業会がレース開催に向けたスローガンだった。

レースの正式名は「第1回全日本オートバイ耐久ロードレース」だが、当時もそしていまも、「第1回浅間高原レース」という通称の方が通りがいい。

現在の道路で説明すれば、軽井沢から草津へ向かう国道146号線、その北軽井沢交差点がスタート地点で、まず国道（公道）を走り、浅間牧場に入り、さらに鬼押出周辺を回る1周19・2キロの周回コースだった。

だが、50年代当時、もちろん舗装なんかされてない。火山溶岩地帯に造成された道路だから、当時の自動車では走れないほどのザクザクした凹凸路面になっている。そして、しばしば岩石が路面に剥きだしになっていて、路肩はといえば、ここは尖った溶岩がこれ見よがしに牙を剥いていた。当時のいい方

'55年の第1回浅間高原レースは北軽井沢交差点をスタート地点にし、1周19.2kmの公・県道がコースにあてられた。ゼッケン㉓はヤマハの望月 修3位。㉔はスズキコレダの市野三千雄16位。125ccクラスは新参のヤマハが1-2-3の圧勝を飾り、高性能ぶりをアピールした。

に「酷道・険道・死道」というのがあったのだが、この浅間高原一帯の〝酷道〟もその通りに、転倒即大ケガは免れない、文字通り〝必死〟のコースだった。

このコースを舞台に、一部に公道を使用しているため、レースにおけるタイムとスピードは絶対に公表しないという〝仁義〟のもと、主催者と地元警察がかろうじて合意して、日本オートバイ業界の長年の悲願が達成されるときが来た。1955年11月、第1回浅間高原レースの開幕である。

レースのカテゴリーは、125ccウルトラライト・クラス、250ccライト・クラス、350ccジュニア・クラス、そして500ccセニア・クラス。これはマン島TTレースとまったく同じ名称とクラス分けなのだが、そこに19のメーカーが参加していた。

この浅間高原レースに先立つ4ヵ月ほど前。第3回の富士登山レースでは、250クラスでホンダ・ドリームが優勝。しかし125クラスは、この1955年（2月）に突如、オートバイ界に参入したヤマハの「YA1」が優勝して、ホンダ・ベンリイは2位に甘んじていた。

そして、この浅間高原レースでも、ヤマハは意欲的だった。

戦後10年を経て、そして、かつては150ほどもあったメーカーがどんどん潰れてゆくなかに、なぜ、日本最古の楽器メーカーである「ヤマハ」が、オートバイ製造に手を出すのか？　地元の浜松のみならず、業界は訝（いぶか）ることしきりである。

しかし、このヤマハ、つまり日本楽器製造は、戦時中には、ピアノ、オルガン、ハーモニカなどに代えて、楽器製造の精密技術を活かして、航空機のプロペラを作っていた。1887年（明治20）創業の楽器メーカー（起源は山葉風琴製造所）は、実はバリバリの軍需工場だったのである。

戦後、その工作機械を活用して、川上源一（日本楽器4代目社長、ヤマハ発動機初代社長）が目をつけたのが、オートバイ製作だったのだ。折しもこの頃、原付自転車から本格オートバイに移行しはじめていた時期でもあった。

そして注目すべきは、55年に「ヤマハ発動機」として創業したこのメーカーの「経験の無さ」である。

ヤマハは、ホンダやスズキのように、自転車用後付けエンジンの経験がなく、また他社のように、実用車を作った歴史もなかった。いきなり、スポーツ性の高い「乗用オートバイ」を作ったのである。

とはいえ、オートバイの設計からデザインまで、それらを突然すべて自社でできるわけはない。ホン

ダにしても、125ccのベンリイはNSUから学んでおり、250ccドリームのチャンネル型鋼板プレスフレームは、1930年代に西独ツュンダップが得意とした手法だった。また、スズキのエンジンはビリアス、メグロはBSA、そして陸王はハーレーがその〝コピー元〟であり、さらにはBMWをデッドコピーしたDSK、BIMまであった。

ただ、真似は真似なのだが、しかし、「同じ真似なら本家を上回れ！」という後発のスピリットが充ち満ちていた時代でもある。

ちなみに、ヤマハの川上源一がオートバイ・エンジンの試作に乗りだした1953年頃は、〝サンダイ・メーカー〟の最盛期であった。

この「サンダイ」とは、「三大」ではなく「三台」。見よう見まねでオートバイを3台くらい試しに作ってみたが、そこで力尽きて倒産したという〝メーカー〟が巷に溢れていた。

さて、そんなヤマハが、まず手本としたメーカー／モデルは何だったか？

それは1939年にデビューし、戦後も同じ構造で復活していたドイツのDKW・RT125であった。

そして、フレーム、サスペンション、エンジンなどの基本構造は、酷似というかコピーであったが、エンジンは、本家が出力4・75馬力／4800回転に対し、5・6馬力／5500回転。そしてギヤボックスは、本家が3段であるのにヤマハは4段になっていて、ブレーキも、ヤマハは軽量化のため片ハブになっていた。

39

そして、そのデザインも新鮮で――というか、このへんが"楽器屋"のセンスなのかもしれないのだが、デザインやカラーリングといったことについても、このへんなりのケアが盛り込まれていた。ボディ色はマルーンとアイボリー。後年にはグループ小池（GKデザイン）となる当時の東京芸術大学教授・小池岩太郎、栄久庵憲司を中心としたスタッフが、日本の新しいオートバイの在り方を追求した結果がこれだった。

できあがったヤマハYA-1は、本家DKWよりずっとスリムで高性能だった。そのデビューはセンセーショナルだったが、ただ、やはり後輪上には荷物運搬のためのキャリアを付けざるを得なかったのは、これは時代というものだった。

ヤマハがオートバイを作ろうとするとき、DKW以外にも、もちろん参考とすべきモデルはあっただろう。が、このDKWが選ばれたひとつには、1905年（明治38）に創業されたDKWが一貫して2サイクル・エンジンを手掛けていて、そして1928年には、世界最大のオートバイ・メーカーになっていたことであろう。

さらに、2サイクル・エンジンではどこも真似できなかったエンジン構造で、そしてDKWが持つそのパテントが戦後に切れたこと。これはつまり、もし製造技術力さえあれば、特許問題に触れることなく、世界のDKW並みの性能を持つバイクを作ることは不可能ではなかったことなどが考えられる。

いずれにせよ、学習し模倣するためのサンプルはゴマンとあるなか、DKWを選択したというのは、川上の才覚というしかない。

(2) ヤマハの颯爽たるレース・デビュー

こうしてYA-1は、1955年の2月に発売された。この年から、原動機付き自転車（原付）の排気量が125ccに拡大されたタイミングとはミートしたが、しかしヤマハがいきなり、ユーザーや販売店に歓迎されたわけではない。販売は思惑通りには行かず、やはり楽器屋さんの道楽かなどとと皮肉られながらも、川上源一は、同年7月の富士登山レースでYA-1を優勝させ、その勢いを、11月開催の「第1回浅間高原レース」に向けた。

ヤマハがエントリーした125ccクラスには、ホンダ・ベンリイ、スズキ・コレダ、ベビーライラック、メグロなどがエントリーしているが、しかし、後発でありながらヤマハは必勝の態勢だった。渡瀬善三郎監督が率いるヤマハ・ワークスは、野口種晴、益子治、岡田輝夫、日吉昇、小長谷茂、望月修といったメンバーを揃え、レースの3カ月前から合宿練習を行なっていた。どのメーカーもコースにいるはずのない早朝の5時頃から、2時間、ときには3時間を超える猛特訓をつづけ、そして他のメーカーがコースに出てくる時間にはブラブラしたときを過ごす。つまり、"三味線を弾く"というやつである。

YA1のノーマル5・5馬力エンジンは、徹底的なチューニングにより、12馬力／8000回転、最高速度130km／hのマシンに変身していた。

第1回全日本オートバイ耐久ロードレース
(通称／第1回浅間高原レース)

- 1955年(昭和30年)11月5・6日　天候：晴れ　曇り少
- 浅間山麓公道(一周19.2kmの未舗装公道遮断コース)
- 主催：日本モーターサイクルレース協会
(日本小型自動車工業会、全日本小型自動車販売協会、全日本小型自動車整備振興連合会他)

125ccウルトラライトクラス　4周 76.8km　出場28台(チーム13、個人16)完走23台

順位	車番	ライダー	年齢	車名	トップとのタイム差
1	19	日吉　昇	26	ヤマハYA1	
2	11	小長谷　茂	30	ヤマハYA1	17"
3	23	望月　修	24	ヤマハYA1	5'43"
4	8	山下　林作	30	スズキ・コレダ	7'11"
5	2	鈴木　英夫	19	スズキ・コレダ	7'37"
6	18	神谷　敏夫	20	スズキ・コレダ	7'39"
7	6	幸田　武夫	23	ベビーライラック	12'50"
8	20	諏訪部昌志	21	ホンダ・ベンリイJCZ	13'51"
9	30	宇田　勝俊	23	ホンダ・ベンリイJCZ	17'52"
10	28	山橋　国男	34	ミシマ	18'50"
11	29	原田　金一	19	ベビーライラック	19'50"
12	1	井上　薫壱	37	メグロ	20'12"
13	104	高橋　邦義	27	ホンダ・ベンリイJCZ	21'03"
14	16	川井　努	22	ベビーライラック	22'36"
15	17	谷沢　喜八	37	ミシマ	22'52"
16	24	市野三千雄	20	スズキ・コレダ	25'34"
17	27	山下　護祐	16	パール	27'45"
18	21	小野　昌俊	24	昌和	32'55"
19	14	鈴木　淳三	24	ホンダ・ベンリイJCZ	34'28"
20	25	福田　貞夫	20	ホンダ・ベンリイJCZ	41'36"
21	22	切道　広光	19	ベビーライラック	43'11"
22	10	豊田　弘	27	ミシマ	1°06'07"
	3	野口　種晴	22	ヤマハ	
	109	野村　有司	21	ホンダ・ベンリイJCZ	
	12	内田　末造	22	メグロ	
	13	伊藤　利一	23	スズキ・コレダ	
	26	高原　勇	27	メグロ	
失	15	岡田　輝夫	24	ヤマハYA1	6'26"

250ccライトクラス　5周　96km　出場27台（チーム18、個人9）完走12台

順位	車番	ライダー	年齢	車名	トップとのタイム差
1	72	伊藤　史朗	16	ライラックSY	
2	69	谷口　尚巳	19	ホンダ・ドリームSAZ	5"
3	76	田村　三夫	23	ポインター	15"
4	55	中島　信義	23	モナークSP1	1'33"
5	65	中村　武夫	24	ホンダ・ドリームSAZ	11'52"
6	70	大野　英夫	24	モナークSP1	12'47"
7	73	小沢　正男	24	パール	13'10"
8	63	久保川栄造		ツバサ	13'31"
9	53	野村　有司	21	ホンダ・ドリームSAZ	16'35"
10	75	井上　武蔵	35	DSK A25	37'08"
11	68	高谷　常雄	37	サンヨー	37'51"
	51	石井　輝夫	22	ミシマ	
	52	田中　明	18	アサヒ	
	56	杉田　清蔵	32	ホスク	
	57	鈴木　義一	24	ホンダ・ドリームSAZ	
	58	前川　開逸	49	サンヨー	
	59	伴野　栄	34	ライラック	
	61	大村美樹雄	23	ホンダ・ドリームSAZ	
	62	桑原　政吉	20	ポインター	
	64	白井　康夫	19	ミシマ	
	66	福沢　照夫	21	ライラック	
	67	星野　幸男	20	アサヒ	
	71	杉田　和臣	30	ホスク	
	74	青山　明		ツバサ	
	77	平田　茂祐	32	サンヨー	
	78	栗田　政	36	クルーザー	
失	60	杉山　義雄	22	DSK A25	4'04"

350ccジュニアクラス　7周　134.4km　出場12台（チーム10、個人2）完走9台

順位	車番	ライダー	年齢	車名	トップとのタイム差
1	7	大村美樹雄	23	ホンダ・ドリームSBZ	
2	5	佐藤　市郎	26	ホンダ・ドリームSBZ	3'43"
3	109	中村　武夫	24	ホンダ・ドリームSBZ	3'54"
4	2	平田　親朗		陸王	22'08"
5	11	鈴木　義一	24	ホンダ・ドリームSBZ	23'28"
6	3	直井　源久	32	エーブスター	24'23"
7	6	鈴木　栄一		キャブトン	38'15"
8	1	永井　重男		キャブトン	45'05"
9	8	武田　実	30	陸王	47'42"
	104	渡辺　兼吉		昌和マリーン	
	10	竹内　正彦	19	エーブスター	
	12	長谷川　弘	21	マリーン	

500ccセニアクラス　7周　134.4km　出場14台（チーム10、個人4）完走8台

順位	車番	ライダー	年齢	車名	トップとのタイム差
1	52	鈴木　淳三	24	ホンダ・ドリームSDZ	
2	62	金田　鍛冶		キャブトンRTF	11'07"
3	53	鷲見　敬一		キャブトンRTF	11'40"
4	56	立原　義次	30	キャブトンRTF	18'29"
5	58	野村　有司	21	ホンダ・ドリームSDZ	27'13"
	51	宮迫　繁幸	24	メグロ	
	54	太田　譲	26	メグロ	
	57	水谷　文雄	32	メグロ	
	61	杉田　和臣	30	ホスクGA	
	63	田代　勝弘	31	メグロ	
	65	稲垣　国光		キャブトンRTF	
	55	井上　武蔵	35	DSK A50	2'45"
	64	杉山　義雄	22	DSK A50	7'50"
	60	松川　実	19	メグロ	11'03"

※55井上、64杉山、60松川は輸入部品使用のため認定されず

一方のホンダ。鈴木淳三、福田貞夫、高橋邦義らが乗るベンリイは、エンジンのパワーではヤマハより1馬力は上といわれるだけあって、浅間の決勝レースでも、上り坂は確かに速かった。しかし、その頼りのエンジンの不調、あるいはチェーン外れなどの不運もあって、後退を余儀なくされる。結局、全4周のこのレースで、ヤマハは1・2・3位を独占。浅間高原の火山岩コースを、ヒラリヒラリと軽快に、そしてコース端のススキの穂をかすめて走り去る姿には、誰呼ぶとなく〝赤トンボ〟という異名まで付いた。

そしてホンダだが、富士登山レース同様、この浅間でも一向に奮わない。350ccクラスに、ブラジルのレースに出場した大村美樹雄、そして佐藤、中村の2選手で1〜3位を独占するも、ここはライバル不在。メインレースとも言える250ccクラスでは、16歳の天才ライダー・伊藤史朗のライラックに優勝をさらわれ、ホンダは首位から5秒遅れて、谷口尚巳のドリームSAZが2位に入るのがやっとだった。

(3) 出現した「浅間高原自動車テストコース」

しかし、第1回浅間高原レースが及ぼした影響は想像以上に大きかった。そして、勝利に向けての技術開発は、市販車性能の向上とオートバイ産業の成長に多大な効果を及ぼすことも理解された。こうなると、もっと本格的なロードレースのためのコースがほしい!

何かと制約が多い公道から、専用コースへの移行といった願望と期待が生まれてくる。

そもそも富士山の山開きを飾る観光祭りから始まった富士登山レースは、メーカーの参加で盛り上がったものの、その競争の過熱から、中止への道を歩みはじめていた。そして、そんな状況のなか、レース専用コースを建設しようという「浅間高原自動車テストコース協会」が設立されるのだ。

この協会は、ホンダ、ヤマハ、スズキ、メグロをはじめとするオートバイ・メーカー19社から拠出された2千万円（現在なら約3億5千万ぐらいか）で、1957年7月に、浅間牧場の敷地内に1周9・351kmの専用コースを完成させる。

計画当初はレース場という色彩が強かったが、途中から、出資メーカーがテスト走行に使うという趣旨に建設意図が変更されたため、観覧席などは設定されず、あくまでもテストコースとして、この″サーキット″はできあがった。

テストコースといっても、浅間火山の麓だから、やはり火山灰が降り積もった路面を固めたものになる。公道も含んでいた第1回浅間レースのような路肩の火山岩はないが、路面そのものは、やはりザクザク、ズルズルというダートである。

路面には、パチンコ玉からゴルフボールくらいの大きさの火山灰が敷き詰められているのだが、そこを何台かオートバイが走行すると、コースには、ワダチで作られた溝ができる。やむなく、走行の合間に、ローラーやスクレーパーで路面を平らにするのだが、ふたたびオートバイが2〜3周もすれば、路面はすぐに掘り返され、ワダチ状態に戻ってしまう。路面の抵抗は大きく、ハンドルは取られ、車体へ

の衝撃は過酷！　サーキットができたといっても、この浅間コースは、世界に唯一無二というべきそんな〝ロード・サーキット〟であった。

（4）浅間火山レース、ふたたびワークス・ヤマハが！

できあがったコースで、各メーカーは存分に走り、テストをして鍛えた。そうやって格段に向上した性能を比べるべく、「第2回全日本オートバイ耐久ロードレース」が開催されるのが1957年。ちなみにこの年から「高原」の呼び名が「火山」となり、これ以後、通称「第2回浅間火山レース」として歴史に残ることになる。

第1回のレースから1年8ヵ月の時間が経ち、各メーカーは、レースの何たるかを知り、そしてレースで勝つことの意義と、その難しさも体験していた。専用コースでのレースは待ちに待ったチャレンジであり、同時に、未知への不安もいっぱいだ。

この頃、「TTレース宣言」をしていたホンダは、本田宗一郎が初の海外視察から帰った1954年10月、埼玉製作所内に「TTレース推進本部」を設置していた。翌1955年春先には、後年ホンダの2代目社長となる河島喜好が課長として「技術部・第2研究課」を拡大し、レーシング・マシンの研究開発を行なうことになる。

とはいえ、「宣言」はあっても実態は何もないのは、河島自身が一番よく知っていた。ネタもノウハ

ウも無いのに、いきなりTT出場宣言とは！

河島をはじめとする社員は「社長はどえらいラッパを吹いてくれた。しかし、レース用にオートバイを作るといっても、いったい何から手をつければいいのか……」。これが当時の偽らざる心境であった。

その模索のなかで浅間高原レースがはじまり、河島の研究課は、市販車ベンリイとドリームをレース用に改修することから、その仕事をはじめるが、しかし前述のように、あっさりと新星ヤマハの後塵を浴びてしまう。

だが、浅間レースはホンダにとって、TTレースに向けての具体的な取り組みのきっかけになり、エンジンの研究が本格的に稼働しはじめた。

ただ、そんなホンダだったが、国内に、意外ともいうべき早さで浅間テストコースが完成し、そこでのレース開催が決まったことで、半ばほど進んでいた「TT用エンジン設計」を、いったん中断せざるをえなくなる。

第1回の浅間に参加したのは19メーカー／81台だったが、第2回になると、11メーカー／70台に減少した。わずか2年の間に、メーカーの4社が倒産。そして、ウチはとてもレースに出る力はないと、浅間の舞台から降りるメーカーも出てきていた。参加メーカーの減少は、実は、レース熱がさらに熱くなっていたことの証明でもあった。

勝てればいいが、負ければ、置いてきぼりにされる！

そんなリスクを承知で、各社はこの日本で初めての〝サーキット・レース〟に挑んでいた。

48

この1957年、市販車としての大きなニュースがあった。ホンダは、250cc市場をさらに盤石にすべく、2気筒OHCエンジンの「ドリームC70」を投入した。そして、対するヤマハは、4月に、250ccの新機種「YD1」を発売していた。

チョコレート・カラーをまとったずんぐりしたカタチから、通称「鉄カブトタンク」とか「ジャガイモ・タンク」と呼ばれた新作YD1の手本は、今度はDKWではなく、同じドイツでも「アドラー」であった。

このアドラーは、16インチという小径車輪を用いた小柄な車体に、強力な2サイクル並列2気筒エンジンを組み合わせた俊足車で、そしてそれを手本としたこのYD1は、最初から荷物運びはまったく考えていないスポーツ・タイプだった。戦後の貨物輸送の役目を担うことからオートバイの製造をはじめたホンダ、スズキ、メグロ、トーハツなどのメーカーと、新興のヤマハは、その出発点もセオリーもまったく違っていた。そしてこの差が「レース」という現場で歴然とあらわれる。

1957年10月19日、浅間は秋晴れだった。煙たなびく浅間山の麓、6万5千人の大観衆が見守って、125ccクラスのレースがスタートした。

それまで、とかく曖昧な解釈があった参加車両の規定も、このレースから、

・すべての部品は、国産であること。
・83オクタンのガソリンを使うこと。
・1メーカーは、1クラスに2チームまで参加できる。

第2回浅間火山レース（'57年）は、新設された1周9.351kmの浅間高原自動車テストコースで開催された。ヤマハ125はアルミタンクにセパレートハンドル、それにドルフィンカウルを装備して登場。1車3台までの規則を回避するためにボア・ストロークを変更したA、B型を用意した。

・そして、同クラスに2チーム参加の場合、エンジン構造は異なるものとする。

——というように整理された。しかし、このレギュレーションの意味するところは、実は、市販車がベースになっていれば、どんな大幅な改造もOKということであった。

ヤマハが浅間に持ち込んだのは、2年前に圧勝したYA1の発展型で「YA-A」と「YA・B」。一方のホンダのウエポンは「ベンリイC80Z」で、これは次年度に市販予定の「C92」のプロトタイプ。250ドリームの、その2気筒の一つを切り取ったようなSOHCの単気筒エンジンだった。

練習中は、エンジン出力でベンリイ優位という噂もあったが、2ストロークの強力エンジンと、ドルフィン型のカウリングをまとった新設計ダブルクレードル・フレームの操縦

性が組み合わさったヤマハの速さには追いつけず、大石秀夫・宮代正一のヤマハがワンツー・フィニッシュ。ホンダのベンリイは3位と4位に終わる。

250ccクラスでも、ホンダとヤマハは、それぞれ5台づつエントリー。これに、ポインター、ライラック、クルーザー、ホスク、そしてこの年からに軽量車クラスに参入してきたメグロが加わる。

そして、ここでもヤマハが強かった。

新マシンの「YDA」と同じく「B」を持ち込んだヤマハは、250ccのレースでも、その初陣を飾った。野口種晴、砂子義一、益子治、望月修らのライディングは、人呼んで「ヤマハ・サーカス」！

ヤマハの唯一の弱点は、2サイクル・エンジンの燃料消費で、たとえばホンダ（4サイ

C80Zは、第2回浅間の125にホンダが持ち込んだOHC単気筒の工場レーサー。練習時にはハーフカウルを装着していたが、本番では取り外して出場。凹凸の激しい浅間の走路では初期作動に優れるボトムリンクサスをホンダは採用していた。C80Zの最高位はヤマハに続く3位だった。

第2回全日本オートバイ耐久ロードレース
(通称／第2回浅間火山レース)

- 1957年(昭和32年)10月19・20日　天候：晴れ　曇り少
- 浅間高原自動車テストコース(一周 9.351km火山灰路面の特設クローズドコース※現浅間牧場内)
- 主催：日本モーターサイクルレース協会(日本小型自動車工業会他)

125ccウルトラライトクラス　12周　112.3km　出場28台　完走16台

順位	車番	ライダー	年齢	車名	所要時間	ベストラップ
1	21	大石　秀夫	21	ヤマハYA-A	1°16'55"	6'16"
2	2	宮代　正一	35	ヤマハYA-A	1°17'21"	6'18"
3	28	水沼　平二	24	ホンダ・ベンリイC80Z	1°18'42"	6'25"
4	3	宇田　勝俊	25	ホンダ・ベンリイC80Z	1°19'04"	6'30"
5	20	松野　弘	24	ヤマハYA-B	1°19'12"	6'25"
6	26	福田　貞夫	22	ホンダ・ベンリイC80Z	1°22'21"	6'29"
7	22	花沢　昭	25	トーハツKR	1°24'52"	6'58"
8	104	鈴木　伸義	21	トーハツKR	1°27'39"	7'09"
9	10	泉川　明治	23	トーハツKR	1°29'22"	7'07"
10	27	山下　護祐	16	ライトクルーザーSL	1°32'04"	7'13"
11	25	本木　賢	22	ライトクルーザーSL	1°33'49"	7'33"
12	16	有川　英司	22	トーハツKR	1°37'19"	7'00"
13	14	松田　明		オートビットK	1°38'29"	7'56"
14	18	平賀　陸一	31	トーハツKR	1°39'58"	7'08"
15	13	児玉　繁雄	24	ライトクルーザーSL	1°42'39"	7'32"
16	23	渡辺　健吉	29	ライトクルーザーSL	1°42'49"	7'28"
	1	今田　俊彦	22	ライトクルーザーSL		7'49"
	17	島崎　貞夫	22	ホンダ・ベンリイC80Z		6'28"
	11	中島　信義	26	タスKXF		10'57"
	19	壬生　輝夫	19	ヤマハYA-B		6'41"
	6	長岡　勝	24	オートビットK		7'23"
	8	望月　修	26	ヤマハYA-A		6'42"
	5	伊藤　実	19	ライラックSRL-1		8'31"
	24	松本　吉政	21	ライラックSRL-1		7'35"
	7	白井　康夫		タスKXF		
	12	鈴木　淳三	26	ホンダ・ベンリイC80Z		
	15	大橋幸次郎	21	ライラックSRL-1		
	109	村松　年近		ライラックSRL-1		

優勝スピード：87.610km/h　ベストラップ：大石　秀夫　6'16"　89.530km/h

250ccライトクラス　14周　131.014km　出場25台　完走9台

順位	車番	ライダー	年齢	車名	所要時間	ベストラップ
1	75	益子　　治	20	ヤマハYD-A	1°23'26"	5'40"
2	65	砂子　義一	25	ヤマハYD-B	1°23'57"	5'43"
3	66	下良　睦夫	25	ヤマハYD-B	1°23'59"	5'48"
4	74	加藤　正男	21	ホンダ・ドリームC70Z	1°24'52"	5'54"
5	72	秋山　邦彦	22	ホンダ・ドリームC70Z	1°25'39"	5'56"
6	70	谷口　尚巳	21	ホンダ・ドリームC70Z	1°28'18"	6'09"
7	51	鈴木　義一	26	ホンダ・ドリームC70Z	1°31'24"	6'11"
8	63	大岳　　実	23	クルーザーSC	1°31'40"	6'20"
9	61	室　　次男	27	メグロRG	1°34'39"	6'36"
	58	渡辺　健吉	29	クルーザーSC		6'29"
	57	渡辺　　将	23	ポインターPT		6'47"
	67	伊藤　　実	19	ライラック		7'49"
	59	鈴木　淳三	26	ホンダ・ドリームC70Z		6'10"
	60	伊藤　史朗	18	ヤマハYD-A		5'39"
	73	立原　義治	32	ホスクAA		6'47"
	52	内田　米造	23	メグロRG		6'13"
	56	長谷川　弘	23	クルーザーSC		5'57"
	64	大橋幸次郎	21	ライラックCRX-3		7'52"
	71	井上　　保	22	メグロRG		6'34"
	55	大石　亨一	20	ライラックSR-ZⅡ		8'43"
	53	中田　義信	25	ポインターPT		
	54	野口　種晴	24	ヤマハYD-A		
	62	舛田　竹志	19	ライラックSR-ZⅡ		
	68	中島　信義	26	クルーザーSC		
	69	今田　俊彦	22	クルーザーSC		

優勝スピード：94.217km/h　ベストラップ：益子　治　5'40"　99.010km/h

クル）が14リットルのフューエルタンクであるのに対し、ヤマハは、30リットルを超える大型タンクを装備する必要があった。したがって、レース前半は、このタンク重量を持て余すことになるが、後半、燃料が減って車重が軽くなってくると、その操縦性の本領を発揮したのだ。

250ccでも、ヤマハ、ワン・ツー・スリー！ ホンダは4位が最高で、加藤正男、秋山邦彦、谷口尚巳、鈴木義一のドリームC70Zがそれにつづいた。平均時速でも、ヤマハ／益子の94・0km／hに対し、4位加藤は92・7km／hで、ここでもホンダは劣っていた。

ライバルの少ない350ccクラスで、鈴木義一を先頭にホンダ・ドリームは1〜5位を独占するが、しかし、その93・2kmの平均時速は250cc（ヤマハ）に及ばないものだっ

第2回浅間のライトクラスはヤマハYD250が1-2-3を独占。左から砂子義一2位、下良睦夫3位、1位の砂子 治。砂塵を巻き上げての見事な編隊飛行を人は「ヤマハサーカス」と呼んだ。'50年代の2輪車需要の中心は軽車両で、ホンダは両クラスでの勝ちを落とした。

た。

いくらレーシング・チューンを施してあるとはいえ、そのオートバイの母体が「トラック」と「乗用車」(新興ヤマハ!)では、それをどう改造しようが、走りの本質は変えられない。このレースは、そのことを実証した。

とはいえ、こういった競技会で、ホンダ、スズキをはじめとするメーカーの、実用車をレース車らしく改造するという難しい技術は、市販車の改良に活かされ、そこから日本のオートバイの耐久性や性能は格段に向上していった。

レースへの挑戦は、オートバイの充実と発展に、大きな貢献をもたらしたのだ。それはやがて、単にレースで勝った負けたといった次元を超えて、大きな果実となるのである。

(5) ホンダ、惨敗からの再出発

浅間での惨敗に、河島喜好監督は愕然とした。しかし、「このまま引っ込むわけにはいかない、この失敗を糧に本格的なレースマシン設計にとりかかろう」と、浅間火山レースが終わった翌日から、後戻りのない開発が再スタートした。

河島は語る。

「なぜ浅間で敗れたか、を毎日考えた。敗北した原因を追求し、次のレースで同じ失敗は繰り返したく

ない。それはレーシングマシンやライダーにも、その観点から考え方をしぼって、着々と準備に入った。
第1回と第2回の浅間では、ただ勝つだけではいけない、という気持ちがあった。新機構のアイデアがあったら、それを採用してどこまで使え、どこまで耐久性があるのか、それを試してみる。そして故障が生じたら直して、完全なものに仕上げて行こう。こういう一つ一つの積み重ねでレースをしてきたので、時には故障車だらけで練習すら出来ないこともあった。負け惜しみにとられるかもしれないが、しかし、新しいアイデアや新機構の研究は進んだ。これは回り道だったかもしれないが、もし、勝つことだけに専念したら、実際に役立つ技術の開発にはならなかっただろう。

しかし、レースである以上、勝たなければならない。途中でのリタイヤなどあってはならない。そう考え直し、浅間の失敗を基に、今までの考え方のまずかったことを改めた設計にしていった。それは、足りない馬力を補い、故障が絶対に生じないようにすることだった。

ただ、エンジン設計はこの二つの軸を中心に進めればよいが、フレームに関しては、どういう風にすればよいのか、まったく解らない。当時は風洞実験設備もないので、浅間で走った経験を基に、予測で進めるしかなかった。何より我々のなかで、外国のレースを見た者もいなかったので、写真と想像でしか考えようがなかった。

ライダーの養成面では、ホンダスピードクラブができてから、チームワーク、やる気も上がっていたので、特別に心配することはなかった。

とにかく、監督の私以下全員が海外レースの経験がないわけだから、やれるだけやってみようという

それと、2度の浅間の経験からいうと、ライダーに絶対の自信を持たせるだけのマシンを作ってやることが、できていなかった。どんなに優れたライダーでも、マシンに不安を感じていたのでは、絶対にレースは成功しない。何としても、ライダーが信頼できる、不安なく乗れるマシンを作ること。反省とともに、こういうことを悟った」

この時期について、ホンダ・スピードクラブの田中楨助は、このように振り返る。

「私は第2回浅間でも、まだ出場できる立場ではなかったんですが、研究課ライダーの一人として、ヤマハに負け、TTどころではないように思っていました。一般的にもそうだったんじゃないでしょうか。いまでは会社という表現してますが、当時は、いうならば町工場です。そんな町工場のホンダが、どんなレースにも勝ててないし、浅間でも勝てなかった。

一般家庭に、やっと電気洗濯機が出始めた頃です。テレビも白黒。そんな貧しい時代に『マン島宣言』といったって、信じられないのは当たり前です。

でも、ライダーの養成ということで募集があったり、そうなってくると、これは本物なのかなと考えるようになりました。ただ、マン島なんていっても、いったいどんなところなのか、そしてどんなレースなのかは、まったく想像がつかなかった。たぶん浅間のような、砂利道なんだろうな、というくらいのレベルです（笑）。

それで、第2回浅間の後、1957年の終わり頃でしたが、ホンダ・スピードクラブの組織がはっき

りしてきまして——。そして、マン島の技術室といってますが、その出場の下準備ですね。その組織発令が出て、だんだんと本当にやる気なんだなーという感じが出てきたのです」

また、砂子義一（当時ヤマハ）は、

「その頃だったかなあ、ホンダがマン島とかいうレースに出るって発表してたっていうことを知るようになったのが……。

最初の浅間は、出なかったので解らないですが、ホンダが1956年の富士登山レースで優勝してから、レースのことが少しづつ解るようになってきたんです。

翌年、第2回浅間に出るんですが、自分が怖いとか何とかそんなことより、自分が走ることに生懸命で、他を気にすることはできなかった。自分一人のことで精一杯、そんな年齢ですよ。

だんだんとレースやメーカーのことが解ってきて、どうもホンダが大きなレースをしたがってるらしいんだけど、でも、富士でも浅間でも全然ダメなのがホントかねえって、そんな感じでした」

そして、ホンダの立場から、谷口尚巳はこう語った。

「浅間では負けましたが、最初の時、第1回ですが、走るところは岩がゴロゴロしていて本当にこれでレースなのかって——。特に、鬼押出しからの道路は、あっちこっちに岩が露出している。その岩や溶岩にステップがぶつかって、私は3回も転倒してしまい、ブレーキペダルやステップが取れちゃった。

それでも何とか最後まで走って、伊藤史朗君と3秒差で2着だったのですが……。伊藤君はライラックで、1回も転倒しないで確実に走って。

あの当時、クルマの性能がいいとかウンヌンじゃないんです。それで、レースというのは、転倒せず確実に走るのが勝つことへの一番近道なのかなと知らされましたね。

同じドリーム250で走った大村美樹雄さんにしても、トップで走っていたんです。ところがチェーンが伸びちゃって外れたんですね。エンジントラブルはなく、優勝できなかったのは、ホンダの不運というか練習不足……。そう、練習で、もっと走りこんでいれば、その種のトラブルも想定できたでしょう。

そういった点を、もっとしっかりしていれば、(浅間での) 優勝はあったんじゃないかという解釈をしていましたね。ラップタイムの上がり具合から推していくと、うちも各部品をもっと追求してゆかないと、ですね。そういったことから、こういう風にすれば、マン島に行っても (レースは) できるんじゃないかという自信はあったように、僕は思うのです」

(6) 浅間以後の日本レース界

第2回浅間火山レースで、すっかり「レース専用コース」に慣れた各メーカーは、早くも来年に向けた活動を開始し、主催者も第3回を1958年8月とする旨を発表する。

ただ、浅間コース (正式名：浅間高原自動車テストコース) は、各社の拠出金で作られたが、しかしすべてのメーカーが「レース開催」に賛同していたわけではなかった。自前のテストコースを持たない

メーカーが、テストのために建設協力しただけという側面もあった。
また、専用コースによる開発で、オートバイの開発も過熱する。そうなってくると、レース開催には賛同しても、それを自社としてどこまでやるかということに関しては、業界内で"温度差"もでてくる。
浅間でのレースは、どんなものがいいのか。毎年開催、隔年開催、さらには競技内容を変えた国際レース的なものなど、諸説も登場する。
隔年開催の主張は、工場レーサーのレースは費用と時間がかかるのに、すでに想定された次回まで8カ月余りしかないこと。一方の毎年開催派は、レースという過酷な試練が、日本のオートバイを国際水準に到達させる早道だというもので、これはそれぞれにスジも通っている。
両者の中を取るようなかたちで、次年度は工場レーサーでなく、一般市販車によるレースとするという決定がいっときなされるのだが、今度はその「一般市販車」という定義がむずかしい。改造範囲ひとつを見ても、この段階では何一つ決まっていない。
結局、最後の妥協策として決まったことは、これまで通りの工場レーサーによるレースを、1959年夏季に行うこと。そして、これによって1958年は"レースのない1年間"になることが、事実上決まった。

1957年、日本のオートバイの生産台数は32万台弱。数年間で倍増し、さらに、ユーザーのオートバイに接する「スタイル」も急速に変化していた。

戦後復興のためのトラックから、乗用目的へ。そして、それを乗りこなすこと、オートバイのライディングに「スポーツ性」を感じる予兆まで生まれていた。先に述べたヤマハのクルマ作りにしても、その潮流を巧みにつかまえたものでもあった。

こうしたオートバイの乗用化とスポーツ化から、一部に、一般公道をそのスポーツ走行（？）の舞台とする輩もでてくる。このような世間とオートバイ乗りの緊張関係には、多くの関係者も頭を悩ませ、いろいろな提案や普及活動が模索されるが、具体的な対策は進まなかった。

そんな状況のなか、「レースといえば、メーカーのテストライダーか職業選手しか経験できない世界だったが、しかし、アマチュアでも〝走ってみたい、やってみたい〟というライダーはいるはず。アマチュアでも、浅間火山レースのようなスピード競技ができないものか」——こう考えたひとりの人物がいた。オートバイ専門の月刊誌『モーターサイクリスト』主宰の酒井文人である。

試みに酒井が、各地の「クラブ」に打診すると、案の定、その種の期待は高いということがわかってきた。酒井の提案は、オートバイをスポーツ性のある乗り物として先取りしていたクラブに受け入れられ、「オートバイの正しい普及を、スポーツとしてのスピードイベントで活用できないものか」ということで、そうしたレース実現への流れが一気に加速する。

そして、折しもこの1958年には、あの「浅間」でのレースが行なわれない！とはいえ、もちろんこの〝プロジェクト〟には、批判や反発、そしてやっかみもあった。浅間でアマチュアが走るなんて、危険この上もない。一般のライダーにスピードレースなんかさせたら、それこそ

一般道でもそれをやるようになる。そして、一介のオートバイ雑誌屋に、そんな大それたことができるわけがない！……

しかし、この酒井らの提案と展望を、熱心に受けとめたのは、ほかならぬ「浅間高原自動車テストコース協会理事長」だった。このとき、ホンダ専務の藤沢武夫は、この理事長職を兼ねていたのだ。そして、藤沢は、こんな進言も行なった。

「レース開催はいいことで、浅間コースの使用も何とかしよう。ういうものに貸すというかたちを取ってくれた方が、協会としても内部で話がつけやすい」

このスジの通った話しに酒井も納得し、藤沢の忠告通り、アマチュアクラブの組織化に乗りだした。続々と生まれつつあったオートバイ愛好者クラブの多くは、この呼びかけに賛同し、結成されたのが（今につづく）「全日本モーターサイクルクラブ連盟」＝MCFAJである。

1958年の8月。加盟クラブの総意で「第1回・全日本モーターサイクル・クラブマン・レース大会」が浅間で行なわれた。これは「浅間」に、そしてレースの世界に、一般アマチュアが参加した快挙であり、豪雨にたたられながらも、45のクラブから120台が参加し、観客も3万人に達しようかという大盛況となった。

そして、この〝アマチュア・レース〟は、街のショップによるすぐれたチューニング・マシンとともに、その後の日本のレース界を支える人材を生む宝庫ともなっていく。

'58年の浅間火山レースはメーカー間の申し合わせで中止。代わって行なわれたのが全国のアマチュアライダーを対称にした「第1回全日本モーターサイクルクラブマンレース大会（主催MCFAJ）」は、台風の余波で水浸しになった1周9.351kmの浅間高原テストコースで120台が熱戦を展開した。

長谷川弘／クルーザー、ホンダ・スピードの藤井璋美、神谷忠、増田悦夫。そして、折懸六三＆杉田和臣／メグロ。

さらに、鈴木誠一／ヤマハ、生沢徹／オーツキ・ダンディ、宇野順一郎／ドリーム、高橋国光／BSA、それにアメリカ軍属のライダー、ビル・ハント／トライアンフといった面々も、この「浅間」の出身だ。

そして、マン島出場宣言をしていたホンダにとっては、このクラブマンレースは、マン島TTへ向けてスケジュールが進んでいたなかでという位置づけであった。そのため、ホンダ・スピードがこのレースに持ち込んだ"新鋭マシン"は、ほとんど「工場レーサー」まがいの車であったため、クラブマンレースにはそぐわず、レースをボイコットするほどの激しいブーイングがおこってしまう。

結局、このホンダのマシンのみによる「模範レース」を行なうということで、問題は決着するのだが、このときのホンダ125ccマシンは、4サイクルSOHC2気筒、カム軸ギヤ駆動のエンジンをパイプフレームに積んだもので、型式名は「CR」。前年の浅間でヤマハに敗北した単気筒SOHCとはまったく違う、新たなプロトタイプであった。

そしてこのプロトは、やがてベンリイのスーパースポーツ「CB92」として市販化されることになる。ホンダは浅間の敗北を機に、本格的スポーツモデルと、これから派生のレーシングマシンの開発を急速に進めていたことが、このマシンを見てもわかる。

マン島TTレースに向け、ホンダのタイム・スケジュールは、こうしてひそかに進んでいた。

第1回全日本モーターサイクルクラブマンレース大会
(通称／第1回浅間クラブマンレース)

- 1958年(昭和33年)8月24日　天候：17号台風による豪雨　時々曇り
- 浅間高原自動車テストコース(一周 9.351km)
- 主催：全日本モーターサイクルクラブ連盟(MCFAJ)

《クラブマンレース》
125ccウルトラライトクラス　2周　18.802km　出走14台　完走9台

順位	車番	ライダー	年齢	クラブ	車名	所要時間	ベストラップ
1	22	鈴木　三郎	42	スポーツライダー	ヤマハYA1	14'53"3	7'21"7
2	16	松内　弘之	22	城北ライダース	ヤマハYA1	14'57"9	7'21"3
3	21	出羽　猛治	20	ヤマハ中古車部	ヤマハ	15'59"7	7'51"4
4	8	鈴木　誠一	21	城北ライダース	ヤマハ	16'18"6	7'57"3
5	28	吉野　義雄	30	オール千葉	ヤマハ	16'50"0	8'17"5
6	15	若林　従一	26	千曲	ヤマハ	17'00"4	8'25"9
7	2	大沢　次郎	17	タイガースター	タス	17'44"0	8'48"1
8	18	中村　喜彦	21	ミナトヤマハ	ヤマハ	17'45"4	8'49"3
9	5	尾形　勲	25	福島スポーツライダー	ヤマハ	19'00"5	9'18"9
	25	秋南　洌	18	北軽	ヤマハ		
	7	小林　昭夫	31	ジュニアスポーティング	タス		
	1	生沢　徹	15	ギャルソン	ダンディ50cc		
	12	木村　滋	36	ミナトヤマハ	ビアンキ		
	27	小田島長吉	22	ハイスピリッツ	ヤマハ		

優勝スピード：75.772km/h　ベストラップ：松内　弘之　7'21"3　76.213km/h

250ccライトクラス　3周　28.153km　出走20台　完走12台

順位	車番	ライダー	年齢	クラブ	車名	所要時間	ベストラップ
1	32	笠原　信重	18	高崎オート	ホンダ・ドリームC70	22'25"4	7'16"8
2	26	豊田　信良	25	クマンバチ	アドラー	22'55"2	7'28"7
3	13	関　英一	17	ハイスピリッツ	アドラー	23'16"0	7'30"8
4	28	宮崎　保	20	沼津	クルーザー	23'24"4	7'33"8
5	5	小林　武	42	ノーリミット	モナーク	23'26"2	7'37"8
6	30	川島　準二	26	目黒	ホンダ・ドリーム	24'12"0	7'58"2
7	1	宇野順一郎	22	モートマック	ホンダ・ドリーム	24'20"0	7'41"1
8	12	大野宇佐夫	23	88	ヤマハ	26'01"8	7'42"9
9	8	有本　克	20	東京ピストン	ヤマハ	26'13"4	8'30"4
10	6	D.フィルド	25	城北ライダース	クインロケット	27'14"5	8'30"9
11	27	高橋　正明	23	東京サイクロン	BSA	28'22"0	8'22"6
12	20	辰巳　一郎	20	クラブペースメーカーズ	ヤマハ	28'35"6	8'51"0
	31	青木　忠雄	30	エーコン	モナーク	30'35"3	9'22"5
	33	大山　盛遠	22	ワールドワイド	ヤマハ	33'05"3	10'22"4
	18	中野　正剛	31	大阪車友会	ヤマハYD1	35'16"3	7'34"1
	23	相原　正義	20	JTC	クインロケット	35'49"9	11'44"0
	15	今井　聖士	19	JTC	クインロケット		
	3	古敷谷孝之	19	スポーツライダー	コレダ		

	16	河田　友良	26	東京トライアル	マイコ
	25	後藤　辰信	29	88	ホンダ・ドリーム

優勝スピード：75.331km/h　ベストラップ：笠原　信重　7'16"8　77.068km/h

350ccジュニアクラス　5周　46.855km　出走6台　完走2台

順位	車番	ライダー	年齢	クラブ	車名	所要時間	ベストラップ
1	28	高橋　国光	18	ハイスピリッツ	BSA	35'54"5	6'38"0
2	35	高梨　晃一	24	88	ヤマハYE	42'56"8	8'06"6
	31	栗原　正之	22	ジャガー	メグロ		
	30	青山　圭一	23	エーコン	マチレス		
	41	新田　実	21	三多摩ホンダ友の会	ホンダ・ドリーム		
	33	大内　建夫	37	福島スポーツライダー	ヤマハYE	45'27"4	

優勝スピード：78.291km/h　ベストラップ：高橋　国光　6'38"0　84.581km/h
※33大内はフライングスタート

500ccセニアクラス　5周　46.855km　出走17台　完走7台

順位	車番	ライダー	年齢	クラブ	車名	所要時間	ベストラップ
1	1	本田　和夫	23	オールジャパン	トライアンフ	32'27"0	6'20"8
2	13	石橋　保	24	東京サイクロン	BSA	38'19"1	7'20"0
3	12	三友　章	22	シェパード	ホスクDB	41'32"4	7'34"2
4	18	石井　義男	23	東京サイクロン	BSA	44'58"6	8'10"2
5	17	和田　肇	27	東京サイクロン	BSA	45'18"0	8'31"8
6	15	井口　進	30	ハイスピリッツ	メグロ	46'22"4	8'41"0
7	25	本田　広	27	オールジャパン	トライアンフ	47'27"0	7'13"0
	3	森田　胤仙	32	コマンド・オブ	メグロ	54'19"8	10'24"4
	11	藤井　一	23	東京サイクロン	BSA		
	23	和知野清次	46	三多摩ホンダ友の会	トライアンフ		
	20	石井　武男	37	スインギングアーマーズ	キャブトン		
	8	新井　康之	20	ハイスピリッツ	トライアンフ		
	7	中尾　之成	21	コマンド	ノートン		
	16	堀　勝太郎	24	ノーリミット	メグロ		
	10	塩崎　和彦	28	和歌山愛輪	BMW		
	2	樋口　忠良	41	東京サイクロン	トライアンフ		
	21	石井　信常	21	東京サイクロン	ノートン		

優勝スピード：86.634km/h　ベストラップ：本田　和夫　6'20"8　88.402km/h

国際レース　10周　出走18台　93.61km　完走6台

順位	車番	ライダー	年齢	クラブ	車名	所要時間	ベストラップ
1	9	B.ハント	39	オールジャパン	トライアンフTR6	1°06'19"9	5'38"2
2	6	J.K.ホンダ	23	オールジャパン	トライアンフTR6	1°08'04"1	6'22"1
3	3	鈴木　義一	27	ホンダスピード	ホンダ・ドリームC75Z	1°08'14"5	6'39"3
4	10	秋山　邦彦	23	ホンダスピード	ホンダ・ドリームC75Z	1°09'07"0	6'29"8
5	5	立原　義次	35	ミナトヤマハ	ヤマハ	1°14'46"6	7'17"2
6	15	伊藤　史朗	19	ワールドワイド	BMW-R69	1°16'40"3	6'12"6
	11	谷口　尚巳	22	ホンダスピード	ホンダ・ドリームC75Z	1°21'45"5	6'38"0
	21	木村　力	27	オールジャパン	トライアンフ	1°24'42"0	6'49"2
	20	大岳　実	23	沼津	クルーザー	1°25'05"6	8'13"2
	1	折懸　六三	25	ハイスピリッツ	メグロ		
	2	高橋　国光	18	ハイスピリッツ	トライアンフ		
	4	田中　治	19	ジョンソンロード	トライアンフ		
	7	長谷川　弘	24	沼津モーター	クルーザー		
	8	杉田　和臣	33	ハイスピリッツ	メグロ		
	12	田中健二郎	27	ホンダスピード	ホンダ・ドリームC75Z		
	13	J.ホーレンベック	24	カナガワナイト	トライアンフ		
	17	望月　修	27	ハイスピリッツ	BMW-R69		
	18	G.M.バーネット	19	オールジャパン	トライアンフ		

優勝スピード：84.674km／h　ベストラップ：B.ハント　5'38"2　99.537km/h

旧車レース　1周　9.451km　出走15台　完走12台

順位	車番	ライダー	年齢	クラブ	車名	所要時間	ベストラップ
1		三友　章	22	シェパード	アリエル1929	9'31"0	
2		新井　康之	20	ハイスピリッツ	トライアンフ1951		
3		木村　二夫	22	ノーリミット	トライアンフ1937		
4		林　崇	24	凡凡	ベロセット1937		
5		大竹　滋之	29	ハイスピリッツ	トライアンフ1951		
6		青山　圭一	23	エーコン	マチレス1951		
7		和知野清次	46	三多摩ホンダ友の会	トライアンフ1936		
8		野瀬　悌三	23	凡凡	トライアンフ1941		
9		田場正三郎	31	凡凡	AJS1929		
10		島村　博	27	フォーコン	トライアンフ1951		
11		柴田　貞三	49	長野単車マニアーズ	AJS1951		
12		北田　三郎	37	ツアー	トライアンフ1932		
		島崎　綏	29	日本MCアマチュア	サンビーム1933		
		中谷　孝	38	ジュニアスポーツ	トライアンフ1924		
		佐藤　正夫	19	神楽坂	BSA1928		

優勝スピード：59.585km/h

《クラブマン模範レース》

車両規定は一般市販車をベースとするものであるが、明らかに製造・性能共に規定外マシンと認定された車は別途のクラスが設定された。

模範レース125ccクラス　3周　28.153km

順位	車番	ライダー	年齢	クラブ	車名	所要時間	ベストラップ
1		藤井　璋美	28	ホンダスピード	ホンダ・ベンリイ	22'16"9	
2		神谷　忠	19	ホンダスピード	ホンダ・ベンリイ		
3		小美戸猛夫	20	ホンダスピード	ホンダ・ベンリイ		
4		奥津　靭彦	22	ホンダスピード	ホンダ・ベンリイ		

優勝スピード：75.810km/h

模範レース250ccクラス　3周　28.153km

順位	車番	ライダー	年齢	クラブ	車名	所要時間	ベストラップ
1		田中　槙助	21	ホンダスピード	ホンダ・ドリーム	20'42"0	
2		内村　晃一	26	東京オトキチ	ホンダ・ドリーム		
3		山上　定徳	21	ホンダスピード	ホンダ・ドリーム		
4		吉村　喜光	22	東京オトキチ	ホンダ・ドリーム		

優勝スピード：81.602km/h

模範レース350ccクラス　3周　28.153km

順位	車番	ライダー	年齢	クラブ	車名	所要時間	ベストラップ
1		増田　悦夫	18	ホンダスピード	ホンダ・ドリーム305	20'50"0	
2		佐藤　幸男	21	ホンダスピード	ホンダ・ドリーム305		
3		平山　東成	23	東京オトキチ	ホンダ・ドリーム305		
4		半場　精一	26	東京オトキチ	ホンダ・ドリーム305		
5		沼尻　雅雄	22	東京オトキチ	ホンダ・ドリーム305		
6		小川　喜治	18	高崎オート	ホンダ・ドリーム305		

優勝スピード：81.080km/h

第3章　スーパーカブとモンディアル

(1) "小さな乗り物" が生活を変えた

 ホンダをはじめとする国内のメーカーは、いつかは来るはずの貿易自由化という事態に対応できるよう、国際水準のオートバイを一刻も早く作るべく、独自の開発と企業体制の強化を進めていた。
 倒産危機がようやく収まった1956年末、本田宗一郎は藤沢武夫をともなって、再び欧州視察にでかけた。前年の浅間レースの敗北もあり、いまの段階の製品や会社内容では、早晩行き詰まることは、宗一郎も藤沢もわかっていた。
 藤沢はこの旅で、欧州の主要メーカーを視察し、事務管理や給与体系、生産管理などを学ぶとともに、それを日本流、いやホンダ流に採り入れたいと思っていた。とくにホンダが過大に投資した機械設備を、もっと有効に活用する手段を探したかった。
 帰国後の藤沢は、欧州流を果敢に採り入れて実行し、その結果、製品の組み立て時間と生産管理は、このあとの2年間で大きく改革されることになる。
 そしてこの旅で、ホンダが近代企業に成育するための基盤のひとつが生まれた。藤沢はこのとき、宗一郎に大きな注文を出していたのだ。

1950年代、羽田から欧州への航空機の旅は、香港、インド、中近東を経由するいわゆる南回りで、片道50時間以上かかっていた。このとき、本田宗一郎49歳、藤沢武夫45歳。バイタリティ溢れる二人にとっては、退屈極まる長旅だ。そして当然ながら、機内での時間は飽きるほどあった。
　藤沢はドリーム、ベンリイの好調な売れゆきに一安心する一方、ある種の不安を抱えていた。オートバイが本格化して乗用志向になれば、荷物を自転車で運ぶ（だから後付けエンジンが要った）ことがなくなりつつある時代だった。そうなれば、必然的にカブは売れなくなる。
　藤沢は、どこかでカブに見切りをつけなければならないと思いつつ、しかし、カブに代わる商品はどういうものかということになると、見当がつかない。機中の有り余る時間を宗一郎との雑談に費やしつつ、しかし、藤沢は宗一郎を〝刺激〟することをやめなかった。
「自転車にエンジンを付けるようなものは、もうダメだ。ちゃんとしたフレームがあって、そしてエンジンは50ccの小さな乗り物。〝岡持〟を持って、片手で運転できるものでないとな。ともかく、お客さんの底辺が広がるようなものを作ってくれ。多くの人が利用できる乗り物、それなくして、ウチの将来はないんだ」
「50ccで……？　そんなエンジンで、ちゃんと乗れるものなんか作れるか！」宗一郎は、藤沢のそんな提案を一笑に付す。

しかし、2回も3回も寝直さなければならない旅の機内で、藤沢は目が覚めるたびに、宗一郎に同じ話を繰り返した。

そしてドイツでNSUやヴィクトリア、またイタリアではランブレッタなど、欧州型シクロやモパットを見ると、やはり気になったのか、宗一郎は藤沢に尋ねてくる。

「じゃあ、こんな乗り物か？」

「いや、これじゃダメだ」

「それなら、この格好で、ここをこう変えたようなものか？」

「いや、それは違う。それじゃ売れない」

藤沢は動ぜず、いや、実はここぞとばかりに、宗一郎に言った。

「そんなこと言ってたら、作れるものなんか、ないじゃないかっ！」

こんなことが繰り返され、とうとう宗一郎が叫ぶ。

「だから、『ない』から作れと言ってるんだ。ここにあるような、いまあるものじゃダメだ、すぐに売れなくなっちまう」

藤沢のこだわる「日本の50cc」は、そのとき、ほとんどが自転車に直接取り付けるか、専用フレーム仕様があってもそれは自転車からの派生で、まさに「原動機付き自転車」だった。50cc以下のエンジンを搭載し、そして専用フレームを持つオートバイの小型版は皆無に等しく、1951年頃にはノックダウン生産によるドイツのクライドラーがあったのだが、150ccの国産スクーターが12万円程度の時代

東京タワーが完成したのは'58年。日本の50ccは自転車に原動機=エンジンを取り付けた「原付」だった。井戸建具店の運搬車も例外に漏れずトヨモーターの原付。負担のかかるフロントに強化フォークを取り付けたサイドカーは、座り心地のよいシートがおかれていた。

に14万円近い価格で、クライドラーは早々に市場から消えていた。

欧州視察から帰国後、藤沢自身も、この件に関しては、あれやこれやと思案してはいたが、時間の過ぎるのは早く、すぐに1年近くが経ってしまっていた。そんな時、藤沢に、宗一郎からの電話が入る。

「ちょっと研究所へ来てくれ、見てほしいものがある」

埼玉県白子の本田技術研究所に赴いた藤沢が見たのは、それまで何となくイメージを描いていた「モペット」のクレイモデルだった。1957年の晩秋である。

「キミのいう50ccってのは、こんなもんでいいのか」宗一郎に促された藤沢は、思わず叫んでいた。

「これだ、これだよ！」

カブF型から脱皮したということで、のちに「スーパーカブ」と名づけられることになるこのモデルに、藤沢は、「これなら売れる！　絶対に売れる！」と太鼓判を押した。
「売れるって、いったいどのくらいだ？」宗一郎がすかさず突っ込む。
藤沢は、あっさりといった。
「まあ、月に、ざっと３万台かな」
今度は、宗一郎とその周りの研究所員が驚愕する番だった。
それは当然である。なぜなら1956年、全国で50ccの原付きからオートバイ、スクーターという二輪車全部を合わせた年間の生産台数が33万台強だったのだ。したがって、月３万台となれば、スーパーカブだけで、全二輪の年間生産数を超えてしまう。そしてこのときのホンダには、そもそも月産３万台などという生産能力を持つ工場はなかった。
しかしながら、この「スーパーカブ」へのホンダとしての〝入れ込み〟は、それまでとは違っていた。市販車の実地テストはそのための専門部署が行なうのは当然だが、それだけではなく、このクルマのためのテストライダーとして、すでに組織化され始めていた「レーサー試験室」のライダーが駆り出された。
スーパーカブのテストに引っ張りだされたひとりである、ホンダ・スピードクラブに所属していたライダー・田中槇助は語る。
「最初、新しいカブというから、自転車エンジンの新型かと思っていました。（実車を見たら）よくこ

んな小さなものができたなという感じでしたね。

それで、自分たちも応援ということで、実車テストの人達と同じ視点でテスト走行するのですが、一方では、高速専門に走っているという立場から、こういう方がいいとか、そうした我々なりのチェックもしました。

また、プロトタイプのリヤに40kgのウェイトを積んで、白子工場から東松山への砂利道、約50キロを行ったり来たり……。そんな地道なテストを繰り返しましたね。

最初は、フロントのボトムリンクサスとリヤのサスがマッチせず、フロントが浮き上がったりしたこともありました。また、フェンダーの形状で、ホコリの巻き上げが多すぎるからこうしたらどうかなど、いろいろ指摘しながら完成車になっていくのですが、あれやこれや注文を付けすぎて、当初の目方から若干重くなってしまった（笑）。

でも、こんな小さな車体なのに、最初から乗り心地よく、そして安定がいいことには感心した記憶があります」

それまで実施したことのない昼夜問わぬテストが行なわれ、プロトタイプから約10ヵ月後の1958年8月、埼玉県の大和工場で「スーパーカブC100」の市販1号車が完成した。

藤沢のイメージしていた「小さな乗り物」はこうして実現し、過去に投資した機械設備のフル活用も果たし、さらに生産の効率化など、藤沢が模索した数々の経営手法もしっかり的中した。スーパーカブ以後のホンダは、企業として飛躍的な成長を見せることになる。

75

そして、この「スーパーカブ」の大ヒットは日本だけでなく、庶民の足、仕事のパートナーとして、世界中に広まっていった。「小さな乗り物」は世界各地の生活スタイルを変え、ホンダが世界へ進出していくための稼ぎ頭になっていくのだ。

（2） ヤマハ、海外レースに挑戦

ホンダのスーパーカブが市場に姿を現す頃、日本初のアマチュアによる「全日本モーターサイクル・クラブマンレース」が開催され、翌年の同レースには、早くもスーパーカブのレーサーが大挙出場するのだが、この年、メーカーによる浅間レースは休止であった。

レースこそなかったが、浅間テストコースは有効に使われ、そしてホンダは自前のテストコースも完成させる。1958年5月、埼玉県白子工場に近い荒川の河川敷に幅4m、そして2キロもない直線を持つ走行コースを作った。このとき、日本のメーカーで、このようなテストコースを持っていたメーカーはなかった。

そして、このテストコースは何もTTやレースのためだけのものではなかった。当時の試作車や完成車のテスト、その試運転は、だいたいが工場近くの道を走り回るか、秘密にしなければならないものは工場内敷地や、夜間を選んで路上テストなどを行なっていた。どこもそういった状況だったから、2キロ弱の直線コースがあるというだけで、オートバイ作りには計り知れない効果があったのだ。

そんなこの年の5月末、日本のモーター関連各誌をビッグ・ニュースが駆けめぐった。ヤマハが外国のレースで入賞したというのだ。

ヤマハは、次々に市販する製品が当たり、国内レースで得た名声を海外にも広げるべく、1957年春から、北米での販売が可能かどうかの市場調査を開始していた。そして、10ヵ月に及ぶその調査から、いかに性能が優秀であると売り込んでも、実績がないものはダメ。それを打破するには、オートバイの盛んな西アメリカのロサンジェルスの地域で有名なレースに勝って、性能を示さなければ無理だろうという結論に達していた。

また、特にアメリカ市場に進出するには、アメリカ（カナダ含む）ローカルだけでなく、「国際市場」の要求に合った品質、性能、耐久力を示すことが不可欠。そのためにも国際的規模のレースに出場し、世界に向けて自社の技術の高さを示さなければ、輸出などは到底無理な話であるということだった。

ヤマハの川上源一は、1954年にオートバイ事業に乗り出した時から、やがては外国に雄飛するという夢を持っていたので、こういう報告を受けるや、すぐさまロサンゼルス沖合のリゾート地、サンタ・カタリナ島で開催される「カタリナGP」レースへの参戦を決める。時は1958年5月の3～4日。アメリカの公式なレースへの日本メーカーの参戦は、もちろんこれが初めてである。

その年の「カタリナGP」は、アメリカで行なわれている通常の舗装路ロードレースと異なり、高低差300ｍの山中悪路を周回するもので、ヨーロッパのメーカーもアメリカ市場を目当てに参戦してい

ダートで悪路となれば、状況は「浅間」と似ているが、しかしライダーやマシンのレベルは相当高いとされ、現地の写真くらいしかない乏しい情報のなか、ヤマハは前年の浅間で優勝した250ccYDA/YDBの長所を活かした5台のマシンを作りあげた。4台のマシンにはアメリカ人ライダーが乗ったが、1台には日本人ライダーを乗せた。その伊藤史朗は、このレースで6位に入賞する（出走32台、完走11台）。

カタリナGPでの入賞は、現地で熱い注目を浴び、その余勢をかってロサンゼルス市内で行なわれたロードレースにも出場。ここで見事に優勝を飾り、ヤマハのアメリカ市場進出の基礎を作ることになった。

ヤマハの海外レース参戦は、国内でも大きなニュースになった。一部には、ホンダがマン島TT出場をブチあげ、じゃあヤマハもそれならと先陣争いで出て行った、あるいはホンダの向こうを張ったといった意見もあったが、私はそうは思わない。なぜなら、ホンダであれヤマハであれ、もし、国際競争に勝てるようなオートバイを作ろうとするなら、必ず何かしらの海外レースをターゲットにするはずだからだ。そのときに、本田宗一郎はマン島。そして川上源一は、アメリカ市場進出というテーマのもとに現地のレースを選んだのだろう。

ただ、国内レース休止の年に、そして、新しい50ccの「乗り物」開発に没頭していたホンダにとっては、これは穏やかならざる話であったであろう。谷口尚巳は言う、

「宣言が出てから毎年、今年は行くぞという話はでていましたが、やはり浅間がある以上、それに集中する必要もありました。58年になってテストコースができ、少しずつレース車らしきもののテストも始まっていたのですが、それがヤマハのカタリナ・レース参戦で火がついたのは確かですね。それからは、何が何でもという具合に、凄い密度の高い仕事になってきました」

さらに、「一般的にはヤマハの動きがどう響いたか知りませんが、たしかにこの時期、ホンダ・スピードクラブが組織化される、TT調査室が本当に動き出す、レーサー試験室ができて、ホンダ・スピードから選ばれたライダーが朝から晩まで、マシンを組んではばらし、ばらしては組みながら走る——。そんな訓練が始まったのです。そうなってくると、本当に（マン島に）行くんだなという実感がわいてきましたね」（田中楨助）

（3）本物のレーサーがほしい！

ホンダは、マン島TTに出場するクラスを「125cc」に絞った。そのためのエンジンだが、敗れたとはいえ、浅間に出走したベンリイでもかなりの馬力は出ていた。だが、浅間のダートで発揮するエンジンの特性は、舗装路での本物のロードレースとは違う。その最大の違いは、ロードレースは舗装路面を高速で長い時間走らなければならないこと。瞬間的な高馬力ではなく、持続できる馬力でなくてはならない。この意味で、エンジンは白紙の状態からの開発になっていた。

「何が何でも馬力のある、故障のないエンジン製作。それを目指して、不眠の実験が続きました。社長も、よく我々と一緒に実験室にこもり、目を真っ赤にして陣頭指揮をしてくれました。私はその度に、できるだけ早く、社長の手をわずらわせず、こういう立派なエンジンができましたと報告するようになりたいと、頑張ってみましたが、しかし気ばかり焦っていて、データはいつになっても上がりませんでした……」（河島喜好）

こうして外国の文献などを参考に、見よう見まねのレーシング・マシン作りが進んでいったが、開発が進むに連れ、本場のレースマシンを実際にこの目で見たいという願いが高まってくる。だが、技術の粋を集めたレースマシンは、一方では〝秘密の塊〟でもある。金があってもそれだけで購入出来るものではない。

しかしホンダは、かねてから海外の先進工作機械購入には意欲的だったが、その際にずっと仲介をしてくれていた大倉商事が間に入って、あるレーシング・マシンを購入することに成功する。

それがイタリアのモンディアルで、マシンは1956年のワークス125ccレーサー「135GP」であった。

この「モンディアル」とは、イタリアで第二次大戦後に登場したブランドで、大富豪の子息J・ボセーリが設立した〝スピード志向〟のメーカーだった。市販車作りよりも、速度記録やロードレースといったフィールドで夢を追求し、戦後のイタリア・メーカーの牽引車的な存在でもあった。

そしてマン島TTには、125ccクラスが加わった1951年に、すぐに参戦。その初戦で、モンデ

イアルは、イタリアのMV、モトグッツィ、ベネリ、そしてドイツのNSU、DKWなどを抑えて優勝していた。また1957年には、125＆250cc両クラスの世界GPタイトルを獲得した。

この頃のホンダは、ようやくエンジンに関しては、徐々に出力アップの兆候が見えはじめていたが、ロードレース・マシンの「フレーム」という点については、わからないことだらけだった。どんな構造で、そして、何が必要なのか？ 写真などを見て、何とか推定はできるものの、それにはおのずと限界がある。

このとき、河島をはじめとする技術者が欲したのは、「ロードマシンの全体像」の把握だった。MVでもNSUでも、手に入るものなら何でもよかった。模倣のためのサンプルがほしいのではなく、こういうものなのだという〝雰囲気〟だけでも知りたいのだ。「ロード・レーサー」ということに関しては、当時の日本では、そもそも一切が不明だった。

ただ、期せずしてホンダが手にしたロード・レーサーは、モンディアル＝MONDIAL、つまり、「世界、抜き出る、卓越」といった意味の名を持つものだった。偶然であるとはいえ、世界を目指そうとしていたホンダには、ゲンがいい取り合わせであった。

（4） モンディアルがやってきた！

そのモンディアル・レーサーがホンダにやってきたのは、1958年の9月。初めて見る〝本場物〟

に技術者は興味津々、そして、さまざまな解析も進む。

一見では雑な作りとも見えるモンディアルだったが、いろいろ調べるうちに、それまでのホンダが気づかなかったことが多々盛り込まれており、そしてエンジンは、きちんと整備すれば20馬力を超える出力になることもわかった。これを知った研究室に、フーッという溜め息が洩れる。なぜなら、まだホンダでは、125ccでは12馬力くらいしか出ていなかったからだ。

レーサー試験室（技術部第2研究課）のライダーにとっても、このモンディアルは興味津々であった。

「いやー、（モンディアルが）来たときは、嬉しかったなあ！ とにかく、ビックリした。まず、ものすごく軽いんだね！ でも、クル

レーサー造りの参考車としてホンダが'58年9月に取り寄せたモンディアル。その桁違いの性能に技術者は唖然とした。フルカウリングの効果のほども当時は漠然としかわかっていなかった。荒川テストコース（埼玉県）上でモンディアル135GPを抑えるHSC主将の鈴木義一。

マに跨がってみて驚いた。最初は、外国人は背が高いから、こんなんだろうってね。だって、シートは後ろの方にあって、そして短いダウンハンドル⑫が前の方にあって。クルマに乗ると、腹から胸まで、長〜いタンクにうつ伏せのような姿勢になっちゃう。おいおい、これでどうやって動かすんだ？（笑）

とにかく、それまで乗っていたのは、ドカッと座って（広い幅の）ハンドルをぐっと握り……ですからね。まったく違うものという感じでした」（田中槙助）

「意外にキャシャだというのが第一印象でした。それは後から思ったことだったかも知れませんが、こんな程度でいいんだ……という感じです。

でも、よく調べてみると、雑なように見えて、一つ一つが入念に作られている。モンディアルについていたカウリングも、最初はどれほどの効果があるのかわかりませんでした。

でも、馬力が稼げないんなら、風速抵抗の効果も試さなければというので、東大の風洞実験室をお借りしまして、毎日通いました。真冬2月でしょ、ものすごい寒さで、それでもクルマに跨がって……。

表は雪が降っているんです。

風速抵抗を何が何でも低くするには、どんな形状のカウルがいいかって、夜の10時、11時頃までも。

苦労の連続でした」（谷口尚巳）

「エンジン掛けようと思ったら、最初はなかなか掛からない。マシンを⑭"押し掛け"⑬してシートにドンッと乗りますとね、スッコーンと止まっちゃうんです。単気筒ツインカム⑮のコンプレッションが、凄く

高いんですね。パワーあるなあって直感しましたよ。当時、ウチの方はよくて15馬力くらい。モンディアルがどのくらいかはわからないけど、でも、(ホンダより)ずーっと上でしたね。それと、どういうギヤ・レシオになっているのか。たぶん、ローギヤも高かったんでしょうね、巧くスタートできないのです。買ったばかりの大事なもの、半クラッチでバババーッてやって壊しちゃったら大変ですから」(田中禎助)

第4章 矢は放たれた！

（1）「来年のTTに出るぞ！」

モンディアルの入手は、社内でもごく一部の者しか知らないことだったが、「レーサー試験室」の活発な動きは、それとなく、大きな挑戦が近づいている雰囲気を社内に醸しだしていた。

河島喜好率いる開発チームのピッチは上がり、浅間クラブマンに出走したベンリイCR125のエンジンを発展させ、DOHC・2バルブ型として、その出力は15馬力に達するまでになっていた。

この進化を見た宗一郎は、貿易自由化の年ともなる来年、1959年を、マン島TTレース出場の年とすることを正式に決定した。1958年暮れ、こうして、後戻りできない道が敷かれたのだ。

この決定について、河島は述懐する。

「エンジンは15馬力までこぎつけてましたが、しかし、これでレースに出ても、到底優勝など望めないのはわかっていました。ただ、このエンジンがあれば、そう惨めな負け方はしないのではないか。そして、リタイヤなく完走すれば、それで得られる経験は、その後に大きなプラスになります。どの道、マン島に出場することになるのなら、1年でも早く（現場で）勉強した方がいいと思いました。

ただ、エンジンにしても、あと不足の3馬力をどう解決するか。そして、エンジン・トラブルをどう防ぐか。これが課題でした。

馬力を増すには高回転にする必要があり、それには2バルブより4バルブの方が充填効率が高く、高出力を得られる。このことがわかってきましたので、エンジンの最終仕様は4バルブ型に決め、正月を返上して、馬力の追求をつづけました。

考えてみれば、当初125ccを手掛けたとき、わずか8馬力そこそこしか出せなかった。そこから、1年を経ずに、15馬力まで達したわけです。

最初の頃は、外国のデータを見て、125で18馬力、250で39馬力などと記してあり、とても信じられず、単なるカタログデータではないかと疑ったものでした。

しかし、実際に自分で手掛けてみると、やればできるのだということを実感し、改めてヨーロッパの偉大なエンジニアに頭の下がる思いがしましたね」

年明けて59年の1月、TTレース出場のための実地調査が行なわれた。その任にあたったのは新妻一郎と、第1回浅間クラブマン・レースの国際レースで優勝したアメリカ軍属のライダー、ビル・ハントだった。

ハントは浅間クラブマン・レースを通じて、ホンダ・スピードとの交流が始まっていた。そして、レースの腕を買われただけでなく、外国のレースや英語にも通じていることで、ホンダのTTプロジェクトの一員となっていたのだ。

87

新妻とハントは、TTレースの元コース・マーシャルであるA・ハーバートの案内で、125ccレースが行なわれるクリプスコースをつぶさに調査した。帰国後、その結果を報告するが、ただ、レースやコースを見たことも聞いたこともない者への説明は難しく、また、説明される側にとっても、何のことかサッパリわからないというのが実状でもあった。

だが、およその見当はついたということで、レース出場までのスキームが把握できた。

浅間火山レースでの敗北、会社存続の危機を乗り越え、1954年の宣言から5年、世間からほとんど忘れられていた遠大な挑戦の幕は、こうして開いたのである。

「TTレース出場の決定を知らされたんですが、その時は正直申しまして、また〝オオカミ少年〟じゃないかって思いましたね。それまでも、年末になると、来年は行くって言ってましてね。羽田に行って、飛行機が飛び立つ前に中止になるんじゃないかって、皆で冗談言い合ったくらいです(笑)」(谷口尚巳)

「それ(決定)から以後、ライダーへのトレーニング、主に基礎体力作りですが、ランニングが日課になりました。あ、マン島に行くんだな、日ごとに実感が強くなってきましたね。けれども、僕達には何もできないんですが、飯田佳孝さんは、パスポートや外貨、つまりドルですか、そういったライダーや技術屋にはわからない大変な仕事を抱えていたんですね」(田中楨助)

現地の調査報告をうけて、浅間レース以来、レースチームのマネージャーを努めた飯田佳孝は、田中が言うように、マシンづくり、ライダーづくりとはまた違う大変な作業にかからねばならなかった。

というのは、当時の"海外旅行事情"である。いまでこそ、年間1千万人を超える人々が、そして気軽に海外にでかけているが、この海外観光旅行が自由化になったのは1964年のこと。

それまでは、日本人が外国へ行くということにはさまざまな制限があり、そもそも、特別な例しか許可されなかった。なぜなら、日本円を持って行っても、当時「外貨」がきわめて貴重だったからだ。いまでは常識でもある。海外では通用しないから、しかるべき外貨に換える。だが、その外貨はどこから出てきたのかというと、政府保有のドルやポンド（当時）からである。

そして当時の日本は、まだ、外国に何かを売ってドルやポンドを手に入れる、そのための輸出物も少ない時代だった。したがって、日本に外貨を持ってきてくれる者には渡航を許可するが、逆に、ドルやポンドを使ってしまうような渡航には、極めてうるさかったのである。まして、それまでのホンダは、外国の高価な工作機械などを買うためにドルを使うばかりだった。ホンダはまだ、日本政府にとって、外貨を稼いでくれる立場になっていなかったのだ。

こうした外貨の問題と、さらに、日本から外国へ何をしに行くのか、渡航する者はどんな仕事をしていて、その身分は何か。そして、不祥事を起こすような人物でないことを保証するのは誰かなどなど。それはもう厳しい制約で、それに該当しなければパスポートも発行されなかった。

とりわけ、外貨の持ち出しは一人500ドルまでという厳しい制限があった。当時のドル換算は、アメリカに押し付けられた1ドル＝360円だったから、500ドルは18万円。今日とは貨幣価値は異な

89

るが、しかし、そんなものでレース出場の金が足りるわけがない。

飯田は外務省、大蔵省と毎日のように交渉するが、オートバイそれ自体の認知度も低く、ましてレースだマン島だといってみても、理解される時代ではなかった。

飯田は、日本のレースの現状、そこから得ることのできる成果、ホンダは、なぜ外国の、それも世界最高のレースに出ようとしているのか、そして、そこで優秀な成績を収めることによって、これからの日本にもたらされる利益、それはつまり、政府が目指す貿易振興、外貨獲得への基礎造りなのだ……といったことを切々と説き、粘り強く交渉を重ねる。

役所の根気負けでなく、彼らの理解が深まったと解釈したいが、ともかく飯田が東奔西走しての情熱の結果、必要な外貨枠の獲得と、商社の身元保証をつけたチーム・メンバーのパスポート発行が成った。

またホンダは、同年6月に、アメリカ市場進出のため「アメリカン・ホンダ・モーター」を設立していた。そこへ向けて多少の製品を輸出していたので、マシンその他必要品の輸送には、ある程度慣れていた。

本田宗一郎の念願、河島喜好の陣頭指揮で、ホンダ・レーシングマシン開発技術者の情熱を結集したTTレース出場マシン、ホンダRC141の6台、市販ベンリイSS・CB95を10台、さらに整備工具、スペアパーツ、ライダー装具、そして日本食を詰めたコンテナは、4月のはじめに、船積みされて日本を出港した。マン島へはインド洋を経て、スエズ運河を通過、約1ヵ月に及ぶ船旅である。

（2）悲劇のライダー、秋山邦彦

そして同時に、TTレース参戦のメンバーが決定した。

監督：河島喜好、マネージャー：飯田佳孝、整備主任：関口久一、メカニック：広田俊二。そしてライダーは、鈴木義一、谷口尚巳、鈴木淳三、秋山邦彦、ビル・ハントの9名である。

レースに必要な輸送物の手配が終わって、さあ、あとは出発を待つばかり……ということにはならない。河島が率いる研究・開発陣には、遠征チーム一行が出発するまでの残り時間に、さらに性能を上げる手段を求めての追求が続く。

悲劇は、そんな緊張のなかで起こった。

1950年代、娯楽の王様は映画だった。54年頃、その映画で、山本富士子、高松英郎と、そしてホンダ・ベンリイが"主演"する『火の女』という映画（大映制作）があった。その続編が『火の爆走』で、この2作とも、オートバイに乗る俳優の吹き替えをしたのは、ホンダの谷口尚巳だった。映画が好評であったため、次は本田宗一郎をモデルにしたといわれる『妻の勲章』という新作がクランクインする。1959年3月であった。

その映画に、オートバイのライディング画面があり、その撮影にホンダ・スピードクラブが協力して、ロケが箱根の大観山峠で行われた。

シーンは、一台のオートバイが峠を登ってくるというもので、車上にあったのは秋山邦彦だった。しかし、厳重に交通遮断をしていたはずの道路に、なぜか突然トラックが現われ、疾走してきた秋山邦彦はそれに激突、即死してしまったのだ。

秋山邦彦は、鈴木義一、谷口尚巳の後輩で、第2回浅間火山レースに出場。ホンダ・スピードクラブの中核として、将来を嘱望されたライダーだった。そして、本田宗一郎のマン島に賭ける夢に感動し、自らの人生も宗一郎とホンダに賭けていた。見知らぬ本場のロードレースを洋書を見ながら研究し、英会話の勉強もして、やがて来るはずの「その日」を生きがいにしていた。

「まったく突然のことで、動揺していましたが、取り急ぎオヤジさん(宗一郎)に連絡したんです。そしたらオヤジさんが、『おいっ、いくら4月1日だからって、冗談もいい加減にしろ、バッキャロー!』……もう、あとの言葉はありませんでした。

秋山は、人一倍、レースへの情熱があって、そして研究熱心な男でしてね……。運動神経も抜群でしてね、ホンダのライダーの中で、バク転ができるのは秋山だけでした。送ったばかりのコンテナには、彼のヘルメットから革つなぎ、そのほか全部の荷物が入っていたんです」(谷口尚巳)

秋山のTTレースに賭ける情熱は、クラブマンの間にも知られていた。今日とは違って、DVDもVTRもなく、つまりムービーは何もなかった時代だが、しかし秋山は、どこからか、TTレース実況放送のレコードを買い入れてきた。そして、そのサウンドとマン島のレースコース図を合わせて、ギヤチェンジやブレーキングなどのイメージトレーニングや実地走行のライディングテクニックの研究に没頭

していた。そうやって、いつかはやって来る、マン島で自分が走る姿をイメージしていた。

その秋山邦彦の死……。出発前の悲劇をどうしたらいいのか。秋山に代わるライダーは田中楨助が務めることを決めるが、予定（レース）に向けての時間だけは非情に進む。

そしてこの頃、もうひとつの"特別トレーニング"があった。ライダーは体力作り、メカニックは最新マシンの整備技術の研修を行なっていたが、

「ランニングやって、ライダーの基礎体力を高めることはやっていたんですが、社長（宗一郎）が、『お前ら、向こうに行って苦労しちゃいかん、英語ぐらい、ちったー話せなきゃダメだ。笑われないように、いろいろ覚えるんだ！』って。

それで、テーブルマナーとか英会話の特訓をやりました。フォークやナイフの使い方、置き方、魚と肉では違うとか。ステーキなんて、生まれて初めて食べましたよ（笑）」（田中楨助）

「そう、行く前に、向こうのホテルでの食事の仕方、それと英会話。そして、仕事が終わった後、みんなで柔軟体操やったり。転ばない練習とかね、いろいろ手探りのトレーニングでした」（谷口尚巳）

当時の日本人は、日本から一歩も出たことない人がほとんどで、それはホンダの参戦チームも例外ではなかった。その上に彼らは、外国のレースに出るという仕事があった。それまでまったく縁がなかったことばかり。そして、オートバイに乗ることだけが得意な若人にとって、すべては、それでも経営者陣はすでに海外を知っているので、余計に気にかかるのだ。遠征メンバーが困りはしないか、何か粗相をして笑われはしないか、迷惑はかけないか……。会社の面子もあったかもしれないが、そもそも日本人とし

て恥ずかしいことをしてもらっては困るという親心であった。

そしてこれは、のちにホンダに続き海外レースに参戦した他メーカーとそのチームも同じだった。

スズキのライダーとして海外レースに出場した伊藤光夫は、

「ウチも、テーブルマナーや英会話の特訓やりました。食事のマナーは、一流のところというので、浜松から東海道本線に乗って東京目白の椿山荘まで行きましたよ」

これを聞いたホンダの田中槇助が驚く。

「えっ⁉ スズキは椿山荘！ ホンダは、研究所の向かい側にあった川魚料理屋だった（笑）」

「ヤマハも同じです、あれは銀座だったかなあ？ それと、スーツ着ていないとホテルに入れないっていうんで、背広作ったり。現地で、メカニックがスープをズズズーって飲んだら、ジロッと見られちゃったけど」（砂子義一・ヤマハ）

「そう、キチッとした身なりでなければということで、銀座の英国屋に、みんなでスーツ作りに行きましたねぇ」（伊藤光夫）

ホンダのライダーとしてマン島TTを走った北野元も、同様の体験をしていた。

「僕は、チームに加わったのはあとからだったけど、やはり特訓された。でも、行ってみたら、一流ホテルに泊まったわけじゃなく、寮みたいなところだったんで、結果的にはあまり必要なかったな」

──椿山荘、英国屋、そして近所の川魚料理屋、いろいろ差はあったようで、こんな〝付け焼き刃〟がどう役立ったのかは、よくわからない。ただ、海外遠征での日本人の大きな失敗談は聞いていないの

で、こうしたお行儀見習いは、それなりの効果はあったようだ。

（3） ホンダ、マン島に上陸

やり残したことはないか、現地で必要なものを忘れてはいないか。そんな心配事を山のように抱えながら、河島喜好が監督の重責を担う総勢9人は1959年5月3日、羽田空港を出発した。空港まで見送りに来た宗一郎は、「1年目だ、気楽な気持ちでやってこい。決して無理をせず、全員元気で帰ってこい」とだけ言った。勝ってこい、しっかりやれ！……と激励めいたことを言わなかったのは、一行への気遣いであった。

「社長はそう言ってくれるものの、やはり多額の研究費を使い、長い年月かけて作ったマシンのことを考えると、いかにレースに理解ある社長だからといっても甘えられない。ともかく全員完走、それも全車で——。秋山の不幸があった後でもあり、一人でも事故者を出したら、監督として申し訳ない。考えは堂々巡りし、頭の中はそんなことでいっぱいだった。羽田を飛び立つと同時に、さまざまなことが胸に迫って……、自分の責任の重さをいまさらのように考えさせられました」（河島喜好）

彼らが乗ったのは、この前年に就航したばかりのBOAC（英国海外航空）ジェット旅客機、改良された新型コメットで、一行13名は、香港、カルカッタ、カラチ、テヘラン、ベイルート、ローマを経由してロンドンへ向かった。40時間に及ぶ空の旅だが、このとき彼らを襲っていたのは期待よりも不安だ

った。

そして、チームのすべてを賄うマネージャー・飯田佳孝はなおさらであった。船積みしたマシンや機材は、無事マン島まで着くのだろうか。現地で、支障なく引き取れるのか。船による長旅で、荷物が痛んではいないだろうか。

そして、マシン作りよりむずかしいといわれた「ドル作り」だったが、やっと工面したそのカネで足りるのか。

長い空路の旅を終え、ようやくマン島ロナルズウェイ空港に降り立った彼らを待っていたのは、現地のメディアであった。日本という"ファー・イースト"極東から、TTレースに参加するチームがやって来る? それは本当か? そして、日本人にレースができるのか!?

「空港のロビーで、記者が訊くんですよ。『君たちはどこのクルマに乗るんだ? マシンはどこの国のものだ?』って、これですよ。『日本でクルマが作れるのか?』って。日本製だって答えると『フザケンジャナイッ! フジヤマ・ゲイシャなんですね、やっとわかりました。大きなギャップが——』。こっちは、向こうの人っていうか、チームだけじゃなく、ここの人たち全体がライバルっていう気持ちになりましたね」（田中楨助）

「そう、それとホンダの従業員が来て走るということにビックリしていました。だから、社員が走る?……後から知ったんですが、ヨーロッパのライダーは契約で乗っていますよね。『社員ライダーに、マン島のメーカーの従業員がレースを『走る』ということが信じられないらしいのです。

ホンダの宿舎・ナースリーホテルを訪ねてきたMCマニアのマシンに跨る左から田中楨助・佐藤淳三・谷口尚巳。洋式トイレとベッドの経験がない時代だったから床に布団を移し、苦労して用を足し、外貨が少ないので散髪・洗濯などもチーム員の仕事だった。

わけがない』って言うのです」(谷口尚巳)

入国を終えたホンダ・チーム一行は、マン島の繁華街ダグラスから北に3キロほどのオンシャンという町に入り、そこのナースリー・ホテルにチェックインした。ここをベースキャンプとするレースへの準備が始まる。ホテルといっても、NURSERY＝託児所や育児室、養成所という名前通りの木賃宿で、これもドル節約であった。

そして、いきなりナイフとフォークでの食事、座らなければならない便所など、日本とは掛け離れた生活に戸惑いながらの、マン島での日々が始まった。

そして、マネージャーの飯田が心配し続けた船便が着くと、そこでも事件があった。約1ヵ月の間、赤道直下から低温、そして乾燥、湿気など、すべての気象の洗礼を受けたコン

98

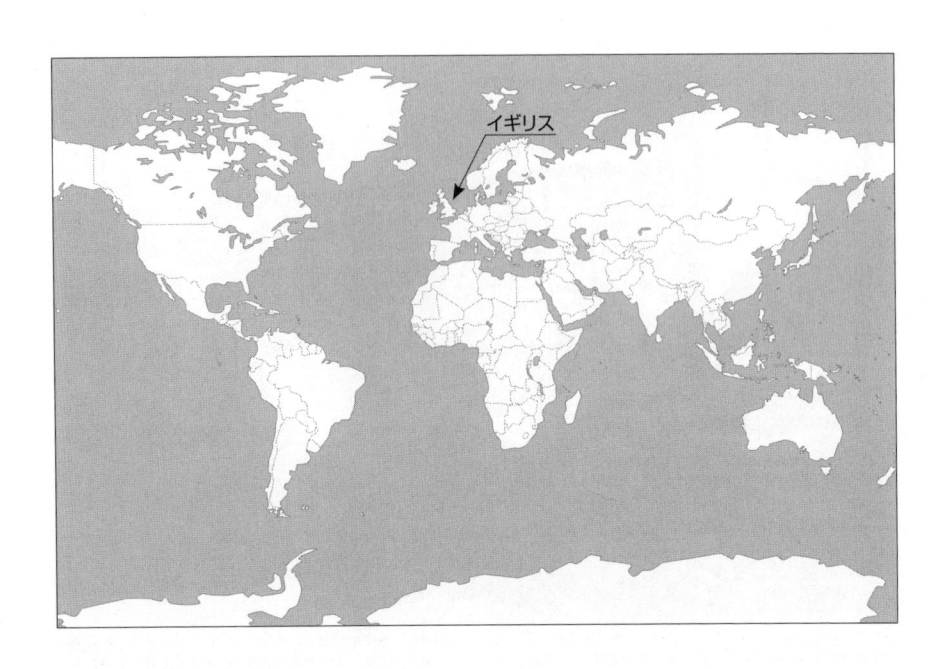

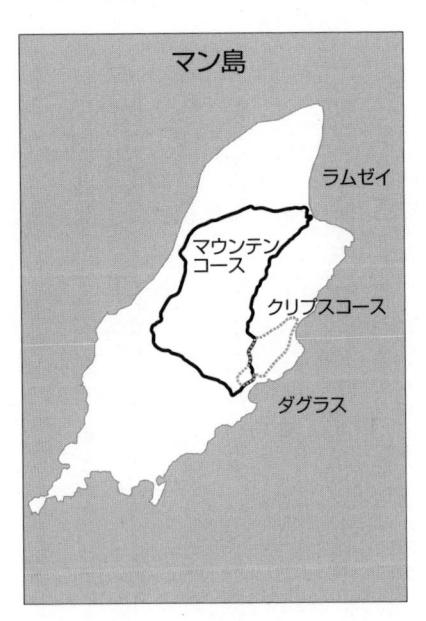

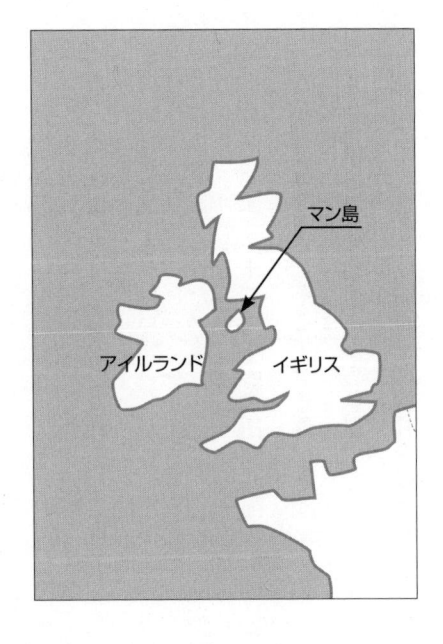

テナから出てきたのは、錆びだらけのマシンと、腐敗した日本食だったのだ。すぐに、メカニックもライダーもない全員による必死の準備に取りかかる。

一方飯田は、マン島独特の〝マンクス英語〟に四苦八苦しながら、主催者との連絡、レース・スケジュールの把握などの業務をこなす。そして、食事の買い出し、スタッフ衣服の洗濯、ベッドでは寝られない者のために、床に布団代わりのマットを敷くなど、〝主夫〟役を自ら買って出ていた。

（4）恐るべし、クリプス・コース

TTレースの125ccクラスは、60・72キロに及ぶ「マウンテン・コース」の一部区間を使う「クリプス・コース」と呼ばれる、一周17・38キロのショートコースを使うが、これはもちろん、一般公道である。

この「クリプス（Clypse Resevoir）」とは、マン島・クリプス川の流域に1876年に建設された人造湖のうちのひとつ、クリプス湖（Clypse Resevoir）が周回ルートの真ん中に位置することから付けられた名前だ。

ホンダ・チームが持ち込んだ市販のベンリイSS・CB95は、連絡用などに使うだけでなく、マン島に限らず、公道をその舞台とするレースは、基本的に練習慣熟のためのオートバイでもあった。マン島に初めての挑戦者にとっては辛いものとなる。しかし、このベンリイのようなナンバー付きの〝普通のオートバイ〟なら、普段の日に一般車両に混じって、レースコースを走ることが

99

できる。ホンダのライダーは、時間のある限りこのベンリイを使って、コース覚えに没頭した。

ライダー全員の最初の感想は、「走りやすい！ こんな平らな所を走れるなんて！」であった。これは、たしかにそうかもしれない——それまでの日本人ライダーがレースをしてきたのは、浅間の火山岩が砕けたダートや、富士山の砂利の山道だったからだ。ホンダのライダーだけは、かろうじて、ようやく作った舗装の荒川テストコースを走っていたが、しかし、それとクリプス・コースでは距離がまったく違う。

しかし、その「走りやすい！」は、初っ端の淡い喜びでしかなかった。

谷口尚巳は、河島喜好監督が「このコースを、いったい誰が走るんだ⁉」と唖然として

練習車としてホンダがマン島へ持ち込んだベンスパCB95（150cc）。当時高速で走る場所が日本にはなかったので、マン島を走り出すと国産タイヤのブロックは遠心力で吹っ飛び、チェーンは固着し折損、プラグも高速、長時間走行での耐久性不足などの諸問題が浮上した。

いたことを証言しつつ、次のようにつづけた。
「ともかく、日本では考えられないコース。スタート地点から下って行ったところは、とくに凄い。下って、右に曲がりかけたところにマンホールがあって、そこから1mだけ離れて、歩道の縁石がある。そして、そのマンホールと縁石の間を抜けないと、次のコースに続かない。そして、道路の脇は全部、石垣なんです」
「谷さん（谷口）のいうポイントはアクセル開けたまま入っていいところなのかどうか、ものすごく不安になった。
 そして、アップダウンもキツい。登りにかかった時は、身体がグアーンと車体に押し付けられ、サスペンションが沈みきったまま登って行く。次はいきなり下りになって、今度は身体が浮いちゃって、まるでエレベーターで下がるような……。日本では絶対に経験したことがないことの連続でした。
 向こう（マン島）に着いて、最初に見たのは路面でした。石が、ノコギリの刃を逆にしたような格好で尖っていて、その石が欠けて山のようになっているところもある。10ミリから12ミリぐらいの大きさの石が、そうしてザラザラと立っているから、路面のグリップはいいんですが、タイヤにはキツい。日本製のタイヤのブロックは、走ると、全部飛んじゃって保たなかった。こういう路面なのか――初めてでした。
 それと、最初は、コースは安全に見えたんです、コースのサイドが堤防のようになっているのでね。そこに芝や草がきれいに生えているので、いかにもクッションがよさそうな、柔らかい堤防に見えて

101

でも、それ、鉄平石という石を積んでできているもので、それに草が生えていただけ。中身が見えなかった。芝をめくって見て、たまげましたよ！　その堤防の内側がこちらを向くような感じで積み上げてあるんです。そこの縁石が20センチぐらいの高さ。これがちょうど、マシンのステップに引っ掛かるくらいの高さで。これで本当に（レースを）走れるのかなあ……、日増しに『これは大変なことになった』でした」（田中楨助）

コース慣熟を兼ねた練習がつづき、どうにか少しはコースがわかりかけてきたある日、ライダー・グループは、コースを見渡せる小高いバルカレンの丘の上に、持参してきた秋山邦彦の遺髪を埋めた。そして、秋山の冥福と、マン島での永遠の安らかな眠りを祈った。

（5）MV、ドゥカティ、MZ……"世界"は速かった！

レース・ウイークの10日前くらいになって、やっと他のチームがコースに顔を出し始めた。彼らが走りはじめると、河島は早くも、強豪達とホンダとの大きな差を知ることになる。

「私は日本を出発する際、社長から言われた言葉を思い出しては、『あせらないこと、ライダーに怪我をさせないこと』を念頭に置き、マウンテンコースより遥かに短くても、その中にさまざまなシビアな

ところがある『クリプス』という不気味で恐ろしいコースの攻略方法を考えつづけていました。ところが、われわれがどう走っても、そして、マシンをどうセッティングしても、MVやドゥカティ、MZなどがそれまでに記録したタイムには、とても及ばない。いろいろやっても、タイムは少しも上がらない」

ホンダがマン島へ送ったマシンである「ホンダRC141」のエンジンは、2バルブ式だったが、このエンジンは、もし船出までに間に合うようなら4バルブ式にすることになっていた。しかし、それは間に合わず、現地で4バルブに直すことができるように、手荷物でパーツを持参していた。

河島はここで、現場（マン島）でのエンジンの改良を決意した。したがってTTレースには、2バルブのRC141と4バルブを組み込んだ「RC142」の2種で出場することになった。

「われわれが模索しつつ練習をしている頃、他のチームはどこも来ていなかったので、われわれは速いのか遅いのか全然わからず、目標となるのは、今までの優勝ライダーのタイムだけでした。もちろん、それにはとても追いつかないのですが……。

練習に入って、すぐいわかったのは、初めてのマシンだから無理ないですが、ホンダは操縦性が悪くて、そして、ブレーキが全然いうことを聞いてくれないことでした。

エンジンの馬力は不足でも、でも他と比べて極端に悪いとは思わなかったですが、操縦性とブレーキの性能差は歴然としていた。

そしてそれは、現地で改良できるほど簡単なことではない。また、その欠点をライダーのテクニック

でカバーできるという範囲でもない。ものすごい高速で走るわけですから、ほんの少しの操縦性やブレーキの悪さでも、ライダーには大きな負担となる。これを直すには、日本でフレームの基本から研究し直さなければ解決できない。

そうなると、いまできる範囲内でベストを尽くすこと。つまり、まず完走を目的にするしかない。そう決めました」（河島喜好）

やがて、各国から当時一流のライダーが集まってきた。イタリアのMVアグスタに乗るカルロ・ウッビアリ、モンディアルからMVへ移籍したタルキニオ・プロヴィーニ、スイス人のルイジ・タベリ（MV）、東ドイツのMZを駆るエルンスト・デグナーといったメンバーが、ホンダ・チームの前に姿を現わし、走りはじめた。

ホンダ・チームの面々にとっては、こうした世界の一流ライダーとマシンの走りを目の当たりにするのは、もちろん生まれて初めてのことだ。GPレースを見たこともなく、「浅間」での経験しか持たない技術者がレーシングマシンを設計し、ろくなテストもできぬまま、はるばるマン島まで運んだマシンで、世界の強豪を相手に、レースに挑む。大胆というのか、ムチャというのか、はたまた向こう見ずなのか──。

河島は、いくつかの媒体誌面で、このときのことを以下のように回顧している。

「それは、いかに困難なことか。この時私は、脳髄まで通るほどの強さで感じ取った。だが、私達ホンダチームは日本人だ。われわれには日本人の血が流れている。彼らがやったことが我々にできないこと

K・L・Gは開発者ケネム・L・ギネスに由来。プラグの碍子は当時磁器が使われていたが、ケネムはより絶縁性に優れる雲母を磁器の代わりに使用し小型・高性能エンジンの要求に見事対応。'20年代には航空機はもとよりレーシングドライバーやライダーから絶大の信用を得ていた。

はない。彼らが10年かかって築き上げたレーシングマシンなら、その半分の時間で完成させてみよう。彼らが6年なら3年で、私は心に固く念じた。

そして、遠い日本から我々のことを心配する社長に、私の決心を書き送った。

『私達は、初めて世の中に出た井戸の蛙であることに違いありません。ただの蛙では終わりません。来年も再来年も世の中に出して下さい。必ずや3年先には世の中や大海を知る蛙に成長することを約束します。私達は日本に生まれた蛙ですから、他国の蛙などに負けないだけの魂を持っています』

こんなことを書き送って、今の努力の上に、来年再来年も、ずっと先まで積み重ねてゆける機会を社長に依頼した」

「CB95で練習しただけで、日本の技術って

こんなものかってビックリしました。というのは、CBのチェーンがすぐ伸び切ってしまう、チェーンピースは飛んじゃう、ぶっちぎれる。そして、タイヤのブロックはボロボロになって無くなっちゃう。プラグがシリンダーから飛んじゃったりしたこともあった。

レースで、じゃないですよ。コース覚えるために走っているだけで、そして、普通の道路を走るために作ったクルマで、こんなことが起きる。

でも、本番用のマシンでなくてよかったんです。市販車で走って、そういう問題が出たから、ある程度手が打てた。

とくにプラグでは苦労しました。当時、荒川のテストで、国産品の300番プラグで何ともなかったのですが、TTコースでは、連続する登り坂のせいか、プラグが溶けちゃうんです。

それでプラグはKLGに変え、タイヤはエイボンにして、チェーンはレイノルド。こうやって、ほとんどの部品を外国製にしました。

CBの練習車を持っていかなかったら、本番用マシンで同じトラブルが出て、ホンダは全滅してたでしょう」（田中楨助）

（6）マン島の"おにぎり"

一つ一つ未知への道が開かれ始め、1ヵ月前から乗り込んだ甲斐を感じつつも、慣れぬ外国生活がつ

づいていた。前述のように、輸送した日本食は腐っていた。マネージャーの飯田は、チーム全員の疲労が手に取るようにわかる。

ライバルのタイムは日増しに上がるのに、ホンダはそうではない。ライダーやメカニックの焦りも顕著になっていく。とくにメカニックは、関口整備主任と広田俊二の二人で、5台のマシンを整備する激務である。ホンダのライダーは走るだけでなく、メカニックの手伝いもしなければならなかった。

そんな状況で迎えた、公式プラクティスのある日。ホンダ・チームは、パドックに思いがけない婦人の訪問を受けた。

「私、マン島に住んでいる日本人でカレンと申します。日本の方々がTTに出るなんて夢のようです！ここに日本人は私一人です。みんなが、日本人がレースに出るっていったって、どうせ大したことじゃないって……。

みなさん、ぜひ、頑張って下さい。これ、こちらのお米ですから、お口に合うかどうかわかりませんが、私、"おにぎり"つくってきました。みなさんで召し上がって下さい」

彼女の名はケイコ・カレン、広島の出身で、戦後の日本に来ていたイギリス空軍のご主人といっしょに、1952年からマン島に住んでいた。

「2007年のいまでも、マン島に住んでいた。

「2007年のいまでも、おにぎり作って待ってまーすって、電話もらうことがあるのですが、あの時は本当にビックリしました。日本人は自分達だけだと思っていましたし、まさか……で。

107

マン島在住のケイコ・カレンさん(中央)はホンダチームの定宿ナースリーホテルをしばしば訪れ激励した。左端は関口主任。右端はカレンさんのご主人と息子さん(1959年)。

それに、もう疲労と、メシ食いたいソバ食いたいって、そんなストレスが溜まりに溜まっていたところに〝にぎりめし〟でしょ！　もう、本当に嬉しくって……これは夢じゃないかと、むさぼるようにいただきました。

ケイ(ケイコ)さんの〝おにぎり〟で、自分と日本を取り戻しましたね。あのときに受けた大きな励みは、一生忘れられないものです。

この〝おにぎり〟がなかったら、あの完走とチーム賞もあったかどうか——」(谷口尚巳)

第5章 ケルトの島

(1) 大英帝国でもイギリスでもない島

17世紀頃から「七つの海」を支配して1931年まで、「大英帝国」(British Empire)と呼ばれたイギリス。しかしその「帝国」も、グレートブリテン島とアイルランド島の間にある、アイリッシュ海のひとつの島——面積およそ581.1平方キロ(227平方マイル=square miles)のエリアを完全な支配下におくことはできなかった。

それが「マン島」で、この島の周囲をライディングすれば、およそ行程200キロ強になる〝ツーリング〟も楽しめる。広さでいうと、東京都の伊豆大島(91㎢)に対して約6倍というところだ。

いま、世界の「国や地域」といった場合に、その数は192を超えるという。だから、どんな「国」があっても不思議ではないのだが、しかし、このマン島というのは、やはりちょっと奇妙な存在であると思う。

たとえば、マン島はイギリスである……のだが、しかしここは、英国でもイギリスでもないという部分がある。その例を挙げると、マン島の元首は、2007年時点でいえば、あくまでもエリザベス女王であり、その元首のもと、完全な自治権を持つ独立国になっているのだ(同じく2007年時点で、マ

ン島の首相はトニー・ブラウンである）。

そして、今日多くの国の政治体制は議会政治だが、これはもともと、17世紀初頭に君主の専制を抑止するためにイギリスで発達した政治形態とされる。しかしマン島ではすでに西暦「979年」という時点で、日本では平安時代後期にあたる時代に「議会政治」が施行されていた。

その世界一古い歴史がある「ティンウォルド」（Tynwald）と呼ばれる議会によって、マン島独自の法律や社会制度がつくられ、その制度は永々と今日に続いている。この確固たる信念を抱いた独立体には、いかに「大英帝国」といえども干渉できなかった。したがって、マン島はかつてもいまも、独自の国旗・国歌・貨幣を持つ。ただ、いくら独立体とはいえ、統治範囲には限界があり、今日は国家予算の3％を拠出して、外交・防衛はイギリスに委ねている。

「人類は運命共同体として国家を形成するのであって、けっして国家のための国民であってはならない」とは、のちに首相となった日本の政治家・石橋湛山（1884～1973年）が、若き時代に唱えつづけた熱き国家論だが、世界には、ヨーロッパに限って見ても、4世紀からつづく世界最古の共和国サンマリノ（面積61㎢）があり、バチカン市国（0・44㎢）、モナコ（1・95㎢）があり、また、アンドラ（468㎢）、ルクセンブルグ（2586㎢）など、公の称号をもつ君主が統治する公国もあり、その「国家」の形態や大きさはさまざまなものがある。

マン島は、それらの国の中では、面積としては小さくはないが、それ以上に特徴的なことがある。それはマン島が、いまや狭小地域となってしまった「ケルト文化圏」に位置することである。

(2) 「ケルト」とは何か

現代ヨーロッパの言語には、英語やフランス語などのラテン語がルーツであるものと、もうひとつ、アイルランド語、ゲール語、ウェールズ語、ブルターニュ語といった言語が存在する。その地域は、今日の地名でいうと、アイルランド、スコットランド、ウェールズ、ブルターニュ、そしてマン島である。てケルト的言語と呼ばれ、それらが通用する地域が「ケルト文化圏」とされる。

ただ、こうして「ケルト文化」といっても、何がケルトなのか、たとえばマン島の現地を探訪してみても、それを「かたち」で見たり、ある事物でそれを表わしたりするのは、なかなかむずかしい。

まず、ある国を概観するとき、また、その特徴や国民性を表わす場合は少なくないが、そのならいでいえば、今日のイギリスはアングロサクソン系であるというのが一般的である。しかし、この地域は、古くはそうではなかった。

東方ヨーロッパ、あるいは西アジアに近い、草原地帯が発祥とされるケルト民族。彼らが、まだ武器が青銅器であったヨーロッパの中西部を、その鉄製の武器と、馬や戦車といった兵器を用いて制圧したのだ。それは紀元前2000年頃のことで、彼らケルト人は、ここに広大なケルト文化圏を形成していた。そして、現在「イギリス」と呼地中海地域を除くヨーロッパ一帯に勢力をはっていた時期があったのだ。

112

ばれる地域も、もともとは「ケルト人の世界」であった。

その後、紀元前800年頃、イタリア半島を中心にラテン人の都市国家が起こり、やがてそれが古代ローマ帝国へと発展する。しかし、この高度な文明を持つに至る「ローマ」も、ケルト民族の来襲におびえ、何度となく北方の制圧を試みる。だが、勇猛果敢で蛮勇なケルト人の戦闘力の前に、ローマは歯が立たなかった。

ケルト民族の勢力は、その拡大の速さと長期の勢力維持から、史上最強ともいわれるのだが、世界のどこよりも高度な文明を誇っていたギリシアやローマは、彼らを、畏怖をこめて「蛮族」と呼んだ。どこやらの草原から現われ、馬に牽かせる俊敏な戦車を縦横に操り、鉄製の武器を振り回して侵略してくる、勇猛果敢な異民族——。

「彼らの騎馬部隊は槍を投げかけ、戦車から飛び降り、剣で突きかかってくる。なかには鎧カブトもつけず、腰帯だけの裸のままで突進してくる」。

こう記したのは、古代ギリシアの歴史家・ディオドロスであった。

そして、「この民族は、『アレス』（ギリシャ神話の戦いの神だが、凶暴で思慮に欠ける神）に憑かれたように、短気で闘争的だから、興奮すると、いつでも、どんな理由でも、自分たちの力と勇敢さだけを信じて、危険をものともせずに飛び込んでいく」とも書く。

ギリシア・ローマにとって、ケルトは、つねに死を恐れぬ戦士たちであり、また同時に、不気味で不

さて、そのローマ時代。現フランスあたりのケルト民族居住地域は「ガリア」という地名であった。そこに居住していたので、このときにケルト人は別名のガリア人とも呼ばれるのだが、紀元前49年になって、ローマ軍司令官ジュリアス・シーザーは、彼らローマにとっての「北方の蛮族」であるケルト人を制圧。その後、イギリス地域を含むほぼヨーロッパ全域を、ローマ帝国の統治下に置くことになる。

シーザーがケルト民族を打倒する戦争の顛末は、有名な『ガリア戦記』に記されているが、このなかでシーザーは、ガリア人＝ケルト人の勇猛さを以下のように分析している。

「彼らの死を恐れぬ勇猛さは、死後の霊魂が他の人間や動物のなかに生きて『転生』を繰り返すという、不滅の霊魂を信じるガリア人の宗教が基盤になっている。彼らが命を軽んじるのは、輪廻転生を信じ、死んでもある期間が経てば、また、新たな肉体となって生き返るとの考え（霊魂不滅思想）による。

ケルトの戦士たちは、祭司や占いから政治、司法も兼ねる『ドルイド』（神官）によって、″霊魂は不滅で、死後は、これへあれへと移る″ことを教えられ、死への恐怖を取り除かれる」。

そして、これは戦士の「勇気を鼓舞する狡猾な教え」であると、自らも戦士／戦術家であるシーザーらしい見方をしている（田中仁彦『ケルト神話と中世騎士物語』中央公論新社）。

(3) ケルトの衰退と抵抗

大ブリテン島(イギリス)に定住していたケルト民族も、シーザーのガリア制圧を機に、次々とローマ軍に制圧される。そして、現・イギリス地域の多くは、大ローマ帝国に属することになるのだが、イギリス北部、つまり現在のスコットランド地域に展開していたケルト人は、最新装備を誇るローマ軍の攻撃を執拗にはねのけつづけ、ついにローマに屈することはなかった。

結局5世紀半ば、ローマ帝国が衰退するまで(西ローマ帝国の滅亡・480年)、現在のスコットランド地域にあったケルト民族は、彼らの主権を守り通すのである。

ただ、ローマ帝国が撤退しても、ケルト人がふたたびブリテン島の全域に復帰することはなく、混乱がつづくブリテン島は、その隙を狙われたように、その後、現ドイツ西北部が発祥とされるアングロ人やサクソン人に侵攻される。しかし、そんな新たな民族が攻撃しても、やはり、北部ケルト地域では、そのケルトの牙城を崩すことはできない。

大ブリテン島がアングロ・サクソン人の領土となって、各地で領土紛争の支配権争いが起き、やがてはイギリス王国の基礎となって今日に至るのだが、ケルト民族の勢力は復興することなく、ほぼ現在の「ケルト文化圏」をかたち作る地域にとどまった。マン島も、そのひとつである。

このようにして、2000年を超える長期の勢力を誇った勇猛果敢なケルト民族も、強大なローマ帝

国によって骨抜きにされてしまった感があるが、しかしローマは、ケルト民族の持つ思想や生活文化までを否定するものではなかったようだ。

それはすなわち、ローマ化を穏便に進める政策でもあったであろうが、徐々に広まってきたキリスト教信仰を絶対化して、ケルト民族の信仰を抹殺したということでもなく、むしろ、ケルト信仰とキリスト教の合体・融合を謀ったともいわれている。

ローマの支配、そしてキリスト教の拡大に伴い、ケルト人は彼らが持っていた旧来の信仰とキリスト教との間に類似の思想を見いだし、両者が混淆(こんこう)して、キリスト教本来の教義が変貌し、それが基となった文化が育っていったとしても不思議ではない。

だがそれは、完全なローマの支配下にあったフランス（ガリア）、ドイツ（フランク）、そしてイギリスなど、現ヨーロッパの中心部の話であって、ケルト独自の生き残りがかかっていた地域には及んでなかったと見るべきだろう。

そして、やがてはキリスト教に基づく思想や精神構造が広まっていったとしても、イギリスが、アーサー王やロビンフッドなどの物語のように、国内での覇権争いや、英仏百年戦争などの混乱があり、それが治まって、ヨーロッパ主要国の原形が整ってくる13世紀あたりになってから、ようやくケルト地域にも、その波が広がっていったということが考えられる。

そうすると、マン島やアイルランドなどは、ローマ化の影響が数百年遅れてやってきた地域と考えれば、今日のヨーロッパにおけるキリスト教に基づく思想、精神文化とは、多少異なるものがあってもお

かしくない。そしてそれが、彼らの生活基盤に大きく影響していることも考えられる。

（4）「妖精の橋」fairy bridge

マン島唯一の空港、ロナルズウェイ・エアポートから首都ダグラスに向かう途中、気をつけていないと見落としてしまうような川にかかる、小さな橋がある。

ここを通る時には必ず、「ハロー！」とか「グッドモーニング」といった挨拶をしないと、そこに住む森の妖精が怒って、どこまでもついて来るという。この小さな橋には、そんな言い伝えがあるのだ。

まあ、可愛い妖精ならそれもいいかなと思わないでもないが……。

そんな物語がいまでも当たり前に語られるくらいに、マン島やアイルランドには、ケルト独特の神話が多く残されている。

前述のシーザーは、ケルトの勇猛さを、彼らの思想（信仰心）を巧みに利用する神官（＝ドルイド）の呪縛と捉えているが、ケルトの神話にはケルト思想の底流をなす内容が多く、日本人の感覚では理解がむずかしいものも少なくない。

死んでもいいと思って行う行為、死ぬかもしれないと思って行う行為と、死をも恐れぬ行為は根本的に違う。死後の世界は暗い闇の世界であると想像するローマやギリシャ人にとっては、勇猛果敢で、死をも恐れぬケルト人の思想は、とても不可解なものだったのだろう。

その「ドルイド」は、ケルト人への教えを文字で残すのは冒涜とぼうとくしたので、すべては口承であり、書物のようなかたちでは残っていないようだが、ケルト神話には、人間が死ぬとそれが鹿や魚など他の生物に変身し、ふたたび人間に戻るという変身の物語が多いのである。また、死者の行く先は、静寂な世界でも冷暗な冥界でもなく、同じ魂が別の場所で別の肉体に宿るという信仰もあるという。

そして、この現世とは別の「他界」は、この世と、死後の世界でつながっていて、死後の世界から現世に来ることも、また、「現し身うつしみ」のまま死後の世界に行くこともできるとする。このような、あの世とこの世は深く関わっていること、その観念を底流にした話も数多くあるという（田中仁彦『ケルト神話と中世騎士物語』）。

死をも恐れぬケルト人戦士の勇猛さ、これがローマ戦士より勝っていたとも、こういった死生観に支えられたものと考えることもできよう。

だが、一時期はヨーロッパ地域のほとんどに展開していたケルト人も、現フランス、ベルギー、そしてオランダといった地域から徐々に制圧され、イギリス地域にまで〝追いやられる〟というのは、その ような精神基盤をもってしても、部族別にまとまりない民族性では、システム化されたシーザーのローマ軍に太刀打ちできなかったということだ。

そして、イギリスにも波及したローマの勢力が衰退後、ゲルマン、アングロサクソンとの長い闘争に敗れたケルト人は、やがてイギリス西部のウェールズ、西南部のコンウォール、フランス西北のブルターニュ、アイルランド、そしてマン島などの「辺境」のみを、彼らのテリトリーとするようになる。

118

そして、8〜11世紀にかけて、デンマーク、スカンジナビア発祥のノルマン人(北ゲルマン族)バイキングの襲来をうけるが、このときも、ケルト人特有の執拗な抵抗で彼らの侵略を阻む。イギリスは12世紀半ばにアイルランドを支配下におき、それは1922年に英連邦の自治領を経て1949年に独立するが、民族の基盤はケルト文化に支えられてきた。同じく、マン島も1765年からしばらくの間、イギリスの直接支配を受け、その後現在の英国王室に属する独立国となるが、常にケルトのアイデンティティーを失わず、今日に生き続けている。

そういった経緯をたどれば、底流のケルト人信仰とその神話が生きつづけ、少なからず彼らの精神文化の源流となっていると考えてもいい。たとえば、マン島の国旗である三本足の図柄は、「マナナン(Mananan)というマン島を支配していた古代の「海神」の足をモチーフにしたものである。そして、それを描いたポスターやステッカーなどには、しばしば、「QUOCUNQUE JECERIS STABIT」という、英語ではまったく読めない言葉が組み合わされる。

日本という固有名詞が国や日本人を表すように、マン島そのものやマン島の人を指す言葉として、「マンクス」(Manx)という名称がある。世界のロードレース史上に一世を風靡した名マシン「ノートン・マンクス」(NORTON MANX)はこれに由来するが、先の英語で読めない語句は、実はマンクス語で、「どんな目にあっても、あらゆる困難にあっても、立ち上がる」という意味であるという。

このマンクス語は、長い間、使うことも、その教育も、禁止されていた時代があったようだが、近年になって、マンクス語の復活運動が盛んになり、英語と併記する例が多く見られる。

（5） 孤高のマンクス

マン島は、飛行機ならロンドンから一時間半ほどだが、「TTシーズン」になれば、イギリス西部のリバプールやフェイシャムとマン島を往復するフェリーが何便も設定され、島へ渡るにはその船を利用するのが一般的だ。そして、このようなフェリーは、アイルランドのダブリンからも出航する。

北の海特有の深いグレーからコバルト色に変わる海原を、日に千台を越えるオートバイや自動車、それに「TT」への期待に胸をふくらませたライダーや観客を、約4時間の航程で大型フェリーが運ぶ。

緯度でいえば北緯54度となるマン島は、日本の最北端・稚内よりもさらに北、遠いサハリン（旧・樺太）と同じくらいに位置するので、冬は氷雪吹きすさび、凍てつく島となるかと思うが、真冬に標高621mのスネイフル山や北部の町ラムジーに雪が降ることはあっても、何十センチも積もるということはなく、気温も0度以下になることは稀である。これは二つの大きな島に挟まれ、さらにアイルランド島の西側にはメキシコ暖流が流れ込んでいることからの気候らしい。

そして、その気温は真夏になれば27～28度くらいにはなるが、「TTシーズン」の5月末から6月中旬の頃は16～25度くらい。また、朝夕はめっきり冷えるから、常時ライダーウェアでも苦にならないというか、それが欠かせない気候でもある。

北海道と同じように、冬をじっと耐えた草花が一斉に咲き乱れだすと、マン島は美しく春を装いはじ

める。そして島は、毎月、何らかのイベントのステージとなる。

「世界で最も高名なレース」（The most famous motorcycle race of the world）を自負するほど、今日では「TTレース」は、マン島にとっての一大イベントになったが、しかし、このほかにも、ホッケー大会、食の祭典、自転車ツーリング大会、ドッグ競技、パワーボートレース、音楽祭、ジャズの祭典、農業祭りなど、冬を除けば必ず何かのイベントが開かれているといっても過言ではない。

そして、モータースポーツだけでも、「TT」（6月）、「マンクスGP」（8月）、そして9月の自動車ラリー、クラシックカー・レースと多彩だ。

さらに、「TT」の時期をはさんで、クラシック・オートバイレース、ヴィンテージ・オートバイ・ショー、クラシックカー・ショー、モトクロス、ストックカー・レース。

そして、ヤマハやホンダ、ドゥカティ、ビューエル（BUELL）、MV、トライアンフ（TRIUMPH）、ヴェロセット（VELOCETTE）などの銘柄別ミーティングや、バイク愛好家のクラブごとのミーティングも行なわれる。

さらに、ヨットレース、ミュージック・ライブ、クラシック・コンサート、美術展など、モーター関連だけでなく、ざっと数えただけでも90を超える数のイベントが、島のどこかで毎日のように開かれる。

たしかに「TTシーズン」になれば、宿舎やフェリー、エアチケットの確保にも困るほどに島中が混雑する。だが、レースや数々のイベントだけで、マン島が成り立っているわけでもない。

もともと、マン島の経済を支えていたのは、綿羊の牧畜、漁業、鉱物資源などの産業だった。だが、

121

次第にイギリスをはじめとするヨーロッパの富裕層が、リゾート地としてマン島に注目しはじめる。それがやがて、一般庶民にも手軽で身近な旅先になっていくのだが、ただヨーロッパでも、近年は航空機に大量旅客・大衆料金が設定されていることなどもあって、地中海などの遠方で余暇を過ごす人たちが増え、マン島は、往時の賑わいは少なくなっている。

そういった背景もあって、数々のイベントも観光復興の一策なのだろう。しかし、ここマン島を訪れた人は、仮にイベントがなくても、美しいマン島の地形を活かしたレジャーなど多くの過ごし方ができる。

それは、9つのゴルフコース、ケルト・ヴァイキングの遺跡、各種アート・学術施設、ヨット、ダイビング、カヤックなどの海洋レジャー、SL登山鉄道、マウンテン・バイキング、クアド・バイクトレール、ホース・ライディング、フィッシング……などである。そして、随所にケルト神話を感じさせるこの島の情景は、カメラや絵を描くことが好きな人にとっては幸せの極みでもあろう。

マン島政府は、近代的観光地をめざし、積極的な政策を進めているのだが、そうはいっても、多くの観光地に見られるような、いかにも観光客に媚びたようなベタついたものではない。要するに、素朴というか、こざっぱりとさりげなく旅を楽しめるというか、そういう大人の雰囲気がここにはある。決して、単なる経済効果優先ではない。

また、観光以外にも積極的なのは、政府の金融政策である。所得税の最高税率20％、スイスの銀行でよく知られる匿名預金、物品税ゼロなどの優遇策で、海外からの資金を集めるなど、なかなかしたたか

な生き方で経済を潤してもいる。

マン島は、アイリッシュ海のキーポイントともいえる立地条件のもと、複雑で長い歴史を持つ「ケルト文化圏」を背景に、独立独歩、孤高のマンクス精神が息づくところであり、そんな「世界」の上に「TTレース」がある。このことを認識していただければ、大いに幸いなのである。

第6章　自動車の曙とレースの始まり

（1）機械工業の先進国イギリス

　世界で最初に地下鉄が走った街はロンドンだった（1863年）。その地下鉄ヴィクトリア駅を上がると、英国の国立科学博物館がある。ここには、大英帝国を築いた源の機械工業の歴史から、未来へのサイエンスまで、見事に系統立った展示の工業製品が並ぶ。

　イギリスは近代工業発祥の国である。ジェームス・ワットは1765年に発明した蒸気機関に改良を重ね、1769年にM・ボールトンの協力で、その特許を取得する。これが産業革命に発展していく経緯は定説だが、もともとは1698年、技師T・セーバリーが炭坑で蒸気の力を使って水を汲み上げるポンプを考案していた。そして1705年に、T・ニューコメンの発明になる「ニューコメン蒸気機関」が登場し、この時点ですでに産業革命への道が開かれていたと解すべきだ。

　ただ、手工業的工場の形態から、機械による大工場での生産へと変身させたのは、さまざまな分野に応用できる蒸気機関を「実用的に」完成したワットに負うところが多い。

　ひとつの技術が生まれると、それが次への進化の原動力となる。その意味で、17世紀後期以降のイギリスにおける機械工業の発達には、目をみはるものがある。

この蒸気機関の原理は、水を沸騰させ、そのときの蒸気の力でピストンを押し上げ、それが下がってきたらまた押し上げるという往復運動を、クランク機構を用いて回転（円）運動に変換し、動力を得るというもの。

もともとは工場の動力用が発端であったこの仕組みは、実用化によって、汽車や船舶の性能を飛躍的に向上させた。同時に蒸気機関は、より高出力化と小型化に向かい、ワットの特許取得から60年が経つと、蒸気機関の乗合自動車であるいわゆるバスが登場するまでになった。

しかしこれは、イギリス駅馬車業者の熾烈な抵抗に遭う。

古来より馬車が発達した国だから、その馬車のボディに、よりパワーのある蒸気機関の装着を考えるのは自然の成り行き。そして当然、バスだけでなく、さらに小型の乗用車（蒸気車）も登場する。"旧勢力"は、馬車の権益が失われることを怖れたのだ。

だが、いかに改良を進めても、実は「外燃機関」[21]の小型化は簡単ではなかった。そして1866年に、ドイツのN・A・オットーが初歩的な「内燃機関」[22]の特許を取得すると、それを機に、イギリスやドイツでその改良競争が始まることになる。

オットーの内燃機関も、もともとは、1860年にベルギーのJ・E・ルノアールが、液体炭化水素を気化器で混合し、電気火花で爆発させる構造の特許をもとに、それに当時のガス灯用のガスを用いることで、多様な燃料の可能性を示したことが、その発端になっている。

そして内燃機関が成熟すると、ドイツのG・ダイムラーは、1882年に、自身が発明したガソリン

を燃料とする内燃機関を搭載して、二輪車の特許を取り、1885年にその実車を完成させる。

翌1886年、4サイクル単気筒260cc、毎分700回転で0・5馬力というエンジン（内燃機関）を積んだ木製フレームの乗り物が時速12kmという速度で走行し、「自動車」としての成功を収める。

このダイムラーがつくった乗り物は、子供用自転車によくあるような補助輪を備えた二輪車であったため、これがオートバイの元祖である、いや、これはやっぱり四輪車の端緒だと、私にとっては、二輪と四輪双方のエンスージャスト（熱烈愛好家！）が口角泡を飛ばすことがあるが、路上を走る乗り物の動力要はダイムラーが、ガソリンを燃料とする内燃機関は、汽車や船舶ではなく、力として適していることを実地に証明したことが偉大なのだ。

そして、1886年の同時期には、同じくドイツのカール・ベンツが「前輪1後輪2」という構成を持つ三輪の車体にガソリン・エンジンを積んだ「ベンツ・パテント・モートルバーゲン」（Benz Patent-Motorwagen）を完成させる。1888年、ベンツ夫人のベルタ（Berta Benz）は、夫がつくったこのクルマで、途中給油をしつつの長旅に成功した。

ダイムラーが発明した二輪車も、この年、ダイムラー・モートルクッシェ（Daimler Motorkutsche）として、新たに四輪車に発展。内燃機関という新しい動力による新しい乗り物は、こうして続々と生まれていった。

とくにドイツ、フランスを中心とした地域では、これらの開発が急ピッチで進み、現ダイムラー・ベンツ社がドイツに、そして、プジョー（創立1890年）、シトロエン（同1913年）などのメーカ

——が誕生していく。

(2) イギリスの発展を遅らせた"悪法"

外燃機関である蒸気エンジンの開発に成功したイギリスでも、もちろん内燃機関の開発は進んでいたが、しかし、実用に耐えるガソリンエンジンの成功はヨーロッパ大陸に先を越されることになった。

これは、ひとつは蒸気機関がある程度成功してしまったため、その可能性を広範囲に追求しているうちに、大陸に遅れを取った。こういう側面があったが、しかし、イギリスでの内燃機関の開発を遅らせた真の原因は政府の施策であった。

イギリスに蒸気エンジン付きの乗合バスが登場したとき、それに危機感をもった駅馬車業界は政府に働きかけ、「蒸気バスが走る時には、赤旗を持った者が徒歩でそれを先導しなければならない」という内容の「赤旗法」を作らせてしまったのである（1865年）。

駅馬車業者は、してやったりとほくそ笑んだことだろうが、この「赤旗法」は徐々にバス以外の車輌にも適用され、ついには、（馬以外の）「動力」で路上を走行するすべての乗り物（自動車）が対象になってしまう。

イギリスの技術開発がいかに進んでも、乗り物が人の速度——つまり時速4〜5kmを法規的に超えられないという状況では、高効率動力の開発が停滞するのは当然である。機械文明を育ててきたイギリス

127

の技術者達にとって、屈辱的な法律を改正すべしという声は常にあった。

だが、駅馬車業界の献金や選挙での票など、政治的圧力が強かったのか、政府は聞く耳を持たず、たび重なる法律是正の要求に対し、ようやく「赤旗法」が廃止されたのは1896年であった。

しかし、この法律改正時の議論は紛糾した。存続派の議員は「この法律をなくしたら、やがて自動車が鉄道を追いやるかもしれない」と危惧し、賛成派は「自動車にそんな力はないから安心しろ」と失笑したという。このように、自動車というものをみくびっての賛成だったという経緯がある。今日でも、議員や行政側が往々にして実態を知らないという例は少なくない。

こうしてイギリスで31年間つづいた赤旗法が廃止された頃、ヨーロッパ大陸ではすでに、ガソリンエンジンと、それを搭載した自動車が実用化されつつあった。

イギリスでも、ドイツでの成功が伝わる以前から、ガソリンエンジンが研究されていた。そして路上を走る手軽な乗り物には、小型化できる動力として、ガソリンエンジンは蒸気機関より優れていることは承知済みだった。そしてそれ以外にも、1800年にイタリアのA・ボルタが発明した電気バッテリーに端を発した、電気エネルギーによる駆動の試みや、小型高効率の蒸気機関など、それまでの工場レベルの蒸気エンジンに代わるいくつかの原動機や自動車の製作を試みる気運が沸いていた。

このときの技術者の開発目的は、新種の駆動力であるガソリン・エンジンを使った乗り物ということ。二輪の機動性、あるいは四輪の安定性、そうした車輪の数やそれにともなう特性をウンヌンするよりも、どうすれば（馬車に代わる）路上の乗り物になるかが肝要だった。そのときに、手っ取り早い構造であ

ったのが「三輪」で、イギリスにおいてもそれは同様だった。

イギリスで、バトラーが製作した「ペトロール・サイクル」（The Petrol-Cycle）も三輪車で、これが設計されたのは1884年。そして、実車として仕上がったのは1887年のことで、ドイツより2～3年遅れていたとはいえ、この頃、ヨーロッパ大陸とイギリスで、似たような技術開発とその具現がほぼ同時期に行なわれていたことがわかる。

ただ、ドイツでは初期に、二輪／三輪から四輪へ、つまり自動車へと移っていったのに対し、イギリスでは1890年代の終わり頃まで、三輪車が中心となっていた。その後、ドイツなど大陸では四輪主流となり、二輪の姿を見るのは、スイスで「MAG」、そしてアメリカで「ヘンディー」（後に「インディアン」となる）が発表されるまで待たねばならない。

1894年（明治27）になると、ドイツでは、ウルフミュラー製作の4サイクルV型水冷2気筒、1488ccエンジンを積んだオートバイが市販を目的に量産された。これで、二輪三輪四輪など、ワッカの数に応じた特色ある乗り物へと進化する気配が見えてきた。

イギリスでは三輪からはじまって、そして二輪と四輪へというように、両者別々の発展を遂げた。とりわけ、1900年代に入ると、次々に新しい二輪車が生まれた。今日、イギリスが〝オートバイのふるさと〟と呼ばれる所以である。

（3）欧州大陸とイギリスの違い

この時代、"機械化発展途上"のイギリスでは、1863年に世界初の地下鉄ができたように、国民の移動は鉄道や船舶がメインであった。そして、主要な路上交通は馬車。前記の赤旗法で、自動車などは問題外という状況だったから、道路の整備も大したものにはなっていない。

一方ヨーロッパは、陸続きのエリアであるため、長距離を可能な限り速く移動できるということに注目が集まっていた。また、古代ローマ帝国時代にはじまる道路の充実、その距離と整備も、イギリスとは格段に違っていた。

そういった背景のなか、イギリスでは身近に移動できる手段として、乗り物が三輪から四輪に進化するのと同時に、一方で自転車を動力化した乗り物——つまり今日のオートバイが考案されるようになる。もちろん、ドイツやフランスでも、四輪車とともにオートバイは誕生する。だが、それが本格的になるのは、1914年に勃発した第一次世界大戦あたりからだ。かたやイギリスでは、日本でもよく知られている「トライアンフ」が実用に耐えるオートバイを生産・販売したのは1902年。これを見ても、大陸とイギリスでは、その志向が異なっていたことがわかる。

ただし、こうして二輪・四輪の開発が盛んになってきたイギリスではあったが、技術者たちにとっては、思う存分の性能追求とその実践ができないという状態には、さしたる変化はなかった。「赤旗法」

が廃止されても、イギリスでは「自動車走行」への制限は相変わらず厳しく、「自動車人」にとって容認できない状況が続いていたからだ。

（4）「競争」と「競走」

こうして世の中に出現した「自動車」は、人々の注目の的ではあったが、同時に未知なる機械であり、"馬なしの馬車"への不信や疑念も強くあった。当時の路上交通で、一番速いものは馬車だったので、まずはその馬との比較。そして、では汽車とくらべたらどうかなど、自動車が優位かどうかを示すための「競争と競走」が、こうして始まることになる。

スピードを競う――これは人類が何らかの移動手段を取得してからの変わらぬ習性だが、そのなかでも「自動車」は典型的な対象物だ。

蒸気機関で路上を走る乗り物ができてすぐ、1878年には、アメリカで、スピードを競う大会があった。そして、このようなケースは、欧米では大小ちらばってさまざまに行われていたようだ。

ダイムラーやベンツが1886年にガソリン自動車を誕生させた翌1887年には、フランスで、パリ～ベルサイユの間、約30kmを走る「競走」の最初の試みが行われたという記録がある。

この時の優勝は、伯爵アルベールが運転したドデオン・ブートンだが、これは実は蒸気機関搭載車であった。ということは、この時点では、まだ「蒸気」の方が優れていたということであろう。

その後1894年に、12台のガソリン車、8台の蒸気自動車による「ラリー」（走行会）が、パリ〜ルーアンの140kmで行なわれた記録がある。

しかし、1895年（明治28）に、「パリ〜ボルドー往復1200km」で、本格的にスピードを競う都市間レースが行なわれたため、今日では、この「第1回パリ・ボルドー・レース」をもって自動車レースのルーツとするという見方が有力だ。

このレースをきっかけに、フランス自動車クラブ（ACF）が生まれ、それが隣国ドイツをはじめとする諸国に広まり、それぞれの国で、自動車クラブ主催のレースが盛んとなっていく。

この第1回「パリ・ボルドー」に出走したのは、ガソリン車13台、蒸気自動車6台、電気自動車1台、ガソリンオートバイ2台で、約1200キロの行程を49時間弱（平均時速25km）で走ったという。優勝は1位でゴールしたのは「パナール」車だったが、これは規則（レギュレーション）に抵触し、ベンツ＆ダイムラーのガソリン車が成功してから9年後というこの時期に、数種の動力が覇権争いをしていた事実に注目したい。そしてここでは、そのことよりも、やはり実績ある蒸気エンジン（外燃機関）に対して、新しく登場したガソリンエンジン（内燃機関）の方が上だ、いや、そんなものよりこれからは電気モーターだといった競争とともに、新世代の乗り物を探る挑戦の時期だったのだ。

もちろん船舶や汽車は、ある条件下では自動車などまったく太刀打ちできぬ輸送力・移動力を発揮する。一方で自動車は、日常生活を営む道路上で、日常生活の利便性を高めることに真価を発揮する。そ

132

のようなことも知られるようになる。

そして、人類が長年夢見ていた、「馬車よりも速く、牽引する動物がいなくても路上を走れる」乗り物が「自動車」なのだということになれば、技術者の開発魂に火がつき、その新種の乗り物への関心は否応なしに高まっていく。

どのような動力で、そしてどのような車体で、さらにどのような工夫を凝らした「自動車」が速いのか？　耐久性はあるか、カッコいいのか、そして価格は？

こういった人々の関心と注目に応え、その性能を証明するには、A地点からB地点へ、そしてふたたびA地点へ戻って来るという競走が手っ取り早い。都市から都市へ、あるいはもう一度スタートした都市に戻ってくるような都市間レースが始まった。

街の広場からスタートしたクルマは、酒屋の軒先をかすめ、マンホールを乗り越え、立ち木の枝を振り払って、街なかを飛びだし、郊外を疾走する。都市間レース、市街地レース、いわゆる「ロードレース」の誕生である。

研究者・開発者が精根傾けてつくりあげたクルマの、その全貌が、何十万という観客の前で明らかにされ、勝者は栄光を手にし、そして敗者は失墜する。リスクは大きいが、だからこそ、成功したときの評価とドライバーへの賛美はとてつもなく大きい。

すべてが未知だった、可能性追求の時代──。「自動車人」なら誰だって、野心を抱いて当たり前の時代だった。そして、「レース」ほど挑戦のしがいあるものは、ほかに見当たらない！　こう考えられ

133

るほどに「市街地レース」は重要視され、その流れはアメリカにも達した。そしてヨーロッパ大陸では、フランスがそのムーブメントの中心となった。

(5) ナショナル・カラーの誕生

大陸から海を隔てたイギリスでも、1887年にガソリン・エンジン搭載の自動車が成功し、それを契機に、各種自動車の開発が盛んになっていったことは述べたが、例の「赤旗法」が1896年に廃止されたとはいえ、しかし、路上では14マイル（22km）／hという制限速度があり、通行の規制も、赤旗法時代とさして変わらぬ厳しい内容がつづいていた。

したがって、必然的に、市街地レースなど絶対ダメ！という状況。しかしイギリス自動車人は、ヨーロッパ大陸で「レース」が活発に行なわれ、それが自動車の進化に大きな影響を与えていることを知っていた。

そんな時期だった。アメリカの著名な新聞「ニューヨーク・ヘラルド」社主の子息、ジェームス・ゴードン・ベネットが、ヨーロッパで新聞発行の事業を起こすべく、パリに滞在していた。なかでもフランス・ベネットは、自動車への情熱を抱合したヨーロッパ人の新しい生活スタイルに注目した。ランス人とその富裕層は、玩具や装飾品などより、エキサイティングな「馬なし馬車」を持つことを、新しい生活の象徴としはじめていた。

パリ・ボルドー間の市街地レースを目の当たりにしてアメリカに帰国したベネットは、さっそく友人に、スリリングな新しい競技のプロモートを相談した。そしてベネットは、誕生まもないACF（フランス自動車クラブ）に資金を提供し、1900年6月14日、パリ～リヨンをそのコースとする第一回「ゴードン・ベネット・カップレース」を開催するのだ。

この競技の正式名は、「国際トロフィー・レース」であった。その名のようにこれは、各国の自動車クラブが出場する国別の対抗戦で、参加車両は国別にカラーリングされていた。ナショナル・カラー及び国際レースのルーツとなったこのレースによって、フランスは「自動車レース発祥の地」といわれるようになる。

この歴史的背景のもと、現在の国際自動車連盟（FIA）と二輪の国際モーターサイクリズム連盟（FIM）の規則はフランス語中心で表記されている。

第7章 "レースの島" として

(1) イギリスでもレースを！

1900年代、街から街を走って速さを競う市街地レースは、次第にエスカレートしていった。そして、1903年の「パリ〜マドリード」のレースで、ついに死傷事故が起き、ヨーロッパ大陸ではその後、市街地レースは禁止される方向となる。レースは、ある一定のコース（サーキット）を周回するようなかたちに変わっていく。

一方、イギリスやアイルランドの自動車人にとっては、都市間レースが国際レースへと発展していったヨーロッパ大陸の状況は、いわば羨望の的であった。

しかし、そうはいっても、イギリスからドーバーを越えて、大陸のレースに出場するのは並大抵のことではない。そんななか自動車事業家のS・F・エッジは、イギリス人のドライバーとしていくつかのレースに出場した。

エッジは、1902年、パリ〜インスブルック（オーストリア）間526キロの市街地レースで、「ネピア」（Napier）車を駆り優勝。その栄誉はアイルランドでも高く称えられ、この地域のレースに影響を与えていく存在となる。

イギリス人ドライバーの成功が、この地域におけるレース開催を促し、彼の勝利の翌年（1903年）には、アイルランドのキルデア州で523キロのレースが行なわれた。

アイルランドは、イギリスにとっては地元のようなもの。地の利を得ているはずだったが、しかしレースは、ドイツ人ドライバーのヘナッツィ（Jenatzy）に優勝をさらわれてしまう。イギリス人のエントラントは勝利は逃したが、しかし彼らは、イギリスでも自動車工業発展と国の名誉のために、レースは絶対に欠かせないということを実感した。イギリスでも、この新しいスポーツへの興味と関心が急速に高まっていく。

なかでも、のちにナイト（騎士の称号）となったラグラン（Raglan）伯爵の従弟ジュリアン・オード（Julian Orde）は、時代遅れのイギリスの矛盾を正そうと、マン島総督でもあったラグラン伯爵に、ヨーロッパ大陸のような競技を実現するため、何らかの打開策がないものだろうかという相談を持ちかけた。

オードとラグランが親戚関係にあったということが、この相談の因となっていたとはいえるが、しかしオードが「マン島総督」をその相談相手に選んだのは、すでに述べているように、マン島は「イギリスではなかった」からでもある。

マン島は、イギリスの法律や習慣に束縛されない独立体制の島。しかし、もちろんマン島には自動車産業もなく、自動車の保有にしても数えるほどで、ましてレースとはまったく無縁であった。

だがラグランは、自動車工業において、ヨーロッパ大陸とイギリスでは大きな格差があること。そし

137

て、その"遅れ"の解消に役立ちそうなところは、イギリスのなかでも、ラグラン自身が統治責任者であるマン島をおいてほかにないことを理解し始める。

ときを同じくして、イギリス国内の公道でレースを開催する請願が国会に提出された。しかし、これはケンもほろろに一蹴されてしまう。そこで、イギリス・アイルランド自動車クラブは、大きく飛躍する兆しを見せる国際レース「ゴードン・ベネット杯」のための、国内での選抜レースがマン島で実施できないものかという可能性を探りはじめた。

そして、ラグラン総督のみならず、彼の周りには、モータリストのパイオニアが多くいたこともあって、自動車クラブが考えているようなレースがマン島でできるかどうかという検討が開始された。マン島政府は、自動車レースとそれを開催することの意義、及び、マン島がそれを受け入れた場合のメリット／デメリットも含めて熟考し、議会はついに、公道を閉鎖してロードレースを行なうという法律を制定する。

現代風の考え方をすれば、町おこし村おこしのイベントとして、観光の目玉にすることかもしれない。それもあっただろうが、しかし私は次のような背景もあったのではないかと考えている。

いかに小さな国とはいえ、一国の政府が議会にかけて、公道でのレース実施を可決した。そしてその"国"は、レースや自動車とはそれまでまったく縁のなかった島、マン島である。

イギリスでできないことを、マン島がやる！ ヨーロッパ大陸に遅れをとっているイギリス自動車工業の躍進のために、大英帝国（United Kingdom）の一翼を担っているマン島がその旗手となる……。

138

そういった気概が国民精神の根底になければ、民衆の代表である議会も決断できなかったはずなのだ。

1904年（明治37）5月10日、ついにマン島に「その日」がやってきた。「ゴードン・ベネット杯勝ち抜き競技会」（Gordon Bennet Cup Eliminating Trials）の開催である。マン島における自動車＆オートバイ・レースの長い伝統の幕がここで開いた。

この競技会は、ヒルクライム、ダグラス市内海岸通りでのスピードトライアル、81・6キロのコースを5周してハイスピードでの信頼性を試みる3種類のイベントで、大陸のロードレースとは異なった内容だった。

翌1905年にも、マン島では同じイベントが行なわれたが、当時、ゴードン・ベネット杯レースの参加資格をめぐって、主催者側とフランス・チームの間でトラブルが生じており、主催者はついに、フランスのベネット杯とは別に、グランプリ・レースを行なうことを宣言してしまう。

このことによって、1900年に始まり、一大国際レースに成長していたゴードン・ベネット杯レースは、6度の開催をもってマン島で終焉した。

ゴードン・ベネット杯レースが続けられなくなったことで、イギリス／アイルランドの自動車クラブ（Automobile Club of Great Britain and Ireland のちに1907年に英国王室承認のRAC＝Royal Automobile Clubとなる）は、これを機会に、レギュレーションを変えようとする。

そして、高度になりすぎていたレースを、普通のモータリストでも参加しやすいようツーリングカーによる「ツーリスト・トロフィー・レース」（TTレース）の開催を決定するのだ。

また、別のクラブである「ACC」(Auto Cycle Club、これは後にAuto Cycle Union＝ACUとなる)(23)は、フランスの「国際カップレース」も行なっていたが、このイベントが短命で早期に終わってしまったため、1907年(明治40年)に独自の自動車とオートバイの「TTレース」を併催した。

これが、今日にまで至るTTレースのスタートである。

したがって、最初のTTレースは、オートバイと自動車という二つのジャンルで行なわれたこと。そして、マン島でのそもそものレースは、前記のように1904年であったということを押さえておきたい。そして同時に、マン島でのレースの歴史がすでに軽く100年を超えていることも──。

(2) 第一回のマン島TT

のちにイギリスの自動車競技を統括する団体 (Auto Cycle Union - ACU) となる「ACC」(Auto Cycle Club) が企画した「第1回TTレース」は、75台が参加して行なわれた。参加車の内訳は、50台の四輪自動車 (以下、自動車とする)、そして25台の二輪車であったが、本著はオートバイが主題であるので、自動車の話は少し割愛する。

1907年の5月28日、エントリーした75台は、島の西側の街・ピールの近く、セントジョーンズにあるティンワルド丘 (Tynwald Hill) に集結した。

この丘は、西暦979年、マン島が議会による国の統治を宣言し、世界の近代議会政治の先駆けとな

った由緒ある場所で、ときの政府が「公道を閉鎖してでもロードレースを行うという決定は、議会の名誉にかけて、誤った判断ではない」ことを内外に示すにふさわしい場所であった。

すでに、街から街への都市間レースは禁止の時代になっていたから、マン島におけるこのレースも、一定の公道を周回するものであり、舗装されていない曲がりくねった約25kmの三角形のコースを10周するかたちだ。

このコースはそのとき、「セント・ジョーンズ・サーキット」と命名されたが、現在は「ショートコース」と呼ばれ、いまでもTTレースのシーズンには、ヴィンテージ・オートバイによるレースが行なわれている。

初回のTTレースでは、エンジンのシリンダー（気筒）がシングル（単気筒）かマルチ（多気筒）かでクラス分けされ、3・5〜5馬力であれば排気量は無関係だった。そして、出走した25台中8台がツイン（2気筒）である。

エントリーした車名でいうと、トライアンフ、ノートン、マチレス、レックス、ベンデック、NSUなど。その多くは変速機（以下、ギヤまたはミッションと記す）は存在せず、そして今日のようなチェーンではなく、ベルトで駆動されるシステムだった。つまり、自転車＋エンジンといった乗り物で、ペダル付きだったから、コースの下り坂では脚力を"付加"して加速し、そして上り坂では、エンジンの馬力を補うのに、そのペダルが重宝したはずだ。

レギュレーションでは、レース中間点での燃料補給と10分間の休息が許され、燃料使用量の制限、ラ

イダーとマシンの重量、ペアライダー（二人のライダーがスタートラインで並列になる）が一分間隔でスタートするインターバル・スタートを採るなどの規則が定められ、今日につながるTTレース独自のスタート方式の基礎が、ここにできあがる。

そして、歴史上に残る最初のスタートをきったライダーは3・5馬力のトライアンフを駆るF・ハーバート（F.Hulbert）であり、未舗装のコース10周、約254キロを最短！の4時間8分8秒、平均時速61・14km（38・21マイル）で走り切り、最初の優勝者となったのは四番手でスタートした3・5馬力マチレスのチャーリー・コリアー（Charlie R Collier）であった。

初回の「TTカップ」は、単気筒車で最速の者に贈呈する規定があり、それによってカップはコリアーに授与された。マルチ・シリンダーでは、2気筒のノートンが68・6kmの最速ラップを記録したものの、平均速度では57・9kmとコリアーに及ばず、そのためコリアーとマチレスは、名実ともにTTレースの初代チャンピオンとして、その栄誉は今日でも輝いている。

コリアーが乗ったマチレス（JAP-engined Matchless）は、オーバーヘッドバルブ・エンジン（OHV）で、マルチシリンダー・クラスで優勝したレム・フォウラーのノートンは、2気筒だがサイドバルブ・エンジン（Side valve Peugeot engined Norton）だった。ここで早くも、OHV構造がサイドバルブ（SV）を凌ぐというエンジンの進化競争が始まっていた。

また、フォウラーと彼のノートンは、練習走行でタイムが上がらず、かなりの疲労を抱えたままレースに臨んだ。そしてクラス優勝したことについて、「レースの始まる20分前に、友人がほんの少しミル

クを加えた良いブランデーを持ってきてくれてね。これはとても効果があった！　私は希望と、そして"ダッチカレッジ"（Dutch courage＝酒の勢いでのカラ元気）を持ってレースに臨めた」とコメントしている。これは要するに、"一杯ひっかけて走っちゃったよ！"ということだ。

単気筒、多気筒（以下シングル、ツインと記す）のエンジンを積んだ出走25台のうち、完走したのは12台だったが、この大半はメーカーから提供されたもの。レースは早くも、自社製品の優秀性を示す場になっていた。

そして、メーカーはレースに出るオートバイ（以下マシンと記す）には新しいメカニズムを試すなど、マシン開発競争も、ここでスタートが切られていた。ノートンのフォウラーが優勝した陰には、「オイルに注意」など、メカニック（整備士）がピットから掲示板で知らせる作戦（＝ピットサイン）が導入されるなど、勝つためのチーム戦略が早くも考案されていた。

同時にレース前の練習で、J・クレリンはバラクレイン・コーナーで壁に激突、73歳の命を落とした。レースにつきもののアクシデントも、こうして始まった。

（3）「TT」という名称の由来

さて、「TT」は「ツーリスト・トロフィー」（Tourist Trophy）の略語であるが、日本の自動車誌などでTTレースの記事が出る場合、これ（TT）を直訳して「旅行者杯」とか「旅行者杯レース」と説

明されることがある。これは正しいといえるのだが、しかし、何のことだかよくわからない。

ツーリスト＝旅行者という言葉の概念は、いわゆる観光旅行者、旅人であり、これに加えての「トロフィー」では余計にわからないのだが、平然と直訳のみを載せ、その意味に触れない無責任な"書き屋"が多い。これは偉大な伝統のTTを冒瀆するようなものだ。

もともと、ロードレースが始まったきっかけは、あくまでも自動車なるものが、人の移動を容易にし、昔は夢でしかなかった遠方にも行ける。そのことを実践して証明することから、500キロ、1000キロという距離を走った。そのことを、まず思い起こさねばならない。

それが都市間レースの危険性から、だんだんと市街地の一定コースを周回するかたちとなり、やがては人工的に造られたコース、つまり「サーキット」になっていくのだが、詰まるところ、ロードレースとは「長距離を走る旅を凝縮したもの」であると解すべきだろう。

公道を使うマン島レースの主意にしても同じことだ。ヨーロッパ大陸に遅れをとったイギリス地域の自動車産業振興というのが大義名分だから、"道に適した"オートバイや自動車の機械的な進歩を促すためという概念で、レースの規定が作られている。

その代表的なものが、エントリーできるものが市販車であること。そして、燃料の使用量を制限するなど、TTレースは「長い旅程を走る試練」であることがそのコンセプトで、そこにTTレースを行なう目的があることも強調されている。

それと、「Tourist」の語意には「遠征するスポーツ選手」という意味もあることから、長い旅程を走

り切った旅行者、遠いマン島まで来て試練を乗り超えたライダー、こうした二つの栄誉を包括し、象徴的に表現しているのが「TT」であると解釈すべきだ。

勝者となった者に授与される高さ約90㎝のトロフィーは、TTレース創立時の大いなる貢献者、ムーシリイ・サン・マルス侯爵（The Marquis de Mousilly St Mars）によって提供された、「翼を持った車輪に乗るマーキュリー」の小さな像で、この「マーキュリー」というのは、ローマ神話における競技、旅人、幸運、商人の神である。これはTTレース・セニアクラスの勝者に授与され、そこには歴代チャンピオンの名前が連綿と刻まれている。

今日では、TTレースはオートバイ専門のレースという意味で定着しているが、前記のように、これはオートバイ・レースが始まる以前からあったネーミングを受け継いだもの。ゆえに、マン島TTのオリジナルではない。

しかし、その後「TT」の名は、ダッチTT（オランダGP）のように、最高峰オートバイレースを意味する代名詞になって、栄誉ある名称として、マン島以外でも使われている。

第8章 マウンテン・コースの誕生

(1) 自転車とエンジン

マン島TTレースの初年度に優勝したマチレス、そして同時に活躍したノートンやトライアンフなど、この頃に登場したイギリスのオートバイのほとんどは、もともとは自転車メーカーだった。内燃機関の小型化が進むにつれ、自転車の「動力化」も同時に進行するのだが、初期オートバイの場合、その母体はいずれも自転車だから、ペダルが付いている。その自転車の機能であるペダルを漕いで助走を行ない、エンジンを始動させ、それから自走（エンジンによる走行）に移る。だがエンジン馬力が不足となるような状況や路面では、ペダルで補うことができる構造にもなっている。何のことはない、これは現代の電動アシスト自転車の〝祖先〟であり、欧州に多いモペットも、100年以上前のこの原理がそのまま生きているのだ。

マシンは基本的にこのような構造で、そして当時のオートバイの最高速度は70〜80キロ程度であったから、主催者側も、レースの総距離を254キロとして、それをだいたい40km/h程度の平均速度で走るというように、その程度のスピードで走り切れるような性能の追求が、TTレースという場で成されればいいというのが趣旨であった。したがって、レースにおける平均速度

が70km／hにも達してしまうことは予想していなかった。

そこで、これ以上スピードが出ることを抑えるため、翌1908年の第2回TTレースでは、早くもマシンの制限が強化される。

オートバイで速く走るための工夫は、さまざまにある。走行に不要なものは取り外してしまうし、そして馬力が上がるなら、それがどんなに多大の燃料消費をともなうものであっても厭わない。さらに上り坂にきたら、苦しそうなエンジン音とともに、身体をゆらし、汗みどろでペダルを漕ぐ。これが当時のレースで、こんなライダーの姿を想像すると滑稽でもあり気の毒でもあるのだが、しかし、エンジンは一息つけるはずだ。当時のレーシング・ライダーは、脚力モリモリでなければ務まらなかったのである！

そこで、まずはそんな車両の構造に、警鐘が鳴らされた。エンジンの出力を脚力で（！）補う手段となっていた、ペダルの装着を禁止する。そして、タイヤのフェンダー（泥よけ）及びマフラー（消音器）の取り付け義務。また、重さ約2・2kgになる整備工具を積むことも決められた。

さらに、燃費制限も行なわれた。単気筒エンジン車は160キロ走行に対して4・5リットル、これは日本風にリッターあたりでいうと、だいたい35km／ℓになる計算だ。そして、マルチ・シリンダー＝多気筒マシンは、128キロに対して4・5ℓ（約28km／ℓ）以内でレースをすることになった。

マン島TTレースの目的は、あくまでも「市販車」の延長線上でのオートバイの改良であった。したがって、自動車でいうなら純レーシングカーでなく、ロードスター（後世の二人乗りスポーツカー）の

ような、スポーツ型オートバイへの進化を促すという方向に進んでいく。

第2回TT・1908年のレースの参加者は、前回より11人多い36人。そのなかには、シャフトドライブ／4気筒エンジンのベルギー製「F・N」も見られ、参加車両のエンジンは、シングルよりツインが増える傾向にあった。

レース結果は、シングル・クラスは「トライアンフ」のJ・マーシャルの優勝。その平均速度67.9km／h。マルチ・クラスはW・J・バーシャルの「BAT」車で、速度67.6km／h。これで見ると、たしかに主催者のスピード抑制という効果はあったことになる⁉

（2）市議会からのクレーム

初期TTレースの舞台となった一周25キロのコースは、ピール市を臨む小高い丘を含む道路だった。

その道は、当然ながら普段の生活に関わっている。

このピールという街は、海を隔ててアイルランドと対面し、交易にも適した位置にあった。そのため、古くは度重なるヴァイキングの襲来も受けた島の要所で、砦としての古城がいまに残る体裁の整った街である。

年に一回だけとはいうものの、その街に数十台のオートバイが集まり、レースをめざして、テストだ練習だと走り回る。そんな状況を快く理解する者は、まあ余程の変わり者だろう。私だって、もしその

時代に生きて、そしてそこに住んでいたら、いの一番に殴り込んでいるかもしれない。

その結果、市議会は、「朝8時以降、昼間にピールの道路で、レース用のスピード練習を禁止する」という異義申し立てを行なった。過熱していくレースは、異常な練習だけでなく走行速度も上がり、1907年のスピード66km／hから、2年後の1909年には平均時速が84kmになっていた。

だが、この異義申し立ては、レース開催そのものを否定するものではなさそうだ。国の議会がレースを認めた以上、これを無視することはしない。しかし、少なくとも日常の生活に支障を来すことは避けてくれ、こういう住民の気持ちである。

だが、この申し立てのように、8時以降がだめなら8時前、あるいは夜中なら走っても構わないのか？　答えはイエスだが、ただ実際のところ、当時の自動車／オートバイの照明はガス灯だったから、とても夜道を照らす能力はなく、結局は走れないということ。

そうなると、マシンは早朝か夕刻しか走れないことになるが、お日様はうまく地球を照らしているもので、ヨーロッパ北部である5〜6月頃のマン島は、実は夜明けが早く、そして夕暮れは遅い。あけぼの、つまり朝4時半頃は、レースに出るくらいの能力を持ったライダーなら苦にならない明るさになっていた。そして、夜は9時になっても残陽はつづく。やっと夜らしくなったなと思うのは、10時を回ってから。したがって、日中に走行時間は取れたのだ。

現在のTTレースでも、レース日以外のプラクティス（テストを兼ねる練習走行）は、おおむね午後ンングの時間は取れたのだ。

6時から9時半が定例である。100年前の基本は、今日でも変わっていない。とはいえ、街はずれとはいえ、公道に設定された24・8キロの周回コースは、レースの舞台としては、やはり限界であった。TTレースは、第2回目の1908年の後、さらに2度のレースをこのピール周辺コースで行なうが、1911年からは、新たなコースにその場を移すことになる。

(3) 恒久のマウンテン・コースへ

マン島議会発祥の地、セント・ジョーンズの丘 (St John's circuit) でのショートコースは、1907年から1910年に4回レースが開催され、その所期の役目を終えた。

しかしショートコースで行なわれたTTは、レース運営、各種規定など、数々の失敗や反省を踏まえて、速やかに改善されていった。

なかでも注目は、使用燃料が制限内であれば、エンジン排気量はいくらでもいいという規定を改正したこと。燃料制限の廃止（1909年）とともに、シリンダー容積を1気筒なら500ccまで、そして2気筒以上のマルチなら750ccまでという排気量制限に変更したのだ。そしてそれでも速度が上がり過ぎ、1910年には、マルチは670ccまでに抑えられた。

レースは、車体からタイヤ、エンジン、変速機、ブレーキなど、人間の思考力とその科学能力、そして機械工業、安全対策といった、およそ「オートバイ」というものを構成するすべてに試練を与え、進

150

化を促すので、公平性・安全性への規定はめまぐるしく変更される。

そして、そうした日進月歩の自動車とオートバイに対して、不変の対応可能なレース・コースを確保することは関係者の願望であり、そこから、マン島のすべての道路を対象とした新しいコース探しが始まった。

もうひとつ、この頃イギリス本土で、ヨーロッパ大陸のレースに追いつこうと、人工的に考えられたレースコース（=ブルックランズ・サーキット）が1907年に完成していた。

この「ブルックランズ」（小川の流れるところの意）サーキットは、コンクリート舗装された一周4・8キロのバンクを持ったオーバルコース（楕円形）で、設計上は時速200km以上での走行も可能という、世界に先駆けたレースコースであった。

だが、当時のレースは、普通の道路状のコースで行なわれるというのが〝定義〟であり、英本土にブルックランズが出現したからこそ、マン島のレース主催者は、ロードコースとしての真髄をTTレースに求めたのではないかと私は思うのだ。

そういった観点から、道の形状、幅員、高低差、人家の存在、道路使用の頻度といったさまざまな要素が検討された。そこで最も重要だったのは、「百パーセントは無理であっても、日常生活から可能な限り、レースの弊害が除去できること」、そして「高度化するレースに耐えられ、マン島でなければ実現できない高度なコース設定と、その持続と継続が可能なこと」だった。

その困難な課題に応えられたかどうかはわからないが、島のほぼ中央部を走る道路を巧みに組み合わ

せたコースが考案される。一周60・72km（37・733マイル）の長さを持つ「マウンテン・コース」である。

当時行なわれていたロードレースは、その総距離が400〜500キロであった。そして、フランスのクレルモン・フェランで1908年に建設が企画されたコースは、その1周の長さが48・2キロ（30マイル）だった。また、1927年につくられたドイツのワインディングコースは、1周が22キロ以上ある。

今日でも基本的に変わらないマン島の「マウンテン・コース」を初めて知る人は、例外なく、その長さに驚く。しかし、マン島の場合、それまでのショートコースでも25キロ弱の長さがあった。それに代わる新しいコースを設定するにあたって、関係者の思うところを具現した長さ、それが60・72キロであったのだろう。

マン島で一番高い標高を持つ山は、620mのスネーフル山である。このコースは、その山に連なる山岳地帯を縫うように道路がつづくため、「マウンテン・コース」と名づけられたのだが、その60・72キロのうちの70％は土が固まった路面と砂利道であった。そして、市街地の脇や人家に沿った道路では、細かに砕石したものを路面に敷き詰めるという方式の、今日の舗装に代わる整備がなされていた。

そのため、マシンが走行するとホコリがモウモウで、当時「アコニア」（Akonia）と呼ばれていた、今日のアスファルト材かタールに似たもので簡易な埃対策をしたが、それはライダーや車両が汚れるだけで大した効果はなかったという。

152

一周で60・72キロのコースは、210のコーナーがある、いやそれをいうなら215だ……というように、ライダーによってその数が異なってしまう。なぜなら、ライダーによっては、そこを小さな曲り（コーナー）と見るか、あるいは、そんなもの直線と同じだと解釈するかからだ。ただ、確実なのは、この「マウンテン・コース」のコーナーがその数200以上であること。

こうして1911年（明治44）、マン島TTレースはそのステージを「マウンテン・コース」に移し、新時代に入った。

（4）セニアとジュニア

新しいTTレースは、コースの変更だけでなく、参加者の急増という問題も抱えていた。エントラントが増えれば、必然的に、マシン性能やライダーのレベルもさまざまになってくる。そこから、クラス分けという方向に進んだ。設定されたのはジュニア・クラスとセニア・クラスで、ジュニアは300ccまでの単気筒エンジンと340ccまでのツイン（2気筒）エンジン、そしてセニアは500ccの単気筒&585ccまでのツインである。

当初、ジュニア、セニアの呼称はライダーのレベルを表すものから始まり、後年にはジュニア＝350cc、セニア＝500ccのようにエンジン排気量の区分けにと変わっていく。

1911年、マウンテン・コースで初めて行なわれたTTレースのジュニア・クラスのウイナーは、

4周（242km）を平均時速66・3kmで破破した「ハンバー」のパーシー・イブンスであった。
そして、この数日後に行われたセニア・クラスでは、「インディアン」に乗るオリバー・ゴッドフリーが優勝した（平均時速76・2km）。

このレースは5周（約300km）で行なわれ、ゴッドフリーのインディアンは、ツインシリンダー・エンジン、チェーンドライブだがミッションは2段しかなかったため、新コースの山岳路では、頻繁なギアチェンジを行ない、手動のオイルポンプを操作してエンジンを冷やし、さらに登り坂ではペダルを踏んでアシストしなければ走り切れなかった。

新コースでのTTレースについて、「ゴール後に立っているライダーは超人である」というコメントがなされるほど、当時のオートバイでマウンテンコースを走り切るためには、体力、気力、運転技術、そして超人的な要素が必要だった。

何といっても、優勝したゴッドフリーでさえ、ゴールするまでに約4時間！ を要しているのだ。そしてゴッドフリーらは、インディアン車を1・2・3位としたが、他のライダーがゴールしたのは、彼らより1時間も遅れていた。まさに、耐久レースであった。

こうして、マウンテン・コースを使っての新レギュレーションのレースは成功した。しかし、その陰には悲劇もあった。「ラッジ」車でトレーニングしていたV・サーリッジは、コーナーが連続するグレンヘレンを過ぎたところで道路脇の壁に激突、落命した。メーカーのラッジ社は責任をとってレース出場を取りやめた。

この事故は、マウンテンコース史上初めての事故であり、他のライダーや主催者のみならず、住民にとっても重大な事件であった。そのため、一部からは、レースは「マン島の平和を乱すもの」という反対の声が上がった。

だが、政府はおおかたの住民はレース存続を支持していると判断。さらに、セニアTTのレースが行なわれる日は公休日とするなど、レース存続へ向けての決定を下す。こののち、21世紀に至っても、マン島でセニア・クラスが開催される日は公休日でありつづけている。

(5) 安全への試み

最初のTTレースが行なわれた頃、イギリスのオートバイの数は約3万5000台だったが、1914年には12万4000台になっていた。これは自動車（四輪車）の保有台数に、ほぼ等しかった。

そして、「モーター・サイクル」（Motor Cycle）、「モーター・サイクリング」（Motor Cycling）という二つのオートバイ専門誌は、TTレースの時期になると、一誌で週9万部を売り上げた。

こういったオートバイの増加とマウンテンコースでの成功は、オートバイに乗ってレースを見に来るライダーの増加につながる。

当時のオートバイの構造は、おおむねライダーひとりだけの乗り物であって、リヤシートに人を乗せる機能は持っていなかった。だが、一台に二人乗ることが可能ならば、そうしたがるのは人情だ。

155

人々は、後輪フェンダー(泥よけ)にクッションを巻きつけるなど、さまざまな工夫をこらして、無理やり二人が乗れるようにした。その流行から、転倒や後席からの落下事故が増え、政府はマン島での二人乗りには、現在のレートで約40万円になるような罰金と、さらに刑務所労役3ヵ月という罰則を課した。ただし、これで違法乗車がなくなったのか、そして、こんな重罰を受けた者はどうしたのかといった記録は、残念ながら見当たらない。

マウンテン・コースでのレースも3年目となると、はるか彼方のロシアからの参加者も現われて、エントラントの数は147人とふくれあがった。そうなると、ジュニア、セニアとも、予選が必要になってくる。予選周回数を達成した者だけが決勝に残ることと、予選通過者のマシンは主催者による保管が行なわれること。そして、クラス分けがわかるように、ジュニアは青、セニアは赤のゼッケンナンバーとチョッキ着用という規定ができる。また、ライダーの安全面もさまざまに検討されるようになっていく。

ライダーのウェアだが、当時、多くのライダーは革製の服の方が有利であることを知ってはいた。しかし、たぶんそれは固くて、運転しにくい代物だったのだろう、ほとんどのライダーは、布製のウェアに耳覆いのキャップ、そしてゴーグルという姿だった。堅固なヘルメットは、まだあまり知られていなかった。

しかし、第一回TTレースと時を同じくして、ロンドン郊外に完成した1周4・8kmのコンクリート舗装オーバルコース(ブルックランズ)では、時速200km以上の高速走行が可能であったため、ライ

ダーの安全性への研究も同時に始まっていた。

そのオーバル・サーキットで、ライダーの身体を監理する医務長ドクター・ガードナーとTTレースの主催者は、ACU承認のヘルメットを考案。そして、1914年（大正3）には、衝撃に対して有効な構造のヘルメットを着用する義務規定を作った。

ただ、そのヘルメット構造の規定がおもしろい。現在では、頭から顔全体を覆うフルフェイスやジェット型などの種類があるが、初期から1960年代前半頃まで一般的だったヘルメットのデザインは、頭部の上端のみを覆う、いわゆる「お椀型」と呼ばれるタイプ。そしてこれには、耳の部分には切り抜きを設けること、すなわち後方から追い越してくるオートバイの音が聞こえなければならないという規定が付随していたのだ。

（6）中断と再開

こうしてヘルメット着用が義務となった1914年のTTレースでは、スタート＆ゴール地点が現在より南にあたるブレイヒルの上に変更された。97台が出場したセニア・クラスでは、「ラッジ」のC・プリンが平均時速79.2kmで優勝。これはTTレースにおいて、ベルトドライブ車の最後の勝利となった。

だが、この1914年、ヨーロッパ大陸では深刻な事態が発生していた。第一次世界大戦である。こ

の戦争は、かねてから対立していた三国同盟（ドイツ、イタリア、オーストリア）と枢軸国（イギリス、フランス、ロシア）が、1914年6月、サラエボでのオーストリア皇太子暗殺事件をきっかけに引き起こしたもので、それが世界戦争にまで拡大した。

戦争は1918年（11月）にドイツ側の降伏で終了したが、1903年にアメリカでライト兄弟が飛行に成功した「エンジン付き飛行機」が、この戦争では、早くも兵器として使われはじめていた。そのため、陸より空というのか、オートバイや自動車の進歩は停滞した。

大戦が終わって、マン島TTレースが再開されたのは1920年である。

6年ぶりのマウンテン・コースは、若干の迂回路が設けられたが、基本的には以前と変わらない。路面も相変わらず、ターマック（アスファルト舗装）の部分はごく一部であり、そのほとんどは砕石を敷きつめた道路であった。したがって、乾燥していればホコリまみれ、そして濡れていれば泥だらけでヌルヌル。一台が走った後は窪みや轍が残り、さらに山岳部分では、平地以上の最悪路面になってしまう。

TTレースにおける偉大なる覇者、ライダーのスタンレー・ウッズは、彼が若くてなかなか勝利できなかったこの頃のことを「それは道路でなく、単なる砂利道にすぎなかった」と回顧している。

そうした〝悪路〟を、当時のレース用オートバイで走るには、普通の運転操作では間に合わなかった。

この頃のオートバイは、アクセル操作は当然として、エンジン回転を制御する電気位置レバー、オイルポンプ、ギヤチェンジ、燃料と空気の混合調整、エキゾーストバルブ・リフター、クラッチ、ブレーキなどがあったが、これらのすべてはレバーやペダルやスイッチで操作する仕組み。つまりライダーは、

つねに休むことなく、その両手両足を駆使して走るという代物だった。

さらに、その道路には、馬の蹄鉄や生理的落下物などが散らばり、ときにはパンクに見舞われ、そしてときにはそれをよけ損ねての転倒など、悪路と格闘する以外の〝雑事〟にも追われた。

しかし一方では、この未整備な道路という条件を、逆に利用しようというチームも現れる。有力なチームは、彼らのファンを重要なコーナーで観戦させ、自社レーサーがやって来ると見るや、ほうきやハケで道路を清掃して、ライダーの走りを助けた。もちろん、自チームの選手が通過してしまえば、道はふたたび〝悪路〟に戻された。

そんな道路状態に対し、あるとき政府は、とんでもないことを決定した。レースのために、少しでもいい路面状態を保とうと考えた苦肉の策だったのだろうが、どんな規定だったのかというと、レースが行われる前日は、住民が道路を使用することをすべて禁止するというものだった。ここまでして、レースに肩入れする根拠は何なのか？ 案の定、2年後の1922年には、あっさりとこの規定は廃止された。

レースに登場してくるマシンの性能は、どんどん上がる。そして、その高性能の走りが道路を痛めつけ、危険も増す。まさにイタチごっこなのだが、1920年のTT再開に際しては、強大な出力を持つ500ccを排除する動きがあった。

しかし、主催者のACUはこの案を否決する。そして、新たにジュニア・クラスに250ccを新設。この結果、セニア500、ジュニア350＆250という3クラスとなる。このクラス分けの意図は、

159

レベルの高いライダーはS500に、それより若干劣るライダーはJ350に、そして、もっとビギナーはJ250に振り分けるというものだった。こうすることで、安全性を確保しようという考えなのだが、一方では、エンジン排気量が規定に合ってさえいれば、他の構造については制約をあまり設けないという決定も行なわれた。これが何を意味するかというと、つまりは、市販車でなく、レース専用マシンのエントリーを認めるということであった。

そのため、1920年のセニア500ccクラスは、マウンテン・コース6周（364km）を4時間22分23秒で走破する。この優勝車「サンビーム」のT・デラヘイは、平均時速82・3kmでレースを駆け抜けた。これはTTレース休止前の記録である79・2kmを大幅に上回るデータだった。ちなみに、新設されたジュニア250cc5周の記録は、平均時速61・3kmであり、これはレベル相応であった。

第9章 マンクス・グランプリ

（1）英国の至宝、HRD登場！

 乗り物に、より以上のスピードを求めるのは人間の性なのだろうか。もっと速く走りたい！ そのためには……と新しい構造を求める技術者たち。その追求は、とどまるところを知らない。

 「ノートン」は1922年に初めてOHVエンジンを、「ラッジ」は4段ミッション（変速機）を、「バー＆スタウド」はスリーブ・バルブのエンジン、「AJS」はアルミニウムのシリンダー、「JAPエンジン」は2ポートOHC／350ccを開発するなど、技術は着々と進んだ。とくにOHC構造のJAPエンジンは、TTレースをその初登場の舞台とした。

 ただ、新機構が即、強力な存在になるというわけではなく、旧態化していたものでも、長年の熟成とその完成度によって、新しいものに対抗することもできた。たとえば、1922年のセニア・クラスに出場したA・ベネットの「サンビーム」はサイドバルブ（SV）のエンジンであったが、新技術を誇るマシン群を抑えて見事に優勝した（とはいえこれ以後、SVエンジンがTTレースで勝利することはなかったが）。

TTレースは、1920年代の終わり頃になって、レースでの平均時速は115・3kmとなって、初期よりは10km/h近く速くなった。その高速化を追求した技術者は数限りなく存在するが、そのなかでピックアップしたいのは、やはりハワード・デイビス（Howard Davies）と彼のマシン「HRD」である。

デイビスは、1914年に初めてTTレースに参加した。このとき乗ったのは「サンビーム」で、結果は2位だった。第一次大戦中は空軍パイロットとして過ごした。戦後、1921年のTTレース・セニア・クラスで復帰し、優勝した。この優勝は、実はただの勝利ではなく、TTレースで最初にして絶後の偉業となった。これは、デイビスは「AJS」の350ccで、500ccクラスを制してしまったのだ。

そして、この勝利以後、ハワード・デイビスは既存のオートバイに乗ることをやめ、自らの手によるレース用オートバイ製作に乗りだすのである。

彼自身の名、ハワード・レイモンド・デイビス（Howard Raymond Davies）の頭文字を並べて車名としたオートバイ「HRD」は、1925年のTTレースでジュニア・クラス2位、そしてセニア・クラスでは、それまでより平均時速で8km速い記録で優勝した。

また、オートバイの製造者自身がライダーとして自製のマシンに乗り、ノートン、AJS、スコットといった名門メーカーを蹴散らしての優勝は快挙というしかなく、長いTTレースの歴史でも、こんなことをやってしまったのは「デイビス&HRD」以外には存在しない。

この「HRD」というマシンは、乗馬用の鞍を思わせるデザインのガソリンタンク、そして座高の低

製作者、ハワード・レイモンド・ディビスを車名にしたHRDは、'25年のTTジュニア（350）クラス2位、セニア（500）クラスで優勝を飾るなどの活躍をしたが間もなく倒産、その心意気をフィリップ・ビンセントが引き継ぎ、ビンセントHRDとして復活した。写真はHRDの量産車。

こうした新しい挑戦とレースでの勝利が重なり、HRDには多くの注文が入るようになるが、1920年代の末（日本では昭和初期）、アメリカの経済恐慌に端を発した世界的規模の不況によって、小資本のHRDは800台強の生産を最後に倒産してしまう。だが、ハワード・デイビスの技術やそのセオリーまでが滅んだわけではなく、会社はフィリップ・ヴィンセントによって引き継がれ、オートバイは「ヴィンセントHRD」として復活する。

このヴィンセントHRDは、その後のTTレースでも勝利し、独特のデザインや、軽く時速200kmを超えるそのスピードに惹かれ

いシートなど、およそ従来からの自転車発展型とはまるで異なる造形で構成された、魅力的なオートバイだった。

たヴィンセント・ファンを生み、1960年代までつづいた。

日本でも、ヴィンセントを持てるユーザーはごく限られた数であったが、それゆえにというべきか、多くのオートバイファンの憧れの的となる。そしてその〝熱さ〟は、いまのフェラーリやポルシェに対する憧れとは桁が違うものだった。単にヴィンセントが持っていた魅力によってというより、村正の妖刀とその魔力に憑かれてしまったというような趣で、こうした熱いヴィンセント・ファンは、現在でも世界中にいる。

HRDのような個人資本のメーカーが出現するほどに、1920年代の英国オートバイ業界は活況を呈し、保有台数を見ても、1914年の12万4000台から、1920年には27万9000台、そして1921年には37万3200台と急伸した。また、イギリス本土にあるメーカーは200社に達したという。

ただ、メーカーといっても、ビリアース、JAPエンジン、バーマン・ギヤボックス、デュルイド・フォークスなどの特許製品のアッセンブラーも多く、これらの部品を寄せ集めて一台をつくるメーカーも少なくなかった。TTレースにおいても、1920年代半ばでは、参加メーカーの数は20を超えていた。

こうなると、TTレースでの勝利やそこでの評判に関して、さしたる効果はないとみなしていた大メーカーも、だんだん看過することができなくなってくる。そして大御所の「BSA」も、ついに参加に踏み切るのである。

この「BSA」(British Small Arms) は、17世紀に創立された小銃器（鉄砲）メーカーで、銃身製造など精密機械を熟知したその特徴を活かし、1905年（明治38）にオートバイ製造に参入、1927年（昭和2）には、OHV500cc単気筒車を発表していた。

そして1921年、BSAはセニアTTレースに6台のワークス・マシンを送り込む。事前テストでは、4000rpmで16馬力を出し、ブルックランズ・サーキットでの周回速度で時速117kmを記録。自信満々でマン島に乗り込んだが、しかし、結果は甘いものではなかった。何と、エントリーした6台のすべてがリタイヤという結果になってしまった。

(2) "ニュー・テクノロジー" 続々

スピードをともなう乗り物が発達するとき、まずは「前へ」速く進むことのみが追求されるのだが、ある時点で、停まることや減速することの必要性に気づいてくる。

1920年代になって、乗り物としてかなり発達したといえるオートバイも、しかし、それを止めるときには、スピードが一番遅くなった頃にサドルから飛び降りて、ハンドルを力任せに押さえて停止させるというのが普通だった。これは日本でも同様で、古くからオートバイを扱っていた先達の話によれば、「遠くに排気音が聞こえ、お客さんが来るのがわかると、店員が店の前で待ち構えて、皆でオートバイを停めた！」というのが、ごく当たり前の光景だったという。私自身は見たことはないが……。

スピードの原動力であるエンジンがどんどん発達すると、今度は逆に、コーナーで曲がりにくいとか、減速・停止といった場面で、ライダーが要求する速度へいち早く減速する機能が求められてくる。

TTレースに限らず、初期のオートバイのブレーキ（今日の基準では、ブレーキといえるかどうかは疑問だが）は、ほとんど後輪のみに付けられていて、そしてその機能も、速度を落とすためというより、運転を終え、停止に入るための手助けといった類いのものだった。もちろん、その程度の減速機能では、目いっぱいブッ飛んで行こうというレースには役立つはずがない。

貧弱なスピード制御装置で起こる転倒や衝突事故を少しでも解消しようと、1923年（大正12）のTTレースから、マシンには二つの独立した（前後輪）ブレーキを設けることが義務づけられた。このとき、ほとんどは内拡式のドラム・ブレーキを用いていたが、「ダグラス」は前輪にディスク・ブレーキ装着を試みていた。

1920年代半ばになると、「ノートン」500ccは、マン島のサルビイ・ストレートで時速150kmという速度を出すまでになり、ブレーキの重要性はますます大きくなる。

単純にいえば、ブレーキの制動力を増すには大型にすればいいのだが、しかし、そうすると車重は増え、車輪の回転運動も鈍くなる。そのため、できる限り小型で、そして強力な制動力を持つシステムの研究が進む。

柔らかいブレーキシューを使えば、小型でも強い制動力を得るが、すぐ擦り減ってしまう。反対に、固い材質では、制動力そのものは落ちるが、しかし耐久性には優れる。

そもそもブレーキというのは、使い過ぎればブレーキが焼けてしまう。レースは、ブレーキにとって、極め付きに厳しいテスト場所でもある。

また、スピードは上がってくるが、路面は同じである。高速になって、そしてマシンが真っすぐ走らないその原因の多くは、ハンドルが左右に振られることだった。それを抑制するため、「ニューインペリアル」はオートバイで初めて、ハンドル・ダンパー(34)を採用した。

タイヤも、1888年にスコットランドの獣医師J・ダンロップが「チューブ空気(35)」のタイヤを発明して以後、急速に発展し、やがて「スタデッド・タイヤ(36)」から「リブド・タイヤ」が普通となってくる。そして、空気入りタイヤの宿命であるパンクに備えて、ライダーはインナーチューブを腰に巻き付け、レースをするようになった。

オートバイや自動車が、単に技術屋のひとりよがりや、ユーザーの感想だけがその背景にあるものであったら、路上の乗り物としての進化はどれほどのものであっただろうか。レースという試練が、オートバイや自動車に、速く、強靭に、そして故障なく走れることを求めた。そしてそのために、その時代に考えられるありとあらゆるアイデアが、その具現化に向けて試みられたのである。

（3）「サイドカー」出現す！

"単体"としてのオートバイが、十分に実用可能な乗り物になってくると、これを、もっと多数の乗員

168

普段はオートバイ単体として使いつつ、休日になれば家族が乗れるように——。これがそもそもの発想で、その結果、オートバイの横に、車輪を一つ付けた「箱型座席」を取り付けてしまったのだ。オートバイの後方にあるものを引っ張るのではなく、オートバイと一緒に、横に設けた"箱車"を強引に移動させてしまうというコンセプトで、なるほど便利かもしれないが、ただ、さほど合理的な乗り物とはいえない。
　そもそもオートバイのメーカーは、オートバイがそんなことに利用されるとは思っていなかった。人が水の入ったバケツを片手に持って走るのは辛いように、オートバイの走

が利用できるものにならないかという願望が生まれてくる。そこで出現したのが「サイドカー」（Sidecar）だった。

簡便な乗り物として2輪車は広まり、その後サイドカーが増え、最終的には4人乗りキャビン付きも登場したが所得の向上に伴って、オースチンミニやフィアット500、VWなどの小型自動車へユーザーは推移。日本では'50年後半に、軽3輪のミゼットやスバル360が登場した。写真は'22年のBSA985cc。

行を"束縛"する、重心移動するものを車体の片側につけるのだから、オートバイのフレーム（車体）には、想定外のねじれやよじれが加わる。

しかし、サイドカーの製作者はそんなことお構いなしなので、最初は乗員一人用だったが、そのうちに乗員は二人～三人となり、なかにはオートバイに二人乗車し、さらに側車に四人、つまり六人の家族が一気に移動できるものまで現われたのだ。

イギリスで、なぜサイドカーが発達したかというと、ひとつは、英国人の倹約癖、つまりケチで合理主義的であることがその原因だろう。当時は、一応実用域に達していた自動車（四輪車）は、とても高価であった。そして税金にしても、オートバイなら格段に安かった。

そして、「オートバイ・ソロ」[37]だけであったレースにも、1923年（大正12）から、サイドカーが加わってしまう（エンジンは500cc）。これに対しサイドカーのメーカーは、自身が作った"家庭用製品"に悪いイメージが付くことを怖れたのか、レースへの積極的な関与はしなかった。サイドカー・レースにおける最初の優勝者は、フレディ・ディクソンで、ドライブしたのは「ダグラス」。その平均時速は85kmだった。

しかし、このサイドカー・レースは、1923～1925年に行なわれた3回のみで、いったん打ち切られる。そして、長い空白を経て、1954年（昭和29）に復活し、現在のTTレースにも組み入れられている。

こうして1920年代に短期間行なわれたサイドカー・レースであったが、その効果か、オートバイ

（市販車）は側車をつけても壊れないシャーシー（車体）を持つように鍛えられ、さらに側車の取り付けと取り外しも容易になるよう改良された。そしてメーカーによっては、サイドカー専用のフレームを持つオートバイを開発するなど、新たな需要に対処するようになった。

余談になるが、日本で1965年（昭和40）に、道交法の改正でサイドカーが消滅してしまったときには、本当に悔しい思いをした。私は「側車付自動二輪免許」を持っていたので、サイドカーがどんなものであるかは一応知ってはいたが、この〝乗り物〟をじっくり体験したことはなかったからだ。しかし、多くのサイドカー・ファンは、「地上を走る乗り物で、こんなにおもしろいものはない！」という。サイドカーはおそらく、その〝非合理な特質〟が最大の魅力なのであろう。

（4） メーカー競争と契約ライダー

マン島TTレースは、回を重ねるに連れ、レース参加者も増加した。そして同時に、参加するすべてのライダーとライダーの「レベル差」も大きくなってきた。そこでまず、レースに参加するマシンは、最低でもマウンテン・コースを5周するという義務周回数が決められた。さらに、そのうちの1周以上は、セニア500で45分（平均時速80・5km）、ジュニア350で50分（同73km）、ライトウエイト125は55分（同66km）以内で走行できること。こうした最低基準タイムも設けられた。

ときは1920年代、交通量が少なかったとはいえ、しかし、馬車や歩行者、家畜の往来、そしてわ

171

ずかな台数であったかもしれないが、マン島でも自動車は走っていただろう。そう、レースの練習用とはいえ、公道が閉鎖されていたわけではなかったのである。

そんな公道上で、一般の通行を気にしながらマシンが全開で走れば、事故が増えるのは当然である。マウンテンコース西側にある「カークミッチェル」という連続コーナーの一つのベントは、「バーキン・ベント」と名付けられているが、これはTTレースで入賞経験のあるA・バーキンが、路上に置いてあった魚の荷箱に衝突して落命したことに由来する。

ついに1928年、たび重なる事故に対し、政府はTTレース期間中に、一般通行を制限（閉鎖）した練習専用の時間帯を、午前4時15分～8時に制定することになる。ただ、これは見方を変えれば、TTレースが始まって21年もの間、レースに出場するライダーは、一般通行に混じって練習していたということで、この事実というか歴史の方に驚くべきかもしれない。

一方、エンジンに供給する燃料も、当時のガソリンは今日のように精製技術が進んでいなかったので、エンジンの馬力を引き出せるオクタン価にはなっていなかった。したがってエンジン設計者は、ガソリンに代わるアルコールを用いたり、さらにはそれらを混合することで解決していた。しかし、これが禁止された。それにより、かなりの馬力の低下があって、レース高速化の抑制になる……というはずだったが、しかし、どんな規則にしようとレースの高速化をとどめることはできない。

そして、部品（パーツ）の面でも変化が生じた。それまでメーカーは、ほとんどのパーツを自社で作り、それによってオートバイを組み立てていた。しかし、自社のオートバイに適した他社のパーツが

あるなら、それを採用するという傾向がでてきて、パーツの分野でも改良が進んだ。

とりわけTTレースは、新設計のパーツをテストするのに絶好の場であるという認識も生まれ、そしてTTレースで問題がなければ、その製品は実用にパーツとして供せるレベルにあるという証しにもなっていく。

そこから、「JAP」のように、エンジンをパーツとして位置づける、エンジン製造の専門メーカーもでてきた。

ここでTTレースに関連が深いパーツ類を列記すると、ダンロップ（Dunlop）のタイヤ、バーマン（Burman）のギヤボックス、コヴェントリー（Coventry）のチェーン、ウェッブ（Webb）のフォーク＆ブレーキ、そして、リセット（Lycett）サドル。

さらに、ビンク（Binks）のキャブレター、ボッシュ（Bosch）のマグネトー、KLGスパークプラグ、ハッチンソン（Hutchinson）のタイヤ、アンドレ（Andre）のステアリングダンパー、ファイブラクス（Fibrax）ブレーキ・ライニング、ピルグリム（Pilgrim）オイルポンプ。そして、BPオイル、カストロール（Wakefield Castrol）オイル、テカリミット（Tecalemit）のグリースなど。こうして挙げていくと、ほとんどオートバイ＆自動車のパーツのすべてになってしまう。

これらのパーツメーカーは、TTレースの間、パーツの提供やメンテナンスのサービスを積極的に行うようになる。というのは、TTでの成績が、目を見張るほどの宣伝効果となって現われることがわかってきたからだ。

そうなると各種パーツメーカーは、より優秀なライダーに、自社のパーツを使ってもらいたい！こ

173

こで、スカウトが始まる。また、優秀なライダーも、勝つためには自分のマシンにどのようなパーツを組み入れたらいいのかを探りはじめる。

この頃のTTレースの優勝賞金は、2007年現在で換算すれば95万円ほどだが、多くのパーツメーカーと契約し勝利したライダーは2000〜3500万円のボーナスを手にするようになる。そして、上位ライダーのほとんどは、何らかのパーツメーカーと契約するのが普通のスタイルとなっていく。現在では、契約スポンサーのロゴなどが入ったライダー・スーツやマシンが当たり前のようになっているが、この時代でも、ごく少数ながら、パーツ・メーカーをイメージするようなカスタマイズされたマシンも登場していた。1920年代において、TTレースは、オートバイに関連するあらゆる分野を包括した規模に拡大したのである。

(5)「マンクス・グランプリ」の誕生

こうしたパーツの発達は、オートバイそのものを変えていった。TTレースでの成果による販売への影響が強まるにつれ、ノートンやヴェロセットといったメーカーは、レース用OHCエンジンの開発を専門とする部門をつくるまでになり、一線級のライダーと契約するシステムもつくられていく。

「レースでの成功によって、ノートンの名前は広まり、品質は格段に向上した。時が経つにつれ、努力もも増えていった。いいチームにとって、緻密で正確に構成された努力は必須であり、それによって、い

174

いライダーも得られる。なぜなら、レースは工場を出る前の時点で、おおよその結果が解るものだからだ。

マン島で勝利するということは、そのマシンが世界中の新聞やラジオで宣伝され、知られるようになるということであり、これほど価値ある宣伝はない。そういったTTレースでの成果を会社が自ら宣伝しようとしたら、金がいくらあっても足りないだろう」。

これは、TTレースを最初に支持し、40年間ノートンとともに歩んできたマネージング・ディレクター、ギルバート・スミスが1950年代に語ったコメントである。

このようにレースへの参戦体制が専門化する一方で、エンジンはもとより、市販車をチューンして参加しようというプライベート・ライダーや、「ラーレー」のような小メーカーにとっては、TTレースへの参加が年々きびしいことになっていく。

TTレースは元来アマチュア向けというか、営利主義の影響を受けない基盤で、マン島という場所（マウンテン・コース）を提供することから始まったのだが、レースが高度化するにつれ、この色が薄れ、企業の影響が強まってしまったのだ。

主催者のACUは、アマチュアリズムの堅持に頭を悩まし、ライダーがスポンサーからの援助を受けているかどうか、また、レースに関係した費用の領収書などを提出させるなど、あの手この手で管理しようと試みるが、徹底したアマチュア・ベースのものにすることは困難だった。

TTレース初期からささやかれていた「シャマチュアリズム」（shamateurism）つまり、アマチュ

アでありながら金をもらっている選手の存在も公然のものとなり、主催者の掲げる高尚な理想を保つことはむずかしくなっていた。

完全なアマチュアリズムで始まったTTレースの精神を貫こうと、1923年には、メインクラスの合間に、純粋にライディングを楽しめるクラブマンだけが参加できるクラスを設けるのだが、この方針もなかなか理想通りには行かない。優秀なライダーには、あの手この手の援助が待ち受けるからだ。

だが、アマチュアリズムを失うことは「ツーリスト・トロフィー」の意義までも否定することにつながる。そこから、TT本来の姿を保持するためのレース、あくまでもアマチュア／クラブマンのためだけのレースを開催する案が生まれる。それが1930年（昭和5）に始まった「マンクス・グランプリ」（Manx Grand Prix＝MGP）である。

この「MGP」に参加できるライダーは、以下のようなルールによっていた。

① エントリー時から5年以前までの期間、国際レースに参加していない者
② 1920年以降に、国際レースに参加していない者
③ オートバイによる世界的記録を出したことのない者

1930年に行なわれた第一回「マンクス・グランプリ」のクラスは、TTレースと同じく、350ccと500cc、両クラスともマウンテン・コース6周である。

オートバイメーカーも、この「MGP」の趣旨を理解し、とくにヴェロセット社は個人オーナーがレースに参加しやすいような価格のKTTモデル（現在価格約60万円）を発売することになる。さらに、

若いライダーのために、一週間の食事代が約4000円で賄えるゲストハウスの協力も出始める。

こうして、TTレースとマンクス・グランプリを分離する試みは成功した。MGPで入賞し、さらにTTレースへ挑戦する者。MGPで、自分なりのレースを堪能する者。さまざまな参戦スタイルで、さまざまなライダーが参加できるMGPはライダーとファンに受け入れられた。

このMGPは、決して、TTレースの下級クラスではない。また、TTレースへの登竜門といったものでもない。真のアマチュア／クラブマンのためのレースであり、参加者のすべてがその真髄を理解しての伝統は21世紀の今日にも受け継がれた。6月のTTシーズンが終わり、そして8月末になると、マン島にはふたたび、マンクス・グランプリのエキゾースト・サウンドが響くのである。

今日のTTレースの主催は、マンクス・モーターサイクル・クラブ（MMC）が統括しているが、1930年には、ACU主催のTTレースと、マンクス・モーターサイクル・クラブによるMGPが、共催として行なわれた。その後、この二つのイベントは、マン島でのオートバイレースの両極として成功。そして今日でも、レース運営に携わるオフィシャルの多くは、MGPやTTレースに出場したレース経験者であり、そうした厚い年代層がマン島のレースを支えている。

第10章 オートバイと日本

(1) 明治に始まる車輪の文化

さて、以上のようにさまざまな問題やジレンマを抱えながらも、マン島でのTTレースは独自の姿を形成していく。では、初回のTTレース(1907年)から第一次世界大戦を経て、1930年(昭和5)頃までの時代、日本における自動車やオートバイの存在は、果たしてどのようなものであったか。

ちょっと歴史を紐解いてみても、明治以前の日本には、「ワッパ」＝車輪の文化はなかなか見いだせない。時代劇で、米俵や千両箱などを運ぶための荷車は散見するが、人の乗り物はなかったようだ。また絵巻物のなかで、大きな車輪がついて公家が乗り、それを牛に引かせている乗り物(牛車)は見るが、鎌倉時代以後、武家社会になってからは姿を消した。

なぜ、そうなってしまったのかは、定かではない。もし、ワッパのついた乗り物が当たり前に存在していたら、日本でも、けっこう早い時代に自動車が工夫されていたかもしれない。水力や風力など、自然エネルギー以外の動力への関心、そして馬より速く走れる乗り物、こういったものへの発想もなかった社会だった。

そんな「日本」にも、自動車が入ってくる。それが外国から売り込まれたのか、買う人がいたから輸

入されたのかは、よくわからない。いずれにせよ、フランスの自動車「パナール」が日本に初登場したとされるのは1898年（明治31）のことだが、これはD・ベンツとG・ダイムラーが「内燃機関」の乗り物を実現させてから、まだ12年しか経っていない時期だった。

そして1900年（明治33）には、アメリカ製の蒸気エンジン車「ロコモビル」、明治天皇の皇太子に贈呈されたというアメリカ製電気自動車「ウッズ」といった自動車が日本に入ってくる。当時の欧米でも、いったいどの動力が主流となっていくのかは混沌としていた時期なので、日本に入ってきた自動車にも、欧米のそんな状況が反映されている。あるいは、当時の日本は、珍しいもの・新しいものなら何でも来いという、売り込みには絶好の相手だったのかもしれない。

だが、日本人は〝売り込まれて〟いるばかりではなかった。何台かの自動車が輸入されるや、わずか数年にして、日本製の自動車が現われるのだ。1904年（明治37）、山羽虎夫が製作した山羽式蒸気自動車がそれである。

とはいえ日本でも、最新の動力は蒸気だ、いやそうじゃない……といった論争があったのかどうかは定かではない。そして山羽式から数年を経て、1907年（明治40）には、吉田真太郎と内山駒之助の二人が、日本初のガソリン・エンジン自動車「タクリー号」を完成させる。また、エンジン専門の会社である「発動機製造」（現・ダイハツ自動車の前身）が設立されたように、日本でも内燃機関への関心が高まってくる。

そして、自動車（四輪車）の初渡来から5年。今度は、エンジンがついた自転車がやって来た。当時

の呼び名は、原語そのままの「モーターサイクル」であった。人々はこの原語名のほかに、和訳の「自動自転車」や「バイシクル」などと呼び、「オートバイ」という語は、1923年（大正12）、現在のモーターマガジン社より出版された月刊誌『オートバイ』によって一般的な用語になったものだ（自動自転車＝auto bycycleからの造語）。

1902年（明治35）に初めて渡来したオートバイは、アメリカの「トーマス」号であった。そして翌1903年には、同じくアメリカ製の「ミッチェル」号2台が、石川商会（のちの丸石自転車）に持ち込まれる。さらに1907年には、この石川商会が、イギリスの「トライアンフ」を輸入し始める。そしてその後は一気に、ドイツの「NSU」、アメリカの「インディアン」、「ハーレー」、イギリスの「LMC」、「ノートン」といったいろいろな外国製オートバイが、どっと流れ込むように輸入される。

とはいえ、この頃のオートバイは、庶民にとっては縁遠い代物だった。そもそも、当時のオートバイの値段がいくらだったか？ 台数も種類も販売形態も今日とは異なるので、ひとことでは語りにくいのだが、まず当時は、自転車でさえ珍しいという時代だったこと。そして、その自転車を「貸し出す」という商売があって、そこにオートバイも加わっていた。

ある古い記録によれば、オートバイや自動車を所有できるような大家に住み込みで働く人の一ヵ月の給金が約三円だった時代に、オートバイの借り賃は1時間1円50銭！ であったという。

そして、前記の蒸気自動車・山羽、またガソリン自動車の吉田・内山の試みは、ともに、高価な輸入車に対し、日本でもそれを造れることの証明と、国産化による低価格へのチャレンジであったが、同様

180

日本で一番初めに造られたモーターサイクルは、'09年のNS号。タイヤは輸入品が付けられたが、それ以外はすべて製作者・島津楢蔵の手作り部品だった。「NS号はバッテリー点火だったので、遠くまで走るには不安が多かった」と製作者は後日話している。

に、オートバイでも旺盛な挑戦意欲を持った技術者が現われる。それが大阪市出身の「島津楢蔵」であった。

島津は、奈良県立工業高校で紡績を勉強し、名古屋の豊田織機に就職する。そこで名古屋で名医として名高く、アメリカ製のオートバイ「エール」号を所有する、棚橋医院の棚橋鎌太郎医師に出会う。これが島津の人生を変えた。

棚橋のエール号に乗せてもらった島津は、身体に伝わるエンジンの鼓動、排気音が風とともに飛び去るオートバイの魅力に感動して身を震わせ、エンジンというものの力強さに惹かれてしまう。

20歳だった島津は、エンジン製作がわが人生と、外国の文献をむさぼり読み、すべてのパーツで輸入物を使わないエンジンを研究し、

島津楢蔵は1888年に、大阪で貴金属商を営んでいた父・常治郎の長男として生まれ、工業学校を卒業後豊田織機に就職。そこで出会った石油発動機に興味をもったのがMC造りへの引き金になり、後に国産航空機のエンジン製作に応募し、国から一等賞を受賞している。

ついに1908年（明治41）、排気量400ccの2サイクルエンジンを完成させる。そして、その1000回転ほどのエンジンを中古自転車に取り付け、試走にも成功する。これが国産オートバイ「NS号」の登場だった。

次に島津は2サイクルエンジンの改良にとりかかるが、その研究・開発のなかから、4サイクルの確実性に優位を見いだし、翌1909年暮れに、それを完成。その新たな4サイクルエンジンを、これまでより強固に改造した自転車フレームに載せ、本格的な完成車として市販に踏み切る。新しい完成車の名は「NMC」（＝Nippon Motor Cycle）で、生産されたのは20台だった。

これまで、日本製オートバイの第1号は1908年のNS号であるとする説が多いが、私は1909年のNMC号とした方がいいと

思っている。というのは、私が若い頃、島津さんご本人から直々に昔のことをいろいろ教わったのだが、そこでは、NS号よりNMC号完成への話がはるかに多かった。また、本格的オートバイはNMCからということも強調されていたからである。

そしてその後の島津は、経営が苦しいなかから、航空機エンジンを製作したり、より完成度が高い2 50ccのNMC号へ国産オートバイを進化させるなどした。さらに、モーターボートのエンジンや自動車のフレーム、また、来たるべき自動車時代に向けて、大阪市豊中に自動車学校を開設するなど、日本の自動車工業発展のための礎を築いた。

（2）国産オートバイ続々

島津楢蔵がNMC号を成功させると、ほかにも「サンライズ」、「オリンピア」、「JAC」など、次々と国産オートバイが出現した。1913年（大正2）になると、大手自転車メーカーである宮田製作所が市販したオートバイ「旭号」が、当時の総理大臣の護衛車を務めるまでに成熟していく。

マン島で第1回のTTレースが挙行された当時の日本は、1895年（明治28）の日清戦争で中国（清王朝）に勝利し、さらに、1905年（明治38）には、日露戦争でロシアにも勝って、勢いづいている最中だった。

だが、日露戦争でドル通貨流出のアメリカ経済緊迫、また、二度の戦争の費用負担は国民に重くのし

かかり、戦勝はしたものの、日本は経済恐慌に見舞われる。このへんで少しは冷静になればよかったのだが、東洋の成り上がり者と揶揄されるのも知らずに、政府も国民も舞い上がっていた。

明治での"開国"のあとは、はじめは、欧米ですでに出来上がっていたモノや文化が渡来したから、日本は、発展へのための初期投資も要らなかった。そのまま、先達から教わった通りにやっていれば、欧米と同じ物はとりあえずできた。

しかし、各種産業を興し、経済力を蓄え、そして戦争もできる力を有するには、工業力は絶対に欠かせない。このことを知るようになると、外国からのお仕着せでは日本に合わない場合があること、また、高い輸入金を払うなら、自分でつくった方がマシであるとの

NS号の発表を契機として国産MC製造の気運は一気に高まった。宮田製銃会社はBSAやローヤルエンフィールドのように技術の関連性から自転車製造に進出・MC製造に乗り出し'13年、警視庁の要請でトライアンフを参考にしたSV単気筒450ccのアサヒ号を完成した。

考え方もでてくる。このあたりの意欲は、日本という国は、他国とくらべてもとくに強かったようだ。
したがって、オートバイや自動車のみならず、たとえば松下幸之助が電気の補助プラグ製造会社を設立したように、「1910年代」というのは、日本人の工夫がいろいろな分野で発揮されはじめた時期でもある。自動車やオートバイの、意外なというべき早期の国産化の試みも、背景にはそのような状況があった。

さて、島津楢蔵が250ccの「NMC」号を市販しはじめたときの価格は250円であったが、この価格というのが、他の物価に対してどのくらいのものだったか。

当時は、米一俵（60㎏）が約6円、また、石油缶一個（18リットル）分のガソリンが2円であった。したがって、仮に米価をベースにして、この21世紀の物価に概算すれば、米は2・1万円くらいになろう。この米価との対比で見ると、250円のオートバイというのは、今日での約90万円となる。また、ガソリン1リットルは1400円程度である。

そして、これより十数年後の1925年（大正13）に、白揚社の豊川順彌が手掛けた純国産乗用車「オートモ」号（943cc 三人乗り）の1780円という価格は、今日では600万円強となる。

こうした価格は、もちろん安価とはいえないが、しかし、天文学的に高価であったとはいえないようにも思う。

185

（3）日本のレース、はじまる

1910年、明治でいうとその43年、東京・上野公園で「勧業博覧会」が開催された。これは、農業から商工業まで、あらゆる産業の近代化と、それへ向けての啓蒙と奨励のために開かれた博覧会で、やってきた一般大衆は、そこに展示・展開された国内外の製品や珍品に目を見張った。

そして、博覧会にはつきものであるアトラクションの目玉となったのは、上野公園下、不忍池の周りをグルグル回る自転車レースであった。この頃は、自転車に乗れるというだけで大道芸ができ、おカネが貰えるという時代。それが〝競走〟をするというのだから、このアトラクションは衝撃であった。

自転車は、身近な近代化のシンボルとなっていたが、同時に、自転車によるレースも日本各地に広まっていく。

そして、その広がり方は急速でダイナミックだった。また、単なる見世物であったものが、自転車のブランドを誇示するという方向にも進んだ。さらには、自転車の取扱店同志の競争と意地の張り合いが高じて、それぞれが足に自信のある選手を雇うということがはじまった。自転車の世界では、早くも、現在の競輪の元祖的なレースに発展し、これはオートバイのレースにも影響を与えていく。

この頃、1000円くらい出せば小さい家が買えた時代に、アメリカ製自転車は120円だった。だから、自転車を持つこと、乗ることは庶民には縁遠いものだったが、むしろレースを通じて、自転車と

いう存在が多くの人に知られるようになる。

一方、オートバイは、自転車以上に希少だったから、自転車レースのエキシビションとして〝爆走〟したオートバイに、観衆は度肝を抜かれた。

オートバイや自動車の業界では、この1910年の上野勧業博覧会でのレースを、オートバイのみならず、日本の「モーター・レーシング」の起源とする説が一般的だ。

しかし、「NMC」号の島津楢蔵は、15歳のときに、上野でオートバイが走るという話しを聞き、たまらず上京して、以後、その感動を引きずったまま大人になったという。こうしてみると、1903年(明治36)くらいの時点で、すでに上野では、オートバイによるレースのようなものをやっていたのではないか。そしてそれが勧業博覧会でも行なわれ、大々的に知られるようになった、ということになりそうで、1903年以降、自転車そしてオートバイのレースが何度か行なわれ、そういった素地の上に、本格的なオートバイ・レースが成立していくと見た方が正しいかもしれない。

この上野でのオートバイ・レースの形態は、自転車レースと同じように、不忍池を周回するもの。一周500〜800メートルほどの土面(ダート)の楕円型、オーバル・コースであった。

何にしても、1907年に初めて行なわれたマン島TTレース、それとほぼ同時期に、日本でもレベルの程度は別として「レース」が行なわれていたというのは驚きである！

そして、当初は自転車とオートバイが同じコースでレースをしていたが、次々と輸入されるオートバイの性能が上がってくると、自転車と同じコースでレースをするには短すぎる。自転車レースとの併存が約10年続いたあと、オートバイのレースは、大型のグランドや陸軍の演習場、そして競馬場を使ったものへと独立していく。とくに競馬場のスタイルは、オーバルレースの元祖でもあって、オートバイ・レースには格好の場所であった。

（4） 鳴尾競馬場とオーバル・レース

1913年（大正2）という年と、兵庫県西宮の鳴尾競馬場（現・阪神競馬場）という場所。これは、日本のオートバイ・レースの歴史で、永く記録されねばならない事項である。

この年、鳴尾で行なわれたレースは、その後わずか3年ほどで、全国のオートバイ所有者と愛好者、なかでもスピードには目がないというライダーに大きなインパクトを与え、そこから、東京MC（モーターサイクル）クラブ、大阪MC選手会、関西オートバイ協会、近畿快速車連盟といった名称の「クラブ」が生まれた。そして、それらのクラブが主催するレースが、全国で盛況となっていく。

この「鳴尾」という場が競馬場であったように、競馬レースのスタイルがそのまま自動車競争の方式となっていったが、同様に、高知、小倉などの競馬場でも、エンジン付きの乗り物によるレースが挙行されはじめた。

戦前のMCレースは篤志家たちの主催で開催された。'22年に設立された「東京MC倶楽部」旗を背にして前列右から洲崎（現江東区東陽1丁目）にあった遊郭の主人・仙石謙一、ひげを蓄えた山田輪盛館の山田光重、そしてベストに蝶ネクタイ姿が日本人として初めてマン島TTへ出場した多田健蔵。

これらのほかに、レースが行なわれていた場所をざっと挙げてみても、福井、京都、東京（洲崎、王子、目黒、多摩川、井の頭、羽田、八重洲、谷津公園）、静岡、広島（観音町、宇品）、大阪（甲子園、新住吉）、北海道（釧路）、千葉（中山）、神奈川（子安）、埼玉（川越）、名古屋（津島）など、もう全国規模である。

そして1920年（大正9）になると、東京の洲崎（現・江東区東陽一丁目）に、常設の本格的なレース場がつくられ、東京の王子では常設のグランドが、さらに、1934年（昭和9）になると、東京・多摩川の河川敷に、コンクリート舗装で一周1.2キロという大型のオーバル・レースコースが完成する。

これらのコースで行なわれた大きなレースだけでも、1914年（大正3）以降の大正

年間で、その開催数は約105回。1926年にはじまる昭和年間（元年〜14年）になって170回以上、そして戦争（太平洋戦争）による終焉までに、トータルで300回を超えるレースが行なわれていた。

もちろん、TTレースのようなロードレースではなく、オーバルでのレースながら、レースにかけるエネルギーと情熱は、日本も先進諸国に劣らぬものだった。

こうしたレースがどのようにして行なわれていたかというと、まず、レースは各地に生まれていたオートバイ愛好者の集まり、スピード好きなオーナーのクラブやレース関係協会、さらに新聞社などが主催した。そして、神社の奉納レースなどはその例外として、基本的には観客から入場料を取って、運営費やライダーへの賞金分配などに充てていた。したがって、この時点で一種の〝興業〟であり、臨時施設の芝居やサーカスなどとあまり変わらなかったことになる。

ひとりのライダー、オートバイ愛好家としての私が、オートバイを通じてお世話になった方々のなかには、神戸の西海義治氏、京都の河村眞次氏、上田正直氏など、この時代に走っていた大先輩ライダーも多かった。そして、彼らの懐古談に必ず出てくるのは、

「レースのたびに、そりゃー大勢の人が来よった！ ケツのほうじゃアカンが、そこそこ走っとりゃ結構な収入にはなるし、優勝でもすりゃ、そやーええ賞金もろーての」。

そして、ときには、

「アイツここんとこ勝ちがないから、ちょっくら助けたろか」

(5) 変化と"余裕"の大正期

神戸・鳴尾でレースが始まった時期は、波乱の明治時代44年が終わって、大正に入ったときだった。

そしてこれ以後、それまでの日本には見られなかった世相も出始める。

明治期に、日本に怒涛(どとう)のごとく流れ込んだ欧米文化。そして、日清・日露、ふたつの大きな戦争、伊藤博文初代首相がハルピンで安重根(あんじゅうこん)に射殺される事件も起こる。こういった大きなうねりは、ただただ猛烈に世界の列強に加わろうとしてきた明治時代への反動でもあった。

しかし、それでも強大な国をめざす政府の方針、軍事力の肥大化、さらに第一次世界大戦の勃発。少しずつ「世界」を知りはじめた日本人、国家のためだけの国民であることへの疑問など、人々は何かの気配を感じたのであろう。

拙速に進んだともいえる近代化の流れは、地に足が着かぬかのように、大正時代に突入。政府が唱える近代化と、一方で未成熟な資本主義は、生活の歪みも生む。米買い占めによる米価高騰、民衆の暴動、

要するに、着順位をつくってしまう"デキ・レース"だが、こうした相互扶助、互助会的な色彩もあったのだろう。賭博行為がからんでいたわけではないので、たまには、こうしたこともあったはずだ。

そして、ここで注目すべきは、運営から雰囲気まで、そして全国的に、けっこういい感じでレースが受け入れられていたということである。

それに対して政府は、軍隊を用いて国民に銃を発砲し鎮圧するありさま。国民に銃を向けることも「近代化」なのか？　国民は政府への不信と、欧米文化の民主主義・自由主義の波に幻覚を見るのか、一部には退廃的思想も広がるカオスの時代――。いわゆる「大正デモクラシー」の時代である。

もうひとつの注目は、それまでは、外国から日本へという方向でだけ流れ込んでいた文化や潮流が、絹製品、軽工業品などの輸出とともに、「ジャポニズム」に代表される如く、日本から外国へという方向も出現しはじめていた。

外国との貿易、日本人の留学も盛んとなり、フランス画壇での藤田嗣治、医学界での野口英世など、海外で活躍の日本人も多くなっていく。

そして、自動車やオートバイに続いて、飛行機という新技術も渡来。ようやく日本の社会に、機械文明と「移動文明」がなじんでくる。人々は新しい文明に憧れ、外からの刺激に惹かれる。

そんな風潮下、オートバイが勇壮な爆音とともに抜いたり抜かれたり、時にはぶつかり、それが何台も競争するという「レース」は、もて囃される条件がすべて揃っていた。

それを観るもの、それにおカネを払う観客が楽しければ、興業は成り立つ。

外国製オートバイの輸入代理店は、自社や販売商品の宣伝のために、本国から「ワークス・レースマシン」を輸入することまで行なうようになる。

これも最初は、TTレースなどで走っていたロードレーサー・モデルを輸入し、それをオーバル・レ

ース用に改造するのが一般的であった。しかし、レース内容やライダーのレベルが急上昇すると、後年には、完全な「ワークス・オーバル」用が主流となっていく。

こうしたマシンは、最低でも3000円（今日の貨幣価値で約1000万円強）という価格で、AJS、BSA、ヴェロセット、ダグラス、ハーレー、インディアン、サロレアといったモデルが輸入され、さらには、最高速が軽く160km／h（100マイル）を超えるTTレースの雄、「HRDスーパー90」までが日本に入ってきた。

そして、これら海外の一流マシンを乗りこなせるライダーは限られ、次々とオートバイ店や、賞金稼ぎを生業とするチームにスカウトされ、マシンオーナー、ライダー、オートバイ店の整備員＝メカニック、そしてレース場や土地のオーナー、興業企画の運営者、さらに観客。このような、現代とまったく同じような〝キャスティング〟が、日本でも実は80～90年も前に確立され、そのなかでレースが行なわれていたことは記憶すべきだろう。

また、レースの内容も、それまでの車種・馬力問わずの混走から、欧米のシステムを参考に、一級車（1200cc）、二級車（500cc）、三級車（350cc）、四級車（250cc）というように区分けされ、公平化とともに、観客にもわかりやすいものとなっていった。

とはいえ、世界一流のマシンを乗りこなせるライダーは何人もいない。一級車と三級車レースを掛け持するといったことはごく当たり前！　小林正吉、高島一男、藤本軍次、長田清次郎、古川正治、平田友衛、田代郁夫、多田健蔵、岸松五郎、川真田和汪、松本芳太郎といったスター・ライダーも生まれ

（6）輝けるライダー、多田健蔵

これらのライダーのなかでも、「多田健蔵」は特筆すべき存在だ。オートバイより先に渡来した自転車、そのレースが盛んだった1905年（明治38）頃、自転車輸入店で働いていた多田は、その恵まれた脚力で、まず自転車レースの覇者となった。

やがて、自ら自転車の販売を手掛けるようになるが、その後やってきたオートバイも、そのほとんどは自転車商が扱っていたので、多田もごく自然にオートバイに関わるようになる。そして、あの鳴尾で行なわれた、初めてのオートバイ・レースに出場するのだ。

自転車レースでの経験が豊富だった多田は、このときに、トライアンフであっさり優勝。それを皮切りに、その後、各地のレースで賞をさらっていくトップクラスのライダーとなる。そして同時に、イギリスのアリエル、マチレス、ヴェロセットといったオートバイを輸入し、販売店としての商売でも成功する。

現役のレーサーが最新のイギリス車に関わっていれば、そこから、欧州のレース事情に詳しくなるのは当然。ましてトップ・ライダーとなれば、本場のレースに出てみたいという願いを持つのは自然な流れだろう。

そして、こうして多田が海外レースへの意欲を高めていった背景には、ある人物がいた。

第1回マン島TTレースの1907年（明治40）に、イギリス本土では、世界初の舗装路面によるオーバル・レースコースである「ブルックランズ・サーキット」が完成していた。

そして、そのオープニング・レースで2位を獲得したのは、ひとりの日本人だったのである。

その名は、大倉喜七郎。

大倉は、1874年（明治7）には日本企業初の海外支店をロンドンに構えて海外貿易を興し、そして後年には帝国ホテルやホテルオークラを建てるなどの活動をした大倉財閥の子息で、イギリス滞在中に、レースに出場していたことがある。もちろんこれは、日本人として初である。

また、後年の大正時代、大倉と同じようにイギリス留学中にレースに没頭し、本格的ドライバーとしての片鱗を示すまでになったのは白洲次郎だった。

のちに白洲は、太平洋戦争（第二次世界大戦）で敗れた日本の立て直しに苦悩する吉田内閣に請われ、占領軍からの無理難題に、へつらいと権謀術策でコトを済まそうとする官僚や議員が多かったなか、敢然と日本の立場を主張し、GHQと対等に渡り合った人物として、歴史にその名を残すことになる。

白洲次郎の活動では、1951年（昭和26）のサンフランシスコ講和条約締結時の〝事件〟が有名である。このとき、吉田茂首相の演説のために外務官僚が草稿したのが「英語」であったことに激怒し、格調高き日本語による講和受諾演説に替えさせたのだ。

この白洲次郎が、1920年代（大正から昭和初期）イギリスのケンブリッジ大学留学中に没頭した

スポーツがモーターレーシングであった。
愛車ブガッティを駆ってのレース活動は多岐にわたり、日本人の本格的なレーシング・ドライバーの草分けとして活躍。ここでのレース経験も織り混ぜたイギリス仕込みの国際人形成と非凡な才能が、敗戦後の日本の激動期に大きな力を発揮したのだろう。

さて、この白洲のイギリスでの活躍が日本に伝われば、欧州の本格的レース参戦を夢見るライダーが生まれるのは当然。多田も、もちろんその一人であった。そして、イギリス車に関わっていたライダーであれば、そのターゲットは、やはりTTレースになるだろう。

多田は、ヴェロセット社を通じ、TTレース主催者へ参加の可能性を打診した。そして幸いに、ACUより出場許可の回答を得る。ヴェロセット社としても大事なお得意様だから、なにがしかの手を打ったのだろうが、何よりも多田が日本を代表するライダーであったことが、挑戦の機会を引き寄せることになったはずだ。

だが、多田はこのとき、すでに42歳だった。大正・昭和の時代では高齢者である。60・72キロのTTレース／マウンテンコースがどのようなものであるか、多田は一応は把握していたのだろうが、しかし、多田がヴェロセットKTT350ccで出場するジュニア・クラスはそこを7周する長丁場である。21世紀の今日では考えられないような道程で、日本からイギリスへは、まず、鉄道で福井県敦賀港へ。そこから船でウラジオストックへ、さらにシベリア鉄道で、フランスのパリへ。そこから鉄道で、ドーバー海峡のカレーへ。そして、海峡を船で渡ってイ

'30年、東京駅で盛大な見送りを受けてシベリア鉄道経由でマン島へ向かう多田健蔵。立て看板横から2番目が山輪＝ヤマリンの創業者・山田光重、遊郭（洲崎）の主人・仙石謙一、そして多田健蔵。多田はベロセットでジュニア（350）クラスに出場、15位で完走した。

ギリスへ……というものだった。

あるいは、鉄道で下関へ、船で朝鮮半島・釜山、さらに鉄道で京城（ソウル）〜安東〜奉天（遼寧）。ここから満州鉄道で、長春〜満州里、そしてシベリア鉄道でモスクワへ。ここからワルシャワ、ベルリンを経由してパリ。そして陸路カレー、そしてドーバーを渡るというもの。経由地のパリへ到着するまででも16日を要するという長旅であった。

このときの多田が、どのくらい商売に成功していて、そしてどのくらい賞金を獲得していたライダーであったかは定かでない。しかし、どんなに旅費が掛かったとしても、TTレースに挑もうとした気持ちはよくわかる。いかに日本でレースが盛んになっていたとはいえ、そのレースはオーバル・レース。数百メートルを走るだけの周回コースで競って

いるだけではなく、ほんとうの、そして本場の「ロードレース」をやってみたいと思うのは、一流ライダーなら当然であったろう。そしてそこには、金銭上の損得などは存在しないのである。

こうして1930年（昭和5）の4月、日本を後にした多田とヴェロセット社らは、約40日を費やしてイギリスに到着。多田は予定通り、ヴェロセット社が用意したKTTで、ジュニアクラス350ccに出場した。

結果は、出走46台中の15位完走。上位入賞には届かなかったものの、初出場で完走した初めてのライダーとして、多田は高く評価され、レプリカ杯を得た。はるばる東洋から参加したという気骨、そして、何よりもマウンテン・コース7周、423キロのレースに、42歳という年齢で出場したこと。こうしたことでも、多田は称賛を浴びた。

その表彰式に、多田健蔵は、日本の正装である羽織袴で出席。レース主催者に「TTレースに出る夢を叶えて下さったことへの感謝」の挨拶を述べると、その古武士にも似た態度は満場の喝采を受けた。

このジュニア・クラスは、この頃、ノートン、ヴェロセット、AJSの三車がしのぎを削っていたが、この年は、ラッジ・ウィットワース（Rudge Whitworth）に乗るH・G・タイレルが優勝していた（平均時速114km/h＝70.08マイル/h）。ラッジが優勝したのは、後にも先にもこのときだけで、日本人ライダー「多田健蔵」がレプリカ杯を受賞したことと合わせ、この1930年は記憶すべき年となった。

なお、付記すると、当時の日本でも、オーバル以外のレースがなかったわけではない。1925年（大

正14）とその翌年、岐阜県の各務原（かがみはら）や、名古屋〜上越地方で、公道を用いるロードレースが行なわれた記録がある。さらには、日本一周レースの企画もあったが、これは実現しなかったようだ。

（7）戦前日本の〝レース黄金期〟

多田健蔵のTTレース挑戦はこの一回で終わったが、それに刺激されたか、日本のレースはますます活況を呈し、大正末から1937年（昭和12）までという14〜15年間は、レース黄金期といってもいいような時期がつづいた。

この時代、飛行機が交通としても軍用としても現実的となり、日本の軍部は、三度目の海外派兵（1918年＝大正7年のシベリア出兵）を行なって、中国大陸に触手を伸ばそうとする。そして、国家間の紛争解決には武力が表にでてくる、そんな時代である。

こうした〝強い〟ことが尊重される世相に、日本が強国であるという錯覚に陥っていた国民にとっては、勇壮果敢なレースはミートしたのだろう。機械化国防訓練を奨める軍部も、そんなレースのために陸軍の敷地を提供するなど、この時代の波長にレースは合っていたようだ。

そういえば、「多田健蔵のTT挑戦」も、そんな時代を象徴する寵児（ちょうじ）として、軍部に利用されたという話もある。

日本のスターライダー・多田を国際レースに出す。日本男児の意気を示す。国防機械化の一環である

国産オートバイ性能向上に役立つ技術調査を行なう。当時の日本の技術では不得手のスパークプラグやチェーン、その他TTレースだからこそ試される先進技術の部品など、中には多田が密かに持ち帰った特殊パーツを参考に、高度な国産化が実現した、という話も聞いたことがあるが真偽のほどは解らない。こういった任務も兼ねて、いまのカネで見積もれば3千万円は超えそうなTTレースへの参戦資金を、軍部が負担したという噂が立ったほどだ。

戦後になって、それまでの威光や勲章などがすべてクズとなった時代でも、多田健蔵の応接間には、陸軍大臣の表彰状が後生大事に飾られていた。こんなこともあって、こういう声が上がったのだろうが、やはり、真偽のほどは定かではない。

そしてレースは、オートバイのみから、1920年（大正9）に開設された東京・洲崎のレース場では、自動車のレースが試みられた。これには、完成したばかりの純国産自動車である「オートモ」号の豊川順彌(じゅんや)も出場した。1925年（大正14）のことである。

このときの自動車レースも、オートバイと同じオーバル・レースで、空冷直立4気筒943cc、わずか9馬力というオートモ号は、20〜30馬力のエンジンを積んだ欧米車と渡り合って、2位に入った。

しかし、乗用自動車の国産化は、なかなか進化しない。当時、輸入された自動車の数は年4千台に達していた。そして、自動車やオートバイの有用性が注目され、日本政府は自動車の国産化事業とその助成に乗りだすのだが、この頃は「軍用」それもトラックの製造が目的で、これはいわば兵器の一部、決して民生用の自動車が奨励されたわけではなかった。

とはいえ、1932年（昭和7）になると、のちの日産自動車から、「ダットサン・フェートン」が発売され、この翌年には、愛知の豊田自動織機製作所に「自動車部」が設立される。これがのちのトヨタだが、同社は創立の3年後に、「トヨタAA」という乗用車を発表する。

一方のオートバイも、島津NS号、宮田製作所・旭号につづき、さらなる国産化が進むと思われたが、昭和元年（1925）頃の国内自動車の保有、約6万6000台のうち、オートバイは約1万台。そして、そのすべてが欧米車といえるほど、輸入車の攻勢が強くなってきていた。

そして、国というより軍部の国産化奨励は自動車（四輪車）であったこと、また、島津楢蔵も、この頃、飛行機に目を向けはじめていて、オートバイの国産化は忘れられがちになっていた。

（8）「エローファースト」と「SSD」

しかし、国産の自動車——といってもトラックだが、それが伸展してくると、軍部（陸軍）は、「軍用保護自動車法」の対象範囲をオートバイにも拡げてくる。

大正末から昭和の初め、輸入オートバイの数は年3千台。昭和3年（1928）には最大の輸入数となり、国防上もオートバイの効用が無視できなくなった。こうしたことから、オートバイも外国に頼っていてはならないという必要に迫られてのことだった。

島津楢蔵は、この頃、航空機エンジンやモーターボートの開発に転じていたが、こういう状況のなか、

ふたたびオートバイの製作に乗りだす。

大正15年＝昭和元年（1926）に完成した、島津の「エローファースト号」（4サイクルSV・633cc 6・5馬力／2000rpm）は、その実用性と耐久性を証明するため、鹿児島〜東京間の走破を実行する。

朝日新聞が後援したこのキャラバンは、単なる公開テストにとどまらず、各地でエンジンやキャブレターなどの説明会やオートバイの実用性と経済性の講演会も行なって、オートバイの普及促進も兼ねたものだったが、イベントは大成功。19日間の悪路走行に耐え抜いたエローファースト号は、その優秀性を立証した。

島津のモットーは、自分がつくったものは最も過酷な試練で実証するということで、このキャラバンでの成功をもとに、オートバイの企業化を企図した。

しかし、何人かの同意者は現われるものの、なかなか企業化の話には至らない。島津は何度か挫折を味わい、そして、オートバイからは手を引こうと考えていたとき、無類のオートバイ・マニアであった大林良雄に出会った。この大林は、今日の建設界の大御所・大林組の社長で、当時、関西では新興の企業として急伸中であった。

かねがね、島津のオートバイに対する情熱を知っていた大林は、島津やその弟の山口銀三郎の熱意に動かされ、エローファーストの事業化に踏み切った。事業のむずかしさは、もちろん承知の上である。

大阪・九条、大林組の建物内に「日本モータース製作所」が設立され、島津の国産オートバイは、N

S号の完成から18年後、やっと事業化されることになった。

生産型の「エローファースト」は、4サイクルSVの250ccエンジンを搭載し、ミッションは2段変速。1930年（昭和5）までに、市販価格390円で約700台を販売したが、やはり採算ベースに載せることはむずかしい。

この時代は、数年前の関東大震災、そして昭和初期の金融恐慌と時期も悪く、米一俵（60kg）の生産者価格も約13円に高騰した頃。オートバイの価格390円は、米30俵に相当していた。三人程度の家族なら、一俵の米があれば、一年間は食えるという時代である。

好きな途だからと、赤字を厭わない大林良雄の理解はいつまでも大林の好意には甘えられないと、島津は工場の閉鎖を決意した。1930年（昭和5）だった。

低い生産コストを実現させ、庶民の交通手段としてのオートバイをめざした島津の思いは、成功とまでは行かなかったが、自動車、オートバイが日本に渡来してわずか5〜6年で国産化へ挑戦したその意欲と実績は史上に残るものだ。今日、世界的水準となった日本の科学、機械工業、そして、技術者のチャレンジ・スピリットは、すでに100年前にその種がまかれていたのである。

ただ、日本の初期オートバイ工業は、やはり輸入量にまさるイギリス車とアメリカ車の影響が強かったようだ。オートバイの国産化に挑戦した果敢な先駆者・島津楢蔵も、イギリス車の影響を受けていたように見える。

当時、世界一のオートバイ工場を持っていたDKW。そして、水平対向エンジンとシャフトドライブ

のBMW。また1939年には、50ccから750ccまでのすべてのクラスで、絶対速度の世界最高記録を独占していたNSU。

こうした堅牢、合理性、部品を数学的に構成するかのようなドイツ車を参考にしていたら、初期日本の技術進化は変わっていたかもしれない。

このほかにドイツ系の影響を探せば、小排気量のオートバイや小型発動機での2サイクルエンジンでは、イギリスのビリアースより、アーディーやザックスなど、ドイツ流の技術の方が強い影響を与えているように思われる。

さて、島津楢蔵の挑戦と並んで、広島では、宍戸健一、宍戸義太郎、高田清二といった面々が「SSD」号を製作していた。

話しは少し戻るが、兵庫県・西宮、鳴尾競馬場での本邦初レース（1913年）の2年後、東京・目黒競馬場のレースは、東京・洲崎での「オートレース場」開設へと急展開する。

さらに大正末期（1924年）頃のレース興隆期になってくると、並みいる欧米車を、国産車で打倒しようという野望を持つチャレンジャーが現われる。宍戸健一は、その急先鋒であった。

この頃、宍戸以外にも同じような挑戦があったといえるが、ただしエンジンはイギリス製の「ビリアース」(bilious) を積んでいた「MSA」など、こうした〝挑戦者〟はそのほとんどが外国製のエンジンやミッションを、自製のフレームに組み合わせたもので、純国産とはいいがたかった。

しかし、オートバイ・レースに熱い広島という土地柄からか、宍戸の目論見は、エンジンからフレー

ムまで、すべて「純国産」の自家製マシンで、トライアンフ、ヴェロセット、ハーレーなど欧米ワークスマシンの前を走ることだった。

4サイクルエンジンの「SSD」号レーサーは、まず、三級車（350cc）と四級車（250cc）の何台かがつくられた。しかし、レースに出走させたが、なかなか勝利は掴めない。当時の二級車レースは、一周600〜800mの楕円形コースがその舞台で、短い直線でのスピードはトップクラスで約140km/hまで出たというから、三級車であれば、時速130キロは出ないと勝てなかった。そしてSSDのみならず、世界的に見るなら、オートバイや自動車が実用化されて30年以上経ち、欧米ではエンジンはなかった。だが、レース専門に開発したクルマであった。それらの輸入車を相手にするわけだから、このときの日本人のチャレンジは、相撲でいえば、序の口が大関に立ち向かうようなものであったかもしれない。

こうしたレースへの挑戦とともに、市販車の開発を進めていた宍戸は、レースから得た数々の技術を注ぎ込んで、1929年（昭和4）、SV500ccのエンジンを搭載した「SSD」号を発表した。そして翌年には、北海道・旭川〜九州・鹿児島までの日本縦断走行を敢行し、12日間かけて三千数百キロを走破した。この日本縦断で、SSD号はその耐久性と、平均走行時速約40kmという性能を示し、高い評価を得た。そしてSSD号は、昭和天皇の弟である秩父宮殿下が購入するという栄誉に輝く。

宍戸のSSD号は、島津のエローファーストが市場から去るのと交替するように登場した。そして、

205

自動車に対する国の助成金が、少しはオートバイにも向けられるようになれば、オートバイの国産化と、もっと多くの人が購入できるような普及と一般化が進むものと思われたが、しかし、戦火はひたひたと迫っていた。

（9）軍需としてのオートバイ

宍戸のSSD号は、彼らの情熱や技術力、挑戦力で完成したものだが、ただ宍戸製作所は「自動自転車研究奨励金」を受けるなど、すでに国の助成制度がオートバイにも及んできた時期のことで、島津がまったくの自費でオートバイを開発していた頃とは、周囲の理解が違っていた。

このように、国がオートバイの発展に目を向けるようになったのは、一見喜ばしいことのようだが、しかし、このときの国の意図は、庶民の交通手段の育成ではなかった。

日露戦争勝利後のポーツマス条約で、朝鮮半島の権益と、中国大陸・関東州の租借権などを握った日本は、清王朝の滅亡後、内戦で混乱する中国大陸への進出を本格化させる。1931年（昭和6）に満州事変。そして翌年、日本は関東軍主導の傀儡国「満州国」をつくりあげ、大量の陸軍戦力を中国大陸へ送り込む。

日本の軍部は、中国の広大な陸地には、自動車が不可欠な軍備になるととらえ、「軍用保護自動車法」で育成していた自動車（トラック中心だが）の助成を、オートバイにも拡大した。

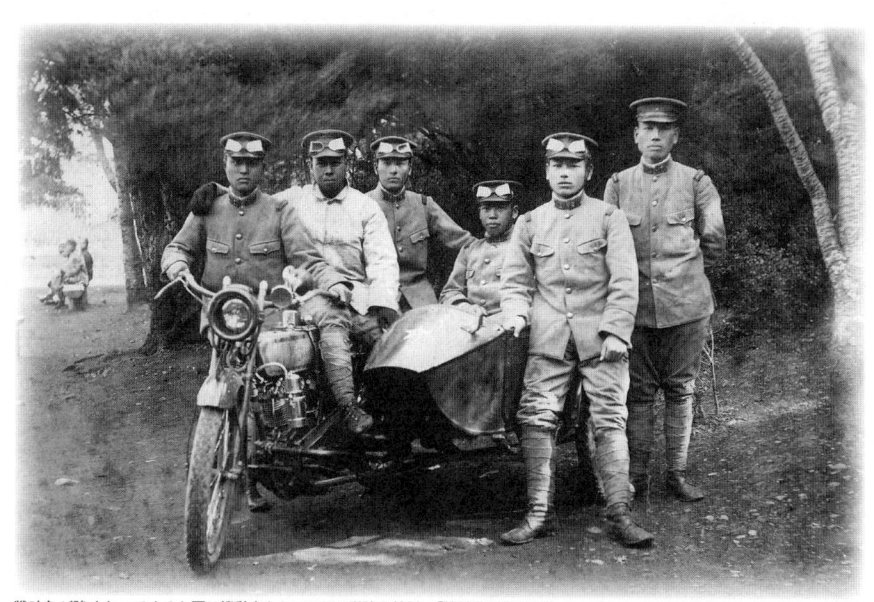

戦時色が強くなってくると軍は機動力としてMCの増強を検討。「機械化国防訓練」の一環としてMCの性能向上を目論み、各地のレースに将官を派遣してレースを積極的に奨励・視察した。'19年9月、埼玉県・所沢飛行場で撮影。

宍戸への奨励金も、その一環だったが、この結果、東京で製作された「JAC」や「MSA」など、国産と外国の部品の組み合わせでつくられた数種のオートバイが登場する。

しかし、陸軍は宍戸の技術をよほど高く評価したのだろう、SSDの軍用側車や、後輪二つの三輪オートバイの製作を依頼して、奨励金の交付も行ない、オートバイの育成に力を入れ始める。

軍部がこうしてオートバイに注目したのは、第一次世界大戦が強く影響していると考えられる。戦争勃発の1914年（大正3）以後、イギリス、ドイツ、フランスなどでは、オートバイは完全な軍備の一つになっていたのだ。

オートバイは、その輸送力では自動車に劣るものの、しかし、自動車にも自転車にも、そして馬にもない、軽快さと敏捷性を持つ

ていた。そして、その走破力と低燃費、機動性にあふれた乗り物は、偵察、連絡、ときには奇襲攻撃と、さまざまな兵器として活用できた。

オートバイ・ソロ状態での機動性もさることながら、サイドカーの意外な性能に気が付きだしたのもこの頃だった。

たった後輪一つで駆動するこの三輪の乗り物が、実は、四輪でも手こずる雪道やぬかるみを走破できたり、また運転テクニックによっては、車幅より狭いところも走ってしまう！ こうした運動性能だけでなく、サイドカーとソロ（本体）を分離したり合体したりといった使い方も、軍事的にはきわめて有用だった。

カー側に機関銃を据え付けた戦闘用、さらに第二次世界大戦時代には、ドイツの「ツュンダップ」やソ連（ロシア）の「ドニエプル」のように、側車輪も駆動する陸上万能車も登場した。サイドカーは、陸戦用兵器で独自の発展を遂げるとともに、将校がカー側でふんぞりかえる威厳誇示の乗り物としても使える。そんな多様性を獲得していく。

本来は、そんな目的のためにつくられたものではないが、しかしオートバイやサイドカーは、それまでの戦争になかった効果をもたらすという役目も負うことになる。

そして皮肉にも、欧州のオートバイは、戦争によって一段と高度化するのだ。

オートバイと同じく、この頃、飛行機が新たな兵器に加わった。こうした軍備変革の時代、日本の軍部もオートバイの有効性を認識し、国産のSSDも、輸入車と同じくらいの価格の一台2400円で軍

に買い上げられるようになる。

このような"軍も採用している"という名声で、一般のユーザーも購入してくれれば事業は成り立つのだが、評価の高まりとは裏腹に、戦時ということもあってか、販売は思わしくない。

軍用のオートバイ、側車付き、貨物・乗用の三輪車、そして一般ユーザー向けの車両。宍戸は、あらゆる種類のオートバイの製作を行ない、レースへの挑戦も欠かさなかった。しかし、いかに宍戸の技術が優秀であっても、数段上のレベルを行く外国製レーサーとは、やはり格が違う。やがて、宍戸製作所は資金難に陥り、1932年（昭和7）に姿を消してしまった。

島津も宍戸も、外国に負けない日本のオートバイをつくる、そしてそれを多くの人に普及させたいという崇高な理想を持っていたが、それは個人的資力、あるいは家内工業規模には、あまりにも高すぎる目標であったのかもしれない。

一方、国が強力にバックアップする自動車（三輪・四輪車）の発展は急速に進み、1930～37年という時期には、新会社の発足や新製品の発表が相次いだ。

ダイハツ三輪車（1930年）、東洋工業のDA型三輪トラック（1931年）、ダットサン・フェートン11型（1932年）、豊田自動織機・自動車部によるトヨダ（当時はトヨタではなかった）AA型（1936年）などで、そして1937年（昭和12）には、商工省（のちの通産省、現経済産業省）の音頭取りで、今日のモーターショーに似た、自動車工業振興博覧会が開かれ、自動車は一気に「国策化」していく。

それにくらべると、オートバイ国産化の流れは鈍くなるが、SSDが後退する頃、それに代わるように、日本内燃機製になる水平対向2気筒エンジン1200ccを搭載した軍用オートバイ「ニッポン号」が完成する（1930年）。

そしてそれに続き、宮田製作所が「アサヒ」号の製造を再開（1932年）、さらにメグロ製作所による「メグロ」号1号車（1935年）が登場するなど、どうにかオートバイ国産化の流れは途絶えずに進行していた。

こうして、息をついたかのようにオートバイ国産化が再燃するのだが、これには、それを後押しする軍部の意向が強く働いたことは否めない事実だった。

たとえば、この頃、すでに経営内容も整っている他業種の企業体が、オートバイ製作に本格的に参入するという例があった。1931年にアメリカ・ハーレーダビッドソンの日本法人ができ、その後、なぜか製薬会社の三共製薬が、そのハーレーの製造ライセンスを取得するのだ。

そして、それが基となって、1934年（昭和9）に、陸王内燃機が1200ccのSV式V型2気筒エンジン（28馬力）を積み、最高速度は約100km/hという「陸王」を完成させる。

陸王はいうまでもなく、ハーレーそのものの日本版だった。そして1937年（昭和12）には、陸軍が正式に採用。堂々たる風格は、まさに陸軍の威厳を示すにふさわしいものだった。

とくに1938年製の軍用「九七式陸王」は、その時代の最新鋭とされ、外国製オートバイとくらべても遜色ないレベルのものだった。

その後、東京発動機（戦後のトーハツ）が発足し、各種エンジンの製造へと進む。オートバイの国産化は、日本の工業の裾野を広げるキッカケとなり、そして1937年（昭和12）頃を境にして、輸入車の模倣から、日本のオートバイへと脱皮していく。

しかし日本は、1937年（昭和7）に、盧溝橋の一発の銃声で、日中戦争の泥沼に突っ込み、そして1941年（昭和16）12月8日には、日本軍はハワイ真珠湾のアメリカ太平洋艦隊基地を、無謀にも奇襲攻撃する。こうして、日本はアメリカとの戦争に突入、1945年の破滅に向かって歩みはじめるのだ。

広大な中国大陸から南洋諸国まで、戦域が拡大して、自動車、オートバイ、とにかく走れるものはすべて！……というようにして戦争が遂行され、敗戦も見え始める頃には、民間個人の自動車やオートバイは、「徴用」という名のもとに軍隊に持って行かれた。徴用などと言葉をごまかしても、内実は強奪であり、高価なオートバイや自動車を持っていたユーザーがどれほど泣かされたことか！

そして、1941年（昭和16）には、乗用車のガソリン使用が禁止となる。さらに、鉄を筆頭にして、あらゆる資材が不足し、それは日本の全工業に及ぶ。

粗雑な軍用オートバイが大量生産され、それはもはや、性能向上や技術開発などとは次元の違うものとなる。

オートバイの存在は、国民の意識から完全に消え去ってしまった。この頃の日本は、まさにオートバイ不在であった。

当然、レースも同様である。オートバイ国産化とともに、勇敢な競技として、また運転技術の向上は機械化国防訓練の一環として、練兵場でレースを行なうなど、積極的にレースを支援してきた軍部も、今度は資源の無駄遣いとばかりに、レースを禁止するに至る。

オートバイとともに行なわれていた自動車レースに、若き日の本田宗一郎が奉公していたアート商会のオーナー・榊原郁三が、「カーチス」飛行機のエンジンでレース用の自動車を製造し、本田宗一郎とともにレースに参加した。そんな時代も終焉した。

1939年（昭和14）、多摩川スピードウェイで行なわれた大々的なレース。そして翌年、広島での招魂祭レース[46]を最後にして、国内でのレースは消えた。

日本人の「ものつくり」への工夫、その技術開発能力は、すべて、軍事用の飛行機、時代遅れの巨艦、そして粗悪な大量生産へ向かい、能力と情熱はそこで浪費された。

国産オートバイと自動車の、暗黒の時代――。

国が必要とするものは否定され、国産化を目前とした技術発展は阻害された。

人類は、兵器の進化や創出には、科学・化学、工業、そしてあらゆる知恵を注ぎ込む。しかし、どうすれば戦争をなくせるかという智恵は、今日に至るも、いっこうに進化していない。

第11章　世界最高峰のロードレースへ

（1）ノートンの時代

　戦前の日本で、レースがその最盛期となっていた昭和初期（1930年代はじめ）に、国内には大量の外国製レーサーが存在していた。……ということは、欧米では、日本のような外国に渡してしまっても構わないほどに、レーシング・マシンが存在していたということになる。この頃、ロードモデル（市販車）とレース専用車が完全に別の製品となるくらいに、「レース」は不動の存在となっていた。
　ゆえに、TTレースは世界最高レベルのロードレースへと駆けのぼる。
　前記クラブマンのための「マンクスGP」が新設され（1930年）、カテゴリー分けができたがゆえに、TTレースがそのテーゼとするアマチュアリズムの堅持は困難になってくる。その判断から、多くのライダーが、メーカーやスポンサーにスカウトされ、そしてトレードされるのが当たり前のようになると、TTレースは世界最高レベルのロードレースへと駆けのぼる。
　TTレースでは、まず、エンジン出力が上がり、それに比例して速度が向上した。そして、フレーム構造にも変化が起こり、オートバイそのものが進歩・進化した。
　またTTレースには、ヨーロッパの他国から続々と参戦メーカーが名乗りを上げ、同時に、世界のトップライダーが集まるようになった。そうなると、単に走るだけではなく、勝つための作戦を練る必要

も出てくる。

1930年代のTTレースは、ノートンとヴェロセットという2メーカーが常連の強豪として君臨し、この2社に刺激されて、ロイヤル・エンフィールド（Royal Enfield）、ドゥネルト（Dunelt）、エキセルシャー（Excelsior）、ニューインペリアル（New Imperial）、AJS、スコット（Scott）といったメーカーが参戦。そして、JAPエンジン（J.A.Prestwich & Co.）を搭載した新世代のヴィンセントHRD（Vincent HRD）がふたたび戦線に加わるなど、小メーカーも続々と参戦してきた。

だが、小さなメーカーにとってTTに参加するということは、自社製品の製作・生産を一時中断することであり、そして現場では、ときにはTTに参加するということは、自社製品の製作・生産を一時中断することであり、そして現場では、ときには24時間体制で仕事をしなくなる激務であった。TTレース11日間の練習期間中で、ベッドで寝たのは6日しかなかったとこぼすのは、チーフエンジニアのP・アーヴィング。そして、テスト走行からガレージに戻れば、走ったライダーも一緒になって、マシンの整備をしなければならないHRDのようなチーム。しかし一方では、ノートンのライダーたちは、自由時間をゴルフや社交で過ごすなどしていた。

そう、ヴェロセットも健闘したが、1930年代はやはり「ノートンの時代」であったのだ。W・ムーアとA・キャロルが設計したアルミシリンダーを基幹に、外殻を銅で縁取ったシリンダーヘッドと、ヘアピン・バルブスプリングを持った単気筒OHCエンジンは、まず1934年（昭和9）のセニアクラスに登場し、そしてこのエンジンは後々まで、大きな改良なしに高い戦闘力を維持しつづけた。

さらに、1937年（昭和12）にはDOHCエンジンへと進化し、翌年のセニアクラスでH・L・ダ

ニエルが記録したマウンテン・コース1周のラップスピードは145・6km／hであった。これは6〜7年前にくらべて、24kmも速い時速である。

だが、この頃、ノートンのライダーにとっては辛い走行であったかもしれない。というのは、マシンのスピードは毎年ブンブン上がっていくが、初回から20年ほどが経っていたものの、マウンテン・コースの路面は相変わらずデコボコのままであり、ダートも残っていたからだ。

しかしエンジニアは、そんな路面もお構いなしに、エンジンの馬力を上げることだけに集中する。チューンされたエンジンはウナリを上げ、激しく振動し、そして容赦なく高温を発する。

ほとんどのレーサーがそうであったが、ノートンも例外ではなく、そのフレームは、前輪にガーター(47)フォーク・サスペンションがついているだけ。後輪は、サスペンション（緩衝装置）のない固定式だった。ライダーは、エンジンの熱気と振動に加えて、跳ねて飛んでよじれる車体とも闘う必要があった。

ライバル車より、まず自分のマシンと闘ったのがこの時代のライダーだった。

ライダーのH・L・ダニエルは、ストレートで全速疾走中、ハンドルから左手を離し、目からずれたゴーグルを直した。そして、その手をハンドルに戻そうとしたが、グラグラと揺れているハンドルを、もう一度掴むのに大変な時間を費やした……と語っている。

オートバイの後輪に、プランジャー・タイプのサスペンションが装着され、多少は衝撃を和らげてく(48)れるようになるには、1937年（昭和12）まで待たねばならない。

この時代のノートンは、このダニエルのほか、J・ガースリー、C・ホワイト、V・ブリテン、F・

216

'30年代はノートンの時代だった。それだけに有名なライダーも多数いたが、中でも抜きん出たひとりはS・ウッズだ。彼は'39年まで17回TTを走りノートンで5回、ベェロセットで2回、モトグッツィで2回の優勝を飾った。'36年TTでのDKWとウッズ。

フィリスなど。いつどこで勝ってもおかしくないという優秀なライダーを独り占めしていた。そして、そのなかでもスタンレー・ウッズ（Stanley Woods）は、TTレース史上、最も優秀なライダーの一人だった。

このウッズは、1922年のジュニアクラスに、新興メーカーの「コットン」車（Cotton）で初出場し、TTレースへのデビューを果した。このとき、ピットイン燃料補給中の火災でウッズは火だるまになったが、消火後にコースに復帰、結局5位に入ったという強者だ。

この翌年、コットン社はウッズを全面的に支え、ジュニア350ccクラスを制覇する。そして、コットンというメーカーがTTレース制覇の栄誉に輝いたのは、後にも先にもこの年のこのクラスだけだった。

その後ウッズは、1939年まで17回のTTレースを走り、ノートンで5回、ヴェロセットで2回、モトグッツィで2回の優勝を果たし、"天性のライダー"と謳われた。

(2) レースの高速化と長距離化

TTレースは当初から、規定の周回数を完走することに、その意義があったので、直線でどのくらいのスピードが出たかというのは二の次であった。しかしマシンがどんどん強力になってくると、一般車が日常的に使用するデコボコの路面で、いったいどのくらい速いのか？ この点にも注目が集まり、仮に優勝を逃したり、リタイヤしたとしても、その速さがひとつの評価基準になってきた。

では、1930年代、セニア500ccのトップスピードは、どのくらいだったか。まず驚くべきは、その進化の速さであろう。たったの4年の間に、最高速は「40km/h」近く伸びている。そして、その数値である。当時の路面やフレーム構造、そしてブレーキの性能などを考えると、ゾッとするほどのスピードではある。

1934年 ジミー・シンプソン（ノートン） 170.4km/h（106.5mph/h）
1935年 スタンレー・ウッズ（モトグッツィ） 180.0km/h（112.5mph/h）
1937年 スタンレー・ウッズ（ヴェロセット） 195.98km/h（122.49mph/h）

1938年 ジョック・ウエスト（BMW） 208.64km/h（130.4mph/h）

そしてこの頃、セニア、ジュニア両クラスとも、レースは7周という長距離が標準となってきた。その長丁場を超高速で駆けつづけるには、テクニックだけでなく、相当な体力が求められる。メーカーは契約ライダーに、「レース用マシンの準備に大金を使っても、ライダーがそれにふさわしいフィジカルを持っていなければ、それはムダになる。練習以前に、身体を鍛えて、それをベースに、レースへの勇気を持て！」と説教する。これもまた、マネージャーの仕事のひとつであった。

（3）スタンレー・ウッズの「情報戦」

そして、「戦略」である。勝つための作戦は、レースが始まった当初からそれなりにあったが、ただ、短距離の人工的なコース（サーキット）と、マウンテン・コースのTTでは、その作戦の重要性がまるで違ってくる。

サーキットの場合は、数十台が一斉にスタートするマス・スタートで、複数のライダーが重なるようにコーナーに突入したりする。相手との距離が近く、その範囲内でバトルするから、ライバルの動きもわかるし、その駆け引きが観客にも伝わる。レース展開も把握しやすい。

しかしTTレースは、参加台数とクラスによって若干異なるものの、基本的には1台もしくは並列し

た2台がスタートしたら、その10秒後に次のライダーが走りだすという「インターバル・スタート方式」である。

したがって、すべてのライダーがスタートしたあとは、一周60・72キロの長大なコースのどこかを各マシンがバラバラに走っているわけで、先にスタートした遅いライダーに追いついたりしない限り、大方のライダーは、ときには前も後ろも誰もいないといった状況で、ひたすら悪い路面や振動に耐えながら、アクセルを開けている。

ライダーが1周回ってくれば、ピットからのサインで、自分が何番目にいて、タイムはどれくらいで、そして誰が先行して誰に追いつこうとしているかはわかる。しかし、それは前の周回の結果であって、128km/h）であるとして、次にそのライダーがピット前を通過するのは約30分後。リアルタイムの情報を伝えようにも伝えられないというのがTTであり、サーキットでのレースとは異なっているのだ。

もちろん、無線通信が発達している今日なら、こんな状況であれ、情報の伝達はいくらでも手段があるだろう。しかし、ときは1930年代である。

走っている自分の前後がどうなっているか。それを知りたい、そしてそれをピットからサインで送ってほしい。そして、どうすればこれができるかを研究し、実際に行なったライダーがいた。かのスタンレー・ウッズである。

ウッズは電話に目をつけたのだ。マン島とイギリスをつなぐ電話線がまだ4本しかないという頃であ

る。ウッズは、スタートから約32キロ離れた地点、サルビー・ストレートの公衆電話にスタッフを配置し、スタート地点近くで電話を持っていた協力者に連絡させたのだ。そして、そうやって得た情報をピットサインに加えることに成功する。

当時の電話はオペレーターを経由しなければならないはずだから、瞬時に通話できるのは困難と思われるが、ウッズたちが電話局やオペレーターをどう〝使いこなし〟のかは定かでない。

また、ライバルのチームがどのようなサインを出すか、これを盗み見するのはどこのチームもやっていた。だから、ときには故意に誤った情報を示して、ライバルを混乱させようとした。もっともこれは、しばしば、そのサインの〝解釈〟を誤った、自社のライダーの方を困らせてもいたようだが。

そして、練習中からの情報戦略や心理戦も巧みになってきた。そしてそれは、ときには狡猾というレベルにまで行ってしまうことがあった。

ウッズが初めてモトグッツィに乗ることになった1935年のTTレースは、マン島はゼネストの真っ最中で、タクシーもポーターも動かなかった。また、レースのスケジュールも数日遅れ、数万人の観客が混乱した波乱の年となった。

そして、ウッズが乗るグッツィの新型2気筒エンジンが恐ろしく強力であることが伝わり、初参加の話題とともに、さまざまな噂も駆けめぐった。

トレーニングが進むにつれ、「ウッズの車は大量のガソリンを消費するから、レース中2回以上給油

しなければならない」という〝解析〟が、まことしやかに流布しはじめた。ウッズの友人であり、そしてライバルでもあったジミー・ガスリーは、自車ノートンの性能がグッツィより若干劣っているとしても、ピットイン回数の少なさで自分が有利であると安堵する。

しかし、レースがはじまり、そして周回が重ねられて、そろそろウッズがグッツィのために停止するだろうと信じていたガスリーは、あっさりとウッズに抜かれる。ガスリーとノートンチームは驚愕し、ピットサインも出せずにうろたえた。

ウッズはメカニックから制限されていたエンジン回転数を超える領域まで駆使して、時速138・4km（86・53mph）のラップレコードを叩きだして優勝。1935年のセニアクラスは、モトグッツィとしてイタリア車にとっての、初めてのマン島制覇となった。

〝噂の給油回数〟は、誰がどこで流したか、よくわからない。ただ、ウッズのモトグッツィが、それまでになかった大型のガソリンタンクを用意していたことはわかっている。

そして、こうした戦略はさらに高等になっていく。

ノートン・チームは、先にウッズが成功していた電話連絡作戦を参考に、38キロ地点のラムジーとピットを有線でつなぎ、自前の連絡網を作った。それはライバルの情況を自社ライダーに伝えるというだけの目的から、もっと次元の高い使い方に広がっていく。

例を挙げれば、トレーニング中に、ライバルのタイムを精査し、合理的な計算と推測でライバルの性能を調べる。そして、ノートンが優勢であると判断すれば、自チームはエンジンのコンプレッション・

レシオ（圧縮比）を下げて、エンジンの負担を軽減させ、信頼性を高めた。常勝チームといわれたノートンだが、そこにはこんな〝努力〟もあったのだ。こうしたまともな情報作戦もあったが、一方では、予選の設定タイムをクリアできないライダーのために、その替え玉が覆面をつけクォリファイを突破しようとして……やっぱりバレた！こういう執着がでてくるのも、TTレースが魅力的だったからか。

（4）レースは〝ナショナリズム〟へ

この時代、世界のオートバイをリードしていたのは、やはりイギリスだった。その王国イギリスとそこで行なわれるTTレースに、アメリカや、イギリス以外のヨーロッパからのチャレンジャーが挑むが、その王座は揺るがなかった。

だが、名手スタンレー・ウッズがモトグッツィに優勝をもたらした1935年頃から、イタリアやドイツなど、ヨーロッパ他国メーカーの参戦が活発化する。

そしてこの1930年代は、ヨーロッパの各地にクローズドのサーキットが増え、オートバイのみならず、自動車のレースも活発な時代であった。

それまで、「グランプリ」の自動車レースといえばフランスと相場が決まっていたが、1920年以降、車種やレース規定などが体系的に整理され、イタリア、ベルギー、スペイン、イギリス、トリポリ（イ

タリア)、ドイツ、モナコというように、今日のシリーズ戦のようにして、レースが広まってゆく。その点でオートバイレースは、開催の数では自動車をはるかに上回るものの、主催国ごとに、独自システムで行なわれるものが多く、自動車に比べれば、国際的な体系は整っていなかった。そしてこの頃から、ヨーロッパにおいても、自動車レースのモナコに代表されるような公道でのレースはすでに少なくなり、そのほとんどは人工的なサーキットで行なわれるようになる。この傾向はオートバイ・レースも同じであり、だからこそ、「ほんとうのロードレース」としての「TT」の価値が高まっていった。

第一次世界大戦終了後、ファシスト党のベニト・ムッソリーニがイタリアを制し、そして1933年、ドイツもまた、アドルフ・ヒットラーのナチ党が政権を掌握。ナショナリズムは、ここにファシズム化していく。

このイタリアとドイツの枢軸国が、周辺国への覇権を企て、国力を誇示しはじめる。そして「自動車産業」が、その国の工業力と社会の成熟度を示すバロメーターとなる。こうした背景のもと、イタリアとドイツは、自動車とオートバイのレースを「国威発揚」の手段にしようとした。

まずは自動車レースで、アルファロメオが数々のレースで勝利し、イタリアの工業力を世界に誇示。するとヒットラーも、ムッソリーニの策略を見習ったか、グランプリ・レースで優秀な成績をあげたものには国が褒美と助成金を出すと宣言する。

そして、ダイムラー・ベンツとアウトウニオン(DKW、アウディなどが合同)が、ドイツ以外はす

べてライバルとばかりに、アルファロメオ、マセラッティ、プジョー、ブガッティに闘いを挑んだ。ドイツのグランプリ・マシンのエンジンは、直列8気筒やV型16気筒、その出力も300〜500馬力に達し、ほとんど狂気じみたレベルにまでエスカレートする。

ドライバーは、ベンツのR・カラツィオラ、アウトウニオンのB・ローゼマイヤー、そしてアルファロメオのタツィオ・ヌヴォラーリ。こうした面々が操る、超弩級のレーシングカー同士の激突だ。

そして、なかでも最強と謳われたのは、1937年、ベンツのGPマシンだった。その「W125」は、5660ccの直列8気筒、約650馬力/5800回転というエンジンを積み、その最高速は280km/hに達するといわれた。

やがて、四輪のフォーミュラのように、レースの体系化と"世界化"が行なわれたのは、オートバイも同じだった。

オートバイの国際機関は、1904年（明治37）に、オートバイ競技の国際統括機関を目的に参加6カ国で旗揚げしたFCIM（FIMの前身）だったが、これが足踏みの状態から脱して、1912年に再発足していた。

FCIMが統括する初期のオートバイ競技は、「ボルドー24時間耐久」（1922年）や「ダッチTT」などのロードレース、そして1924年にイギリスで始まったスクランブル、また、1913年に開始された「国際6日間トライアル」（ISDT）など、さまざまなジャンルの混合で、カレンダーが組まれていた。

やがて1930年には、FCIM加盟は24カ国になる。そしてジャンルと機能が、ロードレース、スクランブルなどに分化し、ロードレースでは、TTレースのほかに、フランス、ベルギー、ドイツ、イタリア、スイス、オーストリア、スウェーデン、アメリカといった国々で、国際ロードレースが開催されるようになっていく。

そして自動車と同じく、1930年代には、オートバイ・レースはファシズム国家の国威発揚の一端を担うことになる。まずイタリアのムッソリーニが仕掛け、自動車同様にオートバイレースにも国家的支援をした。

そのイタリアを代表するライダーはドリノ・セラフィーニ。[51]スーパーチャージャー付きのDOHC水冷4気筒500ccエンジンの「ロンディネ」という超絶マシンで、BMWのスターライダーだったゲオルグ・マイヤーをくだし、1939年のヨーロッパ選手権を獲得する。

そして、イタリア・ナンバーワンのメーカーとなったモトグッツィ、さらにビアンキ、ベネリといったイタリア勢は、国家支援のもと、ヨーロッパのGPレースを席巻していく。

一方、ヒットラーのナチス・ドイツは、BMWとDKWに国家の威信を託した。DKWは、スーパーチャージャー付き2サイクル、350cc以下クラス。BMWはお馴染みの、水平対向2気筒ボクサー・エンジンにスーパーチャージャーを付け、各GPに参戦した。そして1939年のマン島TTセニアクラスでは、ゲオルグ・マイヤー、ジョック・ウエストがワンツー・フィニッシュを飾る。

国威発揚の一環としてGPレースはまたとない舞台だった。'39年9月、ドイツ軍のポーランド侵攻で第2次世界大戦が勃発。その3ヵ月前のマン島セニア（500）クラスで、過給機付きのBMWは1-2フィニッシュを飾った。1位G・マイヤーの胸にはナチスドイツの国章が見える。

この頃のGP戦のメンバーはというと、ドイツからはBMW、DKW以外にNSUとヴィクトリア。フランスはプジョー、テロー。ベルギーはサロレア、ジレー、FN。そしてスイスのコンドル、モトサコシ、オーストリアのプフ、スウェーデンのハスクバーナ、さらにはアメリカのハーレー・ダビッドソン。これらのメーカーがシノギを削っていた。

国の威信をかけた、モトグッツィ、ベネリ、そしてDKW、BMW。イタリアとドイツのこれらのメーカーがTTレースに挑戦した。だが、いくつかの入賞はしたものの、「優勝」ということになると、30年代には、独伊のすべてを合わせても6勝にとどまった。

それも250㏄の軽量クラスでは、多少の成功を収めるものの、ジュニア350㏄、そしてセニア500㏄では、ノートン、ヴェロ

セット、サンビームといったイギリス車の牙城を崩すことは、ファシストの国策をもってしても困難だった。

1930年代 マン島TTレース イタリアとドイツ 優勝者とマシン

1935年ライトウェイト250cc：モトグッツィ／S・ウッズ
1937年ライトウェイト250cc：モトグッツィ／O・テニー
1938年ライトウェイト250cc：DKW／E・クリューゲ
1939年ライトウェイト250cc：ベネリ／E・メロー
1935年セニア500cc：モトグッツィ／S・ウッズ
1939年セニア500cc：BMW／G・マイヤー

こうしてレースが国家主義に彩られる頃、マン島TTレースは、もうひとつの問題を抱えていた。それはコースの変更で、ここにもレースの高速化がからんでいた。すべての路面をもっと整備することも重要だったが、マウンテン・コースの場合、スタートから38キロ地点で、コースは14キロほど、山と山にはさまれた地形に変わる。スネイフル山（標高620m）は海からの湿った空気を呼び、それはしばしば霧や雲に変わった。

コースの全周が晴れのときもあれば、全域が雨の場合もある。それは今日でも変わらない。ただ、一番の大敵は、いつ来るかわからない霧や雲で、こういう突然の変化は厄介だ。コース全体が見えなくなってのレースの中断や延期は何度もあったが、この種の自然現象を予測することはむずかしい。主催者は円滑なレース運営とライダーの安全を考え、山側を避けるコースを何度か提案していたのだが、しかし、どれも実現には無理があった。

ACUは「1937年に向けて新しいコースを考える必要がある」と結論づけたが、現実に行なわれた対策は、道路の中心にラインを描き、ライダーはそれを目安にするというものだった。もちろん、これが最善の策というわけではなく、それ以上の解決策は重要課題として継続することになる。

しかし、時代は、新しいTTのコースを検討する余裕もない状況に入ってしまう。ヨーロッパは、いつ全面戦争に突入してもおかしくない、戦火の暗雲たれこめる時代になっていた。

そのような世相下、1939年、6月のTTレースは開かれたものの、9月のマンクスGPはトレーニングが始まる1日前に中止となった。

1939年（昭和14）9月、ナチス・ドイツがポーランドへ侵攻。第二次世界大戦の勃発である。

この日を境に向こう7年間、マン島から、レーサーの疾走音と観客のどよめきが消えた。

ポーランド侵攻後のドイツは、さらに周辺国にその戦線を拡大。対してイギリスは、フランスに援軍派兵する。9ヵ月後、14万のフランス軍と20万のイギリス軍は、ドイツとの戦いで、フランス北部ドーバー海峡沿いのダンケルクで敗退。そしてドイツに同調するイタリアが、イギリスとフランスに宣戦布

告。ドイツは開戦後10ヵ月足らずで、フランス、ベルギー、オランダなどの主要国を占領した。ドイツとヒトラーの野望は、さらにイギリスに向けられ、空から海から、イギリスに攻撃をしかける。ユンカース、メッサーシュミット、Uボートなどの兵器で。

そしてドイツは、ロケット博士のW・フォン・ブラウンに、海を越えて攻撃できる兵器開発を命じ、ブラウン博士が追求してきた宇宙へのロケットの夢は、意に反して兵器へと変貌してしまった。それは1942年に、地対地誘導ミサイルとして具現化する。

1944年から1年半の間に、フランス西岸からロンドンに向けて発射された、1トン爆弾搭載の「V1」「V2」ロケットは約8600発に及び、イギリスは人類初の〝悪魔の飛び道具〟に震えた。大英帝国未曾有の危機は、戦争に不介入を示していたアメリカの参戦で転機となる。6年にわたる大戦争は、1945年5月のベルリン陥落とヒトラーの自殺で、ようやく終戦となった。

マン島TTレース 第一回大会から第二次世界大戦で中断までのリザルト

和暦：M=明治　T=大正　S=昭和

SHORT COURSE（ピール郊外市街地コース　1周24.8キロ）

開催年	エンジン	優勝ライダー	優勝マシン	周回数	優勝者平均時速(km/h)	ベストラップ時速(km/h)
1907[M40]	単気筒	C.R.Collier	MATCHLESS	10	61.15	66.89
〃	ツイン	H.R.Fowler	NORTON	10	57.95	68.65
1908[M41]	単気筒	J.Marshall	TRIUMPH	10	64.64	67.96
〃	ツイン	H.Reed	DOT Twin	10	61.60	67.60 (W.Bashall/BAT)
1909[M42]		H.A.Collier	MATCHLESS	10	78.41	84.43
1910[M43]		C.R.Collier	MATCHLESS	10	81.00	85.04 (H.Bowen/BAT)

SENIOR 500cc　マウンテンコース　1周60.72キロ

開催年	優勝ライダー	優勝マシン	周回数	優勝者平均時速(km/h)	ベストラップ時速(km/h)
1911[M44]	O.C.Godfrey	INDIAN	5	76.20	80.17 (F.Phillips/SCOTT)
1912[T1]	F.A.Applebee	SCOTT	5	77.90	79.10
1913[T2]	H.O.Wood	SCOTT	7	77.23	83.39
1914[T3]	C.G.Pullin	RUDGE	6	79.18	85.60 (H.O.Wood/SCOTT)

第一次世界大戦で中断

開催年	優勝ライダー	優勝マシン	周回数	優勝者平均時速(km/h)	ベストラップ時速(km/h)
1920[T9]	T.C.de la Hay	SUNBEAM	6	82.36	88.99 (G.Dance/SUNBEAM)
1921[T10]	H.R,Davies	AJS	6	87.18	90.24 (F.G.Edmond/TRIUMPH)
1922[T11]	A.Bennet	SUNBEAM	6	93.29	95.98
1923[T12]	T.W.Sheard	DOUGLAS	6	88.88	95.58 (J.Whalley/DOUGLAS)
1924[T13]	A.Bennet	NORTON	6	98.62	102.00 (F.W.Dixon/DOUGLAS)
1925[T14]	H.R.Davies	HRD	6	105.80	110.35 (J.H.Simpson/AJS)
1926[S1]	S.Woods	NORTON	7	108.06	112.68 (J.H.Simpson/AJS)
1927[S2]	A.Bennet	NORTON	7	109.45	113.44 (S.Woods/NORTON)
1928[S3]	C.J.P.Dodson	SUNBEAM	7	100.76	108.68 (J.H.Simpson/AJS)
1929[S4]	C.J.P.Dodson	SUNBEAM	7	115.28	117.68
1930[S5]	W.L.Handley	RUDGE WHITWORTH	7	118.78	122.04
1931[S6]	P.Hunt	NORTON	7	124.64	129.31 (J.H.Simpson/NORTON)
1932[S7]	S.Woods	NORTON	7	127.72	130.40 (J.H.Simpson/NORTON)
1933[S8]	S.Woods	NORTON	7	129.66	132.70
1934[S9]	J.Guthrie	NORTON	7	124.81	128.78 (S.Woods/HUSQVARNA)
1935[S10]	S.Woods	MOTO GUZZI	7	135.48	138.44
1936[S11]	J.Guthrie	NORTON	7	137.28	139.16 (S.Woods/VELOCETTE)
1937[S12]	F.L.Frith	NORTON	7	141.13	144.43
1938[S13]	H.L.Daniell	NORTON	7	142.57	145.60
1939[S14]	G.Meier	BMW	7	143.00	145.20

第二次世界大戦で1947年まで中断

JUNIOR 350cc　マウンテンコース　1周60.72キロ

開催年	優勝ライダー	優勝マシン	周回数	優勝者平均時速(km/h)	ベストラップ時速(km/h)
1911 [M44]	P.J.Evans	HUMBER	4	66.32	67.20
1912 [T1]	W.H.Bashall	DOUGLAS	4	63.44	66.81 (E.Rickman/DOUGLAS)
1913 [T2]	H.Mason	NUT	6	70.00	72.67
1914 [T3]	E.Williams	AJS	5	72.92	76.11
第一次世界大戦で中断					
1920 [T9]	C.Williams	AJS	5	65.18	82.17
1921 [T10]	E.Williams	AJS	5	83.37	88.24
1922 [T11]	T.W.Sheard	AJS	5	87.60	90.33 (H.le Vack/NEW IMPERIAL)
1923 [T12]	S.Woods	COTTON	6	89.16	95.34 (J.H.Simpson/AJS)
1924 [T13]	E.Twemlow	NEW IMPERIAL	6	89.07	103.44 (J.H.Simpson/AJS)
1925 [T14]	W.L.Handley	REX ACME	6	104.03	105.42
1926 [S1]	A.Bennet	VELOCETTE	7	106.72	110.00
1927 [S2]	F.W.Dixon	HRD	7	107.50	110.68 (W.L.Handley/REX ACME)
1928 [S3]	A.Bennet	VELOCETTE	7	109.84	112.44
1929 [S4]	F.G.Hicks	VELOCETTE	7	111.53	113.52
1930 [S5]	H.Tyrrel Smith RUDGE	WHITWOTH	7	113.72	115.23 (G.E.Nott/RUDGE)
1931 [S6]	P.Hunt	NORTON	7	118.30	120.43
1932 [S7]	S.Woods	NORTON	7	123.45	125.79
1933 [S8]	S.Woods	NORTON	7	124.92	126.75
1934 [S9]	J.Guthrie	NORTON	7	126.65	128.17
1935 [S10]	J.Guthrie	NORTON	7	126.62	127.93 (W.F.Rusk/NORTON)
1936 [S11]	F.L.Frith	NORTON	7	128.22	131.10
1937 [S12]	J.Guthrie	NORTON	7	135.08	136.28 (F.L.Frith/NORTON)
1938 [S13]	S.Woods	VELOCETTE	7	134.52	136.48
1939 [S14]	S.Woods	VELOCETTE	7	133.10	136.08 (H.L.Daniell/NORTON)

第二次世界大戦で1947年まで中断

LIGHTWEIGHT 250cc　マウンテンコース　1周60.72キロ

開催年	優勝ライダー	優勝マシン	周回数	優勝者平均時速(km/h)	ベストラップ時速(km/h)
1922[T11]	G.S.Davison	LEVIS	5	79.82	81.60 (W.L.Handley/OK SUPREME)
1923[T12]	J.A.Porter	NEW GERRARD	6	83.08	86.32 (W.L.Handley/OK SUPREME)
1924[T13]	E.Twemlow	NEW IMPERIAL	6	88.70	93.24
1925[T14]	E.Twemlow	NEW IMPERIAL	6	92.38	96.35 (W.L.Handley/REX ACME)
1926[S1]	C.W.Johnson	COTTON	7	101.12	100.99 (P.Ghersi/MOTO GUZZI)
1927[S2]	W.L.Handley	REX ACME	7	96.48	103.12 (A.Bennett/OK SUPREME)
1928[S3]	F.A.Longman	OK SUPREME	7	100.64	103.44
1929[S4]	S.A.Crabtree	EXCELSIOR	7	102.19	106.60 (P.Ghersi/MOTO GUZZI)
1930[S5]	J.Guthrie	AJS	7	103.53	106.97 (W.L.Handley/REX ACME)
1931[S6]	G.W.Walker	RUDGE	7	110.36	114.76 (G.E.Nott/RUDGE)
1932[S7]	L.H.Davenport	NEW IMPERIAL	7	112.76	118.52 (W.L.Handley/RUDGE)
1933[S8]	S.Gleave	EXCELSIOR	7	114.54	116.19
1934[S9]	J.H.Simpson	RUDGE	7	113.29	117.82
1935[S10]	S.Woods	MOTO GUZZI	7	114.49	118.70
1936[S11]	A.R.Foster	NEW IMPERIAL	7	118.84	121.19 (S.Woods/DKW)
1937[S12]	O.Tenni	MOTO GUZZI	7	119.55	124.35
1938[S13]	E.Kluge	DKW	7	125.56	128.56
1939[S14]	E.A.Mellors	BENELLI	7	118.80	125.05 (S.Woods/MOTO GUZZI)

第二次世界大戦で1947年まで中断

第12章 戦後のマン島TTと世界GP

(1) マン島に、レースふたたび！

「これでエントリーできるだろうか？」二人のライダーが、古ぼけた書類をレース受付に提出した。オフィシャルは、笑顔でうなずいた。ライダーが手にしていたのは、7年前、1939年に開かれるはずだったマンクスGP出場の招待状であった。

やっと戦争は終わった。だが、あわやイギリス崩壊という危機を防衛した戦時の軍需費用は国民に重くのしかかり、大英帝国の国力は疲弊しきっていた。その痛手から立ち直るのに何年かかるのか。そして、果たして往年のように、国際TTレースの開催などできるのか。

そんな不安とともに、レースはたしかにオートバイや自動車に「進歩」をもたらしてきたが、そもそもレースは膨大な資金がかかるもの。たとえ勝利したとしても、どれくらいの資金が〝戻って〟きているのか。TTレースに勝利したとしても、それが往年のように、国際TTレースの開催などできるのか。

さらに、オートバイ業界のビジネスマンたちのすべてが、TTレースへの参加に満足しているかは疑問がある。こういった冷静な述懐が、7年間の空白のなかで呼び起されていた。

大戦後、配給される食料や衣服、そしてガソリン。謹厳に生活の立て直しをしている人々に、レース

の再開はどう映るのか。こんな懸念も交錯する。

だが、「マン島」の伝統は不変だった。ライダー、そして地元から、再開に向けての熱い気運が高まる。

こうして1946年（昭和21）9月、7年間の暗雲は、スネイフル山の霧が晴れるように去り、マン島にふたたびレーシングサウンドが響き渡った。

戦争が終わって、まだ1年。こんな状況では、レース用グッズなどは手に入るわけもない。戦争で紛失してしまったのか、エントラントのなかには、粗末なレザージャケットや戦車用ヘルメットで代用というライダーもいる。

しかし、194人のライダーがエントリーし、マン島クラブマン・レースの「マンクスGP」は再開された。伝統は継続されたのだ。

グランドスタンドは、レース再開を待っていたように満員の観衆で埋まった。故障中だった施設の代わりに、ライダーたちが持参した燃料缶での給油。そして、まだ使えるかもしれないタイヤを、どこからか引っ張りだす。オートバイはどれも戦前のものだったが、その部品不足を補うために、さまざまな工夫が行なわれた。

再開された1946年のマンクスGPは、天候には恵まれなかったが、盛り上がりとともに終了し、次は本命のTTレース開催だとばかりの道筋がつけられた。

そして、このマンクスGPの再開は、イギリスのみならず、ヨーロッパのメーカー、ライダー、そしてすべてのレース関係者に強い衝撃を与えた。さらにレース界だけでなく、一般社会へ奮起、勇気、情

熱といったことを呼び覚ましたのであった。

主催者のACUは、翌年（1947年）のTTレース再開の決定にあたり、国際ツーリストトロフィーレースのセニアTT500cc、ジュニアTT350cc、ライトウェイトTT250ccの正規クラスに加えて、クラブマンが参加しやすいように、プロダクション・モデル（市販型車）を使用する「クラブマン・セニア」「同ジュニア」「同ライトウェイト」の3クラスを新設、併せて6カテゴリーによる開催とした。

またTTレースは、イギリスはもとより、海外からの著名なライダーやメーカーの参加がなければ成り立たない。マン島政府は、多額の補助金をTTレースの運営に回し、政府自ら支援を行なう。

1947年5月29日、戦後初のTTレースのトレーニングが開始された。

この〝再開TT〟戦を最も有利に進めたのはノートンであった。そしてそれは、多くの偶然と幸運が重なってのことだった。というのは、ノートンは首都ダグラスに二つの整備工場を持っていて、1939年9月に開かれるはずだったマンクスGPへのサポート用パーツを大量に保管していたのだ。戦争で忘れ去られた8年ぶりの保管パーツは、戦前型のノートン、そして、戦後すぐに製造された新しい車種にも共通に使えるものだった。

再開されたTTレースの全クラスは、戦前と同じく、マウンテン・コース7周で行なわれた。レース自体は、長い空白を感じさせない往年のTTレースそのものだったが、しかし、1947年と1939年では、その結果に微妙な違いがあった。そう、戦前の方がはるかに「速い」のである。

1947年と1939年のTTレース比較

1947年［昭和22］

クラス	ライダー	マシン	平均時速
セニア500	H.L.Daniell	ノートン	132.5km
ジュニア350	A.R.Foster	ヴェロセット	128.5km
ライトウエイト250	M.Barrington	モトグッツィ	117.2km

1939年［昭和14］

クラス	ライダー	マシン	平均時速
	G.Meier	BMW	143.0km
	S.Woods	ヴェロセット	133.1km
	E.A.mellors	ベネリ	118.8km

とはいえ、これはライダーやレース用マシンのレベルが下がったということではない。戦前の隆盛期と戦後の混乱期では、条件が違い過ぎるのだ。

まず、そもそもレース用マシンは戦前のものであり、それを充分に整備できる環境がなかった。そして、もうひとつ。取り急ぎ戦前の状態に復帰するのが先で、新しく開発する余裕はなかった。

第二次大戦直前の「ファシズム国威発揚時代」の狂気のような勝負とは、時代が異なっていたことだ。

何より深刻なのは、配給制がつづいていたガソリンの問題だった。レースに使う分量は、かろうじてガソリンメーカーより供給されるものの、トレーニングやテストでの燃料は充分ではない。そして、ど

うにもならないのは、ガソリンの質だった。いいもの悪いもの、その性能がバラバラで、おまけにオクタン価はわずかに72。これでは、エンジンも有効に働かない。

エンジン設計者やメカニックは、戦前の10対1が普通であった圧縮比を7対1と低く押さえるなど、苦肉の策で対処した。レーサーがその本来の性能を発揮して、レベルアップが行なわれるのはそれが前出のタイムに表われているわけだ。マンクスGPの開催をきっかけに、オートバイレースの国際的統括団体である「FICM」(後のFIM・Federation Internationale de Motorcyclisme 現・国際モーターサイクリズム連盟)は、新しい時代のレースがあるべき姿を模索しはじめたのだ。

そしてもうひとつ、見ておかなければならないことがある。それが前出のタイムに表われているわけだ。1950年以降である。

それは、あまりにも過熱し過ぎた戦前のレースへの反省だった。そしてここで、スーパーチャージド・エンジンの禁止を打ちだす。マン島のACUは、TT再開に際し、率先してこの考えを取り入れる。そもそも同一排気量のレシプロエンジンで、基本的構造以外の「補機」をもって馬力をアップすることへの批判が前々からあってのことで、これにより、ベネリとジレーラの250ccスーパーチャージャーつき4気筒という"エキゾチックな"モデルがTTレースを走る姿は見られないことになった。

こうして、戦前を引きずったままの「再開TT」は、「史上最も素晴らしい、ヴィンテージ・マシンが集結したレース」などと報じられることになるのだが、これはもちろん、仕方のないことだ。

そうはいっても、やっぱりレースである。新しい試みは、この「再開TT」でもあった。

238

AJSは、ギヤトレインDOHCの並列水平2気筒エンジンを載せた「ポーキュパイン」(Porcupine＝ヤマアラシ)を持ち込み、一方ノートンは、前輪サスペンションをテレスコピック型に変えた仕様にしてきた。

ただ、こうした新しい試みのなかで、意地を張っていたのか？　ヴェロセットの前輪はガーターフォークのままだったが。

そして主催者は、別の問題でも頭が痛かった。というのは、戦前最後のセニアとライトウェイトの勝者は、ドイツBMWのジョージ・マイアと、イタリア／ベネリのEA・メローであったことである。つまり、TTレースのトロフィーは、それぞれ、交戦国であったドイツとイタリアに渡っていたのだ。

そして誰もが、そのオリジナル・トロフィーはもう存在しないものだと諦めていた。

しかし、イタリアに渡ったトロフィーは、戦火を逃れるために地中に埋められていた。そして、厳重に保管されていたのは、ドイツでも同じだった。

そもそも、レースと戦争は無縁なのだ。マン島に無事に戻ったトロフィーに、オフィシャルは大喜び！

そして、マン島へ来るためのガソリンをいったいどうやって都合したのか、再開されたTTレースには、戦前よりも多くの自動車やオートバイが集まった。

マン島TTは、こうして見事に復活したのである。

(2) 世界グランプリレースの発足

翌1948年のTTレースには、あるオーストラリア人のライダーが参加した。フランスのマルセイユまで蒸気機関車で4週間、それからふたたびの船旅でマン島へ渡った。TTレースは、以前と同じムードによみがえった。

この年は、1938年以来のラップレコーダーであるH・L・ダニエルと、空飛ぶアイルランド人(フライング・アイリッシュ)の異名をとるA・ベルを擁して、ノートンがセニア・クラスを制覇。そして、A・R・フォスターを中核とするヴェロセット軍団がジュニア・クラスを制するが、ライトウェイトでは戦前からのモトグッツィが相変わらず強かった。

このライトウェイト250クラスは、マン島おなじみのインターバル・スタートではなく、26人のライダーがいっせいに走りだすマス・スタートで行なわれた。そして優勝者は、プライベート・モトグッツィを駆るM・カンで、その平均時速は120.3km。完走は、わずかに6人だった。

ジュニア350には、マグネシウム合金のクランクケースとハブ、チェーンドライブのOHCエンジンを、スイングアームのフレームに積んだ軽量(135kg!)「AJS・7R」が新登場し、そのエントリー数は25台にのぼった。

だが、350マシンで500ccクラスに参加したG・マードックが4位に入った以外、AJSは日立

った成績が得られず、ここではノートンとヴェロセットに完敗した。

そして、こうしたTTレースの復活は、他の国でのレース再開を促すとともに、戦後の新たなオートバイレースの骨格を作るきっかけとなっていく。

1948年のTTレースが終了すると、ロンドンで開催された「FICM」の総会は、各国で個別に開催されていたGP（グランプリ・レース）を、国際的なシリーズとして体系づけることを提案する。

そして、レース再開が可能な国で行なう、輝く「GPレース」の第一戦を、1949年のマン島TTレースとすることを決める。同時にこれは「世界グランプリ・オートバイ・レース・シリーズ」（WGP）の発足であり、この歴史は今日にまでつづいている。

このときの「WGP」は、マン島、イギリス（本土）、スイス、オランダ、ベルギー、イタリアといういう6ヵ国のシリーズ戦で、開催種目は125cc、250cc、350cc、500ccの4クラス。

エンジンに関しては、前記のように、戦前に威力を発揮していたスーパーチャージャー（過給機）は認めず、自然吸気エンジン（NA＝normaly aspirated）とする決定がなされたが、それ以外のミッションのギヤ段数や燃料タンクの容量、マシンの重量では細かい制約はなかった。

また、この「WGP」の規定ができても、当初は、その国のオートバイやメーカーの状況により、すべての国ですべてのクラスが行なわれたわけではなかった。マン島のTTレースでも、125ccクラスが始まるのは1951年からであり、主催国のすべてが全クラス開催ということになるのは1953年以降である。

ちなみに、1949年の第1回WGP開催国と開催クラスは以下のようなものだ。

500cc：マン島、スイス、オランダ、ベルギー、イギリス、イタリア
350cc：マン島、スイス、オランダ、ベルギー、イギリス、
250cc：マン島、スイス、イギリス、イタリア
125cc：スイス、オランダ、イタリア

さて、1949年のTTレースがWGPシリーズの第一戦ということになると、より多くのファンがつめかけることを予想したマン島政府は、その施設整備のため、人気がある観覧場所での入場税新設を考える。なぜなら、TTレースのたびに1万ポンド近くを税金から拠出していた政府としては、その分くらいは補填したかったのだ。だが、60・72キロのコース沿いは至るところギャラリーだらけ、税金収入は皮算用通りにはいかない。

また、スタート方式でも小変更があった。前年の勝者をゼッケン1とし、彼一人だけが最初にスタートして、残りのライダーはペアで20秒間隔のスタートとすることになった。

（3）ニューエイジのライダーたち

この頃までのトップクラスのライダーは、AJSのL・グラハム、B・ドーラン。ヴェロセットのF・フィリス。そして、ノートンのH・ダニエル、モトグッツィのM・バーリントンらである。

だが、これらの"常勝組"は平均年齢36歳という戦前からのライダーで、マン島TTにも、そろそろ新世代のエース・ライダーが現われるようになった。

1949年、TTレースと併催の「クラブマン・セニア」を制したのは新星ジェフ・デューク（Geoff Duke）である。彼が「日本」に大きな影響をもたらすことになるのは後述するが、26歳の非凡なライダーの登場は、ライダーの世代交替を象徴するものだった。

このジェフ・デュークは、1948年にマンクスGPに出場する前は、ノートン、アリエル、ロイヤル・エンフィールドのワークスライダーで、トライアルやモトクロスのレースで活躍していたオフロードライダーだった。

当時は上下の革服がライダーギアの標準だったが、デュークが初めて身につけた革のワンピース姿はスタイリッシュに映えて注目され、その後のライダーギアの定番となる。しかし、デュークの凄さは、そのスタイリングばかりではなかった。

1950年にTTレースでノートンに乗ることになったデュークは、新しく設計されたフェザーベッ

ド・フレームと、単気筒で8000回転以上回るエンジンのコンビネーションになるノートンの500ccで、平均時速149・3kmのラップレコードを出して優勝する。

これ以後、デュークとノートンのコンビは近寄りがたいほどの黄金期を迎え、それは、戦前のスタンレー・ウッズやジミー・ガスリーといったスターライダーに勝るとも劣らない「新生TTの星」としての輝きであった。

そしてデュークは、ノートン以外ではイタリアのジレーラに乗り、9回出場したTTレースで、優勝4回、2位4回のほか、500ccクラスで4回、350ccクラスで2回のワールド・チャンピオンに輝く。後年、彼はライダーとして初めて、イギリス王室から「サー」(Sir＝貴族の称号である卿)を授与された。

一方、このデュークとノートンでチームメイ

全盛時代のノートンマンクス。'49年からプロフェッショナル化したTTに対し、アマチュアを対象にしたクラブマンレースが行なわれ、そこで頭角を現したJ・デュークはワンピース型のツナギを着用。翌'50年にはマンクスに乗り平均時速149.3kmの新記録でTT優勝を飾った。

トであったR・シェリーは、AJS‐7RでマンクスGPを制し、そしてTTレースでも、2気筒エンジンのマチレスG45でセニアクラス4位を獲得するなど、AJSワークスにとって重要なライダーになっていく。

だが、シェリーは間もなく、ワークスライダーというレーサーの憧れの的である機会を自ら捨て去り、自動車修理業をしながら、勝敗を度外視して、自分が納得できるレース活動をするという方向をめざす。引退後のシェリーは、TTレースやマンクスGPで若いライダーの手助けをするなど、多くの人に信頼されるオフィシャルを勤めるが、このシェリーに限らず、マン島のレースは、こうした分厚い層の人々によって支えられているのである。

(4) パーツメーカーの積極サポート

1950年（昭和25）になっても、英連邦ではガソリンの配給制がつづいた。ただ、小さな光明はあり、そのガソリンのオクタン価は80まで上がり、エンジン設計者を喜ばせた。マウンテン・コースのサルビー・ストレートでは、最高速度192km/hを記録するなど、72オクタン時代の低迷とは異なっていた。

こうしてガソリンの質が上がるように、レースマシンに欠かせないパーツや補機類のサポートも、ようやく充実しはじめた。

レースだけでなく、すべてのオートバイとクルマは、タイヤなしでは動けない。ダンロップ・タイヤは、戦前から、主にイギリスのライダーにサポートとサービスを行なってきたメーカーだった。そしてこのダンロップもまた、戦時中は軍用車、航空機用タイヤの生産に追われたメーカーで、戦後になっての原料不足で生産を妨げられていたものの、ようやくレースへのサービスができる状態に回復しつつあるところだった。

1950年代当時のライダーは、トレーニング用とレース用、2セットのタイヤを使うのが普通になっていたが、現代のような雨天時専用のタイヤはなかった。レインタイヤがない時代では、ウェット(54)に適するようにタイヤのコンパウンド(55)を変えたものや、ライダーによっては、ドライのタイヤでパターンのすり減っていないもの、こういったタイヤで対処するしかない。

初期オートバイの時代、タイヤをはめるリムは鉄だった。というより、1930年代（昭和5〜）になって、鉄より軽くて丈夫な「アロイ」（合金）リムが使われはじめた。そしてこれは、1940年代（昭和15〜）後半には一般的になり、このリムを提供するのもタイヤメーカーの仕事である。

タイヤ関連では、パンクがしょっちゅうという時代では、新しいタイヤのメンテナンスより、その修理のためのチューブ交換の作業が主なサポートで、それとともに、チューブのスニップ(切れ端)のオーダーにも応えなくてはならなかった。

246

この「チューブの切れ端」とは、そう、ハンドルグリップの滑り止めや、ブーツにプラグスパナをくくりつけたり、あるいは弱ったスプリングの代用品にと、あらゆるところでゴムのチューブが便利に使われた。これはこれで、貴重で立派なパーツだったのである。

スパークプラグも同様だった。今日では、プラグの性能が著しく発達したため、この調整や不具合の修復はほとんど必要なくなったが、それは1980年代（昭和55〜）以降の話。それ以前は、このプラグとは、誠に不安定なものであった。

そして、ライダーへのサポートなど、この面でのサービスに熱心だったのは「KLG」スパークプラグで、同社はTTでの試練と経験をもとに大きな成長を遂げる。

このTTレースのようなコースと気候は、プラグメーカーにとって、実はきわめて始末が悪い。

エンジンは、ピストンで圧縮した燃料と空気の混合ガスにプラグで点火し、はじめて始動するが、その混合ガスはキャブレター（気化器）で調整している。

ところが、空気と燃料の適切な混合ガスは、気温の寒暖、空気の乾湿、地面の標高、それにガソリンの質でも変化する。その混合を理想的にするため、さまざまなキャブレターが考案されるが、それでも完全とはいいきれない複雑な機器だ。

理想的なキャブレターは、それほど難しい。そこで、手っ取り早くというか、点火性能の方に〝負担〟がかかってくるのだ。多少、混合気にバラツキがあっても、プラグによって、燃料を燃やしてしまえばいい。こういうリクツである。

何百種類なのか、今までに途方もない数のプラグが試された。そして、TTレースのたびに新しく開発されたプラグがライダーに渡され、トレーニングしながら、レースに適したプラグを探した。チームとライダーは、いろいろなプラグで走ってみる。エンジンの回り具合で、また別のプラグに替えてみる。

プラグの技術者は、そのたびにプラグを外し、ルーペで点火電極の色や焼け方を、そして、電極に付着したカーボンの状態などを判断してキャブの調整や適性なプラグの種類を決める。

ほとんどのライダーは、トレーニングやプラクティスで最もエンジンの調子がよかったときのプラグを保管しておいて、レース本番でそのプラグを使った。そして、レース前には別のプラグを使用してエンジンを暖め、十分に暖まったあと、温存しておいたプラグに替えた。

レースのスタート5分前――。ライダーも観客も、迫り来る期待と不安に固唾をのむ静寂のなか、カチリ、カチリ……という音だけが聞こえる。全車いっせいに、メカニックがプラグを替え、そのプラグレンチの音だけが、コース上に聞こえるのである。

プラグは、こうして重要な立場にあるのだが、しかし、たとえばリタイヤした場合、その原因として、プラグがカブッた、キャブが不調になった、ガソリンにゴミが混じっていた……など、しばしばパーツの責任にされることもなきにしもあらず。オートバイ本体のメーカーのなかには、知らぬ顔の半兵衛をきめこむ向きもある……とは、複数のパーツメーカーの証言であった。

このように、プラグのサービスはレースには欠かせないものだが、しかし、仮にKLGプラグ装着の

(5) 敗戦国イタリアとドイツの猛襲

1949年（昭和24）から始まった世界選手権ロードレースで、TTレースは、ようやく「ウルトラ・ライトウェイト」125ccクラスは、マン島ではまだ行なわれていなかった。"シリーズ・リーダー"にふさわしい復調を示したが、他国で開催されていた125ccクラスを追加。これで、マン島TTも、名実ともに世界最高峰に恥じない、125、250、350、500の全クラス開催となる。

すでにヨーロッパ大陸で開催されていた125クラスに出場していたメーカーは、もちろん、こぞってTTレースに参加。マン島の主催者は、このクラスの予選通過基準タイムを「40分」と決めた。マウンテン・コースを40分で走るとすれば、平均時速は約90・6kmになる。

このレーシング125ccの佇まいを「ティドラーズ」（Tiddlers＝小魚のような）と表現したのは、マン島の重量車を見慣れたイギリス人らしい見方か、それとも、ちょっと小バカにしたか。いずれにせ

よ、TTレースでは初めてのクラスだ。

そしてTTレースの主催者は、どうも、125ccマシンの性能がどのくらいのものであるのかを理解していなかったフシがある。あるいは、イギリス車の性能を誤解していたか？ ともかくマウンテン・コースで、125ccイギリス車の大半はその「40分」を切れず、規定はいつの間にか45分に〝緩和〟されるのだった。

この頃、このクラスに強豪として君臨していたのは、イタリアのモンディアル、MVアグスタ、そして、スペインのモンテッサだった。

再開されたTTレースで、すでにモトグッツィなどのイタリア車が走っていたが、これらは戦前からイギリスにあったものだった。そして、1949年（昭和24）から、イタリアのメーカーもTTレースに復帰し始め、125ccクラスでも本格的な参戦体制をとってくる。

ただ、戦前の国威発揚、ファシスト奨励のイタリアはもういない。それと、FIMのマシン統一規定で、ジレーラとベネリの250cc 4気筒スーパーチャージャー付きは、TTレースには走れずじまいになった。

しかし、1950年（昭和25）に250クラスを制したベネリ、そしてモトグッツィなど、イタリア車一連のポテンシャルの高さは、これは戦後に立て直したものなのか。

日本では、1959年（昭和34）の浅間火山レースに登場した、ホンダの250cc 4気筒（RC160）に誰もが驚いたが、しかし、ずっと以前にイタリアではスーパーチャージャー装着車まで製作をし

ていた。このレベルの違いは何なのか。イタリアも、日本と同じ敗戦国なのに、どうしてこうも違うのか。

イタリアもドイツに同調して戦争に突入した。だが、ドイツや日本と違うのは、イタリア国民は、戦争開始当時からムッソリーニの独裁を批判しつづけ、戦争拡大には協力的ではなかったこと。そして、これはたぶんにジョークを含んでいると思われるが、イタリアの機関銃や小銃など銃器工場の工員は、反戦のサボタージュをし、銃弾が正確に飛ばないよう狂わせて作ったという話もある。

そしてイタリアは、ドイツが降伏する2年8ヵ月前に連合軍に降伏し、ムッソリーニと12人の閣僚はコモ湖で、ほかでもないイタリアの民衆によって処刑される。イタリア国民の間には、最初から厭戦ムードがあったのであろう。

それとイタリアの場合、自動車関連の多くの企業は、軍需品の生産を早々とやめてしまっていた。したがって、工場などに戦争による大きな被害がなかったことも幸いして、戦後すぐに、従来からの潜在力を、オートバイや自動車に向けることができたのであろう。

航空機用のエンジンをつくっていたピアジオやMVは、戦争が終わればすぐにでもオートバイ産業に乗りだす方針を決めていたという。

ピアジオ社は、1946年4月にはスクーター「ベスパ」の生産を開始。そして1948年5月には、イノセンティ社の「ランブレッタ」がこれにつづく。こうしてスクーターが全盛になると、通信機メーカーのドゥカティは、4サイクル50ccエンジンで、1リットルで100km走れるモペット「クッチョロ」

'51年から世界GPシリーズに加えられたウルトラライト（125）クラスで活躍したのは英国製マシンではなく、イタリア勢だった。マン島が50周年を迎えた'57年の125を制したのは、DOHC単気筒＋フルカウリング付きのモンデアル135GPを駆るT・プロヴィーニだった。

をつくる。そして戦闘機メーカーだったアエルマッキは、軽三輪貨物を生産して、戦前からの老舗であるグッツィ、ジレーラ、ベネリといった先輩メーカーの仲間入りをする。

戦後、続々とオートバイ産業に乗りだしたイタリアのメーカーは200を超えるが、これは（後述する）戦後日本の事情とは大きく違う。

こうしたイタリアの潜在的能力はすぐに結果を生み、TTレース初めての125クラスは、その1〜3位をモンディアルが独占した（平均時速約120km／h）。そして250も、モトグッツィ、ベネリ、モトグッツィというワンツースリーだった。

そして、翌1952年になると、GPシリーズに「MVアグスタ」が加わった。このMVは、軽量クラスのみならず、500クラ

スにも参戦。TTレースで2位に入り、これはもはや"イタリアの小魚"ではなかった。そして、このイタリアン・パワーは、その後もつづく。

こうしてイタリアが参戦して数年後に、今度はNSU、DKW、アドラーといった西ドイツのメーカー、そして東ドイツのMZもその戦線に加わってくる。

だが、東西ドイツの場合、イタリアとは環境が大きく違っていた。

ヒトラーの野望の結末、敗戦と連合軍にあらゆる生産工場を破壊されるという、ドイツの崩壊であった。そして敗戦後は、世界中の厳しい監視下におかれ、自動車関連でいえば、50cc以上のエンジンの製造は禁止された。

ようやく、少しずつ緩和されたなかで、200〜250ccのエンジンを搭載したハインケルやメッサーシュミットなどの三輪車、軽自動車のマイクロカーしか、生産が許可されないという時代がつづいた。

そして、オートバイの生産制限が廃止されるとすぐに、1953年(昭和28)早くもDKW、NSU、BMWがTTレースに参戦した。

さらに、東西に分断され、ソビエト連邦圏に組み入れられた東ドイツからも、2サイクル、ロータリー・ディスクバルブ・エンジンを開発したMZが参加した。

ドイツの復興はまだ相当な時間がかかると見られていた時期、電光石火のレース復帰で、一応は暖かく歓迎したムードも、またたく間に脅威と警戒に一変する。

ドイツ勢はTTレースで、125クラスにNSUで出場のW・ハースが2位、250でもハースのN

253

SUが2位、S・ビュエンシェのDKWが3位に食い込んでしまう。

翌1954年（昭和29）には、125、250の両クラスをNSUが制覇。イタリア、ドイツ勢にイギリスなどの他メーカーが席巻されるという、攻守逆転のTTへ様変わりしていく。

ノートン、AJS、ヴェロセットなど、イギリス車が永々と築いてきた牙城。世界のオートバイを牽引してきたイギリスの、その自動車製造や同国の工業技術に、レースはどのような影響があるのか。

1955年（昭和30）を境に、大きく様変わりする、新たな物づくりの総合要素、科化学、工業、あらゆる分野の技術開発競争、その世界戦略へと、つながっていくのだろうか。
塗り替えられるかもしれないTTの勢力図は、新たなTTレースの闘いが始まろうとしていた。

第13章　戦後日本とレース

（1）敗戦と進駐軍

　１９４５年（昭和20）8月15日、日本国民はラジオの前で固唾を飲んだ。アメリカ、イギリス、オーストラリア、カナダなどの連合軍上陸に、一億玉砕の徹底抗戦が伝えられるのか、それとも……？　天皇の玉音放送は、ポツダム宣言の受諾を、日本国民に伝えるものであった。
　日本の降伏に涙する者、本土決戦を叫ぶ者……。ただただ空虚な時間が流れ、これはイタリアの敗戦とは大いに違っていた。
　戦争、そしてそれに敗れるとは、こうも無残なものなのか。焼け跡、飢餓、孤児、浮浪者、傷病……。人の生活の、すべての醜さの光景が至るところで展開する。
　戦時中、工場の類いはすべて戦争遂行の軍事物資を作っていたために工業地帯はまず最初に爆撃され、さらに工場のあるなしに関係なく、主要都市も米軍の爆撃機「B29」の焼夷弾と、戦闘機グラマンの機銃掃射で破壊された。新潟・長岡などは、日本海軍連合艦隊司令長官・山本五十六の生育地ということで攻撃されるありさまだ。
　とにもかくにも、食料から衣服、住まい、すべてに困窮する時代だった。GHQ（連合国軍総司令部）

クッシュマン。アメリカ兵が土埃をまき上げ街中を疾走したスクーター。

の権力は絶対！　国の統率はGHQにあり、物の売買から賃金、何でもGHQが決める統制経済が始まる。

買える人買えない人、これを機会に買い占め、暴利をむさぶる者。市場に不足する物資を求めて農村や地方に走り、ヤミ物資が横行する。そしてヤミ米を手に入れ、腹巻きや下着に隠し、屋根にも乗る乗車率1000パーセントの汽車で運搬する。

自動車の製造は禁止。辛うじてトラック生産だけが緩和され、戦前からのバスは走るが、ガソリンは不足して、厳しい統制下にある。汽車以外のバスやトラックは、通称〝もくたん〟（木炭）や代用燃料で走り、あとは自転車、リヤカー。これら以外の陸上輸送力は皆無に等しい。

そんな敗戦日本の都市生活風景に、進駐軍

'13年に発売された2サイクル175ccのアサヒAA型（写真）は480円だったが、700〜900円前後の輸入車の性能に遠く及ばず、富裕層は外車を愛好した。戦後、チャンネルフレームのアサヒDC型を発売したが、ガソリン統制の時代で、少数がGHQの軍属に販売された。

のピックアップ・トラック、ジープ、二輪車が土埃をあげて走り回る。

それには、凱旋将軍気取りの二等兵風情が乗り、彼らに媚びた日本の女が二輪車のリヤに横っ座りになり、かつての敵兵の腰に抱きつく……。大和男児には到底容認できない光景だが、しかし、待てよ……である。

そんな進駐軍のジープ、そして、へんてこな二輪車は、乗り物不足に悩んでいた日本人には、一方ではひどく魅力的に映ったのだった。

戦場を駆け巡るジープの簡単な構造、その4m未満の大きさ。これは後に、日本の小型自動車の参考となり、そして、より大きな影響を与えたのは、彼らが持ってきた二輪の乗り物であった。

これは後年スクーターと呼ばれるようにな

るが、イタリアの「ベスパ」のようなものでなく、戦場での連絡用として「ヒョイッと乗り、ポンと降りられる」ように、アクセルとブレーキだけの、いわば椅子の後ろにエンジンを付けた簡単なものだ。同じくスクーター・タイプでも、戦争の前線基地に輸送飛行機からパラシュートで投げ下ろし、すぐ組み立てられるように設計された「コーギ」などの小型もあったが、進駐してきた米兵が乗り回すのは、150ccか220ccのSV（サイドバルブ）エンジンを積んだ「クッシュマン」という大型のスクーターだったろう。

1947年（昭和22）に、自動車（四輪車）は「1500cc以下」の生産が年間300台しか認められなかったが、オートバイの生産は、実はとくに制限されていなかった。

戦前から二輪を生産していた宮田製作所は、終戦の年の秋頃から、アサヒDC型の生産を開始するが、ガソリン統制下の社会では一般人は乗れず、GHQの軍人が主な顧客であった。それと、仮に一般に向け市販したとしても、この敗戦下で買えるのは、戦前の貴族以上か、ヤミ物資で儲けたゴロ商人ぐらいだったろう。

（2）生まれ変わる軍需品

衣食住は全て足りない。けれども余っているものもある。戦争で使わなくなった飛行機、軍艦、戦車、銃砲、刀、爆弾殻などである。それらはむしろあり余っていて、手を焼く物資さえあった。戦時中に、

寺の鐘、橋げた、家宝の日本刀や武具、そしてオートバイ、自動車……「鉄」のみならず、国民が持っていた金属類なら何でも取り上げ、その材料で軍需品を造った成れの果てだ。

そして、これらの残がらを前に、日本人の器用さが発揮される。鉄カブトは鍋や釜に、飛行機のジュラルミンは弁当箱、文具の下敷き、筆箱、ジュラルミン・フレームの自転車に。戦時中に粗製乱造された日本刀、銃剣は、今度はナタや包丁に。

そのほか、各種工具、電気コンロ、ラジオ、リヤカー、家庭用パン焼き器などなど、生活用品や教材用具へ、いまの百円ショップさながらに、加工できるものなら何にでも生まれ変わらせた。〝リサイクル〟の極みである。

なかでも、敗残物からつくりだされた自転車、馬車の荷車、リヤカー、こうした物の運搬具は最も人気のある品物であった。そうであるなら、戦前のオートバイ製造技術がここぞと出てきても不思議ではないのだが、戦争で枯れ果てた〝オートバイの記憶〟など遠のいてしまっているのか、敗残物からそれを再生させようとの気概はない。

もっとも、ときの支配者ＧＨＱは、何でも「接収」（取り上げる）してしまう有り様だったから、あまりマジメにものを作っても仕方がなかったかもしれないのだが。

皇族や富裕層の豪邸、大企業のビル、ゴルフ場など、手付かずで使えるものや施設であれば、何でも強引に「接収」してしまう。それに応じなければ、ＭＰとＧＨＱにへつらう日本の木っ端役人が脅しにくる。

260

とくに、工場という工場はほとんど「接収」の対象になったので、大掛かりな製品はつくれなかった。だが、困れば困ったで、そして、無ければ無いなりに、庶民のしたたかさは別の視点から意外なことを考えだすのだ。

運搬用具が不足していて、そして、進駐軍の軍用スクーターが走っている。それをすかさずヒントにしたのは、戦時中に飛行機製造に携わっていた技術者たちだった。

明治期にオートバイが渡来し、今度は進駐軍からスクーターが渡来した。

飛行機製造会社だった中島飛行機は、倉庫に残っている爆撃機の小さな尾輪を利用したスクーターを企図した。そして、図体がデカ過ぎる「クッシュマン」より小型の、同じくアメリカ製の「ポウエル」スクーターを参考にする。

戦後から'60年代前半までシルバーピジョンとスクーター人気を二分したラビットの第1号車・S1。ボディは航空機用残存資材のジュラルミンで、タイヤは爆撃機の尾輪を流用していた。高峰秀子のモデル料は1カット1,000円。勤め人の月給は預金封鎖で現金500円のみだった。

車輪はある。動力は、小型の電信機用発電用や作業用など、いろいろな小型エンジンを利用すればいい。これらの組み合わせで、全長1.5m、車重75kg、135ccSV単気筒、2馬力、無段変速というスペックの「ラビットS1」ができあがった。1946年(昭和21)8月、敗戦からわずか1年後のことである。

現在の富士重工業となるその中島飛行機とは別に、新たに中日本重工業という社名になった三菱重工業も、同じく飛行機部品を利用する二輪車生産を始めた。三菱は軍用スクーターをヒントにするのではなく、先発のラビットと、国内にあったアメリカ・サルスベリー社のスクーターを参考にして「シルバーピジョンC10」をつくりだす(1947年2月＝昭和22)。

両車とも、ともに飛行機屋で製作の材料は変わらず、コンセプトも似ていたから、寸法や性能もほとんど同じ。

戦後に、初めて本格的に生産された二輪車は、オートバイでなくスクーターだった。そして、それらに与えられた名は「ラビット」と「シルバーピジョン」。か弱いウサギと銀色のハト、平和そのものだ。

ただし、このときのスクーター1台の価格は、米一俵(60kg)がだいたい2円という世相で、約4万5000円だった！

しかし、そんな価格ながら、どっちの性能がいいとか悪いではなく、値段が高い安いでもなく、そして、飢えに苦しむ者がいれば、一方にはいくらであってもカネを払うという者がいて、この2車ともに、売れに売れた。生産は追いつかない。

こんなにも世の中は、交通手段を求めているのか！このことに気づいたエンジニアは、ラビットの

ように完成したものでなくてもいいと、"20世紀の自動自転車"を考案する。当時、荷物の運搬を目的につくられた自転車は、車体構造がしっかりしていて、それに取りつけるような「エンジン」を売ればいい！こうして、スクーターの約半値で、自転車がオートバイらしきものになる補助エンジンが売られると、爆発的なブームとなり、庶民や町工場の輸送力は一気に高まった。

こうした物の移動は、世の中を活性化する。輸送力からみれば、自転車は、たとえそれにエンジンが付いていたって、汽車やトラックのようなわけにはいかない。だが、混乱した社会で、国民の生活にまず必要だったのは身の回り品の輸送であり、一回の輸送力の問題ではなかった。

それに何より、仮に大きなトラックがあっても、燃料不足では十分な輸送力にならない。結局は少量でも小まめに、そして、少量を数多く何度でも——こうした輸送力がモノをいう時代であった。たとえば阪神淡路大震災、遠くは伊勢湾台風など、こうした災害時に、最も早期に役立つ輸送手段はオートバイだったことを想起されたい。戦後経済の立て直しは、二輪自動車なくしてはあり得なかった。

こういった「原動機付き自転車」の登場からスクーターまで、きちんと「放出」されたものか、進駐軍が使っていたいろいろな小型エンジンが市中にとも横流しか、盗品かバッタ品かわからないが、それが利用されたのだ。

したがって、市中にあるものを買って、ちょっとそれのマネをすれば、一応の「原付きエンジン」ができたので、そういう"メーカー"というか業者が雨後のタケノコのごとく生まれた。そして、市中出

回りのエンジンが底をつけば、そうした（創作力のない）業者の活動はそれで終わりになる。そんな状況が3年も続いただろうか、軍用エンジンに代わるものをつくらなければ道は開けないと考えるメーカーは、独自の原付きの開発に乗り出していく。

（3）道交法と多摩川レース

1948年（昭和23）、GHQ施政下で、初の「道路交通取締法」が公布される。それまでは、1907年（明治40）に、速度制限12・7km/hを柱とする「自動車取締規制」しかなかったのだが、戦後の自動車環境の変化とともに、新法がつくられたのだ。

エンジンの排気量も2サイクルは500cc未満、4サイクルは750cc以下などに改正された1933年（昭和8）の「取締令」のまま、その後、自動車関連行政は実質上、陸軍の所管になり、戦後もそのままであったものを、ここで新たに整理したものだ。

新道交法では、オートバイは、自動二輪車・軽自動二輪車・側車付き自動二輪車、そして自動車は、普通四輪自動車、小型四輪自動車の免許制となった。

したがって、この法規下では、50ccでも「軽自動二輪車免許」が必要だったのだが、免許制が機能していたかどうかは疑問である……。

いずれにしろ、エンジン付き自転車がガンガン増えていた時代に、エンジン付き自転車は2千台、翌1949年（昭和24）には約1万台。さらにスクー

ターは約2・5万台、自動二輪・軽二輪は4百台強へと生産は急伸した。

そして、こうした状況を背景に、二輪自動車が果たしている役割は大きい。だが、敗残物からの生産という現状から、もっと本格的なオートバイ生産へ転換するには、行政にオートバイの理解を深めさせたい。このような運動が起こり、オートバイの製造や販売に関連する業者の集まりである「日本小型自動車工業会」が設立されていた。

そして、この「小自工」は、GHQと政府機関へ働きかける。そして1949年（昭和24年11月6日）、小型自動車普及のための「全日本モーターサイクル選手権大会」、通称「多摩川レース」を実施するのだ。敗戦後4年目のビッグイベントである。

戦前のレースで有名だった「多摩川スピードウェイ」（一周1・1キロ）は陸軍の訓練場となり、戦後は荒れ果ててしまっていたが、補修すればどうにか走れると、戦後の復興期に、いきなりオートバイレース!? いまから見れば、けっこう突拍子もない話に見えるが、しかし、後にMFJ会長となる日本のモーターサイクル・スポーツ界の重鎮、石塚秀男を中核とする主催者は、「オートバイの特性や性能を知ってもらうには、レースという集約したかたち」が一番のインパクトになると考えていた。

とはいえ、オートバイレースと名付けても、とにかく走れるものなら何でもよかった。あの本田宗一郎も、レース好きの血がたぎったのだろうか、真っ先に馳せ参じる。小型トラックから乗用車までが集結。

265

日本初の常設サーキットとして'36年に完成した多摩川スピードウェイで、戦後最初に行なわれたレースが'49年の日米親善全日本選手権レース。ホンダの大村三樹雄も浜松からドリーム改で出場。クラス優勝を飾っている。

戦前の有名ライダーは、辛うじて残っていた往年のマシンを持ち寄り、そのほかには、戦後できたてのスクーターやオートバイ"らしき"もの、そして進駐軍のハーレーやトライアンフ。およそエンジンで走れるものなら何でもいらっしゃいというレースは、代用燃料を使用していたものの、その参加は何と130台。詰めかけた観客は2万人超という大盛況となる。

多摩川レースの開催が多く報道されたことによって、オートバイの効用が見直され、同時に業界結束の礎を築いたが、ただしこれは、レースを通しての技術開発やスポーツとしての発展を目的としたものではなかった。

そこに、もうひとつの状況変化が起こる。戦後になっての身近な生活品として自転車があったが、この自転車をもっと国民に普及

させるという目的から、自転車レースを公営ギャンブル化し、その益金を地方自治体の財源と、自転車生産、利用促進への補助金に充てるという「自転車競争法」が成立したのだ。いまにつながる「競輪」である。

これを見ていたオートバイ業界は、明治期に自転車のあとを追ったと同じように、自転車業界の〝作戦〟に倣おうとする。国会議員・栗山長次郎が主催者代表であった多摩川レースだったが、こうした「レース」はオートバイ産業の育成に必要と考えられたのか、翌1950年（昭和25）4月、「小型自動車競争法」が超スピードで成立した。

この法律に基づいて、船橋、川口をはじめとする各地にオートレース場ができ、今日に至る。こうしたレースの益金が二輪車産業育成に役立った時代はたしかにあったのだろうが、現在は公営ギャンブルの一ジャンルになっている。

（4）「原付」隆盛と乱立するメーカー

とはいえ、「多摩川レース」や「小型自動車競争法」は、二輪車業界を活性化させた。また、当時の実情に合った法制度を行政につきつけたという事実もあった。

その結果、敗残のエンジンを補修した自転車（フレーム）に組み付けただけという乗り物から脱して、自社開発・製造のエンジン／フレームへと、本格的なオートバイ生産をめざすメーカーが多くなってき

た。

その一方で、車体構造のしっかりした自転車生産が増えたことから、それに取り付けるエンジンも数々の改良が進み、日本独特の"原動機付き自転車"は完成の域に達し、早くも道交法は時流に即した内容に改正される。1952年（昭和27）である。

改正法では、「原動機付自転車」の車種が法令で明確に規定された。そして、14歳以上なら、警察への簡単な申請で済む許可制となる。

ただ、エンジン（排気量）の区分が、いまとなってはちょっとおもしろい内容だ。

というのは、4サイクルは90cc以下、2サイクルは60cc以下となっていて、エンジンの形式で容量が異なっていたのである。とはいえこれは、1954年（昭和29）には、「第1種原動機付自転車」は50ccまで、そして125cc以下が「第2種」となって、サイクル別は廃止されるが。

その当時のエンジン理論では、ピストンが上がる度に爆発する2サイクルより2倍の馬力になるというもので、2サイクルの燃焼効率を換算しての排気量であった。

この法改正の効果はまたたく間に現れ、翌1953年の「原付」は一挙に28万台の生産となり、エンジンの性能や自転車への取り付けも、各社独自の工夫になる製品が出回った。まさに"和製シクロ"の全盛期を迎える。

1946年から1952年頃までの代表的な「原付用のエンジン」を挙げれば、ビスモーター、ホンダ、トヨモーター、ポインター、ハヤブサ、トーハツ、スズキ・パワーフリー、そしてその他、数十の

メーカーであった。まあ〝メーカー〟というよりは、多数の町工場が似たようなものをつくっていたと見るのが正しいかもしれないが。

ただし、なかにはこの「自転車用原付」で得た技術を、本格的オートバイの製造へ移そうという工場もあった。その急先鋒がホンダである。

敗戦の翌年（1946年＝昭和21）に会社を設立したホンダは、他と同じく敗残物の2サイクル50cc原付きエンジンでオートバイ界に参入する。

そして本田宗一郎は、いずれは無くなってしまう市中在庫エンジンに代わる、自社製エンジンの製作を開始し、1947年には、ホンダ2サイクル50ccの「A型」をつくる。この時点ですでに、早くも専用フレームを持つオートバイになっていた。

ホンダ・エンジンが2サイクルから始まったのは、材料不足の時代に、4サイクルに比べれば部品点数がはるかに少ない構造と、単純に、2サイクルは馬力がでる！というのが定説になっていた時代のせいであろう。50ccで4サイクルなどという高度なエンジンは、この時点ではイタリアにしかなかった。

この「ホンダA」50ccは、エンジンを後付けにした原付き自転車より使い勝手がよく、すぐに90ccのホンダ「C型」に発展するが、しかし、とくに売れ行きがいいというものではなかった。

そしてホンダは、1950年（昭和25）になると、鉄パイプフレームが主流であった時代に、自社製作の「プレス・フレーム」に2サイクル100ccのエンジンを組み合わせた「ドリームD型」を発表する。このドリームDは、2年前に三輪トラックの「ホンダB」を試作した際に用いたフレームの構造を

269

本田宗一郎の《夢》を車名にした「ドリーム」号は、誰しもが秀作と認めるものだった。しかし、庶民が購入しやすい、あるいは購入できる価格のバイクは「原付」で、ドリームは世にでたものの、ホンダの商売は相変わらず「白いタンクに赤いエンジン」のカブ原付きエンジンで成り立っていた。

そしてこの頃、朝鮮半島では、大韓民国と朝鮮民主主義人民共和国が衝突し、日本に駐留しているアメリカ軍が出兵。そのお陰といったら不謹慎だが、この戦争特需で日本の景気がよくなった時代でもあった。

この景気をあてこんだのか、いろいろなメーカーが原付き以外の本格的オートバイ生産を手掛け、その数は150社を超えた。しかし、これらのほとんどは前記にあるごとく「サンダイ・メーカー」と呼ばれた。三大メーカーではない、これはオートバイを「3台」つくったら倒産していたという意味である。

とはいえ、イギリスでもオートバイ草創期には百何社、敗戦後のイタリアでも300社、ドイツでも数十社の〝バイク・メーカー〟があったというから、オートバイというのは自動車に比べ、軽工業の分野で企業化しやすいのはどの国でも共通していたようだ。

生かしたもので、その斬新なスタイルと合理的構造は他社を抜くものだった。

（5）外国製オートバイの刺激

競合ひしめく業界を生き抜くには、オートバイの性能が勝負とばかり、この頃、嘘か誠かのカタログ・データが一人歩きし始め、それはユーザーの不信と業界全体の信用にかかわることであった。

一流企業の大卒初任給が6500円ほどの時代に、ラビット・スクーターや200cc程度のオートバイは約16万円。年収の2倍はするという高価な買い物だ。高いものであるからこそ、ユーザーは性能や耐久性への関心が高まり、クチコミのオートバイ談義も性能評価の大きな要素になる。

東京とその近郊なら、靖国神社横の九段坂をトップギヤのまま登ったとか、箱根を休まずに越えたなど、オートバイの性能を示すに格好の表現が生まれ、いい加減なカタログデータではもう通用しない。

また、敗戦と同時に入ってきた進駐軍から、日本統治の駐留軍に替わると、基地に勤める兵士たちは、本国から冷蔵庫やクーラーといった電化製品を抱えて引っ越してきた。そして、そんな生活用品のなかでも、自動車とオートバイは第一級の持参品だ。

彼らの駐留する基地の周辺からオートバイが広まり、休日になれば、オートバイを使った遊びや、飛行場のタキシング・ウェイを使ったドラッグレース、そして、基地内の荒れ地を走って跳びはねるスクランブルなど、日本の運搬用オートバイしか知らない者には想像もできないような光景を目にするようになる。

そして、そんな駐留軍（米軍）のなかから、オートバイ好きな兵士がクラブを作り、彼らのサンデーレースや集会に、日本人ライダーも加わることができるような環境もできてきた。これはたぶんに、「日米友好」という環境作りに彼らが熱心だった一環と受け取れないこともないのだが、オートバイ・ライダー同士の気心が触れあったということは否定できないものだった。

関東なら、立川、横田、ジョンソン、厚木、横須賀。そして、青森、広島、博多。およそ米軍基地のあるところであれば、必ずなにがしかのオートバイを通しての交流があった。そして、彼らが持ち込みできた外国製オートバイを買える日本人も増えてきた。

サンデーレースなど、オートバイ・ライダーとしての本格的な「環境」は、米軍基地周辺から、こうして広まっていく。

そして、BSA、トライアンフ、アリエル、BMWといったオートバイの凄い性能を所有できる日本人ライダーも多くなった。必然的に、国産とはまったく違う外国製オートバイの凄い性能を肌で知るようになる。

そして、長らくGHQの統制下にあったガソリン購入が自由になり、四輪業界も外国メーカーとの間でノックダウン（KD）生産や技術提携などが進み、将来の国産自動車生産へ向けて歩みはじめていた。

（6）性能比較がはじまる

マン島TTに日本人ライダーとして出場した多田健蔵にも影響を与え、そして、日米講和条約の締結

に尽力した後は一切の公職から離れていた白州次郎は、この頃再度、首相の吉田茂に請われ、日本の発展は貿易振興にあるということを実践するため、貿易立国の基礎作りとして通産省（通商産業省）を設立する。

そして政府は、伸長著しいオートバイ産業を重要視し、200cc以下のオートバイ生産への補助や同クラス輸入車への高額な関税など、さまざまな保護策をとり、1951年（昭和26）には、通産省主導の「東京〜神戸700キロ」耐久テストを行なうなど、国産オートバイの強化策に乗りだす。

この時期のメーカーの「生き残り」は、自社製品の優秀性が認められなければ、仮にどんな販売網があっても、そんなものは機能しない時代。ユーザーも、まだ銘柄にこだわるムードはない。

米軍基地のサンデーレースや前記多摩川レースの影響も働き、各社製品の性能を実際のかたちに、つまり見た目でわかるようにできないかという動きがはじまり、何と、マン島TTレースのようなものができないかという検討も始まる。

当初は東京近辺での開催を企画したようだが、「レース」という語感がシビアに響いたのか、それとも道路事情か、いやがる警察のせいか、結局、オートバイ産業が盛んな中京地域中心で、「名古屋TTレース」が開催されることになった。

ときは1953年（昭和28）3月。名古屋↓岡崎↓関↓大垣↓桑名↓名古屋という約230キロの一般公道コースで行なわれるはずだったが、「レースはダメ！」ということで、急遽「全日本選抜・軽オートバイ旅行賞大パレード」に名称変更される。

'53年に愛知→岐阜→三重3県にまたがる1周230キロの公道で行なわれた名古屋TTレースは、初の国産メーカーの対抗レースだった。名古屋からのスタートを待つ左3台はポートリーライナーのチーム（浜松）、その後方、昌和（沼津）が3台、右隅に銀色タンクのスミタ（東京）が見える。

そのレギュレーションは、排気量は150cc以下、完全な市販車、そして1メーカー3台までというもの。

参加メーカーを列記すると、ポインター・コメット、昌和、ポートリーライナー、IMC、エーブスター、ビクター、スミタ、モナーク、クインロケット、パール、テンリューゼット、ファルコン、フライバード、オートビット、ライラック、ライフ、ホダカ、ホンダの19社57台。

このレースには、この前年（1952年）6月に「パワーフリー」を発売して市場参入したばかりのスズキは出ていない。そしてヤマハは、ようやくオートバイエンジンの試作に乗り出した頃だ。

さらに、この1953年では、11月に「都道府県青年団対抗・日本縦断オートバイ耐久

継走大会」という長ったらしい名前のイベントも実施された。この名前からして、(レースじゃないよ、耐久試験だよ) ということをそれとなく標榜しているが、これは奇妙な"駅伝型レース"であった。

この競技があったことはあまり知られていないので、若干の説明が要りそうだ。まず、主催者は日本青年団協議会と朝日新聞、そして後援が各都道府県と本田技研。したがって、これに使用されるオートバイはすべて、発売直後のホンダ・ドリーム3Eである。

やり方としては、47都道府県の45地域から各10人のライダーをだし、それを、表日本グ(65)ループと裏日本グループの二つに分ける。そして、札幌〜鹿児島間、約3200キロを、10区間に分けてリレー式に走破、総合タイムを競うものだった。

各県から選抜された青年3人・3台が同一車種でチームを組み、日本を縦断するという駅伝レース。当時の路面は悪くライダーはウエストバンドを巻き、和歌山チームのようにパンクは日常茶飯事だったので、ライダーの修理技術はタイムに大きく影響した。

太平洋側グループのルート概要は、札幌→函館→青森→盛岡→一関→宇都宮→静岡→津→堺→西宮→福山→下関→小倉→延岡→鹿児島。日本海側グループは、本州・日本海沿いの秋田や金沢を通過するコースで、全10日間に及ぶ長丁場の競争であった。レース期間中は毎日、朝日新聞が速報し、通過地では小旗の波、まさに駅伝である。

こういったオートバイの耐久性を競うものが、ほかにもいくつか企画されたが、場所や行政面での課題もあり、名古屋TTレースと日本縦断レースの合間の7月に行われた「第1回富士登山レース」がきっかけとなって、これ以降、特定の場所での性能比べが中心となっていく。

これは正式名を「富士登山 軽オートバイレース」というイベントで、富士山麓の富士宮市にある浅間神社から、富士山・表口2合目までの27キロを、オートバイが一台ずつ走り登って、そのタイムを競うものだった。

ただ、これまでいくつか行なわれてきたイベントと、この「富士登山」が決定的に異なるのは、この"レース"は、毎年7月の「富士山山開き」の祭り行事の一環であったことで、富士宮市観光協会・土催、静岡県観光協会&毎日新聞・後援という、まったくの地元主導型であったこと。昨今騒がれる村おこし・町おこしに、1950年代に早くもオートバイレースが取り入れられていたというのは、喝采ではないか！

さて、そのレースだが、第1回富士登山には、4サイクル150cc以下、2サイクル90cc以下で、ナンバー付き市販車という規定で99台が参加した。優勝したのはオートビット、そして、モナーク、ホン

ダ、ポインター、ミシマと上位入賞車が続く。

ここで舞台に設定された27キロの富士山道は、火山灰と砂利が混じった、細くカーブの多い15度ぐらいの勾配。登り一方で、時には霧に見舞われ、たとえばバスでは1時間半はかかるコースだった。

この第1回レースのトップタイム、36分14秒、平均時速44・7kmという記録と、99台参加／完走78台というのは予想外の成績で、日本のオートバイの性能が確実に上昇している証しとなった。また、このイベントは業界主催ではなかったため、誰でも参加でき、一般のライダーにレースを身近なものにした、初めての例でもあった。

こうして、この富士登山レースは、地元の観光協会は町おこしであり、年産20万台を超えるるまでになった二輪業界にとっては、性能比べに格好のイベントになっていく。

何々山をオーバーヒートしないで登ったなどの、ユーザーの単純な口づてやカタログ・データより、競技での成績が大きな評価となる。

そして、勝てなかったとしても、優秀なオートバイをめざすメーカーの意気込みや、いずれは、いいオートバイをつくりだすだろうと期待できる技術者の姿が、新しいかたちのメーカーのアピールになっていったのも確かだ。

そして、レースばかりが能ではないのだが、しかし、性能評価の軽視や、レースそのものへ無理解なメーカーは、それがやはり市販車のクルマづくりにも現われていることを、そろそろユーザーも知り始めてきた。

そんなに厳しい試練を経ずに、いいオートバイができないものか？ そんな（甘い）考えのメーカーは、いずこも優秀な外国製オートバイの"模倣"に走った。この頃、「コピー」という言葉はなかったが、BMW、NSU、DKW、アドラー、ヴィクトリア、サンビーム、マチレス、BSAなどなど、これらをコピーしたというより、本家そのものであるようなクルマや、エンジンなどの一部をそのまんま引き写す。とにかく、マネで済ませられるものなら、何でもマネた！

とはいえ、その頃の世の中の情景も、ジャズ、タップ、社交ダンス、アロハシャツにサングラス、マンボ、そしてストリップ、エログロまで、外国コピーの氾濫だったが。

本物より値段も安く、とかく問題となる香港ロレックス、ヴィトンも脱帽するくらい、よくもこう本物そっくりと感心する完成度である。けれども、さすがにユーザーもその類いのオートバイは照れ臭いのか、値段が安くてもそう売れるものではなかった。

21世紀になっての昨今、知的財産権がかまびすしくなってくると、それらは厳しく批判されてしまうが、世界中の国々が発展途上にある時期には進化への模倣はつきもの…この頃の日本を考えれば、今になって東南アジアがどうの、そんなこと言える立場ではない。

いかにも独創的なデザインや技術を標榜する欧米にしたって、古代エジプト、ギリシャ、遺跡、先人の試みなど、豊富な財産の蓄積がヒントになっているものだって多いではないか。

そんな時代を経て、この頃から「オートバイづくり」にとっての悩みというか、厄介な問題もあった。ユーザーの趣向やオートバイの役割が少しずつ変化し始めたことへの対応という、

(7)「実用車」と「遊びクルマ」

当時の日本は、大型トラックはまだ少なかったが、軽量貨物の輸送に関しては、マツダ、ダイハツ、くろがねといったオート三輪が主流となっていた。そのため二輪のオートバイは、それまで通りの「実用車」でいいのか、それとも、オートバイは〝スポーツ車〟になっていくのか。こうした岐路にさしかかっていたのである。

この「実用車」という言葉、いまでもどういう意味からこのように呼ぶようになったのかは、よくわからない。ただ現実として、この頃の原付きやオートバイは、商店の配達、荷物運搬などの仕事用のためであり、ただ単に人が移動するため、つまり「乗用車」的な使い方はなされていなかった。

だが、庶民といえども、多少は余暇を過ごす時間ができるようになれば、普段は仕事に使っているオートバイであっても、それを使ってツーリングなどをするという集まりが盛んになってくる。

この頃のオートバイ販売店は、クルマを買ってくれたお客さんへのサービスとして、日帰りや一泊温泉旅行などの、オートバイを使った旅を企画した。休日ともなれば、オートバイが100台から200台、その隊列の長さにして2〜3キロにもなるような、オートバイが連なってのツーリングが随所で見られるようになる。ユーザーは、ツーリング前日には愛車を磨き、工具・部品をつめこみ、少しでもカッコよくするためにリヤの荷台を外したり、それはもう、楽しい楽しい準備作業だった。

'50年代の2輪車は簡便運搬車として使われ、月に1、2回の休日は東京から箱根などへのツーリングに用いられた。国道1号線をアベックで走るホンダ初のツイン・C70（250）は'50年代中期に性能向上が著しかった2サイクルツインに対抗して'57年に発売されたモデルだ。

イタリアでは、ウイリアム・ワイラー監督の永遠の名作、映画『ローマの休日』で、オードリー・ヘップバーンとグレゴリー・ペックがベスパ・スクーターで走る風景そのままに、オートバイやモペットは完全に庶民の足として定着していた。

ドイツでは、戦後に小型オートバイの生産が許可されると、庶民の間にモペットブームが起こり、日本と同じく数十のメーカーが乱立する。そして、生活水準が上がってくると、メッサーシュミットのような全天候型マイクロカー時代を経て、急速に四輪へシフトしていった。

同じヨーロッパでも、ドイツの長い冬、隣国から隣国をつなぐ道路網など、イタリアとは事情と趣は違うが、どちらにしても、日本のような、二輪車の主たる目的が貨物の運搬

であったような経緯は見られない。

しかし、日本でもツーリングの流行から、「乗用専門」のオートバイを望む声が大きくなってきたのはメーカーも承知している。だが、ひとたび「乗用オートバイ」をつくったときの、何だ、荷物も積めないのか、"遊び車"なのかといった反発も怖い。

そう、この頃、"遊び車"という言葉があったのだ。オートバイを乗用だけに使うことへのヤッカミやヒガミも混じっていたのだろうが、多少でも「実用車」の部分がないと、やっぱり白い目で見られた。いまの時代でたとえるなら、スポーツカー（四輪）を単に乗っているだけでなく、たまには、そのスポーツカーで荷物運びなどしている姿を見せることによって、周囲から許されたのである。

そんな状況であったため、メーカーは、ど

メーカーも顧客の取り込みに懸命だった当時、販売元やディーラーは販売促進の一環として月に1、2度のペースで遠乗り会を主催した。写真はホンダ友の会が'50年代後半に行った遠乗り会風景で、国道1号線の国府津を東京に向かって走るドリーム愛好者の一行。

のようなオートバイをつくったらいいのか、それを決めかねていた時期だった。無難なのは、実用にも使え、乗用でも快適というやつだが、しかし、これではどっちつかずである。

このあとの時代にくる「四輪」でも、何かというとトランクの大きさが問題になったように、オートバイや自動車は「実用」、つまり仕事に役立たなくてはならないのが日本の土壌であるようだ。

そのような背景があり、そして、一方で国産車のレベルを上げるには、国際標準的な排気量にしなければならず、二輪・四輪の法規も細かく変わっていった時代でもある。

1954年の「富士登山」も、車両法の改正によって、4サイクル250cc、2サイクル150ccに拡大され、さらに許可証で乗れるようになった90ccまでの原付きが、この「レース」に加わった。

クラスが多くなって、一般から参加のライダーも増えると、「富士登山」は、自信のあるメーカー、ウデ自慢のライダーなら見逃せないというビッグイベントになっていく。これは、地元観光協会も意図していなかったことだ。

そして、これにスズキが参入した。1909年(明治42)に「鈴木式織機製作所」として創業されたスズキは、1952年(昭和27)6月にスズキ「パワーフリーE1」という2サイクル40cc強制空冷の原付きエンジンで、オートバイ業界に参入し、すかさず、第1回「富士登山」の90ccクラスで優勝、幸先よいスタートを切った。

富士登山レースは1953年(昭和28)〜1956年(昭和31)まで4回開かれ、戦後初の「性能くらべ」に、主要オートバイ・メーカーはこぞって参加。そして、レースが行なわれるたびに、その性能

と企業体力の差が顕わになってくる。

この時代、車両法や免許区分など、めまぐるしく変化するので、まず、それへの対応が重要だった。また、毎年欠かさず参加できたメーカーばかりではなく、単なる「結果」で各車のレベルを判断するのは問題があるかもしれないが、以下に、このレースにおける各クラスの3位までを記す。

そして、このリザルトでうかがえるのは、1955年(昭和30)4月に、倒産が相次ぐオートバイ業界に参入した、最後発メーカーとしてのヤマハの意気込みである。

富士登山レース　結果

1953年　第1回

150cc以下クラス
① オートビット
② モナーク
③ ホンダドリーム

90cc以下クラス
① スズキダイアモンドフリー
② スワローエース
③ キティー

1954年　第2回

250cc以下
① モナーク
② DSK
③ モナーク

150cc以下
① スズキコレダ
② ラッキー
③ ラッキー

1955年　第3回

250cc以下
①ホンダドリーム　②ホンダドリーム　③DSK

125cc以下
①ヤマハYA1　②ホンダベンリイ　③ヤマハYA1

1956年　第4回

250cc以下
①ヤマハYC　②ヤマハYC　③ヤマハYC

125cc以下
①ヤマハYA1　②ヤマハYA1　③ヤマハYA1

(8)「富士登山」から「浅間」へ

　観光祭りの一環で始まった「富士登山レース」は、メーカー間の格好の競争の場となり、その3回目には、2/4サイクルの区別なし、原付きも125ccまでになって、本格的オートバイによるバトルとなった。
　そして、それまで過去2回のレース経験で、各メーカーも、勝つための策略・工夫、もしくは"悪智恵"が巧みになってきた。レギュレーションは「ナンバー付き市販車」であったが、この頃になると、もはや、どこまでがそうなのか見分けるのがむずかしい。規定を作れば抜け穴を探すというのは、初期

のマン島TTも同じだったが。

結局、頭をひねった挙げ句の参加車両規定が「実用標準車」というもの。これではナンノコッチャ！

であり、取りようによってどうにでも解釈できる。

ここまでくると、つまりは「メーカーのためのレース」になっていて、そして、その流れを止められないということ。これは同時に、富士登山レースそのものの存続の危機へとつながっていくものだった。

このイベント開催当初は、その物珍しさから、地元警察もそれとなくスピードを黙認していた。しかし、回を重ねて参加メーカーが過熱し、レースの1ヵ月以上も前から、早朝もかまわずブンブンとエンジンの音を立てて練習しまくったのでは、地元住民のガマンも限界に至る。赤ん坊がひきつけを起こした、ニワトリが卵を産まなくなったなど、メーカーとライダーに熱が入れるほど、それへの苦情もエスカレートする。

結局、1956年の第4回は静岡県警が介入して、レースは開かれたが、しかし、この年をもって「富士登山」レースは終焉する。

ただ、こういった近隣問題などのクレームが原因で、このレースが終わってしまったかもしれない。しかし、原因はそう単純なことではない。仮に、住民とのトラブルや道交法、あるいは自然環境との調和といった問題があっても、主催者と参加者に、イベントを続けたいという強い要望があれば、解決の手段はさまざまにあるからだ。

しかし、1953、54年、2回にわたったこのレースの試みで、業界は、参加車の壊れる率も予想外

に少なく、国産車の性能もずいぶん向上したものだという感触をつかんだ。
そして同時に、この程度の競技で、勝った！　速い！　で自己満足していたらどうなるのかという懸念もあった。もし、外国車の参加がOKだとしたら、どうだったか。国産の250ccは、欧州車の125ccいや100ccに、かなわないかもしれない⁉
もっと長距離を走る、もっと高度なレース。それも「ロードレース」で鍛えなければ、とても外国車に勝てるようなオートバイにはなりえない。日本のオートバイに関わる者なら誰も、考えは同じだった。
もちろん、この時代に、「レースなんかやったって、どんな効果があるんだ？」という異論がなかったわけではない。そしてその真意を探れば、レースみたいなものに巻き込まれて、オマエのクルマの性能がどうのこうのと言われ、商売ができなくなったら……といった不安や自信の無さもあった。
だが、それよりも、外国に負けたくない！　もっと優秀なオートバイをつくりたい！　これからも、このバイクつくりという商売でやっていきたいとの願望は、業界あげての強い趨勢となり、本格的な、日本でできる「ロードレース」を具体化しようというエネルギーが燃え上がってきた。
そして、それへ向けての具体案もいくつか出てきた。ただ、すでに冗談話としてヨーロッパでは盛んになっていた人工コース（サーキット）の建設といったことは、すぐに冗談話として終わってしまう。今日と違って、日本のどこにも、サーキットの影もかたちもない以上、どこかの道路や、あるいは広大な場所でレースができないだろうかという願いと企画に集中するしかない。
たとえば、伊豆大島の外周路はどうか。あるいは、東北の牧場は？　そして、四国の小豆島では？

286

散発的に、こんな案がでてくる。いずれも、「マン島TT」がどこかでその手本になっている。

オートバイ業界を束ねる「小型自動車工業会」も、このロードレースに向けて、本腰を入れ始める。

そして、いくつかの候補地のなかから浮上したのが、群馬県・北軽井沢の浅間山麓周辺の国道であった。

しかし、国道といってもその時代、"酷道"と揶揄された凸凹道である。そして別荘地を控えているとはいえ、秋口になれば、浅間周辺は、道路の役目もなさないほど閑散となってしまう（もっとも、こうして"使われない"道路であるなら、それを何か別のこと、たとえばレースに使ってもいいのではという展望もあったのだ）。

しかし、こうして候補地は決めてみたものの、レース開催が実現するかどうかは、まったくわからない。関係者は、TTレースの映画を見せたり、ヨーロッパのレース事情を説明したりして、地元・北軽井沢の人々に理解を求め、レース実現のための努力を傾けた。

そして、その地元で一番の理解者になったのは、浅間山麓から近い軽井沢の星野嘉助だった。

星野は、イギリス人の宣教師ショー牧師が、軽井沢は日本有数の避暑地であると紹介したことで内外著名人が集まるようになった時代に、温泉旅館を拓いた初代嘉助から三代目当主である。入り口に北原白秋句碑のある、現在は「ほしのや」に新装されている星野温泉は、まだランプの明かりが当たり前の時代に、自己敷地内に自家用の水力発電装置を建造したりしていた。そしてそれだけでなく、自動車から温泉施設に関する一連の機械類の整備工場まで造ったりしてしまった！　というほど、「近代文明」とその導入に関して先駆的だった歴史を持つ。

その星野三代目の甥にあたり、現在、「軽井沢二輪車資料館」館長の星野嘉苗は、彼が少年だった頃、本田宗一郎や自動車工業会事務局長の桜井淑雄らが、たびたび星野嘉助を訪ね、レースの話と浅間でのレース開催の可能性について話し合っていたのを、昨日のことのように憶えているという。

とくに工業会の桜井と星野は旧知の関係にあって、そして星野嘉助は進取の気風に充ちていたこともあり、レースへの理解は鋭く、群馬県庁の北野知事や県警などの関係官庁を説得し、レース開催へ奔走した。

しかし、星野嘉助はなぜ、県庁や諸官庁との折衝が可能であったのか。この点について、星野嘉苗は以下のように語る。

「群馬県に、日本百名山の一つ妙義山がありますが、もともとこの山一帯は、柴垣はるさんという個人の所有地でした。それで昭和20年代に、単に山にしておくより何かに利用したいと、柴垣さんから伯父の嘉助に相談があったのです。

伯父は、そのような名山を民間へ手放したら自然は破壊され、妙義山一帯は乱開発されてしまうだろう。そうであるなら、群馬県に寄付し、県立か国定公園にして長く保存できる方法がいいのではないかと進言しました。

これを柴垣さんも快く承諾され、伯父が県知事に話しをもって行き、そして県も喜んでこの寄付を受け入れた。その結果、今日も美しい妙義山が残っているわけです。それが縁で、浅間のレースコースの件も、伯父が工業会と県との仲立ちをしまして、話が進んだのです」

だが、いかに交通量が無いに等しい晩秋とはいえ、公道、それも国道をすべてレースコースとするには、警察の立場からは容認できるものではない。そこで星野嘉助は、北軽井沢の県有地・浅間牧場に目をつけ、牧場内の施設道路をコースとして設定しようとした。しかし、それだけでは長い距離がとれないので、スタートは北軽井沢の十字路から。そして、赤川、岩窟ホール、鬼押出しなどに沿う国道と、その県有牧場内の道路を併せた1周19・2キロのコースを提案するに至る。

このコースが認可され、ついに、1955年（昭和30）11月5〜6日、日本初のロードレースである「第1回・全日本オートバイ耐久ロードレース」（通称・浅間高原レース）が挙行されるのだ。

この時代、将来へ向かって進もうとする日本人のエネルギーには凄いものがあるが、しかし、世界はまた、その先を行っているのであった。

第14章　戦後の欧州～MVアグスタの時代

（1）戦後の英国レース・シーン

イギリスの経済も、世界戦争で大きな痛手を負ったが、そこは敗戦国と違い、永年の社会資本の蓄積と世界各地植民地からの資源もあり、その立ち直りも早い。オートバイや自動車レースが、ファシズム国家の代理競争という様相であった時期、TTレースも彼らの国威発揚の舞台にされ、小排気量の250ccクラスでは、イギリス車の面目丸つぶれという数年間もあった。

だが、もはや戦後である。

レースが再開されたとしても、イタリアやドイツには、敗戦国のハンデがあろう。そして、新しいFIM車両規定もある。独伊2国に席巻された「あの時期」は異常であって、1950年代には、昔通りのTTレースが復活するとイギリスが思うのは当然だ。

基本的に、「自動車に勝るオートバイであるためには、少なくても350cc以上のエンジンが必要」というのが、英国オートバイのコンセプトであった。そうして重量車路線を継承してきたイギリスから見れば、1951年に、TTレースでも125クラスが始まり、そして250クラスともどもイタリア

車が勝ったとしても、そんな小排気量クラスなんか、よそ者に任せておけばいいという風潮であった。ヴェロセットだけは、高出力のDOHC250ccエンジンの試作に入っていたが、イギリスのユーザーは、軽排気量オートバイへの関心は相変わらず低い。

250ccでさえそうだから、50や125のオートバイなどはイギリス人には論外。350、500、あるいは1000ccなどがオートバイであるという観念であり、メーカーも、その領域には絶対の自信がある。

1950年代初期に、イギリス車AJSが2気筒エンジンの「ポーキュパイン」（Porcupine＝ヤマアラシ）で闘っていたとき、イタリアのモトグッツィは2気筒、ジレーラとMVアグスタも多気筒エンジンで、ジュニアとセニア・クラスに迫ってきても、ノートンの単気筒エンジンに蹴散らされてしまった。したがって、この優位は当分の間つづくと考える。

そして、その間にイギリスメーカーも、世界級のイベントでは敵なしになりつつある「多気筒エンジン」のマシンをつくりだす。このように、多くの識者やジャーナリストは予見した。そしてこれは、当然でもあった。

しかし、イギリスのオートバイ・メーカーは、その方向に進もうとはしなかった。

125、250両クラスをドイツのNSUが制覇した1954年（昭和29）を境に、TTレースの風景は一変する。

翌年の1955年（昭和30）。マン島TTレースでは、125クラス：MV、250：MV、350

…モトグッツィ、500…MVというのが、そのウイニング・メイクスとなった。つまり、行なわれたすべてのクラスをイタリア車が勝利したのだ。そしてこの後、イタリア（とドイツ）の優位は、1960年（昭和35）まで続く。

なかでも「MVアグスタ」(Meccanica Verghera Agusta) は、TTレースのみならず、世界GPシリーズに対しても、最も果敢な挑戦者のうちのひとりだった。

MVは、イタリア航空機のパイオニアであるジョバンニ・アグスタのエンジニア魂をそのまま受け継いだドメニコ・アグスタが後継者となり、第二次大戦後、オートバイ産業に進出した。イタリア王国時代の伯爵の称号を持つドメニコ・アグスタは、有能な経営者でありながらも、スピードレースに特別な情熱を持ち、市販車製造と併行して、世界規模のレースに積極的に参加した。

MVアグスタのTTレース「セニア」への挑戦は、500cc DOHC4気筒、50馬力／1万回転！で始まる。

TTレースにおけるイギリス車の牙城を守るべく、ノートンも、遅まきながら自動車レースの「BRM」の協力を得て、水冷のDOHC4気筒エンジンの試作に入る。

しかし、イタリアは125ccでさえ、11・5馬力／1万3000回転という水準に達していること、そして、イタリアの多気筒エンジンは、すでにあまりにも（英国に対して）先行し過ぎていること、そして、開発費に対する経営側からの異論などから、それ以上の進展は望めなかったようだ。

そして、イギリスにとっての脅威は、MVだけではなかった。

ジュゼッペ・ジレーラが1909年に創業したイタリア最古のメーカー、「ジレーラ」(Gilera)もまた、世界GPに挑戦していた。その500cc、60馬力／1万回転の4気筒エンジンと、それに組み合わされる5速ミッションを持ったマシンも強敵だった。

ジレーラは、ジェフ・デューク、レグ・アームストロング、アルフレッド・ミラーニなど、TTレースの勝利経験者も含むトップレベルのライダーを揃えるが、しかし、ジレーラ、MVともに、TTに参戦したからといって、すぐにタイトルを手にしたわけではない。

1950年のWGPチャンピオンを獲得したジレーラは1953年に、そしてMVは1951年から、TTレースのセニアクラスに挑戦する。だが、上位入賞はするものの、なかなか「制覇」にまで至らない。彼らのマシンには強力なエンジンが積まれていたが、そんなイタリア車に乗るライダーの前に、いつも立ちふさがったのは英車ノートンであった。

ノートンは1937年に、それまでのOHCをDOHCに進化させ、バルブ・スプリング露出の単気筒エンジンを改良し、戦前には、モトグッツィとBMWに2回だけセニア・クラスの王座を奪われたものの、依然としてイギリス車の頂点でありつづけた。そしてノートンは、レースは単気筒で充分と豪語していた。

イタリアの「マルチ・シリンダー」にくらべれば、たしかにノートンは非力だった。だがレースになると、トップクラスのライダーを揃えているMVアグスタやジレーラでも、ノートンを抜き去るのはむずかしかった。ノートンの操縦性能はすばらしく優秀で、他メーカーは、ハンドリングに関してノート

293

ンを超えることができなかった。
「フェザーベッド・フレーム」（Feather bed）とあだ名されたノートンの車体は、名前のように、羽毛布団のように柔らかく、そしてしなやかだった。さらに、車体（フレーム）とサスペンション、エンジンマウント位置、前後重量配分など、およそ「レーサー」にとって必要なことのすべてが、理想的にかたちになっていた。「ノートン・マンクス」は究極のマシンだったのである。
そのノートンのハンドリングに対抗すべく、MVは、前輪にアールスタイプのサスペンションを採用し、操縦性の向上を試みる。しかし、チームリーダーのL・グラハムは、カントのついたブレイヒル・コーナーを時速208km（130mph）で通過しようとしたとき、突然コントロールを失う。後続していたG・ブラウンは、グラハムが大きく振られ転倒炎上のMVを避けきれず、大きく宙に投げ出され街路樹に激突。へし折れた街路樹が大きな事故を物語る（1952年）。
人工的サーキットとは異なるTTレースのコースは、すぐれたハンドリングでなければ、馬力のあるエンジンの性能は引き出せない。MVアグスタとジレーラは、操縦性能向上へさまざまな改良を加え、TTレースに挑みつづけた。MVアグスタがセニアクラス制覇に要した時間は5年、世界GPチャンピオンという"キャリア"を持つジレーラでさえ、TTレースの勝利には2年の歳月が必要だった。

294

(2) スピードの向上と「カウリング」

ニューマシンの登場とその性能の高さは、ロードレースの話題であり"華"である。しかし、レースは単にスピードばかり出せばいいというものではない。瞬間的な速さではなく、何周かのレースを、いかに速いタイムで消化するかが最終的な勝負だ。かって、本田宗一郎は、しばしば、「レースってもんはなあ、速く走りゃあいいってもんじゃねえ、早くゴールするものなんだ！」と語った。それは真実だが、やはり一方では、誰が時速何キロで走った、どのマシンが速い？……といったことに興味も集まる。

ライダーでいえば、ジェフ・デューク (Geoff Duke)、チャドウィック (D.Chadwick)、ジョン・ハートル (John Hartle)、ディレック・ファラン (Derek Farrant)、ボブ・マッキンタイヤ (Bob Mcintyre)、ジョン・サーティーズ (John Surtees)、カルロ・ウッビアリ (Carlo Ubbiali)、タルキニオ・プロビーニ (Tarquinio Provini)、ハース (W.Haas) といった面々が、1950年代のTTレースで活躍したスター・ライダーたちであり、そして彼らは同時に、マシンの速さの実証者たちであった。

ただ、TTレースの「スピード」（最高速）といっても、ライダーはあらゆる条件のもとで走っている。ある場所で追い風に助けられても、60・72キロに及ぶTTコースでは、ライダーは逆風や横風に邪魔される。気まぐれなマン島の風向きは、サルビー・ストレートであっても同じだから、そのときの速度が風に助けられたのかどうかは誰にもわからない。

マン島TTレースの場合、最高速度は、サルビー・ストレート、クロスビーとグリーバキャッスル間のザ・ハイランダー、そしてブレイヒルの下り坂半マイル強のストレートで計測される。そのなかでも、比較的風の影響が少ないとされるサルビー・ストレートの記録は、別表のようになっている。

ここでは、1952年と53年の比較になっているが、しかし、わずか1年でこうもスピードが上がるものなのかと驚かされる。そしてちなみに日本では、この時代、富士山の山道を飛び跳ねながら登るという競走をやっていたのである。

TTレースの直線・最高速

125cc
1953年　C・サンドフォード　MV　161.1km/h [100.78mph]

1952年　C・ウッビアリ　モンディアル　147.1km/h [91.95mph]

250cc
1952年　E・ロレンツェッティ　モトグッツィ　178.9km/h [111.82mph]

1953年　B・ローマス　NSU　189.5km/h [118.45mph]

350cc

1952年　G・デューク　ノートン　190.8km/h［119.23mph］

1953年　J・ブレット　ノートン　198.6km/h［124.14mph］

500cc

1952年　L・グラハム　MV　205.7km/h［128.58mph］

1953年　L・グラハム　MV　219.9km/h［137.43mph］

スピードの向上は、まずはエンジンによる。マン島へヨーロッパ大陸から挑戦してくるマシンは、そのエンジンはDOHCが当たり前となり、125、250の軽量クラスでは1万1000回転以上。350、500の重量クラスでも1万回転回るようなエンジンが普通となっていく。

そして、レーシング・マシンの最高速を向上させたのは、エンジンだけではなかった。

この頃、マシンに対する「空気抵抗」の研究がはじまっていたのだ。そこから、各車それぞれに独自の「カウリング」（流線形のカバー：cowling）が開発され、とくにイタリアのメーカーはこれを得意とした。初期には、(68)"スピード・ブレーカー"のような、ライダーとマシンの全体をほとんど覆ってしまうタイプまで試作されたが、さすがにFIMはこれを禁止した。

当初のカウリングは、ハンドルと車体下部を覆うドルフィン型（魚のイルカのような）とよばれる小型のものであった。

しかし、空気抵抗を減らせば、スピードは格段に上がることを知ったエンジニアは、今度はカウリング効果を競うようになる。とくにジレーラ、MV、モトグッツィ、モンディアル、NSUといったマシンがこの点に関してはアグレッシブで、ついに、ライダーが乗る部分だけを露出し、その他は前輪から後輪まで覆ってしまう「ストリーム・ライニング」（Streamlining）と呼ばれる大型流線型のカウルに飛躍してしまう。

このデザインは、たしかに効果絶大だった。そして、スピードの向上だけでなく、燃料消費も抑えた。

さらに、風圧によるライダーの疲労を和らげる効果もある。

反面、アルミニュウムで造られるストリーム・ライニングは、風圧には効果的だが、しかし涼しいマン島のTTレースならともかく、気温の高い地域でのレースでは、ライダーは熱気で全身が覆われることになる。

それとコーナーに備えスピードダウンするとき、従来なら、身体を起こせば、それによる風圧がブレーキの役目をしていたのだが、この大型カウルでは、それがまったく効かないことになる。それを補うのは強力なブレーキ性能で、さらにライダーは頻繁なギヤダウンで制動しながらコーナーを回る。そんなライディング・テクニックの変化を生み、技術の進歩は意外な副産物を生んだ。

しかしノートンは、カウリングのあまりの流行と過熱に、本来あるべきレースを主張したかったのか、そん

1954年（昭和29）シーズン終わりに、ストリーム・ライニングへの反対を表明。同時に「これ以上のワークス活動をしない」「市販型レーサーのみを製造する」ことを宣言して、実質的にTTレース及びWGPから去ることになった。

同じくヴェロセットもレースマシンの製造を止め、この時期以後のイギリス車は、AJS‐7Rとマチレス‐G45が中心的存在となる。

ストリーム・ライニングの登場は、レースマシン発展への人智と努力が生んだ現象だ。しかし、横風の影響が大きく危険であったこと。また、当時のタコメーター⁽⁶⁹⁾は、実際のエンジン回転数を瞬時に正しく示すものではなかったので、ライダーは身体で感じ取る風圧や速度感で減速のタイミングを計っていた。しかし、カウルに覆われてしまうと、その感覚を狂わせるのか、説明のつかないような事故がたび重なって起こるようになる。

ついにFIMは、1958年からフルカウルを禁止。以後は、前輪が露出したハーフカウル（ドルフィン型）のみが認められ、今日のデザインになるのだ。

そして、カウリングの流行とともに、さまざまなメカニズムのマシンが登場し始める。ドイツのDKWは2サイクル3気筒の350ccを、スペインのモンテッサは、他のマシンが5段ギヤのところを6段に、そしてMVはフロントフォークに改良を重ねる。空気抵抗をさらに少なくして、エンジンの燃料消費を減らし、燃料補給のピットストップを避けようとするチャレンジも起こる。

そして1957年。TTレース50周年（Golden Jubilee）を迎えるにあたって、いつ、そして誰が、

299

平均速度1周100マイル（160キロ）を達成するかが話題となる。イギリスの古語で、100マイルのことを「ザ・トン」(the ton) というのだが、そこから、「オーバー・ザ・トン」への期待が高まっていく。

また、カウリングの進化はスピードを上げたが、同時に強力なブレーキの必要が生じ、ブレーキメーカーは対策に追われる。

当時の技術と材料で制動力を高めるには、最善は、柔らかい材質のブレーキ・シューを使うことだったが、しかしこれはすぐ擦り減ってしまう。一方、シューを堅い材質にすると、何周も保つが、制動力は弱くなる。

ブレーキメーカーの「フェロード」(Ferodo) は、ライダーが平均100マイルで走った場合、ブレーキにはどんな負担がかかるかを計算した。その結果、1周の間に、ライダーは74回の前後ブレーキを掛け、そのトータル時間は2分50秒。そこから、ブレーキ冷却のための時間を割り出し、適切な材質のブレーキシューを選択する。

果たして、その通りのブレーキ性能になったかは定かでないが、この1957年、まさにゴールデン・ジュビリーの年を飾ったのはボブ・マッキンタイヤであった。

この年、500ccセニアクラスは8周（483キロ）で行なわれた。ジレーラ4気筒に乗るのは、ボブ・ブラウンとボブ・マッキンタイヤ。そして、同じく4気筒MVアグスタのライダーはジョン・サーティーズ。マシンはともにイタリア、そしてライダーはイギリス人同士という対決である。

マッキンタイヤは8周のうち、4回も「オーバー・ザ・トン」を出し、最高ラップは161・8km/h（101・12mph）を示した。TTレース/マウンテンコースを100マイル以上でラップした初めてのライダーとして、マッキンタイヤは50周年記念へ素晴らしい贈り物をした。

（3）無敵のMVアグスタ！

TTレース50周年は、まさにイタリア勢の圧勝だった。125㏄T・プロビーニ（モンディアル 117・9km/h）、250㏄C・サンドフォード（モンディアル 121・3km/h）、350㏄B・マッキンタイヤ（ジレーラ 151・9km/h）、500㏄B・マッキンタイヤ（ジレーラ 158・4km/h）。そして、そのほか全クラスの3位までに、MVアグスタとモトグッツィが並ぶ。

そして、この1957年のレースシーズン終わりに、TTレースのみならず、WGP全体は大きなショックを受ける。

MVアグスタ以外の主要ワークスが、レースから撤退することを表明したのだ。開発中の350㏄、V8＆4が完成に近づいたと噂のあるモトグッツィ、ジレーラも、AJSも、ヴェロセット、マチレスも……。

これは実質的に、MVが競う相手がいないことを意味していた。

このときの主要ワークスの撤退は、一説には、イタリア車同士の過激な争いの沈静化や、FIMのた

ホンダがマン島初挑戦の'59年、セニア（500）クラスの優勝者はMVに乗るJ・サーティーズ。彼はバイクと4輪のF1で世界の頂点に立った偉人。世界GPに新参した東洋の弱小メーカーホンダが、王座に君臨していたMVを窮地に追い込むとは誰が想像しただろうか。

び重なる車両規定変更などといわれるが、真意はわからない。

しかし、翌1958年のTT&WGPは、いつものように幕を開ける。ワークス活動は停止したものの、マチレスは500cc2気筒ワークスマシンG50エンジンをAJS-7Rのフレームに積んだ市販レーサーを製作。ノートンのマンクスも、40M（350cc）、30M（500cc）市販レーサーの改良を進める。

この年からフルカウリングをつける場合はハーフカウル（ドルフィン型）となるが、全クラスの平均時速はわずか1km弱遅くなっただけだった。果たしてフルカウルの効果はさほどでもなかったのか、あるいは、はカウルに頼ることなくマシンが進化したのか？

そして、350、500両クラスは、これ以後、3年連続でジョン・サーティーズとMVアグスタが制覇する。この絶妙のコンビネーションに代表されるように、MVとライダーの組み合わせは、この時代、抜きん出ていた。

さらに125はC・ウッビアリが、そして250はT・プロビーニが勝利。マン島TTレースは、すべてのカテゴリーをMVアグスタが制することになる。

MV以外で目立ったのは、125クラスでデスモドロミック構造エンジンを搭載したドゥカティの参戦。そして東ドイツから、2サイクル・ロータリーバルブ・エンジンのMZがワークス・エントリーして、注目を集めた。

ライダーでいうと、この年は、マイク・ヘイルウッド（Mike Hailwood）、南ア／ローデシアのジム・レッドマン（Jim Redman）、スイスのルイジ・タベリ（Luigi Taveri）など、数年後には世界チャンピオンとなるライダーが、TTレースに初登場した。

そして、MVアグスタはどこまで進撃するのか。250ccでも「オーバー・ザ・トン」が出るのか。TTレースの、世界屈指のロードレースという名声は、朽ちることなくつづく。また、撤退したワークスが陰でライダーを支える。主要ワークスが去っても他のワークスがTTレースに参戦する。

スピードの追求が新しい技術開発を生み、精密化するマシン製造の工業技術が、さらにその上をうかがう。

スピードの追求は、とどまるところを知らない。

第二次世界大戦終了［1945年（昭和20年）］後のマン島TTレース リザルト

1947年（昭和22）

この年125ccクラスは開催されなかった。
250cc、350cc、500ccの他、プロダクションモデルのClubmans SeniorTT、Clubmans JuniorTT、Clubmans LightweightTTクラスが開催された。

350cc　MOUNTAIN COUSE 7周　（1周60.72キロ）

順位	ライダー	メーカー[国籍]	平均時速(km/h)
1	A.R.Foster	VELOCETTE[イギリス]	128.5
2	M.D.Whitworth	VELOCETTE	
3	J.A.Weddell	VELOCETTE	

250cc　MOUNTAIN COUSE 7周　（1周60.72キロ）

順位	ライダー	メーカー[国籍]	平均時速(km/h)
1	M.Barrington	MOTO GUZZI[イタリア]	117.2
2	M.Cann	MOTO GUZZI	
3	B.Drinkwater	EXCELSIOR	

500cc　MOUNTAIN COUSE 7周　（1周60.72キロ）

順位	ライダー	メーカー[国籍]	平均時速(km/h)
1	H.L.Daniell	NORTON[イギリス]	132.5
2	A.Bell	NORTON	
3	P.Goodman	VELOCETTE	

1948年（昭和23）

この年125ccクラスは開催されなかった。
前年と同じくクラブマン3クラスが加わるが、セニアクラブマンクラスは1000cc以下のプロダクションモデルとなる。

350cc　MOUNTAIN COUSE 7周　（1周60.72キロ）

順位	ライダー	メーカー[国籍]	平均時速(km/h)
1	F.L.Frith	VELOCETTE[イギリス]	130.3
2	A.R.Foster	VELOCETTE	
3	A.Bell	NORTON	

250cc　MOUNTAIN COUSE 7周　（1周60.72キロ）

順位	ライダー	メーカー[国籍]	平均時速(km/h)
1	M.Cann	MOTO GUZZI[イタリア]	120.3
2	R.Pike	RUDGE	
3	D.J.Beasley	EXCELSIOR	

500cc　MOUNTAIN COUSE 7周　（1周60.72キロ）

順位	ライダー	メーカー[国籍]	平均時速(km/h)
1	A.J.Bell	NORTON[イギリス]	135.9
2	B.Doran	NORTON	
3	J.A.Weddell	NORTON	

1949年（昭和24年）

この年125ccクラスは開催されなかった。
この年より、欧州6カ国で開催のレースをワールドGPシリーズとし、マン島TTが初戦となる。

350cc　MOUNTAIN COUSE 7周　（1周60.72キロ）

順位	ライダー	メーカー[国籍]	平均時速(km/h)
1	F.L.Frith	VELOCETTE	133.0
2	E.Lyons	VELOCETTE	
3	A.Bell	NORTON	

250cc　MOUNTAIN COUSE 7周　（1周60.72キロ）

順位	ライダー	メーカー[国籍]	平均時速(km/h)
1	M.Barrington	MOTO GUZZI[イタリア]	124.7
2	T.Wood	MOTO GUZZI	
3	R.Pike	RUDGE	

500cc　MOUNTAIN COUSE 7周　（1周60.72キロ）

順位	ライダー	メーカー[国籍]	平均時速(km/h)
1	H.L.Daniell	NORTON[イギリス]	139.2
2	J.Lockett	NORTON	
3	E.Lyons	VELOCETTE	

1950年（昭和25）

この年125ccクラスは開催されなかった。

250cc　MOUNTAIN COUSE 7周　（1周60.72キロ）

順位	ライダー	メーカー[国籍]	平均時速(km/h)
1	D.Ambrosini	BENELLI[イタリア]	124.9
2	M.Cann	MOTO GUZZI	
3	R.Mead	VELOCETTE	

350cc　MOUNTAIN COUSE 7周　（1周60.72キロ）

順位	ライダー	メーカー[国籍]	平均時速(km/h)
1	A.J.Bell	NORTON[イギリス]	138.1
2	G.E.Duke	NORTON	
3			

500cc　MOUNTAIN COUSE 7周　（1周60.72キロ）

順位	ライダー	メーカー[国籍]	平均時速(km/h)
1	G.E.Duke	NORTON	147.6
2	A.Bell	NORTON	
3	J.Lockett	NORTON	

1951年（昭和26）

125cc（この年より新設）　MOUNTAIN COUSE 2周　（1周60.72キロ）

順位	ライダー	メーカー[国籍]	平均時速(km/h)
1	W.C.McCandles	MONDIAL[イタリア]	119.8
2	C.Ubbiali	MONDIAL	
3	G.Leoni	MONDIAL	

250cc　MOUNTAIN COUSE 4周　（1周60.72キロ）

順位	ライダー	メーカー[国籍]	平均時速(km/h)
1	T.Wood	MOTO GUZZI	130.2
2	D.Ambrosini	BENELLI	
3	E.Lorenzetti	MOTO GUZZI	

350cc　MOUNTAIN COUSE 7周　（1周60.72キロ）

順位	ライダー	メーカー[国籍]	平均時速(km/h)
1	G.E.Duke	NORTON	143.8
2	J.Lockett	NORTON	
3	J.Brett	NORTON	

500cc　MOUNTAIN COUSE 7周　（1周60.72キロ）

順位	ライダー	メーカー[国籍]	平均時速(km/h)
1	G.E.Duke	NORTON	150.1
2	B.Doran	AJS	
3	C.Mccandless	NORTON	

1952年（昭和27）

125cc　CLYPSE COUSE 2周　（1周17.38キロ）

順位	ライダー	メーカー[国籍]	平均時速(km/h)
1	C.C.Sandford	MV[イタリア]	120.9
2	C.Ubbiali	MONDIAL	
3	A.Parry	MONDIAL	

250cc　MOUNTAIN COUSE 4周　（1周60.72キロ）

順位	ライダー	メーカー[国籍]	平均時速(km/h)
1	F.Anderson	MOTO GUZZI	134.1
2	E.Lorenzetti	MOTO GUZZI	
3	S.Lawton	MOTO GUZZI	

350cc　MOUNTAIN COUSE 7周　（1周60.72キロ）

順位	ライダー	メーカー[国籍]	平均時速(km/h)
1	G.E.Duke	NORTON	144.5
2	R.Armstrong	NORTON	
3	R.Coleman	MZ	

500cc　MOUNTAIN COUSE 7周　（1周60.72キロ）

順位	ライダー	メーカー[国籍]	平均時速(km/h)
1	H.R.Armstrong	NORTON	148.8
2	L.Graham	MV AGUSTA	
3	R.Amm	NORTON	

1953年(昭和28)

125cc　CLYPSE COUSE 3周　(1周17.38キロ)

順位	ライダー	メーカー[国籍]	平均時速(km/h)
1	R.L.Graham	MV[イタリア]	124.5
2	W.Haas	NSU[ドイツ]	
3	C.Sandford	MV	

250cc　MOUNTAIN COUSE 4周　(1周60.72キロ)

順位	ライダー	メーカー[国籍]	平均時速(km/h)
1	F.Anderson	MOTO GUZZI	135.6
2	W.Haas	NSU[ドイツ]	
3	S.Wuensche	DKW[ドイツ]	

350cc　MOUNTAIN COUSE 7周　(1周60.72キロ)

順位	ライダー	メーカー[国籍]	平均時速(km/h)
1	W.R.Amm	NORTON	144.8
2	K.Kavanagh	NORTON	
3	F.Anderson	MOTO GUZZI	

500cc　MOUNTAIN COUSE 7周　(1周60.72キロ)

順位	ライダー	メーカー[国籍]	平均時速(km/h)
1	W.R.Amm	NORTON	150.2
2	J.Brett	NORTON	
3	R.Armstrong	GILERA	

1954年[S29]マン島TTレースリザルト

125cc　CLYPSE COUSE 10周　(1周17.38キロ)

順位	ライダー	メーカー[国籍]	平均時速(km/h)
1	R.L.Hollaus	NSU[ドイツ]	111.3
2	C.Ubbiali	MV[イタリア]	
3	C.Sandford	MV	

250cc　MOUNTAIN COUSE 3周　(1周60.72キロ)

順位	ライダー	メーカー[国籍]	平均時速(km/h)
1	W.Haas	NSU	145.4
2	R.Hollaus	NSU	
3	R.Armstrong	NSU	

350cc　MOUNTAIN COUSE 5周　(1周60.72キロ)

順位	ライダー	メーカー[国籍]	平均時速(km/h)
1	R.W.Coleman	AJS[イギリス]	146.4
2	D.Farrant	AJS	
3	R.Keeler	NORTON	

500cc　MOUNTAIN COUSE 4周　(1周60.72キロ)

順位	ライダー	メーカー[国籍]	平均時速(km/h)
1	W.R.Amm	NORTON	140.9
2	G.E.Duke	GILERA	
3	J.Brett	NORTON	

1955年(昭和30)

125cc　CLYPSE COUSE 9周　(1周17.38キロ)

順位	ライダー	メーカー[国籍]	平均時速(km/h)
1	C.Ubbiali	MV[イタリア]	111.5
2	L.Taveri	MV[イタリア]	
3	G.Lattanz	MONDIAL[イタリア]	

250cc　CLYPSE COUSE 9周　(1周17.38キロ)

順位	ライダー	メーカー[国籍]	平均時速(km/h)
1	W.Lomas	MV AGUSTA	114.2
2	C.Sandford	MOTO GUZZI	
3			

350cc　MOUNTAIN COUSE 7周　(1周60.72キロ)

順位	ライダー	メーカー[国籍]	平均時速(km/h)
1	W.A.Lomas	MOTO GUZZI	148.0
2	R.Mcintyre	NORTON	
3	C.Sandford	MOTO GUZZI	

500cc　MOUNTAIN COUSE 7周　(1周60.72キロ)

順位	ライダー	メーカー[国籍]	平均時速(km/h)
1	G.E.Duke	GILERA[イタリア]	156.7
2	R.Armstrong	GILERA	
3	K.Kavanagh	MOTO GUZZI	

1956年（昭和31）

125cc　CLYPSE COUSE 9周　(1周17.38キロ)
順位	ライダー	メーカー[国籍]	平均時速(km/h)
1	C.Ubbiali	MV[イタリア]	110.6
2	M.Cama	MONTESA[スペイン]	
3	F.Gonzales	MONTESA[スペイン]	

250cc　CLYPSE COUSE 9周　(1周17.38キロ)
順位	ライダー	メーカー[国籍]	平均時速(km/h)
1	C.Ubbiali	MV[イタリア]	108.2
2	R.Colombo	MV	
3	H.Baltisberger	NSU	

350cc　MOUNTAIN COUSE 7周　(1周60.72キロ)
順位	ライダー	メーカー[国籍]	平均時速(km/h)
1	T.K.Kavanagh	MOTO GUZZI	142.9
2	D.Ennett	AJS	
3	J.Hartle	NORTON	

500cc　MOUNTAIN COUSE 7周　(1周60.72キロ)
順位	ライダー	メーカー[国籍]	平均時速(km/h)
1	J.Surtees	MV[イタリア]	154.5
2	J.Hartle	NORTON	
3	J.Brett	NORTON	

1957年（昭和32）

125cc　CLYPSE COUSE 10周　(1周17.38キロ)
順位	ライダー	メーカー[国籍]	平均時速(km/h)
1	T.Provini	MONDIAL[イタリア]	117.9
2	C.Ubbiali	MV	
3	L.Taveri	MV	

250cc　CLYPSE COUSE 10周　(1周17.38キロ)
順位	ライダー	メーカー[国籍]	平均時速(km/h)
1	C.Sandford	MONDIAL[イタリア]	121.3
2	L.Taveri	MV	
3	R.Colombo	MV	

350cc　MOUNTAIN COUSE 7周　(1周60.72キロ)
順位	ライダー	メーカー[国籍]	平均時速(km/h)
1	B.Mcintyre	GILERA[イタリア]	151.9
2	K.Campbell	MOTO GUZZI	
3	B.Brown	GILERA	

500cc　MOUNTAIN COUSE 8周　(1周60.72キロ)
順位	ライダー	メーカー[国籍]	平均時速(km/h)
1	B.Mcintyre	GILERA[イタリア]	158.4
2	J.Surtees	MV	
3	R.Brown	GILERA	

1958年（昭和33）

125cc　CLYPSE COUSE 10周　(1周17.38キロ)
順位	ライダー	メーカー[国籍]	平均時速(km/h)
1	C.Ubbiali	MV[イタリア]	116.6
2	R.Ferri	DUCATI[イタリア]	
3	D.Chadwick	DUCATI	

250cc　CLYPSE COUSE 10周　(1周17.38キロ)
順位	ライダー	メーカー[国籍]	平均時速(km/h)
1	T.Provini	MV[イタリア]	123.0
2	C.Ubbiali	MV	
3	S.M.B.Hailwood	NSU	

350cc　MOUNTAIN COUSE 7周　(1周60.72キロ)
順位	ライダー	メーカー[国籍]	平均時速(km/h)
1	J.Surtees	MV[イタリア]	150.4
2	D.Chadwick	NORTON	
3	G.Tanner	NORTON	

500cc　MOUNTAIN COUSE 7周　(1周60.72キロ)
順位	ライダー	メーカー[国籍]	平均時速(km/h)
1	J.Surtees	MV[イタリア]	157.8
2	B.Anderson	NORTON	
3	B.Brown	NORTON	

第15章　日本メーカーの挑戦　1959〜1960

（1）ホンダ、250ccフォアを投入

TTレースから帰ったホンダチームは、1959年の「浅間火山レース」を2ヵ月後に控え、「TTマシン」を古巣（？）の"浅間仕様"に改造する一方、新たに250ccの開発を進めた。

この1959年のレースとは、2年ぶりのメーカーによる耐久レースであり、そして、前年に日本初の「クラブマン」によるレースがあったのだが、この年はそれとの「併催」でレースが行なわれる。つまり、59年の"アサマ"は、「第3回全日本オートバイ耐久ロードレース／第2回全日本モーターサイクル・クラブマンレース」というコンテンツなのだ。

日本でのワークス対決のレースは、2年ぶりの開催になる。オートバイ業界の勢力図がどんどん変わるなか、ホンダをはじめとして、スズキ、トーハツ、昌和クルーザー、ライラック、フジ、ホスク、メグロなどの"やる気"のあるメーカーが、2〜3ヵ月前から、テスト・トレーニングとして浅間での合宿を行なう。

ホンダがTTレースに出場した影響と、メーカー＆クラブマン、二つのレースの同時開催は、ユーザーとメーカーを問わず、期待で盛り上がるが、しかし、近年の国内レースを席巻していたヤマハは、ワ

ークスとしては今回の〝アサマ〟には参加していない。

2年前の浅間火山レースで、125＆250をともに制し、国内敵無しとなったヤマハだったが、最後発メーカーということで市場への対応が充分でなく、営業面の強化が、この時期の最重要課題になっていた。

そして、ユーザーのスポーツ型車への趣向がさらに進んでいることをすばやく見抜き、1957年の浅間レースで入賞したYD1ベースの「YD‐Bワークスマシン」をモディファイした「250S」を市販して、スポーツ・ユーザーの獲得を狙っていた。

6月に市販された250Sは、のちに量産化とともに「YDS‐1」に改名されるが、クラブマンの間に増え始めたオートバイ競技志向に対応して、ロードとモトクロス用のキットパーツも揃えた250ccクラス初の本格的スポーツ車であった。

国内市場に重点を置くヤマハは、この「YDS」で浅間クラブマン・レースに出場するユーザーに向けて、ハンドル、タンク、マフラー、シリンダーヘッドなどを市販した。これらをつけなければ、実は、ほぼ2年前のワークスマシンと同等になってしまう！　という「FBキット」である。

一方ホンダは、ヤマハ・スポーツ車の独走を食い止めるべく、5月に、125cc「ベンリイSS・CB92」を、そして250ccクラスには、前年のクラブマン・レースでボイコットされ、模範レースというう名のクラスに出場した2気筒OHCカム軸ギヤトレインの「ドリームC71」を発展させ、限定生産の「ドリームSS・CR71」を発売していた。早くも、クラブマン・レースがメーカーの代理レースとい

第2回全日本モーターサイクルクラブマンレース（'59年）の125ccクラスで優勝し、メーカー対抗の第3回浅間火山レースに招待された18歳の北野　元は、ファクトリーマシンに乗るライダーに混ざり、このベンスパで優勝を飾り、本田技術研究所にライダーとしてスカウトされた。

う様相を呈してくる。

1959年（昭和34）の8月。22〜24日の3日間にわたって開かれたレースは、日本のロードレース＝アサマが、噴煙高く上がる浅間火山の如くフィーバーした大会だった。

そして、わずか1年という間に、アマチュアである「クラブマン」のレベルが急上昇したことを証明した大会にもなった。このときまで、ロードレースは「工場ライダー」でなければできないものと思われていたが、いやいや、"素人"のなかにはとんでもない素質を持ったライダーがいるのだ！このことが如実に示された。

クラブマン・レースの125はベンリイSSで、そして250はドリームSSで、これらの両クラスに優勝したのは18歳、京都出身の「北野元」だった。そして北野は、規定に

よって、工場レーサーによる耐久レース125ccクラスに招待出場するのだが、そこでTTレース帰りのホンダの谷口と鈴木、及び他メーカーのワークス・マシン／ライダーに、浅間の火山灰をたっぷり浴びせての優勝を飾ってしまう。

また、この〝アサマ〟クラブマン350ccで、BSAゴールドスターを駆り優勝したのは高橋国光だった。そして、50ccクラス入賞の生沢徹、さらに鈴木誠一、黒沢元治、久保和夫、折懸六三、宇野順一郎など、のちの日本のレース界を背負うことになる人々が活躍した。

ホンダは、TT遠征組がホンダ・スピードクラブに加わって大挙出場するのに対し、工場レーサーによる耐久レースに参加しないヤマハは、この年、もっぱらクラブマンレースに、その軸足を移していた。

過去、浅間や富士で走った工場ライダーがクラブマンというのは、何か隠れミノのようにも取れるが、あの〝ヤマハサーカス団〟は、ある者は市販車のテストに、ある者はディーラー勤務にというように、レース界から遠ざかっていた。そのため、それぞれに所属するクラブからの参加となったのだ。

この時期、野口種晴、砂子義一、大石秀夫、益子治、伊藤史朗、望月修といった、YDSで出場のクラブマン・ライダーは、基本的にはレースキットを装着した市販車だが、ただし、一部のライダーはそれ相応のワークスからのサポートを受けていた。

前回の浅間高原レースから2年が経過していて、どのメーカーの工場レーサーも著しい発展を見せ、125ccで見るなら、同じ火山灰ダートの路面という同一条件で、ヤマハYAの優勝平均時速が87・5

都合3回開催された浅間火山レースで圧巻だったのは、'59年＝最後の浅間に5台登場した国産初の4気筒、ホンダRC160(250cc)であり、レースではそのRC軍団に単騎割って入ったヤマハ250Sに乗った野口種晴の勇猛果敢な戦い振りだった。

河島喜好をはじめとする研究スタッフは、マン島TTから帰国後、来年へのTTレースに向けて、すぐに新たな開発に取りかかっていた。そして、マン島への"過程"として、「59年アサマ」を一つの実験舞台とする、4気筒エンジンの製作を行なったのだ。やがてはTT250クラスに出場する計画で、そしてこの4気筒の発端は、125cc「RC14

圧巻だったのは、工場レーサー耐久250ccクラスに登場した、国産＆世界初の250cc DOHC4気筒16バルブエンジン（35馬力／1万4000回転）を搭載し、最高速度220km/hを誇るホンダの「RC160」だった。

そして、そういった性能向上著しいなかで、

km／hであったものが、この年には93・6km／hという速さになっている。

2」の2気筒を二つ、並列にしたら250になるということからだった。

急ごしらえの「RC160」は、アサマにやっと間に合ったかのように姿を見せ、島崎貞夫、田中健二郎、鈴木義一、田中楨助、佐藤幸男といったメンバーに委ねられた。そして、この〝ホンダ・パレード〟の如きレースに、クラブマンから招待出場の野口種晴が市販ヤマハSで、単騎、ホンダ4気筒軍団に挑んだ名ドラマをつくる。

だが、この4気筒ばかりが話題になるなか、別の新しい動きも出始めていた。

（2）2サイクルでTTレースへ！

工場レーサー125ccクラスでは、前述のように、北野元が工場レーサーを蹴散らしてしまったが、このレースには、5位入賞を含め、スズキ・コレダRBが5台出場していた。そして、このマシンをめぐって、水面下の動きがはじまったのだ。

スズキのワークス・ライダー、伊藤光夫が語る。

「59年浅間のとき、私と谷口さんが一時トップ争いをしまして――。それを見ていた本田宗一郎さんが、ウチの鈴木俊三社長に『けっこう走るじゃないか！』という評価を話し、その後に『スズキさんもTTに出たらどうかね？』と言ったというように聞いています。その後、また本田さんに会ったようですが、鈴木社長は『来年のTTに出る！』って宣言しちゃったのです。59年に（浅間では）結果を出せなかっ

たのに……」

鈴木社長はそう言ったものの、しかし、会社内は大変な騒ぎになった。そして、そのための新たな開発チームの編成も無理なので、浅間に向けてのレース体制を拡大することにする。

「浅間参戦の体制というのは、要するに技術部そのままなんですが、そこに新たに研究部ができまして、『研究第3課』というプロジェクトが立ち上がったんです。浅間で、ホンダさんがTTで闘ってきたクルマと競走してみて、エンジン性能そのものは、そこそこいけるんじゃないかと――。当時、エンジンがよく焼き付いたのですが、これが解決できれば、あとは車体づくりということで、とにかく、始まってしまいました」（伊藤光夫）

スズキの決断は早かった。伊藤光夫をはじ

第2回浅間（'57年）の出場を見合わせたスズキは、'60年の第0回浅間火山レースのウルトラライトクラスにRB125で復帰。練習時の手応えから監督は優勝に備えて社旗を懐に忍ばせたが、1周目をトップで回ってきた伊藤光夫（写真）はぬかるみに足をすくわれて転倒・リタイアに終わった。

め、他のライダーはもちろん、技術部でも、そして鈴木社長も、これ以前にTTレースや外国のレースなどの話をしたことはなかった。あるいは鈴木俊三の秘めた計画だったのか。仮にそうであったとしても、本田宗一郎の一言が決断させたのかもしれない。

だが、問題は山積だ。そもそもスズキは、舗装路で高速走行できるテストコースもなく、もし走るとしてもダートの「浅間」しかなかった。すると宗一郎は何と、前年に造った自社の荒川テストコースの使用を勧めるのである。

これを受けて、スズキ側はさっそく、「マシンを持って、研究部全員でうかがいました」（伊藤光夫）本田宗一郎は〝太っ腹〟だったかもしれないが、ライバルはライバルであり、ホンダ社員の立場からは、その胸中は複雑だったのではないか？　しかし、伊藤はいう。

「そういった意識がなかったといってはナンですが、とにかく、飯田佳孝さん、河島さん、みなさん本当によくしてくれて……。ものすごく協力してくれました。

ただ、本田宗一郎さんに言われたのは、『TTのようなああいう過酷なレースに、2サイクルで出られるかなぁ……』でした。それで、スズキは2サイクルエンジンで出てやろう、2サイクルでマン島本挑戦してやろうって、決心したんです」

こうして、スズキもTTレースに出場することが決まった。そしてホンダは、これまで通りに出走するTTレースのほかに、FIM世界GPシリーズへ挑戦することを決定した。

（3）ホンダ、ついに世界グランプリへ

スペイン・バルセロナ、西ドイツ・ホッケンハイム、フランス・クレルモンフェラン、イギリス・マン島、オランダ・ファンドレンテ、ベルギー・スパ・フランコルシャン、東ドイツ・ザクセンリンク、アイルランド・アルスター、イタリア・モンツァ、スウェーデン・クリスチャンスタッド、アルゼンチン・ブエノスアイレス。

これが当時の二輪・世界グランプリ、全11戦の開催国とそのサーキットである。

このうちの、マン島、ダッチ＝オランダ、ベルギー、西ドイツ、アルスター＝アイルランド、イタリア、以上の6戦に、125、250の二つのクラスで参戦する。

ホンダは、真に「世界」に挑戦する大プロジェクトに踏み切るのだ。

1960年（昭和35）、この年のホンダの計画は、参戦する6戦を二つに分け、チームも別とするというものだった。

第1陣として、谷口尚巳、鈴木義一、田中楨助のTT組に、浅間は4気筒で優勝を飾った島崎貞夫。さらにクラブマン・レースで台頭し、すかさずホンダがスカウトした大型新人、北野元。以上の5ライダーが、マン島TT、ダッチ、ベルギーに挑戦する。

そして、田中健二郎、福田貞夫、佐藤幸男に、やはり浅間クラブマン・レースからスカウトされた高

橋国光が、西ドイツ、アルスター、イタリアの後半戦を、第2陣として闘う。

ホンダにとって、マン島TTは経験がある。しかし、それ以外のGPはまったくの未知であった。TTレース参戦後に、なぜ、他のGPシリーズのうちのいくつかでも観戦してこなかったのか。このときになって、こういった"反省"しきりだが、しかし、前年の状況を考えれば、それはあとだから言えることとというしかない。

そしてもうひとつ、参戦初年度のホンダは、実はマン島に"大きな忘れ物"をしてきていた。

TTレース主催者のACUは、1960年の年明けになって「今年から、すべてのクラスを60・72キロのマウンテン・コースで行なう」と発表したのである。TTに125ccが組み入れられた1951年から1953年まではマウンテン・コースで行なわれたので、すでに出場していたMVアグスタやモンディアルにとっては、この決定は別に驚きではなかったかもしれない。

しかし、ホンダにとって、これは青天の霹靂であった。

なぜなら、TTレースへの初チャレンジが無事に終わったという安堵と、次回に向けてのマシン開発を急ぎたいと思うあまり、ホンダ・チームは、マウンテン・コースを詳しく見ることなく、あわただしく帰国してしまったからだ。

河島監督は述べる。

「マン島に行っていながら、レースとしては、350、500が走るマウンテン・コースを走る必要がなかった。だからわれわれは、125、250のコースである『クリプス・コース』だけを専門に勉強

し、練習を積んでいた。

マウンテン・コースは自動車で、観光がてら一回りしただけ。だから出場2年目といわれても、実際には初出場と同じ状況になってしまったわけです。この発表を聞いた私は唖然として、そして、監督として頭を痛めた」

「出場して、その翌年から、コースがマウンテンに変わったのですが、何も聞いていなかった。年が明けて、2月か3月になって、今年はマウンテン・コースでやるって——。いやあ、それは大変な違いですよ！ あのとき、何でマウンテンを1周でもいいから回ってこなかったか、いまでも後悔しています」

(谷口尚己)

この問題に関しては、スズキは問題ナシだった。というのは、

「スズキはTT参戦へ向けてマシンもつくっていたのですが、別に変わりはありませんでした。もっとも、ウチの場合は、どこのコースでも初めてですから**(笑)**」**(伊藤光夫)**

コースの変更は、ホンダにとっては誤算だったが、しかし、この年からは他のGPにも出場するという前提で、あらゆるコースを想定したマシン開発を進めていたこともあり、125ccの方は、マウンテン・コースでも何とかいけそうな雰囲気だった。

ただ、問題は250ccである。これは、浅間と荒川テストコースしか走ったことがない。125マシンは、前年の「RC142」のデータを基に、フレームからサスペンションまで大きく変

わった「RC143」となる。そして、この頃のホンダが「浅間」や市販車で得意としていたフロントの「ボトムリンク」サスでは横剛性が足りず、オーソドックスなテレスコピック・タイプとして、操縦性の向上を図っていた。

そして、MVアグスタやドゥカティなどの先進マシンに追いつけなかった馬力不足は、初回の17馬力から出力を上げ、20馬力／1万3500回転というショート・ストローク高回転型エンジンに発展、ホンダの高回転高出力エンジンの特性を発揮する。

一方、すでに世界GPに向けて開発が進んでいて、浅間のダートコースでデビューした「RC160」は、基本的には125と同じ構造のフレームと、エンジンはさらにコンパクトな4気筒となり、約40馬力を絞り出す。

前年にくらべて、大きく進化した125。そして、ほぼ世界レベルに近いのではないかと思われる250。だが、外国のマシンもさらに向上していることだろう。

そしてスズキは、1959年の「浅間」で、125cc空冷2サイクル単気筒エンジンのコレダRBを走らせた。そして、伊藤光夫がTT帰りのホンダRC142を駆る谷口尚巳と激しいトップ争いをした。それを契機として、また、本田宗一郎の勧めもあって、その年の暮れ、TTレースへの出場を決定する。

年明けて、試作エンジンができるが、走行テストに充分な場所もないことから、ホンダのテストコースを借用することになる。この件に関する伊藤光夫の証言は、興味深いものがある。

「前にも話しましたが、荒川テストコースを貸してもらったとき、何から何までホンダさんにはお世話

日本で初めて100km/h以上を出せる荒川テストコース（直線部1,500m）をホンダが東京に隣接する埼玉県の河川敷に造ったのが
'58年。ホンダに遅れること1年でマン島に挑戦することになったスズキは、ホンダのテストコースを借用した。中央、スズキの
清水正尚監督・伊藤光夫（左）・松本聡男（右）。

テストコースには、スピード測定の光電管測定器を置いてくれましてね。あと、テスト中にステップだったかの溶接が取れちゃったときも、工場で溶接器を貸していただけたり、何から何までお世話になってしまいました。河島さんや飯田さんも来てくださって、マシンの輸送や通関の難しさなど。それに、ホンダさんのライダーからは、あの部品はまったく使えないとか、タイヤはこれがいいよ、そして何々はこういったメーカーのものがいいとか、みんな教えていただいて──」

ホンダとスズキは、ライバルであるかもしれないが、しかし、TTレースに挑戦する、世界に出て行くということでは、いわば同志
になりました。何しろ、泊まるところもわからないので、取ってもらったり。そして、昼の弁当まで……。

であったのだろう。世界的なレース挑戦にかける互いの〝共鳴〞が、ライバル2社のそのような交流になったのか。何にしても、スズキにとってはありがたいスタートになったであろう。

これ以後のスズキは、テストコース建設の突貫工事を行ない、米津浜の畑のなかに全長2キロ程のコースを造ってしまう。

ホンダにとって、2回目のTT。新たに挑戦する250ccクラス、世界GPへの参戦。そして、スズキのTTレース出場。1960年（昭和35）の春は、あっという間に過ぎた。めざすはマン島だ。

では、そのマン島。なかでも、あの1周60・72キロという「マウンテン・コース」とは、いったいどんなところなのか。

（4）これが「マウンテン・コース」だ！

これがマウンテンコースの図面だが、実際に走るライダーの姿を活字に表現するのは至難というよりできないだろう。私の拙（つたな）いレース経験を織り混ぜても、TTライダーからすれば「オイッそんなもんじゃーねーぞっ！」って叱られるのが関の山。だから、あくまでも私が走ってみて感じたこと、実際にライダーが走れば、多分こうゆう感じになるのではないかと推測した上での仮想ライディングをしてみよう。

それと、当時のレースでは、コースを歩いて回り、いろいろなチェックをしたものだがマウンテンコ

T.T.マウンテンコース
1周60.72km(37.73mile)

ラムジー

グラントラマン
サルビー・ブリッジ
サルビー・ストレート
ケロー・モーア ◁32km
スクール・ハウス・ベンド
ヘアピン・コーナー
グースネック ◁40km
クオリー・ベンド
ガスリー・メモリアル
バラフ・ブリッジ
イーストマウンテンゲート
パーキンズ・ベンド
マウンテン・ボックス
◁24km
カークマイケル
登山鉄道山頂駅
◁48km
バーレーガロー
バンガロー
ハンドレイズコッティ
ウインディコーナー
クロンキー・ボデー
ケッペルゲート
クリプスコース 17.36km
ケイツ・コテージ
◁16km
グレンヘレン
ブランディシュ・コーナー
クレグ・ニーバー ◁56km
ローレル・バンク
ヒルベリー
ボーリング・ブリッジ
クロンク・ニイ・モナ
パラクレイン
キャッスル ▽8km
サインポストコーナー
ベッドステッド・コーナーガバナーズ・ブリッジ
クロスビー
ユニオンミルズ
グリーバブリッジ
バラガリイ
START
ブラッタンブリッジ
ブレイヒル
ウォーターブリッジ
ダグラス

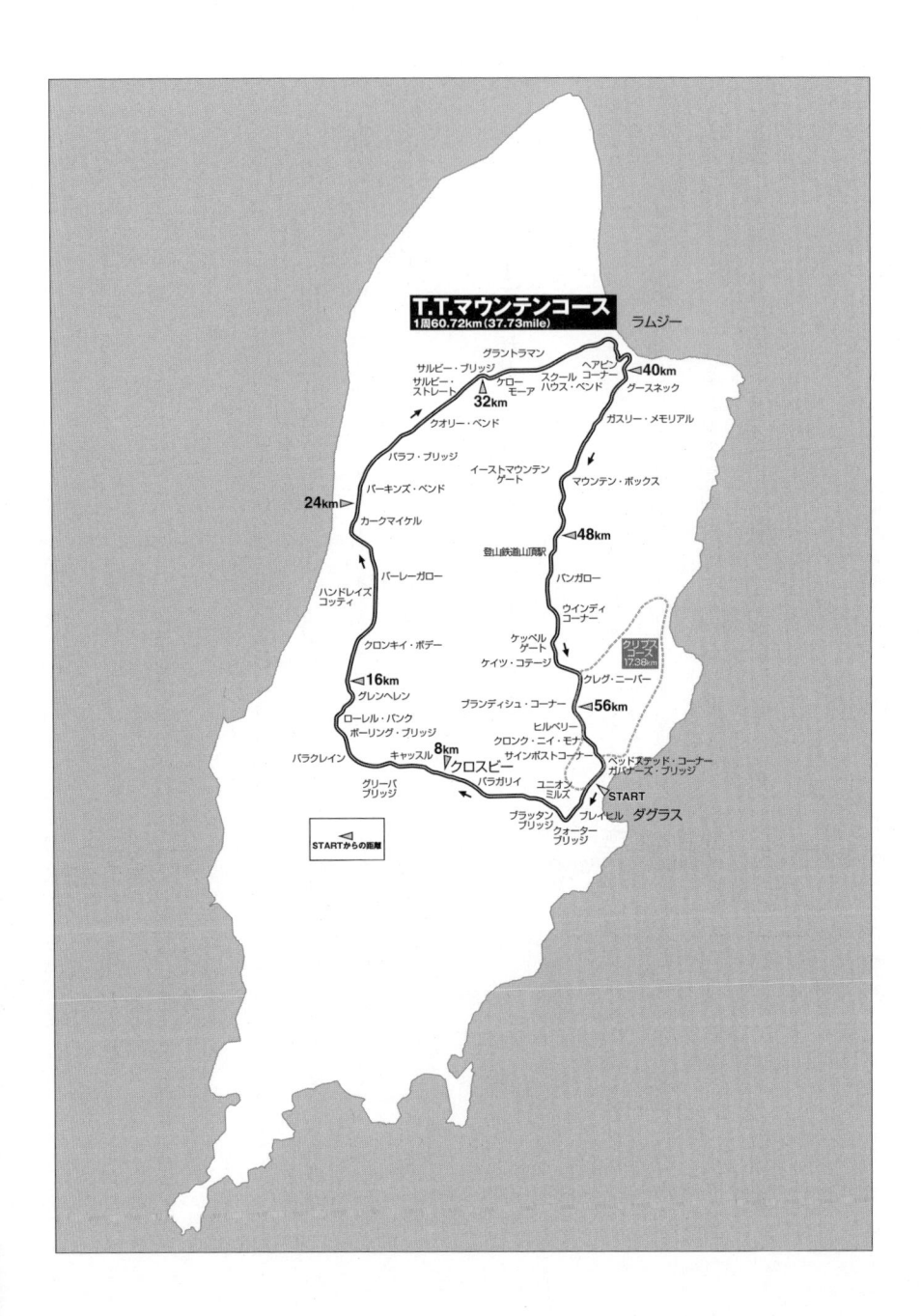

STARTからの距離

ースでは絶対にできない。もし、徒歩でのチェックをしようとすれば最低20時間はかかるのだ‼
コースは右回り、「▲」はスタート地点からのキロ数を示している。マシンは250cc4気筒、6段ギアだ。さあ、走ってみよう！

・スタート＆ゴール

地中海の一角にいるような、白っぽい建物が立ち並ぶプロムナードから、息切れする急坂を登り詰めると、ダグラス湾を一望に見下ろす丘の上に出る。
19世紀の建築当時と、さほど変わらぬグランドスタンド。スタンドに対面するスコアボードには、60台までのナンバープレートが揃い、周回毎に、ベテランのオフィシャルから手渡されるゼッケンナンバーを、中学生のボーイスカウトが戸惑いつつも、けなげに掲示板に吊り下げていく。
スコアボード右側のリーダーボードには、6位までの記録を老練なシニアが白墨でゆったりと書き入れる。
グランドスタンドからは、リーダーボード越しに、どこまでも高い空、清楚で緑一面の芝生に立つ墓石と、教会の尖塔が見守る風景が広がる。
いままでに何千台のライダーが、このラインを見つめてきたのか。スタート＆ゴールラインがグランドスタンド正面を横切る。
ここで、ユニオンジャックの小旗が振り下ろされると、2台並列のライダーがマシンを押し駆け、バ

ッババーンとエンジンが始動するとともに、燃料タンクに身を伏せたライダーが、最初の難関であるブレイヒルへと突進して行く。そして、その10秒後に、また二人が、同じようにアクセルを全開にして、忙しいシフトアップとともに飛び出して行く。

・ブレイヒル

スタートして、右側にガソリンスタンドがある左カーブの十字路を越せば、コースを跨ぐダンロップ歩道橋が眼前に迫ってくる。カーブともストレートともいえぬ緩い下り坂を全開で駆けぬければ、前輪は浮き上がり、下りと上りの境では、両輪が地面に食い込むようになって、車体もライダーも計算しがたい力で押し付けられる。

道路両側に民家が建て込んでいる上り坂の終わりは、「アゴスチーニ・リープ」(leap) と呼ばれる凸路面が待ち構え、速い/遅い、巧い/下手に関係なく、ライダーは宙を飛ぶ。この地点での失敗は即、生命にかかわる悲惨な結果を生む。

・クォーター・ブリッジ

スタートからまだ3キロというところで、難所に遭遇する。日常は交通頻繁な要所となる二つのロータリー（ランダバウト＝roundabout＝環状交差路）がつながる「クォーター・ブリッジ」である。生活道路のときは、左からロータリーに進入するが、レース時はすべて逆の直角右コーナーとなる。さら

に路面は逆キャンバーとなるので、油断すれば低速でも簡単に車輪をとられ転倒する。

・ブラッタン・ブリッジ

連なるロータリーから、森の小路風の道路を500m弱進むと、ライダーには多数のギャラリーの顔が飛び込んでくるはず。コース左側、傾斜地の草地や邸宅の敷地は、急ごしらえの観覧席となり、思い思いに陣取ったファンから声援が飛ぶ。ほとんどＳの字そのものの形をしたベンドでは、両方のひざ頭が路面をこするほどマシンをバンクさせて速度を保たないと、次に迫る登坂路でのスピードが落ちてしまう。ここではとくに、サスペンションの微妙な動きと操縦性能が試される。

・ユニオンミルズ＆クロスビー／バラクレイン

Ｓ字を過ぎれば、道路両側の石垣に囲まれた民家の脇を登坂して、また駆け下る。下ってユニオンミルズを過ぎると、牧歌風の家屋が目につく。村中のクロスビー、ハイランダーの直線は、アクセルを全開にしてもまだ速度が足りないほど！　ここは最高速度を計測する地点でもあり、いままでに時速300キロオーバーが記録されたこともある。　超高速でグリーバブリッジを通過するや、すばやく5速4速とギヤダウンさせ、バラクレインの右コーナーに突入する。　バラクレインまでの見通しはいいが、晴天ならば、明るいセクションからいきなり薄暗がりで視界を奪う鋭角なコーナーが襲ってくる。

川沿いの森林に囲まれた連続コーナーのなかでも、ローレルバンクは最も転倒者が続出する魔の右コーナーだ。そこを脱出し、TTシーズンになると野生ニンニクの臭気が漂うなかを抜ければ「グレンヘレン」に出る。木立が密集したグレンヘレンは、観戦場所には絶好だが、太陽の日差しがチカチカする木立の左コーナーからサラコテージへ駆け登るまでの一連のタイトなSコーナーは視界が邪魔され、ツーリングライダーにとっては楽しいものの、レーサーには苦痛だ。

・カークマイケル

サラのコテージで、スタートからようやく16キロに達し、全開のアクセル・コントロールで「カークマイケル」へ抜けるが、このとき、マシンは踊る！ 荒れた路面は、走行ラインが絶えず"落ち着かない"ので、ライダーはマシン・コントロールに神経を集中しなければならない。とくに「バーレーガローの底」(Botom of Barregarrow) あたりは、路面の変化が激しく、マシンライダーの意図しない方向に急変するので、ライディング・テクニックに加えて勇気が要求される。「カークマイケル」に近づくにつれ、日常は、速度制限48km/hの連続した住宅用歩道が道路にはみ出す、狭い道路となる。そこへアクセル全開で突入すると、ベテラン・ライダーでも急激に視野が狭くなり、思わずアクセルを絞ってしまいそうになる。ここは意外な難所なのだ。

・バラフ・ブリッジ

住宅が多いカークマイケルからビショップスカウトの右カーブ、アルパイン・コテージと、閑静な羊の放牧地に沿う高速コースが終わると、小森に囲まれた小さな小川の橋が現われる。TTレースには必ずライダーのジャンプが出てくるが、それがこの「バラフ・ブリッジ」だ。日本の太鼓橋ほどではないが、大きな土管の上部が露出したような路面になっているので、マシンは否応なくジャンプする。だが、橋の先は、右側にギャラリーいっぱいのパブがある右コーナー。ジャンプの勢いがつきすぎてしまえば、左側住宅の玄関に飛び込んでしまう。必然的に、橋の直前で急激なブレーキングでスピードダウンすると同時に、次の加速に充分なスピードで、かつ低空を飛びながら、右コーナーへ進入。その着地が決まらないと、後々のタイムに影響する。理想的なリズムで「バラフ・ブリッジ」を飛び越えたライダーは、高速コーナーが繋がるクオリーベンドへ飛び込んでゆく。ここでスタートから約30キロの地点だ。

・サルビー・ストレート

5速全開近くで抜ける緩い「クオリーベンド」から「サルビー・ストレート」へのつながりは極めて重要だ。右側は牧歌風の民家が立ち並び、左は荒涼とした草地が広がるなかで直線が伸びる。クロスビー、ハイランダーほどの距離ではないが、この2キロ近いストレートも最高速・計測地点だ。そして、日常も速度違反が多いのか、1991年に取り付けた警察のスピード探知機は、その年のTTでスティーブ・ハイスロップがレース中の最高速度307km/h（192マイル）を出したことを記録し、レ

ダーが立派に働いていることを証明した！　その直線は誰でもが、6速の全開でぶっ飛んで行けるが、次に迫る「サルビー・ブリッジ」のクランクへ進入する減速がむずかしい。

・ラムジー＆ラムジー・ヘアピン

ラムジーは、ダグラスに次ぐ大きな港町だ。街沿いの道路にはたくさんのギャラリーが集まる。典型的な市街地道路では、清掃が行き届かない箇所もある。商店が立ち並ぶ街の中心「パーラメント・スクエア」を通り過ぎ、ゆるい上り坂へ、3速4速とアクセル全開で向かう。

横断歩道橋の下を通過。メイヒルを上り切れば、「ラムジー・ヘアピン」が見える。ここで、2速まで一気に減速する。木陰と木漏れ日の明暗が、高速からの減速とスピード感覚を鈍らせる。

このヘアピンは本当の〝ヘアピン〟で、少しでもスピードが速すぎれば曲がり切れないか、急ブレーキで転倒する。1速のままクラッチレバーを握り、半クラッチから、いつ後輪にに馬力を伝えるかが微妙だ。しかし、それをできるだけ早く！　海抜7mの地点から一気に310mへ駆けのぼる、山岳上り坂が迫っている！

・グースネック

名前そのままだ。ガチョウの首に似た右カーブ、山側コースの入り口だ。わずかな林の風景があっという間に見えなくなり、岩と牧草だけのだだっ広い緩丘のなかに、上り坂が続く。草地に寝転がる者、

道路そばで観戦する者、ここもギャラリーだらけ。

3速4速の全開と減速をくりかえし、ガスリー・メモリアル、マウンテン・ボックス、ストーンブレーカーズ・ハットを、右に左にマシンをバンクさせる。

だが、道路中心の霧用の目印であるペイントのラインはクセ者だ。これを踏んだら、いつタイヤが滑るかわからない。ツーリングなら楽しいコースだろうと思う余裕はないまま、山側コースの最高地点に達する。ここがスタートから約50キロ地点だ。

・バンガロー

相変わらず続く山道コース。スネイフル山の山麓が目の前に広がり、マッキンタイヤが初めて100マイルのラップを記した記念碑、グラハム・メモリアルなど、TTレース関連のモニュメントが集まっている場所でもある。観戦のライダーは、レースの合間に、ジョイ・ダンロップがマシンに跨がったブロンズ像を背に記念撮影だ。

それらギャラリーが草地を埋める上りを疾走すると、ゆるい左カーブのゆるい下りから見通す先は、左にうねった上り坂だ。5速のアクセル全開でいける？ ……いや、ダメだ！ 下り切った底辺に、鉄道の線路が横切っている！ 汽車が来る心配はないが、上り坂で一生懸命に貯めたスピードは落としたくない、何でこんなものがあるんだ!? ライダーなら誰しもが思う。思い切って線路を飛び越してしまおうか。しかし、それにはスピードが足りない。かといって、減速

はしたくない。鉄道のレールで、タイヤが滑ることもある。無理せず3速で慎重に通過、後の上りに備え、エンジントルク最高の時にギヤアップした方がよさそうだ。

・クレッグ・ニーバー
スネイフル山麓を這う尾根道は、アイリッシュ海からの湿気が山肌に沿い上がり、霧や雲に覆われる難所だ。でも、今日は快晴。それでも、海から山頂に吹き上げる強風に、コーナリング中のマシンがあおられる。まさに名前の通りの〝ウインディ・ヒル〟だ。そして、霧が出たときにライダーがコースの目安とする、路面中央のペイント・ラインは、バンクさせるときには気をつけなくてはならない。
風に逆らいながら、10キロほど続いた山道の最高海抜420m地点から、一気に落差180mの下りにかかる。
スタートから53キロ地点の33マイルストーン、ケッペルゲートを過ぎると、ケイツ・コテージが右側に見えてくる。
コテージから先、遠くの前方にパブ・レストランの建物が見えてくる。今までのアクセル全開はそのまま維持したいが、階段状に横筋が走る路面では、どんなに優れたサスのマシンも上下左右に跳びはねる。でも、アクセルは戻したくない！ 海抜240mから130mへ、せっかくの下り坂なのだ。18キロほど続いた山道もそろそろ終わりに——。ふたたび街のなか、民家の多い場所に戻る。

・ガバナーズ・ブリッジ

90度に近い右コーナーの「クレッグニーバー」を過ぎれば、約2キロの下り坂が「ブランディッシュ・コーナー」に続く。この下りは、スタート直後の「ブレイヒル」ほどではないが、ヒルベリーへの下りから上りへつづく際の谷底のような凹みに、マシンは落下するように突っ込む。

このとき、前後のサスペンションは底をつき、マシンは緩衝装置のない鉄の塊になる。ライダーは激しくマシンに押し付けられ、瞬時の反動は、上方にライダーを放り投げようとするほど。でも、アクセルは緩めたくない。トップギヤ全開で、タイム稼ぎには絶好の場所なのだ。ギヤレシオによってはエンジン回転が上がり過ぎ、エンジンブローの危険もあるから、微妙なアクセル操作が強いられる。

「ヒルベリー」を無事通過し、スコアボードにタイムを送る計測地点：サインポストの右コーナーに入って、狭く路面の悪い「ベッドステッド・コーナー」を駆け下りれば、すぐにS字の「ガバナーズ・ブリッジ」だ。

石垣に囲まれたマン島特有の道路がふたたび現われる。Sコーナーの逆バンクは、木立によって薄暗がりになっていて、路面の確認が難しい。だからマシンをあまり倒さずに素早く抜け出すワザを知っているベテランクラスでも、たまに失敗する。そしてこのとき、ゴール地点まで約400mに近づいたという安心感も、悪魔の誘いとなる。

第16章　日本の挑戦　1960

（1）トム・フィリスと北野元

マン島のマウンテン・コースは、ツーリングやオープン・スポーツカー・ドライビングならば、こんなに楽しいコースはないかもしれない。しかし、ここを「レース」として走るということなら、魔物と闘うような恐ろしさがライダーを襲うだろう。

1960年（昭和35）に初めて経験するホンダ、スズキのライダー、そしてマシンつくりに精を出した技術者たちは、また新たな難題に直面した。同年、125ccクラスの平均速度は138km/h、250では151km/hを記録しており、コースを考えれば、ハンパではない速さである。

時代とともに記録はどんどん上がる。ちなみに2007年百周年TT、トップクラスライダーが出場のセニアクラス3周目、ウォーッともヒェーッともつかぬ喚声と奇声が入り交じり、コースを埋めつくす人の山がゆれた。なんと、ホンダCBR1000を駆るマックギネス（John McGuinness）が17分21秒99／130・354mph＝208・5km/hのラップスピードを叩きだしたのだ。初めてのオーバー・ザ・トン（100mph＝160km/h）に驚嘆してから約50年、60・72キロのマウンテンコースを平均時速200kmオーバーで走る時代になってしまった。このような、どんなスピードも飲みこもう

とするマウンテンコースに初挑戦のホンダとスズキは、どのような体制で臨むのだろうか。

まず、ホンダだが、125ccクラスのマシンは「RC143」。エンジンはDOHC4バルブ2気筒で20馬力／1万3500回転（公表値）。これに乗るのは、TTレース経験者の鈴木義一、谷口尚巳、田中禎助。そして、浅間の大型新人・北野元。さらに、オーストラリアではベストスリーに入るライダーであるトム・フィリスである。

このフィリスは、ホンダのライダーが誰ひとりとしてマウンテン・コースを経験していないので、それを熟知した外国人ライダーを入れることも必要ではないかという意見があり、河島監督が熟考の末、決断したものだった。フィリスも、ホンダの将来を見通したかのように、ホンダ車への乗車を希望していた。そこで急遽、TTレースのみ加わることになった。

開発の発端から、昼夜を分かたぬ9ヵ月を費やして開発された、250ccマシン「RC161」。そのDOHC4バルブ並列4気筒4キャブレターのエンジンは、250クラスでは世界初の機構であり、外国のメーカーとメディアは、その登場に驚嘆して、精密機械の極致と評した（出力は40馬力以上／1万5000回転／分以上）。

これに乗るのは、谷口尚巳と北野元。そして、125よりはるかに強馬力のマシンには、125同様にコースを熟知した外国人ライダーも必要だった。

当初に、TTレース重量級のエースであるジョン・ハートルから乗車希望があったが、ハートルと彼のスポンサーとの話がつかず、彼は親友のボブ・ブラウンをホンダに紹介する。

ホンダとスズキは日本選手団として政府の肝いりで、'60年のマン島へ向けて羽田から飛び立った。前列右側にスズキの関係者、その後方にホンダ関係者の顔が見える。左から2人目のコート姿はアドバイザーとしてスズキチームと行動を共にした多田健蔵(羽田空港で撮影)。

一方、初挑戦のスズキは、浅間に出場した「RB125」単気筒から、エンジンはピストンバルブの2気筒に発展させ、ツインキャブレター、燃料混合比8：1、圧縮比12：1、1万2000回転で15馬力(推定)を発揮する。このエンジンは、6段ギヤのミッションと組み合わされ、完成したマシンが「RT60」である。このRT60は、ホンダの1959年TTモデルの最高速度が約170km/hであったのに対し、速度は約160km/hと劣るが、ただ82kgという軽い車重が強みである。

エンジンの開発中は、当時の製法では標準の「鋳鉄」でエンジンシリンダーを造り、期待する馬力は出るものの、しかし、2サイクルに付きもの焼き付きが多発した。結局、ギリギリのところで、アルミ材質のシリンダー

1959年[S34]マン島TTレースリザルト(ホンダ初陣)

125cc　CLYPSE COUSE 10周　(1周17.38キロ)

順位	ライダー	メーカー[国籍]	平均時速(km/h)
1	T.Provini	MV[イタリア]	118.5
2	L.Taveri	MZ[東ドイツ]	
3	S.M.B.Hailwood	DUCATI[イタリア]	
4	H.Fugner	MZ	
5	C.Ubbiali	MV	
6	谷口尚巳	HONDA	
7	鈴木義一	HONDA	
8	田中楨助	HONDA	
9	T.Robb	DUCATI	
10	F.Purslow	DUCATI	
11	鈴木淳三	HONDA	

250cc　CLYPSE COUSE 10周　(1周17.38キロ)

順位	ライダー	メーカー[国籍]	平均時速(km/h)
1	T.Provini	MV[イタリア]	124.4
2	C.Ubbiali	MV	
3	D.Chadwick	MV	
4	T.Robb	GMS	
5	Horst	NSU[ドイツ]	
6	Rudi	NSU	

350cc　MOUNTAIN COUSE 7周　(1周60.72キロ)

順位	ライダー	メーカー[国籍]	平均時速(km/h)
1	J.Surtees	MV[イタリア]	152.6
2	J.Hartle	MV	
3	A.King	NORTON[イギリス]	

500cc　MOUNTAIN COUSE 7周　(1周60.72キロ)

順位	ライダー	メーカー[国籍]	平均時速(km/h)
1	J.Surtees	MV[イタリア]	140.7
2	A.King	NORTON[イギリス]	
3	B.Brown	NORTON	

[日本のレース、自動車関連産業]
4月：第一回全日本モトクロス大会　6月：ホンダマン島TTレース出場　8月：第3回浅間火山レース（耐久ロード）・第2回浅間クラブマンレース

[当時の世相]
伊勢湾台風　皇太子殿下成婚　公務員初任給10,680円　カミナリ族　マッハ族　オトキチ　横浜バイパス

内側にクロムメッキを施したものが成功するのだが、これは充分なテストもできぬまま、マン島へ送り出すことになった。まさに、タイトロープの初陣である。

そしてこの年は、小型自動車工業会の呼びかけによって、ホンダとスズキはライバルではあるが、日本から二つのメーカーが国際レースに出場ということで、「TTレース日本選手団」が結成され、両メーカー合同の壮行会が行なわれた。この選手団には、1930年（昭和5）に日本人としてTTレースに初出場した多田健蔵が顧問として加わった。多田は30年ぶりにマン島を訪れることになる。

こうして、ホンダは新展開を求めて、マン島に出発する。MV、MZ、ドゥカティ……。TTレースに君臨している外国のマシンを相手に、どんな闘いを見せるのか。

とくに、日本勢が走ろうとする125と250の軽量車クラスでは、1955、56、58、59年に、MVアグスタがこの2クラスに勝利していた。そして、1958年と1959年は、このクラスにとどまらず、125〜500までの全クラス！を制覇していた。まさに、破竹の進撃であった。

果たして、このMVの驚異的なリザルトに、一矢を報いることができるのか。ホンダへの期待は大きく、そのチームに、この年から、アマチュア・クラブマンからワークス入りした北野元が加わっていた。

「あの頃に、大阪・信太山で、日本初めてのモトクロスレースがあってね。友達のバイク借りて、それ

336

も普通の道路走るタイヤのままで。でも、出たら勝ってしまって……。

当時は、バイク屋でアルバイトしていた、ただのオートバイ好きでした。そして、ホンダが、全国のバイク好きで腕に自信ある者たちに、声をかけていたんです。それで、浅間に集められて何回か走りましたら、選ばれてしまって。その時のチーム名は『関西ホンダスピード』だったんで、僕は最初からホンダ関係のように思われているかもしれませんが、実は自分らで勝手につけた名前でした。だから、ホンダとは何の関係もないのです。

それで、125、250で優勝しちゃったら、メーカー・レースの125ccクラスに出場するよう招待されて。 僕のクルマは市販車ですが、向こうは工場レーサー。でも、また勝っちゃって……。

浅間のあとでしたね、河島さんから『ホンダに入らないか』って声をかけられたんです。最初、契約でという話でしたが、そんな難しいことわからないので親とも相談したら、『従業員として就職するなら、東京へ行ってもいい』ということで、白子研究所（埼玉県）にあるレース課のレーサーテスト係に配属されたのです。

課長は河島さん、係長は鈴木義一さん。そして、谷さん（谷口尚巳）、槇さん（田中槇助）たち、それにクニさん（高橋国光）。

入社初日から、荒川テストコースに連れていかれましたねえ。会社出勤のタイムカードあったんですが、僕とクニさんは……、なくしちゃったのかなあ、さわりもしなかったなあ（笑）。はじめから従業

員になるつもりはなかったので、会社の行事にも参加しなかったし。それで、適当な時間に出社して……。特別待遇っていうより、自分らで勝手にそうしちゃったんですね（笑）」（北野元）

こう回顧する北野だが、浅間火山レースの時点で、60年TTは125、250の2クラス出場と世界GPへの参戦が決まっていたホンダ内部では、この頃、不足しているライダーをどう確保するかという課題があった時期だ。

だが、1度や2度の優勝では先はわからないといってもいいのに、この時点で、北野元と高橋国光に目をつけ、ホンダにスカウトしたというのは、TTレースで外国人ライダーの走りを、そして、何回かの国内レースでいろいろなライダーを見てきた河島の〝目利き〟であろう。付言すれば、この年、プロのオートレースで一世を風靡していた田中健二郎も、ホンダスピード・クラブに所属していた。

したがって、本田宗一郎がTT出場宣言をして、「いつになったら実現するんだ」「またまたオオカミ少年が始まった、国内レースでも勝てっこないのに」……などと冷やかされ、じっと「その日」を待っていたホンダ生え抜きのライダー達と北野、高橋とは、丸っきり違った環境にある。

北野は語る。

「出られるかどうかはわからないにしても、僕はホンダに入った時から、マン島をめざしていました。荒川コースは、行ったり来たりの直線コースで、途中にちょっとしたコーナーが作ってありました。入社したその日に、いきなり、おい、ここを走れっていわれて、クニさんと二人で、RC125と250のテストや練習するのですが、なんていったって直線だけでしょ。だから、練習といっても、『突っ

込みと立ち上がり』しかやってないのです。それで〝マン島〟ですからね！（笑）

「でも、最初から（僕が）マン島に行くとは決まっていなかったんです。荒川コースでの走りで、直線だけとはいえ、乗っている『バランス』を見れば、ライダーの巧い／下手はわかりますから——。

河島さんと鈴木義一さんが、ちゃんと見ていて、マン島に行くライダーを選んでいたのです。それと、一陣で行くか二陣かも。一陣はマン島、オランダ、ベルギーですから、僕は一陣に決められたのでTTに出ることになりました」

北野は、いわば〝すぐれた外様〟ということになるが、個性強いライダー同士で、それも、片や生粋の社員との間で、社内運動会ならまだしも、国際レースという大きな目的に向かって、チームワークはうまくいくものなのだろうか。

「僕がTTに選抜されたのは嬉しかったですが、でも、工場レーサーでレースするのは初めてですし、もし失敗したらどうしよう……ということばかりでした。

でも、TT行きの壮行会がありまして、それは、いまのように飲んだりしてというものでなく、会社の中で皆で宗一郎さんの話を聞きました。

宗一郎さんは『ケガをしないように、全員無事で帰ってこい』と言われました。それでも、宗一郎さんも河島さんも、ライダーをとても大事にする方ですから、『勝ってこい！』より、全員無事で……の方が強かったんじゃないかと思います。

これは後の話ですが、転倒でマシンを壊しちゃっても、また、エンジンを回し過ぎて壊してしまった

ことがあるのですが、ひと言も怒られることはなかった。かえって、よく頑張ったといわれるくらいで」

（北野元）

本田や河島にとって、その才能を見込んだ北野や高橋をライダー陣に加えたものの、果たして、国際レースで通用するか。予測もつかぬまま、彼らは羽田を後にする。

「羽田を飛び立つ前、いまでも忘れませんが、身体が硬直するくらい、緊張というか、高ぶっていました。

ホンダといったって、まだ小さな会社ですし、僕の給料が7千円とか一万とかの時代にマン島への往復飛行機代は60万円と聞いていますし、それと比べて、こりゃ大変なことに選ばれちゃったなと思いました！

それにマシンの開発、テスト、何から何まで凄いカネかけて行くので、何とかしなければ、頑張らなければいけないって、大変なプレッシャーでした。

先ほど話しましたように、本田さんは、勝ってこいとは言わず『頑張ってこい』ぐらいでしたが、あれは、マン島のコースがいかに過酷なものか、よくわかっていたからだと思います。

でも、僕としてはプレッシャーの中で、一発、旗を揚げてやろうという思いはありました。それは、ホンダのためという気持ちだったのですが、いま思えば、ホンダと、やはり『日本人』、日本の意地を見せてやろうという意識からのプレッシャーでもあったようです。

あの時は考えてもいませんでしたが、30年も40年も先のことを考えてやるという、凄い（潮流の）な

かに、自分も入っていたんですねぇ！」（北野元）

（2）スズキ・ワークスとサー・ジェフ・デューク

北野元は初めてだったが、ホンダチームにとっては2度目の遠征。そして、北野と同じく、スズキもまた、何から何まで初めてづくしの国際レースである。

そしてスズキには、ホンダと異なるチャレンジ目標があった。それは、TTレースを（のちの世界GPレースも）2サイクル・エンジンで制覇しようという、2サイクル技術にかけた夢だった。

スズキ125cc「RT60」のライダーは、技術管理課テストライダーから市野三千雄、研究部の松本聡男、技術部検査課の伊藤光夫で、三人とも59年浅間に出場しているが、それがいきなり「TT」では、彼らの背負うの市販完成車や試作車のテストが業務のライダーだった。それとは無縁大きなプレッシャーは想像するに余りある。

スズキ・チームを統率する監督は岡野武治、マネージャーは清水正尚、そしてメカニックが神谷安則、中野広之で、総勢7名の布陣となる。

「TTのことは、ずーっと前にホンダさんの出場宣言で知ってはいましたが、現実に意識するようになったのは、やはり、谷口さん達が実際に行かれてからです。

それで、スズキも出場することになりまして、私が選抜されたのですが、マン島に行くいろいろな手

341

続きも手伝いましたから、こりゃー大変なことなんだなあと思っていました。もちろん、ライダーとして派遣され、乗る方が先決だというので、レースひと月前ぐらいに出かけました。

その年、日本にデュークさんが来ていまして、彼がスズキに来た時に、RT60の試作車に乗っていたりで顔見知りになっていたものですから、彼がコースについていろいろ教えてくれました」（伊藤光夫）

——そう、この頃、TTレースで1951～52年350ccクラス、そして、500ccでは、1950、51、55年のチャンピオン。さらに、ノートンとジレーラで500ccクラスを4度、350ccクラスで2度の世界GPチャンピオンとなり、イギリス王室からナイトの称号「サー」（sir：卿）を授与された世界的名ライダーが日本を訪れていたのだ。

発端は、クラブマンレースに由来する。1958～59年、浅間における2度の全日本クラブマンレース開催ののち、浅間テストコースでは、レースをやらないことになってしまった。

その理由は、いくつかある。ひとつは、ホンダもスズキも外国のレースに出かけるようになって、そのマシン開発に全力を注がなければならなくなったこと。メーカーとしては、3回行なわれた浅間レースで、レースに出られるメーカーと、そうではないメーカーとの格差が拡がりすぎてしまっていた。

また、ロード・スポーツ型の市販車も増えて、オートバイ全体のレベルが上がってくると、火山灰ダート路面でのテストから得られるメリットが少なくなってもいた。

しかし、私はそれだけではないと思っている。この「クラブマン・レース」とはそもそも、その頃、

急速に沸き上がってきたツーリングやスポーツ志向を受けて、その正しい普及を目的に、1958年（昭和33）、酒井文人（当時のモーターサイクル出版社、現・八重洲出版の創業者）の発議で実現したことは前にも触れた。

あるスポーツが流行すると、昔でいえば、プロレスが流行して子供がプロレスごっこをして、それでケガをした例があったのと同じように、オートバイによるスポーツが注目されると、それらしきことを安直に、公道上でもかまわず行なってしまう。

この頃、路上でわが物顔に振る舞うこの種のライダーが多くなってしまった。それに対して、マフラーの中身を抜いて爆音を響かせ走り回る連中に、世間がつけたのは「カミナリ族」という汚名だった。

そういった状況のなか、8月という時期に、浅間への道中で、名高い避暑地である軽井沢をオートバイがブンブン走って行くのが増えれば、当然、クレームは殺到する。

いまにして思えば、クラブマン・レースの開催時期が、観光シーズンを終えた10月や11月の閑静期だったら、もう少し事情は違っていたかもしれないと思うことがある。しかし、それではクラブマン（アマチュア！）は休日がとれないなど、さまざまな複合的事情が、浅間でのレースを中止に追いやったのではないか。

ともかく「クラブマン・レース」は、浅間に代わる開催地を、栃木県宇都宮・清原旧陸軍飛行場跡地（現・工業団地）に見つけ、第3回クラブマンレースは1960年（昭和35）に継続された。

その「コース開き」をかねて、酒井文人は、日本のライダーに本当のロードレースを見せてあげたい、

偉大なライダーの教唆を仰ぎたいと、私費を投じて、イギリスからジェフ・デューク (Geof Duke) を招聘したのである。

デュークは、戦争で破壊された痕跡を残す、コンクリートの破片散らばる「清原」のコースを、英国から持参した「ノートン・マンクス」で走って見せた。そして、日本滞在中に、クラブマンへの指導の傍ら、ホンダ、スズキ、ヤマハなど、主要な国内メーカーを訪れ、TTレースや世界GPについて語り合ったのである。それは、TT後発のスズキにとって、大きなサジェッションであったろう。

ジェフ・デュークが日本での滞在を終える頃、ホンダとスズキは、昨年に増しての報道陣が待ち受けるマン島に到着した。前年のホンダに加えて、名も知らないスズキの出場。さらにホンダは、今回は125だけでなく250にもとなれば、その注目の度合いは高まる。

ホンダは、すっかり定宿となったナースリー・ホテル、スズキはダグラス市街プロムナードを見下ろすファンレイ・ホテルをベースキャンプとするが、このホテルには、のちにスズキと密接な関係になる東ドイツ・MZのエルンスト・デグナー (Ernst Degner) のほか、スイス人でMVアグスタに乗るルイジ・タベリ (L.Taveri)、そして、トミー・ロブ (T.Robb) が同宿していた。

昨年までは、125、250は「クリプス・コース」だったので、タベリやデグナーにとっても、「マウンテン・コース」でのレースは初めてになる。したがって、彼らもコースを覚えるのに懸命で、その点は日本勢と同様だったが、しかし、ロードレースのキャリアでは雲泥の差がある。

スズキはホンダの宿舎に、そしてホンダはスズキのところへと、そんな交流も見られるなか、プラク

344

ティスが始まった。

「前年もそうだったようですが、今度は125だけじゃなく250もでしょう。それも『4気筒4バルブ4キャブ』ですよ！ だから、向こうの人は、エンジンじゃなくて時計ではないか！ 本当に日本でつくったのかって、それは前の年にもそう言われたらしいですが、今度は、もっと〝大きな時計〟に見えたんじゃないですか（笑）。

イギリスとしては、（オートバイには）凄い自信持っていますから、もう、考えられない、日本じゃないヨソの国でつくったんじゃないかって――。

国同士の行き来が少なかった時代ですから、日本の情報なんて、チョンマゲ、人力車の絵とか、そんなものだったんですね。そんな時代に、あれだけのマシンつくったんだから、凄いですよねぇ！」（北野元）

初めての外国、すべてが慣れぬ生活、コースを覚えるだけでも精一杯なところに、メディアからも、また他国のチームからも、何から何まで注目されるなかで、ライダーには想像以上のプレッシャーがかかる。北野は、

「私にとって、外国に出るのが初めて。当時は鈴鹿も富士も出来ていない。コースがあったのは浅間火山のダートコースだけ。そして、マン島に関しては、事前の情報はまったくない。ほかのところで、一度でも走って経験していれば少しは楽だったのでしょうが。

とにかく、初めての外国で、いきなりマン島、それもレースですから……。現地に着いて、市街地の

舗装路での走り方を、自分で研究していくほかなかった。何しろ、スタート地点の右側が墓地なんですよ、お墓を見ながらレースするなんてね……。

だけど、選ばれてきたんだから頑張らなくちゃという気持ちは強く沸きました。

でも、コースは60キロの長さですから──。普段は、一般の車も走っている、対向車もあるので、道の半分しか使えない。普通の町の一般道路、犬も出てくる羊も通る、練習中の事故の話も聞いている。おっかないけど、そんなことと言ってられません、ファクトリー・ライダーですから。

でも1日に5周なんて練習はできない、3周くらいしかできないのです。それでも180キロですが、でも、練習というものの、本番同様に走らなければ意味はないですからね。それもほかのクルマに混じってです、少しでもコントロールを間違えると事故になってしまいますから。

道路のポイントごとに目印をつけて覚えるんですが、ジャンプしなければならないところや、ようなカーブのような……複雑すぎるので覚えきれません。山の上で霧が出て先が見えないところを、外側から凄いスピードで追い越して行くんですね、外人は。

走っているうちに、それぞれのコーナーは意外と覚えられたんですが、途中の木のあるところ、直線のような場所、そういうのは本当に覚えられないのです。もし、コーナーで、ちょっとでもタイヤ滑ったら……。

そして、コースの脇はすべて石の塀でしょ！

だから、自分の持っている力の50%ぐらいしか出せないと思いました。

346

それまでの僕は、まあ自信持ってやってきたんですが、（マン島は）コリャとても無理だと感じました。ですから、走れるようになるまで、レースとして完全に走れるようになるには、少なくとも3回――ということは3年になってしまうのですが、そのくらいかかると思いました。1年目は無我夢中でしたね、自分の持つ力の半分、出せたかどうか……」と述懐する。

「デュークさんは、『これから、できることはいろいろ教えてあげるよ』って言ってくれまして……。コースのポイント、ポイントにはこういうものがあるから、ここのところは気をつけなさい、ブレーキングポイントは、ここの縁石には赤のポイントがあるから、それを見てコーナリングに入りなさいとか、もう、細々と教えてくれました。でも、彼に言わせると『ここはフルスロットル、ここもフルスロットル！』ですからねえ（笑）。

そういう意味では、先に行ったホンダさんとはちょっと違いますね。なんせ、アスファルトの上を高速で走るなんて、日本じゃ所詮できる話ではなかったですから。向こうに行って、いきなり走ることは走れたのですが、日本の練習ではスピードがそれほど出ていない練習だったのに、さあプラクティスになってしまいました」（伊藤光夫）

前年、17馬力では歯が立たなかった外国マシンに、今度は19ないし20馬力になっている「ホンダRC143」――これなら互角に闘えるものと、誰もが予測するなか、第1回目のプラクティスが始まった。

347

（3）MVアグスタ、強し！

1960年6月4日、ホンダもスズキも、そしてMVなど、他チームの常連ライダーのほとんどが初めてという「マウンテンコース」でのレースが始まった。エンジンにどのような展開になるのか不安いっぱいのスズキ陣営。初陣でどのような展開になるのか不安いっぱいのスズキ陣営。

「プラクティスが始まり、僕の後ろからスタートしたデグナーが追い越して行ったので、コース覚えには絶好と思って、ついて行ったんです。すると、見る見るうちに離されるので、コンチクショっと追いかけて、そして、山の上まで行ったら彼の姿が見えない。しまった、見失った！と思ったら、彼、すっ飛んでいたんです。登山鉄道のレールが横切っているところで鉄道駅の方まですっ飛ばされて、病院に担ぎこまれてしまって。練習中から″ここはフルスロットル、フルスロットル″って、ずいぶん脅かされていましたから、ガンガン行かなければいけないように思ってしまったんでしょうね」（伊藤光夫）

同じく、ホンダ・北野元も冴えない。

「結局これが結果にもつながったんでしょうが……。マン島に行く前に、コレラ、チフス、破傷風などいろいろな予防注射をしたんですね。それが影響してか、現地で高熱を出してしまい、一時ドクターストップがかかってしまったんです」

348

プラクティス・タイムの結果による6月13日決勝のスタート順が発表されると、早くも日本勢に落胆の声が洩れた。

常勝MVアグスタのラップタイムが26分、東ドイツの2サイクル・マシンMZが27分、そしてイタリアのドゥカティも27分のラインにいる。対して、ホンダ29分、スズキ32分台なのだ。

決勝では、谷口尚巳、鈴木義一、島崎貞夫、田中楨助、北野元の125クラス結果は、昨年と同様。体調不良を押して出場の北野は、26分台のトップに迫るタイムで疾走し、6位を維持していたが、エンジントラブルでリタイヤした。

プラクティスの結果で、トップクラスとのスピード差が30キロにもなることを知ったスズキは、入院した伊藤光夫に代わってR・フェイ（R・Fay）、松本聰男、市野三千雄が出場。ピストン、コンロッドの焼き付きも起こることなく、全車完走する。

スズキはこのレースで、いろいろなマシンと出会い、単気筒、多気筒エンジンの長所・短所を知る。

そして、単なる理論に基づいての開発では勝てるマシンはできないこと、何よりも実践の場を重ねる重要さ、また、オイル、プラグ、ダンパーなど、多くの部品の改良を急がねばならないことも痛感する。

そして後日、明61年には、ホンダと同じく250ccクラスにも出ることを明らかにし、2サイクルにかける挑戦の幕を開けた。

では、250クラスはどうだったか。

現地では「ダブルドアップ125」（doubled-up125）、すなわち2気筒125ccのエンジンを二つ

つづけて250ccにしたという表現の「RC161」ホンダ4気筒への注目が高い。

ただ、4気筒の構造自体はMVやジレーラにもあるし、モトグッツィに至っては過去に8気筒さえ試みたが、しかし、いずれも350、500ccクラス。250では初めてということもあったが、それ以上に、コンパクトで、それこそ精密機械のような"つくり"と日本の製造技術が驚嘆を呼んだのだ。

決勝における、ボブ・ブラウン、北野元、谷口尚巳、島崎貞夫のレース結果は、ブラウンがホンダ初の最高位4位を獲得。そして、体調回復しないままの北野元が5位と、予想以上の善戦をした。

しかし、MVアグスタ2気筒で優勝したゲーリー・ホッキングの平均時速149・8kmに対し、ホンダのブラウンは142・7km/h、一周のタイム差6分というのは、イタリア組に対してはまだまだ大きな差があることを、ホンダ陣営は実感するのである。

125ccにしても、1万3500回転、19馬力以上あれば、そこそこいけるのではないかと思っていたが、実際のレースになれば、MVアグスタやMZの敵ではなかった。ホンダが向上する以上に、彼らもまた向上していた。

推測では、MV、MZともに、出力は22馬力以上あったようで、前年の彼らのデータである20馬力、速度170キロ程度ではないかという推定をベンチマークにしすぎていた。だが、挑戦2年目にして早くもトップグループに入れるようになったのは紛れもない事実で、TTレースのあと、西ドイツGP・250ccクラスでは、田中健二郎が日本人初の表彰台に上がる3位を獲得した。ホンダの「世界」への歩みは確実になってきたのだ。

350

その一方で、125＆250cc、ホンダのマシンに乗った初めての外国人ライダーであるトム・フィリスは、オランダGPで負傷。ボブ・ブラウンは西ドイツGPの練習中に周回遅れのライダーに衝突、事故死。表彰台獲得で勢いづいた田中健二郎は、アルスターGP（アイルランド）であわや片足切断になるような瀕死の重傷を負ってしまう。谷口も田中も、フィリスと同じオランダで負傷。高性能マシンの開発だけでなく、いかにライダーの人命を守ることができるマシンを開発していくか。このような新しい課題もつきつけられるのである。

とくにブラウンは、自分の持っている知識、テクニックのすべてを日本人ライダーに教え、自分の練習以上に、北野や島崎らのライディングをコーチし、次年度の世界GP全戦をホンダに乗ってチャンピオンを獲得するのが夢だった。30歳の生命が突然閉ざされた悲しみに包まれながら、一方では、西ドイツ、フランスのGPレースでトップグループ入りしたホンダの成果が祝福されていた。

この年、1960年（昭和35）、マン島TTレースの結果はP355以下の表の如くである。1959年と同じく、125・250・350・500、これらすべてのクラスをMVアグスタが制した。イタリア工業技術を牽引する力はまだまだ伸びるのか、それとも、そろそろ限界に達しつつあるのか。

（4）鈴鹿にサーキットができる！

ホンダは2度目、スズキは初めての挑戦で、本物のロードレースへの関心がいやが上にも高まってい

た60年シーズンの終わり頃、日本国内では、大きなプロジェクトが動きだそうとしていた。本格的なロード・サーキットの建設である。

市販車の面では、ホンダの「スーパーカブ」は藤沢武夫の狙い通り、快調な滑りだしとなり、月産3万台！のラインに乗る。

さらに多くの生産に迫られたホンダは、浜松と埼玉製作所に次ぐ、第三の工場確保が一刻も待てない事態となった。宗一郎と藤沢は、土地の話が出るたびに全国各地に飛んだ。

当初、宗一郎は、新たな工場を造るなら「トヨタの隣に」というのが口癖であった。これは、日本のみならず、やがては世界企業になるであろうトヨタ自動車という横綱の隣で、それに追いつき追い越そうと闘志を燃やすだろう、それが成長だという考えからだった。しかし、その付近での土地探しは実際にはなかなか困難で、三河地区以外での候補地に、その目が向きはじめていた。

群馬は館林、栃木は宇都宮、愛知の犬山、そして長野など、宗一郎はどこにでも行く。だが、企業誘致はほとんどが県や市といった自治体からの話が多く、実際に行ってみれば「本田様、まあ夜席を設けていますから、その席でゆっくりと」など、ふんぞりかえる市長や役人が相手。宗一郎は、「俺は、そんな席に来たんじゃーねえっ！」と怒り出し、社員置き去りで、ひとりで帰ってしまう。

あれやこれやで用地探しが行き詰まった頃、広大な土地の活用に取り組んでいる三重県鈴鹿市からの話が浮上した。1959年（昭和34）のことである。

まだ、夏の暑さが残る頃、山積みの書類などない、気持ちよく整頓された鈴鹿市役所を訪れた宗一郎、

藤沢、そして随行社員を、杉本龍造市長が出迎える。

暑い日でもあり、一行は冷たいオシボリで汗をぬぐう。オシボリの後は冷たい飲み物が定番のところ、チンチンに熱いお茶がでる。これがのどの渇きをぴたりと止め、疲れを癒す。誠に絶妙のタイミングである。

戦争が終わって14年経つというものの、鈴鹿市は、戦時中に使われた飛行場や海軍工廠の広大な跡地の処理に苦悩していた時期であった。荒れるがままのその場所は、誰となく〝鈴鹿満州〟と呼ばれるほどに荒れていた。

お茶が終わるころ、杉本市長は既にゲートル巻姿、作業服で、さっそく宗一郎たちを現場へと案内する。

市庁舎からクルマで10分ほど、見渡す限りに点在する畑と小山。杉本市長は市職員とともに、宗一郎一行に現状のままを見てもらう。

雑木もまばらな草地に、杉本のゲートル巻きの脚が進むと、突然杉本は自らの右手を上げた。すると、〝鈴鹿満州〟のあちらこちらから、一斉に旗柱が立った。

「あの旗の見える範囲で10万坪です」

その後、もう一度市長が手を上げる。

「あの向こう側の旗まで入れますと、15万坪になります。こんなところでよろしければ、お使い下さい」

くどい説明も質問もなしに、現場視察は終わった。

宗一郎と藤沢、そして杉本市長が帰りのクルマに乗る。無言でいた宗一郎が藤沢につぶやいた。

「おい、ここにしようか」藤沢に異論はなかった。

「よしっ、ここに決めた！」

「市長さん、ホンダの工場はここに決めますから」杉本市長は、本田宗一郎の即断に驚く余裕もなく、ただ流れ出る涙を押さえるのが精一杯であった。

市庁舎での湯茶接待をはじめとするすべての手際よい段取りは、けっして作られたものでなく、杉本の精一杯の気持であった。宗一郎や藤沢は、そんな杉本市長の熱意を、一瞬で感じ取ったのだろう。いろいろな場所を見るたびに、宗一郎は、「工場の立地条件は、水があるから、電気がどうのとかいうのではなく、その土地、地元自治体の人間性だ」という感を深くしていた。そこから、杉本市長の人間性、市職員の態度に惚れ込んだのであって、巷間でいわれるように、近くに積出し港に便利な名古屋があるからといった戦略的な考えで決めたことではなかった。

ホンダは、この地に21万坪の用地を得て、鈴鹿製作所を建てる。そして、次に「サーキット」の建設にあたり、やはり、いろいろな土地を探すものの適当なところはなく、ふたたび、鈴鹿・杉本市長の紹介で、工場近くに土地を確保。ここに「鈴鹿サーキット」が誕生するのだ。

1960年[S35]マン島TTレースリザルト

125cc　MOUNTAIN COUSE 3周　(1周60.72キロ)

順位	ライダー	メーカー[国籍]	平均時速(km/h)
1	C.Ubbiali	MV[イタリア]	136.9
2	G.Hocing	MV	
3	L.Taveri	MV	
4	Hempleman	MZ[東ドイツ]	
5	H.Anderson	MZ	
6	谷口尚巳	HONDA	
7	鈴木義一	HONDA	
8	島崎貞夫	HONDA	
9	田中楨助	HONDA	
10	T.Phillis	HONDA	
15	松本聡男	SUZUKI	
16	市野三千雄	SUZUKI	
18	Fay	SUZUKI	
19	北野元	HONDA (6位からエンジントラブル)	

250cc　MOUNTAIN COUSE 5周　(1周60.72キロ)

順位	ライダー	メーカー[国籍]	平均時速(km/h)
1	G.Hocking	MV[イタリア]	149.8
2	C.Ubbiali	MV	
3	T.Provini	MORINI[イタリア]	
4	B.Brown	HONDA	
5	北野元	HONDA	
6	谷口尚巳	HONDA	

350cc　MOUNTAIN COUSE 6周　(1周60.72キロ)

順位	ライダー	メーカー[国籍]	平均時速(km/h)
1	J.Hartle	MV[イタリア]	154.7
2	J.Surtees	MV	
3	B.Mcintyre	AJS[イギリス]	
4	D.Minter	NORTON[イギリス]	
5	Rensen	NORTON	
6	H.Anderson	NORTON	

500cc　MOUNTAIN COUSE 6周　(1周60.72キロ)

順位	ライダー	メーカー[国籍]	平均時速(km/h)
1	J.Surtees	MV[イタリア]	163.9
2	J.Hartle	MV	
3	S.M.B.Hailwood	NORTON[イギリス]	
4	T.Phillis	NORTON	
5	Dale	NORTON	
6	Brown	NORTON	

[日本のレース、自動車産業関連]
8月：第3回全日本クラブマンレース（宇都宮．清原）　二輪車生産世界一に（年147万台）　小型四輪1500→2000cc に　スズキTTへ参戦

[当時の世相]
安保闘争　ＴＶカラー放送　ローマ五輪体操金メダル　ダッコチャン　コーヒー60円

第17章　日本の挑戦　1961

（1）ホンダ、すべてのGPに参戦

　1961年（昭和36）、ホンダは125＆250クラスに、マン島TTのみならず、その年の世界GPシリーズ全戦に出場することを決定し、スズキも、ホンダと同じ体制での参戦を発表した。その年の世界GPは、スペイン、西ドイツ、フランス、マン島TT、ダッチ（オランダ）、ベルギー、東ドイツ、アルスター（アイルランド）、イタリア、スウェーデン、アルゼンチンの11戦である。このほか、世界GPに入らないアメリカのレースにも別途出場する。

　ホンダは2年、スズキは1年の助走を終え、まさに「世界」に向けての躍進が始まるのである。

　ホンダは1960年に、TTレース以降のGPレースに出るたびに発生する不具合や改良箇所を本国の研究所に知らせ、改良や対策部品、その方策を研究し、次のレースに間に合うよう社員が手荷物で運ぶという〝ピストン輸送〟を行なっていた。これは、同じ作業を行なうにも、ほとんどのレースに陸路で対応できるヨーロッパのチームとは大きなハンデがあったが、しかしレース毎にマシンは発展し、後半戦には、かなり満足できるレベルまで達していた。レースに〝もう充分〟という言葉はもちろんないのだが、250の方はけっこう馬力も出ているのと、2年の間に日本製のパーツも著しい進化を遂げ、

何もかも外国製に頼っていた時代(2年前)とは一線を画していた。この点について、ホンダの北野元と高橋国光の話を聞いてみよう。

北野「最初の頃は、メカニックから、どこか悪いところは？と聞かれても、コーナーなどで車体がよじれたりして怖いとか、そういう怖さや〝悪さ〟はわかるんですが、どこがどう悪いのかは、何もわからない。こんなものかって、乗っているんだから。

第一、浅間の火山灰のなかを走っていた者が、いきなり舗装の道どんどん走るようになっちゃったんですから！　何がわかりますか、わかるわけがありません」

高橋「そう、何もかも怖くて……。シャーシーがよじれるとかいうこともあるけど、いろんな怖さが重なって走れないんだ」

北野「最初の頃、ホンダのエンジン、けっこう壊れたんです。たぶん、MVは7000回転ぐらいじゃないですか、ちょっとオーバーレブするとエンジンが焼き付いたりしまして。そこへいくとホンダは1万3000以上でしょう。だからトラブルありますよ。車体の問題より、エンジンのバルブやピストンですね、一番のトラブルは。

でも、ホンダのパワーは世界一だと思いました。操縦安定性やショック（アブソーバー）とか、バランス的なことへの問題はありましたが——」

高橋「日本の部品メーカーもホンダ以上の苦労がありまして、キャブレターの京浜、プラグのNGK、最初の時から一生懸命でした。その人たち、メーカーのいいなりということではなく、パーツ分野の〝遅

れ"がわかってからは、自分たちも世界をめざすという挑戦が始まったんでしょうね。ショックアブソーバーも、最初はガーリング製に頼っていたのが国産になるのですが、やはり、性能はまったく違うんです。それでも着々と、(レースに)使えるように改良してしまうんですね。ホンダにしろ部品メーカーにしろ、練習やレースの結果から、不具合が出れば、申し込んで40分や1時間かかる当時の国際電話で、日本の研究所と設計変更や対策で話し合っていました。何十分も、延々とですよ。

それで、『これに代えてみて下さい』って、あっという間に、改良品や対策部品を飛行機で持ってくるんです。それは半端じゃなかったですよ。

そうやりながら、まだ完璧ではないマシンを操縦するライダーも、それなりの才能や能力を必要として、大変ではありましたが、でも、クルマつくりの人たちの努力には頭が下がります。日夜そのことばかりに一生懸命にやっている、その姿がね。いつも、クルマの改良をどうするか。までも、その印象が強く残っていて……。ほんとうにあの頃、みんな一生懸命でした」

ホンダの250は、1960年後半からの調子をみれば、MVやモトモリーニなどのイタリア勢にもついて行けそうなレベルになったことで、そこから、より壊れにくいエンジンにする研究と、クロム・モリブデン(クロモリ)鋼管パイプのダブル・バックボーン・フレームとの組み合わせに進む。

125ccは、前年の様子からパワー不足が顕著であることがわかり、それまでの2気筒4バルブとは別のラインで開発に取りかかる。だが、新コンセプトのエンジンは、パワー発生にはすぐれるものの、

358

耐久性への課題が続出。迫り来るレース・シーズンへのタイムリミットから、いったん原点に戻って「RC141」からの改良型2バルブ「RC144」を主戦にしようとした。

しかしこれは、パワー不足とエンジン・トラブルが続き、シーズン後半からは4バルブの「2RC143」に換えた。

一方、前年にTTレースに初参加し、上位クラスにはとても手が届かない、世界の厚い壁を体感した参戦2年目のスズキは、125に250も加え、それもマン島TTだけでなく世界GPシリーズに参戦するという、無謀ともいえる計画を発表する。

さらに、前年の「RT60」ピストンバルブエンジンとはまったく違う 2サイクル・空冷2気筒・ロータリーバルブ式を、両クラスのエンジンとして採用するという。

'59年マン島で4位に入ったH・フグナー（独）のMZ125。なおこのときの3位はドゥカティに乗ったM・ヘイルウッド（英）。優勝者はT・プロヴィーニ（伊）＋MV、2位はレース中にベストラップタイムを叩き出したスイスのL・タベリのMZだった。

スズキがめざす「世界一を2サイクルで」という野心の前に立ちふさがるのは、東ドイツの「MZ」(Motorradwerk Zschopau) であった。

このMZは、戦前に活躍した四輪・アウトウニオンの工場が東ドイツ側にあったため、大戦後、その設備を用いてオートバイを製造。当時のソ連を頭とする共産主義陣営の工業力を誇示するシンボル的な存在となっていた。

その2サイクル125ccエンジンは、空冷単気筒で25馬力！ は出ているといわれ、その真実はともかくとして、高い2サイクル技術を誇るメーカーとして、レース界に君臨していた。

この時点でMZは、2サイクル・エンジンの理想の構造とされるロータリー・ディスクバルブ、そしてときには、後方排気システムや吸排気の脈動を利用したエンジンの構造を実現していた。スペインのモンテッサ、西ドイツのDKW、イギリスのエキセルシャーといった2サイクルのメーカーがレースから撤退したあと、唯一となった2サイクル・エンジンをそのウェポンとして、孤高の闘いをしていた。

スズキも、前年にデグナーやヘンプルマンが乗るMZをつぶさに見ているから、ロータリー・バルブに注目したのは当然で、その構造を持つ125cc「RT61」と、250cc「RV61」を開発する。

1961年のスズキは、世界GPには出場するが、シリーズとしては4戦目にあたる「マン島TT」をその初戦とする準備をしていた。

だが、この年からスズキに乗ることになった外国人ライダーのP・ドライバーが、第1戦のスペイン

360

GPから出たいという強い要望を出し、それを受けてスズキは、開発が完了したばかりのマシンを送り出し、GP初戦には、P・ドライバーは単独で出場ということになった。

しかし、レースは、マシンがあってライダーがいれば、それでいいというものではない。ろくなサポートもないドライバーの単独出場は、スペインでは、125はノンスタート、250はリタイヤという結果になる。つづく西ドイツ、フランスも、さんざんたる結末で、マン島TTを迎えることになった。

61年のスズキチームの陣容は、前年と同じく、岡野武治が監督。ライダーは、伊藤光夫、松本聡男、市野三千雄の前年組に、増田俊吉が新たに加わる。さらに、前記の外国人ライダーP・ドライバー、H・アンダーソン、A・キングという総勢7名だが、125と250の両クラス出場となれば、これは充分な人数とはいえない。

このような体制で臨む2ワークスだが、「世界」参戦3年目となるホンダは、過去2年間、彼らの頭と身体、情熱で培ったもののすべてを、まずは61年マン島TTレースと、それに続く世界GPに注ぐべく、全精力を傾注した。世界の強豪を相手に、本当の勝負ができる決戦の年——。ホンダは、1961年をこう位置づけていた。

（2） MV、ワークス活動を停止

だが、しかし……、1961年1月、衝撃のニュースが飛び込んでくる。

レースシーズンの噂がそろそろ賑やかになり始めるという、この時期に、MVアグスタは突然「今年からワークスとしての活動を停止する」との発表を行なうのだ。

誰も予想できなかったこのニュースは、すぐに全世界を飛び交い、いち早く日本にも伝わった。嗚呼！　突然、目標がなくなってしまった……。

この時期に、MVが撤退する理由はわからない。ただ、１９５７年（昭和32）シーズン終わりには、戦前から活躍したジレーラ、モトグッツィ、そして戦後のレース界を暴れまくったモンディアルなど、イタリアを象徴するメーカーは続々、ワークスとしてのレースから撤退していた。

また、次の年にはモトグッツィが３５０ｃｃＶ型8気筒と4気筒を積んで、新たな挑戦をはじめるとの噂が真実味をおびるほどに広まっていた時期でもあった。

彼らイタリア・メーカーがつくるレースマシンも市販車も、すべてのイタリア製オートバイは世界一であり、もはやレースでその優秀性を誇示する必要はなくなった。これがジレーラやグッツィの活動中止の理由だともいわれている。

そして、今度はMVも撤退であるという——。

MVに関しては、これまでにも多少触れているが、ピアッジオと同じく飛行機と飛行機用エンジンを製造していたMVは、戦争末期に、早くもオートバイ生産に乗りだしていた。そして、モトグッツィやジレーラ、ビアンキなどの老舗に追いつくべく、戦後はレース活動に没頭した。

「MV」(Meccanica Verghera Agusta＝メカニカ・ベルゲーラ・アグスタ)の発展と経営を支えたのは、アグスタ家の4人の兄弟。なかでも、ドメニコ・アグスタ伯爵はレースに特別の関心を抱き、その強い情熱が世界GPの制覇と、世界中に熱狂的なMVファンをつくりだすことに成功していた。

だが、イタリアのオートバイが庶民の足として、またスポーツ・オートバイとして急伸するなか、一方では、1957年に登場した「フィアット500」のような小型大衆自動車によって、オートバイ・ユーザーが減少する傾向も見えていた。そんな状況が、ワークスとしてのレース参加の意義を問うようになっていた時期でもある。

さらに、MV経営陣のなかで、実は、レースに理解があったのはドメニコ・アグスタだけであった。MVが二輪レースから撤退した10年後、1971年にドメニコが他界すると、MVのオートバイ製造事業は縮小され、ヘリコプターや飛行機など、昔の企業体に戻ったという過程を考えれば、レース界からの引き際はつねに考えていたというようにも見える。

一方において、技術者やレースを知り尽くした者なら、ホンダをはじめとする日本製マシンの潜在能力が、やがては爆発的に開花することが予測できたろう。そして、それに対抗するには、またまた莫大な資金を必要とすることから、経営上の判断として、レース活動を中断したとの推測も成り立つ。

だから、巷間に言われた「ホンダの猛襲から逃げた！」というのは、いかにも下司の考え方であって、そんなに簡単なことではない。技術開発としてのレース、ブランドを高めるためのレースと企業存続・経営とは、そもそも複雑なバランスで成り立っているもののはずだ。

イタリアの雄・MVアグスタは世界GPシーンの頂点に君臨していながら'61年1月、突然、ワークス活動の中止を発表したが、その輝かしい一連の戦歴は、これ見よがしに量産車の燃料タンク上に張られていた。写真は'62年MVグランツーリスモ150。

そして、MVが世界GPに挑戦して10年弱の間に樹立した「75の世界タイトル」というのは、永遠の金字塔として誰も破ることができないはず。それに偉大な貢献をした超一流ライダーのカルロ・ウッビアリも引退し、史上稀な"大"ワークスが有終の美を飾るにふさわしい撤退の時期が、このときだったということではないか。

ただMVは、マン島TTレースだけは思い入れが強かったと見えて、このレースだけに、ゲーリー・ホッキングにプライベートを強調する「MVs」記号つきのマシンを貸し出し、1961年の350クラスで2位を獲得させた。

さて、MVの撤退は残念だが、ホンダ、スズキにとっては拾い物のようにも思われ、実際にそうかもしれないのだが、しかし、最も

当惑したのはホンダであった。世界最強のMVを倒す！　この目標と、多くのライバルがいたからこそ、マン島にも世界GPにも出場するだけの価値があったのに、これでは拍子抜けである。

しかしホンダは一方で、MVの「われらMVはレース界から引退するが、われらが樹立した記録を打ち破るものが出れば、いつでもカムバックし、その記録をまた塗り替えるであろう。その努力と研究は、レースを止めていても続けるものである」という引退声明に触発されるのだった。

MVというライバルは、目の前にはいない。だが、MVという大先輩が残した記録は残っている。それならば、レースに勝つだけでなく、MVの記録を打破することを目標にすればいい。こうしてホンダは、新たなファイトを燃やすのである。

しかし、MVの撤退による余波は大きく、レースへの情熱を燃やしたくても燃やせないライダーがでてくる。まして、MVというマシンで活躍してきたライダーは、どれも超一流だ。そしてそういったライダーは、将来のホンダやスズキのポテンシャルを見抜くのも、また早い。

ホンダはMVという巨大な目標を失ったものの、ルイジ・タベリ（MZ～MV）、ボブ・マッキンタイヤ（AJS～ノートン）、マイク・ヘイルウッド（MV～ノートン）、ジム・レッドマン（南ローデシア出身）、そして、トム・フィリス。こういった優秀なライダーを獲得する。

こうした外国人ライダーに、常連の谷口尚巳、田中楨助、同じく北野元、世界戦2回目の島崎貞夫、ホンダ・チームを結成。一陣から三陣までの派遣ライダーに分け、TTレースには、谷口、島崎、北野、高橋の4人の日本人が出場する。

(3) ヤマハもGPに参戦する！

そして、1961年のシーズンは、もう一つの大きな動きで始まった。日本の「富士登山」や「浅間」で連勝し、1957年の「浅間火山レース」を最後にワークスレースから撤退していた"国内最強"のヤマハが、突如、世界GP出場を発表したのである。

かつて、ヤマハ・サーカスと讃えられたライダーたちは、ホンダとスズキの海外での活躍に、かなり悶々とした日々を過ごしていたのだが、そんな彼らにも、4年ぶりにチャンスが巡ってきたようだ。

では、そのあたりを、ヤマハの砂子義一に聞こう。

「スズキやホンダが海外で暴れまくっているのに、ウチはやらせてもらえない。もう、ギャーギャー言ってましたよ。

結局、それじゃあということで、アメリカに『シーサイド』というサーキットがあって、そこで走って、いろいろなことをやりました。日本のチェーン、アブソーバからブレーキまで、(テストしたら)全部ダメだということになって——。

ヤマハで(レーサーとして)使えたのは、エンジン、ミッション、それに車体だけだった。ブレーキ、オイル……、ほとんどのものは向こうのもの(外国製)にした。

ちょうど、日本でも工事中の名神高速道路の、京都・栗東あたりに、少し下りの直線部分ができあがっていて、そこを貸してもらってテストしてみた、何回もね。そうすると、200km／h以上のスピードは出る。これならイケルッていうので、川上さんの音頭取り、研究課長の内藤清さんがトップでね。こんな調子で世界GPとTTに行ったんだ」

いまや軽いノリで語る砂子だが、当時のヤマハの心中は、やはり、座していられないというのが本音だったであろう。

とくに、同じ2サイクルで張り合っている、そして静岡の浜松でスズキが先行しているのを見ていれば、ライダーがギャーギャーいわなくても、ヤマハも参戦せざるを得なかったのではないか。

ヤマハは、スズキ・ワークスが採用したロータリー・バルブ式のエンジンは、125ccの「YA5」で、すでに世界最初の市販車として完成させており、2サイクル先進技術は売り物のひとつでもあったからだ。

このときのヤマハが、ワークスレース復帰のため、密かに開発を進めていたのは、このロータリー・バルブ吸気と、そして、のちに「ヤマハ・オートルーブ」として市販車に使われる強制潤滑方式である。

ヤマハのワークス125cc「RA41」は2サイクル単気筒だが、クランクケース両側にロータリー・バルブとキャブレターをつけ、シリンダー後方から排気するMZに一部似通ったものだ。

250ccマシンも、基本的には125のシステムを用いる2気筒で、やはりクランクケース両側にロータリーバルブを持つ「RD48」型である。

ライダーは砂子義一、野口種晴、大石秀夫、伊藤史朗の"浅間組"、ヤマハ・サーカスの華麗なる復帰である。

ヤマハはGPとTTへの出発を前に、1月のアメリカで「デイトナ・グランプリ」に出場した。さっそく、砂子義一は250ccクラスで5位となり、初戦への感触をつかんだようだが、しかし、同じデイトナではホンダの北野元が優勝していた。

「ヤマハの場合は、ダートみたいな浅間でも『ドロップハンドル』に乗っていたから、そのへんの感じには慣れていました。けれどマン島に来て、それこそ、こんなところでレースするのって！　まるで狂ってるよ。

行ったばかりは、そんなにも思わなかったんだけど、走れば走るほど、これは恐ろしいって……。こんなところを走る外人ライダーって"狂気"なんじゃないか、ほんと、そう思っちゃったですね。スピードが上がるほど上がるほど、塀と塀の間でね、でっかい側溝のなかを走っているようなものだから……。

おまけに、練習は普段の日でしょ。人はいる、クルマも走っている。アクセル開けるとこは開けないとわからないから、カーッて行ったら、いきなりジャンプ！　どーんと着地したら、目の前が塀、もう参ったねえ……。あんまりジャンプしすぎりゃ、民家に飛び込んじゃうし。オッオー、こりゃ殺されるぜって……。とにかく、大変なところへ来ちゃったなあ、でしたね」（砂子義一）

こうして、日本から3ワークスが揃ったマン島TTが始まった。だが、ホンダ以外の、スズキ、ヤ

マハは調子が出ない。

スズキは125、250とも、浜松・米津浜のテストコースでは何のトラブルも出なかったのに、練習が始まるやいなや、日本に連絡される内容は、キャブレター、ミッションギヤ、ピストンなどで次から次ぎに発生するトラブルばかり。いい報告は一つもできない。

結局、125では伊藤光夫、市野三千雄、増田俊吉は、ともにエンジントラブルで2周目にリタイヤ。250も、D・キング、伊藤光夫、増田俊吉がリタイヤ、辛うじてアンダーソン10位、市野三千雄12位という散々な結果になった。

そしてヤマハは、TTレースの前に行なわれる第3戦フランスGPでデビューし、125で野口種晴が8位、250では伊藤史朗の8位、野口種晴が10位と、まずまずのポジションで完走する。しかし、このフランスGPでは、ホンダの高橋国光が同じ250で3位に入っており、やはり初戦と3年目といういう差は大きい。

(4) 1961年マン島TT、ついに「日本」が勝った！

一方、今年が勝負の年としたホンダは、幸先よいスタートである。

第1戦スペインの125はトム・フィリスが優勝、250でもトム・フィリスが2位。

第2戦西ドイツ、125は1〜4位までMZに占められたが、ルイジ・タベリが5位、島崎貞夫が6

'61年の第2戦＝ドイツGPのライトクラス（250）では、GP挑戦3年目にしてホンダRC161に乗った高橋国光（ゼッケン100）が日本人として初のGP優勝を飾り、2位にも同僚のJ・レッドマンが滑り込み長年の夢、1-2フィニッシュを達成した。

位。

そして、この西ドイツGP250では、世界中にニュースが流れる大きな出来事が起こった。そう、高橋国光が優勝したのだ。日本人がつくったマシンで、日本人ライダーが優勝する。この《夢》で始まった本田宗一郎の"ホンダ・チャレンジ"は、ここに、3ヶ目にして実現したのである。

1961年（昭和36）5月14日、ホッケンハイムに集まった12万人の観衆は、日本初の……というより、「世界初」の成果を確実に認めたのである。日本全体にとっても、敗戦16年目にして、初めて「世界に誇れる日本」を示したのだ。

そして、この勢いでマン島TTに臨むのだが、昔の人が好事魔多しとはよく言ったもので、マン島では、ホンダに大きな災難が降り

かかるのだ。

高橋国光の成果と併行して、北野元は、前年のTTレースのあと、ベルギーGPで125クラス7位と徐々に国際レースに慣れ、この年1月のアメリカでのデイトナGP250クラスで優勝して、絶好調でマン島に臨んでいた。

しかし、その絶好調が裏目に出たのか、今年こそ上位の成績を取りたいという北野は、練習中に転倒してしまう。マン島マウンテン・コースは、220以上のコーナーがあり、標高は7mから420mまで変化し、1周60・72キロのコースを完全に覚えきりたいとの思いが逆に焦りとなったか、練習中に転倒してしまう。直線では250km/h以上の速度が出る一方で、最も低速の箇所では、時速10km以下に落とさなければならない。

そんなコースと闘って、転倒した北野は頭部を強打、意識不明のまま病院に運ばれてしまう。そして、これが原因で向こう1年もの間、レースへの復帰ができないという重傷を負ってしまうのである。

西ドイツGPでの高橋国光の成功に、今度は北野が続くかと思われていた矢先の大事故に、河島監督、谷口ら先輩ライダーは唖然とし、若きエースを欠いたまま、ホンダにとってのTTレースは始まった。MVアグスタはいないが、ホンダ、スズキ、MZ、ブルタコ、EMC、ヤマハに乗る38人のライダーが、2台ずつ10秒間隔でインターバル・スタートする。

125ccクラスはマウンテンコース3周、トータル182・2キロで争われる。

このレースについては、「THE RACE FOR LEADERSHIP」（株式会社モータースポーツランド 1

962年5月発行）が詳細にレースをレポートしている。以下、この描写にしたがって、レースを追ってみよう。

◇125ccクラス

午前10時、イギリス国旗が振り上げられ、ジム・レッドマン（ホンダ）がスタートする。インターバル・スタートの10秒後、谷口尚巳（ホンダ）とA・シェハード（MZ）がこれを追う。出場38台は2台ずつスタートし、好調レッドマンは30キロ地点のサルビーに飛ばすマイク・ヘイルウッド（ホンダ）に迫られる。慎重に飛ばす谷口と一緒に競り合うシェハードも強引にMZは、マウンテン・コースの過酷さに耐え切れぬかのように、27キロのバラフ地点で早くもエンジン・トラブルによりリタイアし、5位を走るMZの同僚エルンスト・デグナーを除き、早くもホンダ・マシンの隊列が続く。

ホンダチームの一団は、互いに競り合いながら、山側コースに入るところで、トム・フィリス（ホンダ）はデグナーを抜き去っていく。

ラムゼイを過ぎ、カッティングヒル急坂の難所を駆け抜け、スタートラインを横切るホンダ軍団のうち、ヘイルウッドが25分42秒6、ルイジ・タベリ（ホンダ）も25分台、ヘイルウッドとの差は5秒4で快調に走る。早くも過去のラップレコードは塗り替えられた。

2周目に入ったヘイルウッドはさらに疾走し、10秒先にスタートしたルイジ・タベリ（ホンダ）に迫

っていく。1周目でタベリより5秒以上速いタイムのヘイルウッドが、タベリの前に出るには、もっとタイムを縮めなければならない。2周目の山側にさしかかり、ヘイルウッドはついにタベリを視界に入れ、強引に抜き去ってしまう。

ヘイルウッドのフルスロットルな走りがスタートラインを通過し、タイムが発表されるや、グランドスタンドからどよめきが湧く。第1周目に彼が新記録を出したタイムより、さらに5秒も速かったからだ。

ホンダの勢いにたじろぐかのように、MZのデグナーはエンジン不調に見舞われ、2周目20キロ地点でコース脇に寄っていく。その間に島崎貞夫、谷口尚巳がデグナーを抜き、1〜6位までホンダマシンが連なって、マウンテンコースを疾走する。

他の陣営、ショーレイ（ブルタコ）、ゴッドフリー（EMC）、伊藤史朗・大石秀夫（ヤマハ）もラストスパートをかける。スペイン製のブルタコ、イギリス製のEMCがそろって6位を走る谷口を追い上げ、谷口のタイムを上回る勢いだ。

最終周回に入り、ヘイルウッドとタベリのトップ争いは激しさを増し、ラムゼイ・ヘアピンを両者同時に通過するが、山頂のバンガローにさしかかり、タベリはヘイルウッドをとらえ首位を奪い返す。タベリは下り坂を一気に駆け降り、タイム25分35秒6、平均時速142・35kmという驚異的な最高ラップレコードでゴールインする。順位は、総合タイムでタベリより7秒4速かったヘイルウッドが優勝となった。

ヘイルウッドの総合タイム1時間16分58秒6、平均時速141・96kmは、前年（1960年）にMVアグスタでカルロ・ウッビアリが記録した1時間19分21秒2、平均時速137・76kmを、2分22秒6も縮めるものだった。
　ヘイルウッド、タベリに続き、3位フィリス、4位レッドマン、5位島崎貞夫と5台のRC143がゴール。谷口は3周目の不調が祟り、レンセン、ゴッドフリーに先を越され8位となった。ヤマハの3ライダー、伊藤史朗、大石秀夫、野口種晴は、初参加ながら健闘し、上位入賞のブロンズ・トロフィーを獲得した。

◇250ccクラス
　スタートラインからボブ・マッキンタイヤ（ホンダ）が飛び出し、キング（スズキ）、高橋国光、ジム・レッドマン（ホンダ）に、ゲーリー・ホッキング（MV）が続く。
　レース前、河島監督に「オーバー・ザ・トン」を出して見せると言っていたマッキンタイヤが快調にトップを走る。
　前記オーバー・ザ・トンとは、時速100マイル‥160キロを指し、飛行機の速度・マッハと同じく、過酷さで知られる世界一のマウンテン・コース1周をどれだけ速く走れるか。そのひとつの壁が「100マイル」なのだが、500ccクラスでも難しい挑戦に、マッキンタイヤは250ccで挑もうというのだ。

スタートから約13分後、ラムゼイ・ヘアピンを通過したボブ・マッキンタイヤは、早くも2位につけるマイク・ヘイルウッド（ホンダ）を25秒も引き離し、3位のゲーリー・ホッキング（MV）もまったく追いつけぬ速さで、第1周を終わる。1周目のタイム22分54秒4は、時速100マイルに、わずか1・17マイル（1・88km／h）足りない。

ヘイルウッドから2位を奪って2位に入ったホッキングは、山側で強力なホンダ・フォアとの競り合いに疲れたかの如くスピードが落ち、ヘイルウッドが2位を取り戻す。

第2周目に入ったマッキンタイヤのRC162の咆哮は、前にも増して高まり、遂に前年（1960年）にMVアグスタ350ccでジョン・サーティーズが樹立した最高ラップを大幅に上回る「22分44秒0、160・22km／h」をマークし、公約の「オーバー・ザ・トン」を実現した。もちろん250ccでは初めてであるし、誰もそんな記録は出るはずがないと思っていた。

ますます快調に疾走するマッキンタイヤに、観客は、3周目にはそれ以上の記録を出すかもしれないと期待して、コースには異常な興奮が渦巻く。

だが、さすがのホンダ・フォアも、マッキンタイヤの超人的な走りに耐え切れぬかのように、オイル漏れに悩まされはじめる。それをだましながら、トップを維持するマッキンタイヤ。その間、MVのホッキングもトラブルに悩まされ、バラフ付近を通過する頃にはレースとは無縁のスピードに落ち、ついにMVのエンジンは動きを停止した。

一方、第5周目に入ったマッキンタイヤは、まだ2位のヘイルウッドより30秒以上のタイム差がある

ものの、おり悪しく降りはじめた雨と洩れたオイルは後輪を濡らし、その困難な状況に耐えきれず、ゴールまであと30キロの地点で、エンジンオイルが完全になくなってしまった。これで、「オーバー・ザ・トン」の大記録と優勝の二つを、ともに手にすることはできなくなった。

MVのホッキングも、そしてマッキンタイヤも脱落するなか、ヘイルウッドの独走は続き、1時間55分03秒6、平均時速158・29kmの新記録で優勝する。

マッキンタイヤのリタイヤは残念だったが、ホンダは5位まで入賞という圧倒的な勝利を獲得した。初出場のヤマハも、伊藤史朗がシルバートロフィーの6位入賞を果たす。スズキは10位アンダーソン、12位市野三千雄と完走する。

以上、レース中の模様を要約したが、総合結果は後述の表で明らかなように、125、250ともマイク・ヘイルウッドの駆る「RC144」、「RC162」が2クラスを制覇した。

そして、マイクはそれのみならず、500ccセニア・クラスでノートンを駆り、平均時速が「オーバー・ザ・トン」を上回る160・96km/h（100・60mph）という記録で優勝、3クラス制覇を成し遂げてしまう。残念なのはジュニア350クラスで、マイクはトップリーダーだったにもかかわらず、最終周回に、乗っていたAJSがトラブルを起こして、「4冠」は達成できなかったのだ。

だが、ホンダにしてみれば、優勝のみならず、125は1～5位と8位、250も1～5位と、まさにホンダの"絶対勝利"であった。

マイク・ヘイルウッドはこのあと、さらに記録を重ねて行き、「マイク・ザ・バイク」（The Mike

The Bike）と呼ばれる偉大なライダーに育っていく。

ただ、ひょっとすると、このときの125クラスの優勝はラッキーだったかもしれないというストーリーもあった。

「マイクがホンダに乗りたいという希望がありまして、彼のお父さんが大きなディーラーということもありまして、乗ることになったのですが、この年ホンダはTTで勝てると踏んでいました。59、60年と、マン島ではチーム内で私が一番速かったということもありまして、125クラスに出るに際し、馬力がこれまでより1馬力くらい上のマシンが空輸されてくることになったのです。

河島監督が、『これまで一番いい成績をあげているのは谷口、お前だから、古いのにするか新しいのにするか、どっちでもいい方を選べ』って、私にチャンスをくれたのです。

私は、どうしても勝ちたいから、馬力の多い新しいクルマを選んでしまいました。それで、古い型式の方にマイクが乗ることになるんですが、新しい方には、フロントブレーキの中のシューを戻す〝ちょうちん型〟のスプリングの試作品が入っていまして、それが途中で折れてしまったんです。折れたスプリングがブレーキに絡んでしまい、フロントがノーブレーキの状態になってしまったんですね。何とか最後まで走って8位でしたが、マイクは、私が乗っていた古い方に乗って優勝です……。これがいまでも、悔しくてねえ！ でも、ホンダが1〜5位まで占めたのですから、いいんですが（笑）」（谷口尚巳）

何が幸いし、何が災いになるのか。運はときに、いろんなイタズラをする。

377

本田宗一郎がTTレース出場の宣言をしてから7年、そして初出場から3年で、ホンダと、そして「日本」が、ついに世界の頂点に立った。

外国のメディアのなかには、「MVなき勝利」と評するものもあったが、しかし、いないものは仕方ないではないか。

そして、表で明らかな如く、河島が目標とした「MVが不在なら、彼らが樹立した記録を更新する」というチャレンジも実を結んだ。

MVとホンダ　1960〜1961

125ccクラス記録

1960年　カルロ・ウッビアリ（MV）　1時間19分21秒2　平均速度　137.76km/h

1961年　マイク・ヘイルウッド（ホンダRC144）　1時間16分58秒6　〃　141.96km/h

最高ラップスピード

1960年　カルロ・ウッビアリ（MV）　26分17秒4　平均速度　138.58km/h

1961年　ルイジ・タベリ（ホンダRC144）　25分35秒6　〃　142.35km/h

378

250ccクラス記録

1960年　ゲーリー・ホッキング（MV）　2時間00分53秒3　平均速度　150．70km/h

1961年　マイク・ヘイルウッド（ホンダRC162）　1時間55分03秒6　〃　158．29km/h

最高ラップスピード

1960年　カルロ・ウッビアリ（MV）　23分42秒8　平均速度　153．71km/h

1961年　ボブ・マッキンタイヤ（ホンダRC162）　22分44秒0　〃　160．22km/h

この結果に、デイリー・ミラー、ヘラルド・トリビューンなどイギリスの有名紙がマン島TT関連を報道し、その記事はAP電で世界へ配信された。そして、専門誌紙のページはホンダの勝利で埋め尽された。

「イギリスのオートバイメーカーは、日本から来た記録破りなホンダの脅威にさらされている。ホンダはマン島TTの人間とオートバイの過酷な試練に打ち勝ち、その優秀性を示した。複雑なTTのコースを何年も経験していない日本のオートバイが、どうしてイギリス、ヨーロッパの有名なメーカーに勝ったのか。それはホンダの優秀性に他ならない。

ホンダのレーシングマシンの分解検査を見たイギリスやヨーロッパのメーカー技術者たちは、『あま

りにもよくできていて、まるで時計のようだ。そして、何をマネたものでなく、独創的で素晴らしいアイデアが注入されている。私たちは恐怖心に襲われるほどであった』と述べている」
「ホンダの生産台数は、イギリス全メーカーの4倍に達している。日本は国内生産の一部を輸出しているが、TTレースで優勝した世界一の性能と安い価格を売り物に、海外市場に輸出し始めるだろう」
「日本の独創的なデザイン、性能は極めて優秀である。成功に至った日本人の組織的手法を、イギリスのメーカーは学ばなければならない。日本は、最初はイギリスに多くを学んだが、イギリス、ヨーロッパのものを模倣する必要はなくなり、はるかに先を行く進歩を遂げた。近い将来、世界の産業界に新たな現象が起き、そして今度は、イギリスがそれを真似るかもしれない」
「1961年のTTレースで幸運を掴んだのはホンダだった。大幅に改良されたマシンと、トップライダーたちによって、ホンダはライトウエイトの125と250の両方で、1位から5位までを独占した。MVがいないということで、ライバルが弱まったこともあるが、しかし、この成績はそれだけではない。それは、ホンダがこの勝利において、スピードの新記録を出したことで証明される。たった3度しかTTレースで走ったことのないメーカーが、このような偉業を成し遂げ、多くの人々を驚かせた。そして、ホンダはついに、世界最高の製品にその名を連ねたのである」
そして、本田宗一郎は各紙誌にコメントした。
「私がオートバイを始めてから持ちつづけた《夢》、それは日本人の独創によってつくったマシンでレースに勝つことであった。選手が外国人だとか日本人であるかは問題ではない。私が世界のレースへ

380

出場しようと思った動機は、敗戦直後、水泳の古橋広之進が全米水上選手権大会で世界記録で優勝し、暗い世相を明るくしたことだった。そこで私は、体力でなく日本人の頭脳で勝ったなら、世界のどこへ行っても日本人として堂々と胸を張れるだろう。それには、オートバイ・レースで勝ちたいと念願し、このたび、その夢を果たした。

私が１９５４年にＴＴレースを視察したとき、当時の日本では考えられないほど、ヨーロッパのレーシング・マシンは素晴らしく、それはプラグ、タイヤ、電気部品に至るまですべてであった。そのギャップを埋めるには研究以外に方法はないと、研究を積み重ね、今日まで来た。

ＴＴレースの勝利は、前に樹立した記録を破ってこそ値打ちがあるもので、この勝利は本田技研の勝利でなく、日本の皆さんとともに喜んでいただくとともに、希望を与えたものだと深く感謝している」

1961年[S36]マン島TTレースリザルト

125cc MOUNTAIN COUSE 3周（1周60.72キロ）

順位	ライダー	メーカー[国籍]	平均時速(km/h)
1	S.M.B.Hailwood	HONDA	141.2
2	L.Taveri	HONDA	
3	T.Phillis	HONDA	
4	J.Redman	HONDA	
5	島崎貞夫	HONDA	
6	Rennen	BULTACO[スペイン]	
8	谷口尚巳	HONDA	
11	伊藤史朗	YAMAHA	
12	大石秀夫	YAMAHA	
17	野口種晴	YAMAHA	
	伊藤光夫	SUZUKI(2周目)	
	市野三千雄	SUZUKI(2周目)	
	増田俊吉	SUZUKI(2周目)	

250cc MOUNTAIN COUSE 5周（1周60.72キロ）

順位	ライダー	メーカー[国籍]	平均時速(km/h)
1	S.M.B.Hailwood	HONDA	157.4
2	T.Phillis	HONDA	
3	J.Redman	HONDA	
4	高橋国光	HONDA	
5	谷口尚巳	HONDA	
6	伊藤史朗	YAMAHA	
12	市野三千雄	SUZUKI	
	伊藤光夫	SUZUKI	
	増田俊吉	SUZUKI	
	A.king	SUZUKI	
	P.Driver	SUZUKI	

350cc MOUNTAIN COUSE 6周（1周60.72キロ）

順位	ライダー	メーカー[国籍]	平均時速(km/h)
1	P.W.Read	NORTON[イギリス]	152.2
2	G.Hocing	MV	
3	R.Rensen	NORTON	
4	D.Minter	NORTON	
5	Stastny	JAWA	
6	Ingram	NORTON	

500cc MOUNTAIN COUSE 6周（1周60.72キロ）

順位	ライダー	メーカー[国籍]	平均時速(km/h)
1	S.M.B.Hailwood	NORTON[イギリス]	160.9
2	B.Mcintyre	NORTON	
3	T.Phillis	NORTON	
4	A.king	NORTON	
5	Langston	MATCHLESS	
6	Godfrey	NORTON	

軽量車クラスはホンダの独占状態。だが不調続くスズキは、TTの後、オランダ、ベルギーのGPに出場するが125クラスで市野の14位が最高位。250では、ドライバーがベルギーで7位に入ったほかは、すべて途中リタイヤという芳しくない成績で終わってしまう。

[日本のレース、自動車産業関連]
7月：第4回全日本クラブマンレース　（所沢、ジョンソン基地）トラック・バス・二輪車、貿易自由化に　ホンダ、世界選手権ロードレース 125、250ccクラス メーカータイトル獲得　四輪、三輪生産100万台超　ヤマハマン島TTへ参戦

[当時の世相]
インスタント　六本木族　通勤地獄　無責任時代　ソ連人工衛星ガガーリン　公務員初任給14,200円　大鵬・柏戸　東洋の魔女　アンネの日　ドドンパ　スキー

第18章 日本の挑戦 1962

（1）名手エルンスト・デグナーの亡命

1962年（昭和37）の世界GPは全11戦で、スウェーデンに代わってフィンランドが入った。マン島TTはスペイン、フランスに次いでの第3戦である。毎年、話題にこと欠かないTTレースだが、この年も大きな三つの動きがあった。

第一は、前年にFIMが、従来ヨーロッパ選手権というマイナーな種目であった「50ccクラス」を世界GPに加えることを決定し、50ccもマン島TTのマウンテン・コースで行なうようになったことである。

50ccというタマゴ程度の大きさしかないピストンのエンジンは、日本でも爆発的な需要となったスーパーカブでお馴染みだが、もともとはイタリアの「モペット」やフランスその他ヨーロッパ諸国で庶民の足である「シクロ」などに用いられるのが普通であった。だから、日本流に言えば、「50なんかで、そんなスピード出していいんかっ！」となるかもしれないが、しかしイタリアでは、1950年代のはじめにはスーパースポーツ・モペットまで市販され、最も小さなエンジンでスピードを競うという競技が早くから芽生えていた。

とくに、西ドイツ、フランス、スペイン、ベルギー、オランダで年9回行われるヨーロッパ選手権では、西ドイツのクライドラー、イタリアのモトム、ベネリ、スペインのデルビ、そしてユーゴスラビア（当時）のトモスなどのマシンが活躍し、アマチュアのクラブマンでも競技が容易であるレースとしても人気があった。

こうしたワークス／ライダーのうち、圧倒的な強さを誇っているのは、ドイツの代表的なモペットであるクライドラーと名ライダーのアンシャイトである。

第二は、前年に意を決したかのようにTT及び世界GPシリーズの前半戦に参戦したヤマハが、突如GPへの出場を取りやめたのだ。初出場ながらTTで伊藤史朗が6位に入り、次年度は上位に入賞できるマシンのポテンシャルとライダーの実力があり、侮れないと期待されていた矢先のことだった。欠場の理由についてマシンの再開発や熟成に時間をかけ、万全の構えで再出場することは明らかであった。

そしてもう一つは、1961年9月の第10戦スウェーデンGP、125クラスでトップを独走しながら、エンジントラブルで脱落したMZの名手エルンスト・デグナーが、レース終了後、突如、家族ともどもその行方がわからないというセンセーショナルな事件が起きたことだ。

数ヵ月後、デグナーは西ドイツに亡命したことが明らかになり、そしてその1ヵ月後、今度は東京のホテルに滞在していることがわかるのだが、正式にデグナーがメディアの前に姿を現わしたときには、スズキの専属ライダーという身分であった。

385

エルンスト・デグナーのような、東ドイツを代表するライダーであり著名人である人物の亡命と、そしてその彼がスズキのライダーになることを誰が予想できただろうか。

この時代、世界はアメリカを中心とする自由主義国と、ソビエトを中心とする社会主義国に色分けされ、米ソは対立して、"冷たい戦争"いわゆる東西冷戦という関係にあった時代であり、そして、デグナーの東ドイツはソビエトの勢力下にあった。

そのデグナーが、アメリカ圏である西ドイツに亡命するということは、ソビエト圏からすれば国家を裏切る犯罪であり、彼らの官憲に捕まれば、それこそ拉致や殺害をされてもおかしくない。そんな時世での出来事で、これには誰もが驚愕した。

これについて、多くの人が、「スズキは多額の金でデグナーを取り込み、MZのマシンに関する秘密を手に入れた」と評するのだが、私は、そんな"007"じみたものではないと思っている。

なぜなら、MZにそれほど隠すような秘密があったとは思えないからだ。ロータリーディスク・バルブやエキスパンション・チャンバー、そして、ピストンの形態、その材質などなど、どれを取ってみても、すでに日本のメーカーが手掛けていることばかりだった。

もし、この「亡命」に、何か技術的な要素があったとすれば、それは、レーシング・マシンの特異分野、つまりライダーとマシンの相性に関わる部分や、スズキのマシン開発への取り組み方といったことだったかもしれない。

しかし、それよりも私がライダーの立場でいうなら、ライダーであれば0.1馬力でも強く、そして

1マイルでも速いマシンに、とにかく勝てるマシンに乗りたいのである。その奇怪な願望は、おそらく常人にはとても理解できないものだ。そんなライダーの"癖"(へき)から、このときスズキの将来性に、デグナーは自分の人生を賭けたのではないかと思うのだ。

（2） 超絶の「ワークス50ccマシン」

1962年（昭和37）、マン島。50ccクラスの追加で、行なわれるレースは6レースとなり、344人の参加申し込みライダーのなかから、205人が予選を通過した。そしてそのうちの67人は、イギリス以外のナショナリティを持つライダーで、この年の「マン島」は、年々イギリス人ライダーが減りはじめる転機ともなった。

新設の50ccクラスには、当然ながら、日本のワークスも参加する。クラブマン50とはレベルが違って、メーカーのレーサー開発陣がマシンをつくれば、ホンダ「RC111」は4サイクル単気筒DOHC4バルブ、9・5馬力/1万4000回転、ミッションは6段ギヤ。スズキは、2サイクル単気筒ロータリーディス

日本国内でも、1959年の「浅間クラブマンレース」での種目が発端となって、トーハツ、ブリヂストン、山口オートペット、タス、スズキ、ホンダなど、市販車50cc改造型でのレースが盛んになりつつあった。したがって、スズキにしてもホンダにしても、これには難なく取り組める。

しかし、「ワークス」がからむと状況は一変する。

・バルブ式、9馬力で、ミッションは8段である。

125ccクラスでは、ホンダの4サイクル2気筒は基本はこれまでと同じだが、DOHCの駆動を中央のギヤトレインとして、ちょうど250cc「RC162」エンジンの真ん中二つだけにしたようなメカニズムとなり、前年から大幅な改良を施した「RC145」は耐久性が向上していた。

スズキは、前年の2サイクル2気筒から、新エンジンは単気筒にしたが、吸入方式はロータリーディスク・バルブと変わらない。特徴的なのはシリンダー前方からの排気と後方からの排気の二種がある こと。そして、キャブレターの燃料混合気を調整できる機構も備えた「RT62」は22馬力/1万100 0回転を発する。

つづいて250ccクラス。ホンダは、前年に"完全勝利"したホンダ・フォアに大きな変更はなく、それまでに発生したマイナートラブルの原因を消していくことに、開発の重点が置かれた。

しかしこの年、ホンダはまた新たな挑戦を企てた。350ccジュニア・クラスへの出場である。そして、そのためのマシンとして、250cc「RC163」のエンジン・シリンダーのボア(内径)を3ミリ広げた285ccの「RC170」をつくったのだ。

したがって、350クラスといっても、フルの350ccクラスには65ccも少ない排気量であり、一見では完全に不利である。ところが、ここ何年かの350クラスの記録よりも、実は前年の「ホンダ・フォア250cc&マイク・ヘイルウッド」の平均時速の方が速かった! そこから、"250改"でのジュニア

・クラス攻略も可能と読んだのである。

ライダーの布陣を見ると、ホンダは谷口尚巳、島崎貞夫、高橋国光。そして、ルイジ・タベリ、トミー・ロブ、トム・フィリス、ディレック・ミンター、ジム・レッドマンで、外国人ライダーの比率が増加した。

スズキは、市野三千雄、伊藤光夫のTT常連に、新たに鈴木誠一を加え、そして注目のエルンスト・デグナーが〝新エース〟となっている。

このような体制の日本側が出場するクラスで、ライバルとなるのは、EMC（イギリス）、CZヤワ（チェコスロバキア）、モトグッツィ、アエルマッキ（ともにイタリア）、ブルタコ（スペイン）などで、日本勢の優位は動かし難いところだ。

（3）マン島TT50㏄でスズキ勝利

新設の50ccクラスでは、エントリーしていた「デルビ」と「トモス」が不出走となり、日本のスズキと西ドイツの「クライドラー」のガチンコ勝負となった。

このクラスでは常勝をつづけているクライドラーは、そのメカニズムも独特なものがある。エンジンの出力は日本勢と大差ないようだが、しかし、その変速ギヤは足動4段/手動3段という12段変速! 小さなエンジンから絞り出した貴重なトルクと馬力を一瞬たりともムダにせず、小まめなギヤ操作でカバーしようというものだ。

ヨーロッパ選手権として人気のあった50ccが世界GPに加えられたのは'62年。そのとき滅法速かったのが足動4×手動3＝12段変速のクライドラー（独）、GP全11戦中の前半に4勝を上げ、なかでも速かったのがH・G・アンシャイトだった。

こんな西独の〝ウルトラ・マシン〟について、スズキの伊藤光夫は以下のように証言する。

「クライドラーは昔から、副変速機をつけた12段ですが、そう、手と足を使って切り替えながらギヤチェンジするんです。でもね、あれを乗りこなせるのはアンシャイトしかいなかった。他のライダーでは使いこなせない。プロビーニもタベさん（タベリ）も乗ったけれど、彼らであっても、あのギヤは使い切れなかった……」

50クラスは、マウンテン・コース2周であ る。その思惑通りに進んだのか、アンシャイトの12段ギヤも、TTの複雑なコースでは使いきれなかったか、ホンダとスズキが4サイクルと2サイクルの排気音を響かせながら先

行し、そして、2周目の最高ラップ29分58秒6を出したスズキのエルンスト・デグナーが優勝した。スズキにとって、TTレース参戦3年目にして、初めて獲得したタイトル。それも史上初の50クラスでの勝利だ。

そしてこれは、TTレースの難コースは2サイクル・エンジンには過酷すぎて、ここで勝つのは至難の業であるという定説を覆しての勝利でもあった。歴史的にいうと、1938年にドイツのクルーゲ（Kluge）が乗ったDKWが250クラスで優勝した、その〝例外〟以来のことなのだ。

ホンダは、ルイジ・タベリがデグナーに遅れること約15秒の2位に甘んじた。そして、このレースで初めて女性ライダーが誕生し、「イトム」に乗るベリル・スワインが22位に入った。

マン島TTを50ccなんかで走れるわけがない、また、走っても「レース」になるようなスピードにはならない……と思っていた人々は、驚くべきスピードで、スズキ、ホンダ、クライドラーのワークス・マシンがマウンテン・コースを駆け抜け、そして一台の脱落もなく完走したことに驚嘆した。

この50ccクラスの結果を、各誌紙は伝える。

「″ティドラーズ″（Tiddlers＝小さな魚たち）50cc車の性能には驚くべきものがあり、ほとんど信じられないほどだ。誰が、小さなスズキのマシンにピッタリと身を伏せたライダー、デグナーが120km／hを超すスピードで最初のTTに優勝することを想像しただろうか。そしてこのクラス、33台が出走し、たった6台しかリタイヤしなかったのである」

この年、50ccの世界メーカー選手権はスズキが、そしてライダーのチャンピオンはエルンスト・デグナーが獲得した。

こうしてスズキは、2サイクルの王者への大きな一歩を踏みだしたのである。

（4）ホンダの悪夢、高橋国光クラッシュ！

つづく125ccクラスだが、またしても、勝利の陰に潜む魔物がホンダを襲った。125cc決勝レースに出場し、快調に5位をキープ。虎視眈々と上位をうかがっていた高橋国光が、ユニオンミルズの中速右コーナーで大きくはらみ、石垣に激突。草むす石垣がこわれ、砕け散ったマシンに、誰もが即死したと思うほどの状態で、病院に運ばれたのだ。

昨年は、北野元が練習中に重傷を負い、今年は高橋だ。河島が、宗一郎が、そしてホンダファンが期待するライダー二人がつぶれてしまった……。

「ほんとうのことを言うとね、本田（宗一郎）さんは、『日本のクルマで日本人に優勝させたい』というのが一番の《夢》でしたね、おやじさんのね。ですから、60年に高橋君と北野君がホンダに入ったというのも、従業員じゃなくて契約ライダーだった。彼らにすごく夢を託したんですよ。

私たち（社員ライダー）とクニさん北野君、いっしょに働いていても、片や契約ライダーという、何

か別のものがありました。"上"が見る目も、彼ら二人に対してはまったく違っていた。

だから、ホンダの《夢》を最も背負ってもらったのは、クニさんであり北野君じゃなかったのかな。

そう僕は思いますね」（谷口尚巳）

その高橋国光がTTレースを走るとなれば、誰だって注目もするし期待もする。しかし、この"ク

ニさん"、そもそもどういう経緯で、ここマン島で走ることになったのか？

「僕は1958年の浅間にBSAで出ることになって、そのときは幸い優勝できたわけですが、その時

点での僕は、ただのオートバイ好き。乗ることが大好きで、単純に乗っていただけです。

でも、いつも見る雑誌にホンダスピード・クラブのことが出ていまして、いまでも鮮明に覚えていま

す。

でも、仮に浅間で優勝したからといって、海外のレースに出るなんていうのは、とんでもない雲の上

の話でした。

もともと僕は、東京の小金井生まれの小金井育ち。当時の三多摩には、オートバイ好きが集まる『東

京オトキチクラブ』というのがあって、会長が高田秀明さん。そして、そのクラブはホンダスピード・

クラブと大変仲がよかったんですね。

そこに僕が出入りしているときに、走りに行ったんです。米軍横田基地近くの桑畑のなか、そこの農

道に、とてもいいS字コーナーがあって──。そしたら、鈴木義っちゃん（鈴木義一）、谷さん（谷口

尚巳）、田中槇さん（田中槇助）、ああ、秋山さん（秋山邦彦）もいたなあ！そこで、革のツナギ着た

393

選手が走っていたんです。

その頃、僕なんかはツーピースの、みっともない革服で、ヘルメットだって道路工事のようなものしかなかった。それが、彼らはすごいレーシングスーツやヘルメットで、そりゃあカッコいいんです！いまでも、その印象が強く残ってます。

その雰囲気は、まさにマン島にチャレンジするって、燃えている姿そのもの。

それで、僕はホンダスピードにすごい憧れを持っていたんだけれど、やはり雲の上。だから、海外レースに行くとかTTレースに出られるなんて夢にも思っていなかった。

次の年の浅間で、僕はまた優勝したけど、谷口さんや田中楨さんたちは、すでにマン島にチャレンジしているから、やはり雲の上……。

そうこうしているうちに、『選手が足りないから、ホンダに入らないか』っていう話が舞い込んできたんです。僕は鈍感なので（笑）、あ、そーお、それはいいな……というのがそのときの感想でしたが、でも、ホンダに入れる、ホンダスピードに入れる、そして本物のレーシングマシンに乗れるっていうのは、すごい嬉しさでした」（高橋国光）

高橋国光のワークスチーム入り、この《夢》は現実となった。

そして、1961年。高橋国光は西ドイツGP250ccクラスで、歴史上初めて、日本製のマシンで日本人のライダーが優勝するという快挙を成し遂げた。さらに、ホンダの世界メーカー・チャンピオン獲得にも大きく貢献し、個人でも、世界ランキング125ccクラス5位、250ccクラスでも4位を獲

得。世界を沸かす〝クニミツ〟になっていた。

「僕が初めて向こうに行ったとき、経済はもとより、日本の人々の気持ち、これが遅れていると思ったのです。アムステルダムのホテルに泊まり、出会う人、行き交う人、みんなレディース・アンド・ジェントルマンって感じで、立居振舞、見知らぬ人への応対……。とにかくスマートで、それは僕が初めてだったからかも知れないけど、でも、それまで自分が何でもなく行動していたことが、すごく恥ずかしくなった。

レース場に行ってもそう――。僕は、自分で素晴らしく速いと思っていたんだけれど、外側からビュンビュン抜かれて1周遅れにされてしまい、そのとき自分自身が嫌いになって、同時に、日本人であることもいやになってしまった。

そのときのカルチャー・ショックが後になって役立ったと、自分では理解していますが、マシンの違いもあるけど、そこの人間の生活、文化、とくにモーターサイクル・スポーツの文化、機械をめぐる文化、見るもの聞くもの、もう、日本よりずっと進んでいるわけ。

さっき、レースでビュンビュン抜かれたって言ったでしょ。1960年、初めての西ドイツGP、ソリチュードのコースでした。

小さなドロップハンドルのマシンには、荒川テストコースで走り込み、自分でもよく乗れていたんです。それなりに自信ありました。

でもソリチュードのコースは、一周約10キロぐらいあって、何周したのかわからないくらい走ったの

ですが、どうしてもコースを覚えきれない。俺、頭悪いのかなあって……。

それでも、いざレースになり、走りました。自分では凄く速く走っているつもりなのに、簡単に1周遅れになった。その時の恐怖感というか、走りが情けないというか……。もう、怖くて怖くてしょうがないんです。おまけに、チームメイトのボブ・ブラウンが亡くなるし……。

普通なら悲しいとか、残念とかいう気持ちになりますよね。でも、そのときは、そういう気持ちになれなかった。もう、自分がどうしたらいいのか、まったくわからない状況でした。ボブは、コース取りから何から、何でも僕らに教えてくれたトップライダーでしょ、それが簡単に死んじゃうんですから……。

走ることさえできない、まったく自信がなくなってしまった。こんな状況を経て、何とかやらなければ——という気持ちになってきたのは、次のアルスターGPでした。でも、ここも、もの凄く難しいコース。ここで、また、前の西ドイツGPで3位になった田中健二郎が転倒して、右足切断しなければ助からないような重症負って……またまた大ショックでした。

それでも、何とかやらなければならないわけですから——。でも、少しずつ、走り方・攻め方がわかってきて、イタリア・モンツァに行って、どうにか4位になりました。

それで、クニミツけっこうやるじゃないか、ということでしょうか。翌年（1961年）からは、1年通してシリーズに出ることになり、運よく西ドイツGPで優勝し、初めてマン島に行ったんです。

TTのコースは、アルスター（アイルランド）を大きくしたようなコースですが、そこに、ジャンプするようなところ、そして、凄く長いコースに見えて……。だって1周60キロでしょ、

396

トレートあり。さらに、山に入ればガスっている。これはバカげた異様なコースだと思いましたね。そして、にもかかわらず、そこで国あげて、町、村あげて、みんながレースに理解、認識があって……。日本ではとても考えられない世界です。

でも、このとき、おやじ——本田宗一郎さんが、マン島にチャレンジするといったことが理解できましたね。

それで、ここは何としても優勝したいと頑張ったのですが自分に誓ったのですが……」

その年、世界GPではないが、1月にアメリカGPの50、125、オープンの3クラスに優勝。そして、マン島TTの前、スペイン、フランスの両GP125ccクラスで優勝した高橋国光の《夢》は、マン島マウンテン・コースに砕け散ってしまった。

日本から、急遽父親が駆けつけなければならないほど重傷のまま、マン島の病院から日本に搬送された高橋は、レースに復帰するには1年の治療、リハビリを必要とした。栄光の道を走り続けてきた高橋にとって、初めて味わう悲運と挫折。高橋なきレースの結果は、前年同様1～5位までをホンダが独占。

しかしスズキは、前年と同じくトラブルに見舞われ精彩を欠く。

397

（5） トム・フィリス、マン島に眠る……

250ccクラスは、ディレック・ミンターが優勝した。彼は1年前のマシンで出場したのだが、レッドマンやフィリスを尻目に、2分もの差をつけての快勝であった。あのマイク・ヘイルウッドの凄まじい記録には及ばない平均時速だったが、やはりホンダが1～3位を占めたことは、いまのところ、世界の250では、ホンダ・フォアが圧倒的な優位にあることを示していた。

そして、350ccクラスにホンダが出場することになって、イギリスのファンは、戦前初期の250クラスで見た憂鬱な悪夢の展開を感じ取っていた時代に、西ドイツ車に250王者の席を譲っていた。

そして戦後、イタリアのMVワークスが撤退したあとは、びイギリス車の時代が還ってくる……と期待していた。そこへ350ならぬたった285ccのエンジンで「ジャパン」が斬り込んでくるというのだ。もし、そんな〝小排気量〟に負けでもしたら？　重量車を愛するイギリスのファンは立つ瀬がなくなってしまう……。

だが、ホンダの野望は成らなかった。勝てるとの目論見で出場した「RC170」だったが、電気系統のトラブルであっけなくリタイヤとなってしまったのだ。そして、ホンダにさらなる非運が襲った。オーストラリア人のライダーで、やがてはホンダの主戦となると期待されたトム・フィリスは、「R

C170」で順調に周回し、3位を確保していた。フィリスの前を行くのは「MVs」のゲーリー・ホッキングと、前年にホンダに栄冠をもたらしたマイク・ヘイルウッド（今回はMVsに乗る）の二人だ。昨日ならぬ昨年の味方は今年に敵になる、非情な世界。

そして、3周目のローレルバンク。二人に急迫してきたトム・フィリスは、一瞬のうちに宙に飛ばされ、帰らぬ人となってしまう。

トム・フィリスはホンダチームのみならず、他チームのライダーからも尊敬を集める一方、チーム内での競争心も高いライダーであった。フィリスの死は、彼の近しいレース関係者に大きなショックを与え、とくに同僚でチームリーダーのジム・レッドマン、レースからの引退を真剣に考えた。

しかし、これから花開くであろうジムの才能を見極めていたボブ・マッキンタイヤの強い勧めで、引退は思いとどまり、この先レッドマンはフィリスの分まで活躍していく。

しかし、こうしてレッドマンに強い励ましを与えたボブ・マッキンタイヤ自身も、数ヵ月後、オールトン・パークのレースで落命する。

そしてフィリスと争い、ノンワークスながらMVの数少ないライダーだったゲーリー・ホッキングも、生まれ故郷のローデシアで行なわれたレースでMVで亡くなってしまう。

いまトム・フィリスは、TTレースのスタートライン右側にある墓地に眠っている。

波乱に満ちた1962年のTT──。そしてこの年9月、日本では「鈴鹿サーキット」が竣工し、11月3～4日に、第1回全日本ロードレース選手権が開催され、さらに翌1963年（昭和38）には、世

399

界GPシリーズに加わった「日本GP」が行なわれる。初回のマン島TTレースから56年が経って、日本はようやく、世界の「ロードレース」界への仲間入りを果たしたのだ。

1962年[S37]マン島TTレースリザルト

50cc　MOUNTAIN COUSE 2周（1周60.72キロ）

順位	ライダー	メーカー[国籍]	平均時速(km/h)
1	E.Degner	SUZUKI	120.8
2	L.Taveri	HONDA	
3	T.Robb	HONDA	
4	Anscheidt	KREIDLER[ドイツ]	
5	伊藤光夫	SUZUKI	
6	市野三千雄	SUZUKI	
7	Huberts	KREIDLER	
8	鈴木誠一	SUZUKI	
9	D.Minter	HONDA	
10	島崎貞夫	HONDA	
11	Shorey	KREIDLER	
12	Gedlich	KREIDLER	

125cc　MOUNTAIN COUSE 3周（1周60.72キロ）

順位	ライダー	メーカー[国籍]	平均時速(km/h)
1	L.Taveri	HONDA	143.8
2	T.Robb	HONDA	
3	T.Phillis	HONDA	
4	D.Minter	HONDA	
5	J.Redman	HONDA	
6	Avery	EMC[ドイツ]	
7	Malina	CZ[チェコスロバキア]	
8	E.Degner	SUZUKI	

250cc　MOUNTAIN COUSE 6周（1周60.72キロ）

順位	ライダー	メーカー[国籍]	平均時速(km/h)
1	D.Minter	HONDA	154.7
2	J.Redman	HONDA	
3	T.Phillis	HONDA	
4	Wheeler	GUZZI[イタリア]	
5	Pagani	AERMACHI	
6	Shorey	BULTACO[スペイン]	

350cc　MOUNTAIN COUSE 6周（1周60.72キロ）

順位	ライダー	メーカー[国籍]	平均時速(km/h)
1	S.M.B.Hailwood	MV[イタリア]	159.3
2	G.Hocking	MV	
3	F.Stastny	JAWA[チェコスロバキア]	
4	Ingram	NORTON[イギリス]	
5	M.Duff	AJS	
6	H.Anderson	AJS	

500cc　MOUNTAIN COUSE 6周（1周60.72キロ）

順位	ライダー	メーカー[国籍]	平均時速(km/h)
1	G.Hocking	MV[イタリア]	165.6
2	E.Boyce	NORTON[イギリス]	
3	F.Stevens	NORTON	
4	Schneider	NORTON	
5	Ingram	NORTON	
6	Setchell	NORTON	

ヨーロッパ選手権で行なわれていた50ccクラスは、この年から世界選手権にも加えられマン島TTでも実施された

[日本のレース、自動車産業関連]
7月：第5回全日本クラブマンレース（九州・雁の巣）　9月：スズカサーキット竣工　11月：全日本ロードレース選手権（MFJ）　二輪含む自動車保有500万台超　LPGタクシー　ヤマハ、TT.GP参戦休止

[当時の世相]
東京の人口一千万人超　スモッグ　国産旅客機YS11　堀江謙一、ヨットで単独太平洋横断　家つきカーつき　ばばあぬき　M.モンロー自殺

第19章　日本の挑戦　1963

（1）GPを支える日本製マシン

1963年（昭和38）のマン島TTでは、またまた大きな変化と、とてつもない出来事が起こった。

そしてこの年、TTのみならず世界GPの様子が変わり始めてきた。

大きな変化というのは、ヤマハの復帰である。GPでの初戦を闘った「RA41」、「RD48」を大きく進化させ、125ccは「RA55」、そして250ccは「RD56」というニュー・ウェポンとともに、彼らはGPに還ってきた。1年前のヤマハの「休止」は、新たなマシン開発に注ぐための雌伏の時間だったのだ。

そして、もうひとつの大きな出来事。そしてそれは、「日本と日本人」が長い間待ち焦がれてきたのでもあった。そう、マン島にその瞬間がついにやってきたのだ。

1963年のTTレース50ccクラス。スズキ「RM63」を駆る伊藤光夫が、日本がつくったマシンで、日本人ライダーがマン島で優勝するという悲願を達成したのである。

ホンダがマン島TTに参戦してから4年目、もはや日本製のマシンがなければ、TTも世界GPも成り立たないというレース界になってしまった。MVやジレーラ、マチレス、ノートン、AJS、これら

402

はみな重量車クラスでの存在で、50、125、250の軽量車クラスは、いまや日本製マシン抜きにはレースにならない。

そして、同時にそれは、ライダーの「構成」の変化にもつながっていくものだった。日本のメーカー同士の覇権争いが、まるで外国にその舞台を移動したかのようにして行なわれる。そのなかで、ライダーの個人ポイントの争いも激しくなる。一流のライダーはみな、優秀な日本製レーサーへの乗車を熱望するようになってきた。

そしてメーカーは、メーカーの意地と市場進出をかけた勝負から逃れられない、必然的に効率のいいレース参加のシステムができあがってくる。

ホンダは、125、250のクラスに出場のマシンを、基本的に前年タイプの改良型とすることとした。さらに前年、思惑外れと悲劇に祟られた350クラスに、フルサイズ350ccエンジンのホンダフォア「RC172」を投入して、ジム・レッドマンを中心ライダーに据える。61年に125、250の2冠に輝いたホンダとしては、やはり350クラスも制覇したいところだ。

ただホンダは、この年のTT及び世界GPへの参戦については「ワークス体制」は休止し、従来のワークスマシンで基本的に闘うとともに、250ccクラスには市販レーサーである「CR72」を投入する試みで臨む。

そして、50ccクラスへの出場は取りやめ、4サイクルで勝てる新たなマシンの開発に時間を費やすことにした。

スズキは、前年に50ccクラスを制した実績を不動のものにすべく、後方排気システム、変速ギヤを一つ増やして9段とし、10馬力超/1万2000回転（公表値）の「RM63」を送り込む。

そして、なかなか成果の上がらぬ125クラスには、2気筒・後方排気、24馬力/1万2000回転（公表値）の「RT63」を投入。

さらに、いまだに満足な結果の出ない250クラスには、前2気筒は前方排気、後ろ2気筒は後方排気という「スクェア」（四角形）配置の2サイクル、ロータリーディスク・バルブ4気筒のRZ63を開発。これは50馬力超/1万2000回転の出力で、新たな挑戦を行なう。

では、1年の開発期間を経て登場したヤマハのマシンはどうか。ヤマハは、125と250のクラスに、ピストン、クランクシャフト焼き付きなど、2サイクル・エンジン特有の弱点を解消する強制潤滑構造（後の市販車に採用のヤマハ・オートルーブ）を仕込んだ、まったく新しいマシンを投入してきた。

ホンダのライダー布陣は、ルイジ・タベリ、ジム・レッドマン、トミー・ロブに、前年、TT125クラスで瀕死の重傷を負った高橋国光が、不死鳥の如くカムバックする。

リザルトを見ると、ジム・レッドマンが250と念願の350クラスを制覇したものの、125クラスは1〜3位までがスズキ。そして、250もヤマハが2位に食い込み、2サイクル猛攻の脅威が迫りはじめた。

スズキのライダーは、常連の伊藤光夫、市野三千雄に新たに森下勲が加わり、これに加えて、ヒュー

・アンダーソン、フランク・ペリス、そしてエルンスト・デグナーというラインナップを揃える。50クラスは伊藤光夫の圧勝、125もヒュー・アンダーソンが制するなど、成果をあげるが、250はどうしても弱い。

ヤマハのライダーは、伊藤史朗、砂子義一。そして、浅間時代には「昌和クルーザー」で活躍し、その後クルーザーがヤマハに吸収されたことで、ヤマハのライダーとなった長谷川弘。外国人ライダーはトニー・ゴッドフリーだ。

マン島TT250クラスでは、伊藤史朗の活躍が目覚ましく、彼は1周2周とトップを走り、ストレートでは225km/hスピードで、レッドマン、タベリ、ロブといったホンダ・グループの心胆を寒からしめる。

ただ、この日のマウンテン・コースは驚異的な太陽光線で異様に温度が高く、路面のタールが溶け出して、伊藤のマシンが滑り出す。ピットインし、燃料補給に時間がかかりすぎる間に、レッドマンに追いつかれ、そのままレッドマンがTTレース初勝利を手にして、伊藤史朗は2位に甘んじた。

さらに初参加の長谷川弘も4位と、ヤマハは新鋭マシン「RD56」の真価を見せ、TT以降のオランダGPで2位と4位を獲得。そして、ベルギーGPでは伊藤史朗が優勝する。

(2) マン島で日本人ライダーが勝利！

TTレースで50ccのレースが行なわれるということを知った大抵のファンは、子供じみた試みでおもしろくないもの、小魚たち（Tiddlers）と侮っていたが、そんな認識は初回で吹っ飛んだ。ちっぽけなマシンが120km／hを超えるスピードで、マウンテン・コースを疾走する！

2回目となるこの年の50クラスは、人気としても、もう重量車クラスにヒケを取らない存在となり、周回数も前年の2周から3周となった。エントラントは、スズキ、クライドラー、デルビ、イトハのワークスに、プライベートのホンダ、トーハツである。

1963年（昭和38）6月14日、午前11時。マン島TT、50ccクラスのレースが始まった。

まず、バート・シュナイダーのスズキ、ハンス・ゲオルグ・アンシャイトのクライドラーが押し掛けで動きだす。シュナイダーのエンジンはすぐに始動するものの、アンシャイトのクライドラーはもたつきながらのスタートだ。

つづいてのスタート、アルベルト・パガーニ（クライドラー）もやや出遅れ、スズキのヒュー・アンダーソンに先行を許す。

そして、エルンスト・デグナー、伊藤光夫、森下勲らのスズキ・ライダーも、流れるようにスタートしてゆく。

スズキ全車は好調な滑り出し……と思われたのもつかの間で、早くも8キロ地点でシュナイダー/スズキがエンジントラブルでリタイヤ。クライドラーのアンシャイトがトップに立つ。

だが、後からスタートのアンダーソン/スズキは、その加速力を活かして12キロ地点でアンシャイトを抜き去り、さらにその先の登坂でもクライドラーを抑える。アンシャイトでなければ操作できないとされる例の手×足動12段ギヤも、足動9段ギヤを小刻みに使うスズキに及ばないようだ。

そのアンダーソンを追うのは、デグナー、伊藤、森下、市野のスズキ勢。パガーニ（クライドラー）も快調で、ポジションでは3番手にいる。40キロ地点を過ぎ、山側に入るや、勢いを取り戻したアンシャイトがアンダーソ

日本人として、初のマン島優勝に向けてラムジー（北部の港町）のコーナーを抜け、これからマウンテンコースに向かうスズキRM63(50)と伊藤光夫。新婚間もなかった彼は夫人に「この感動を君に捧げる」と打電。それが週刊誌に掲載された話は有名だった。

ンを追い込み、再びトップに立つ。

第1周を終えた「タイム順位」は、デグナー、伊藤光夫、アンダーソン、アンシャイト、森下、市野の順で、いずれも前年のラップレコードを更新する速さである。

第2周に入ると、10～20秒先にスタートしたアンダーソン、アンシャイトに、デグナーが急迫！ そして、ついにデグナーは彼らを抜き去る。第2周を終えての「タイム順位」は、デグナーが首位、そしてそれに3秒遅れて伊藤光夫がつづいている。

デグナー、伊藤光夫、アンダーソン、このスズキ勢の「ワンツースリー」は3周目に入り、このままゴールしてもスズキの完全勝利で、無理をする必要はない。ピットでは祈るばかりだ。

レースは、アンダーソンとアンシャイトの3位争いのバトルがたびたび起こるなか、トップを疾走していたデグナーの調子が乱れはじめた。そして、飛ばし過ぎが裏目にでたのか、ゴール地点まで10キロに迫っていながら、デグナーはリタイヤしてしまう。

そのデグナーの後を継いでリーダーになったのは、50ccエンジンとは思えないカン高い排気音を山々に響かせながら疾走する伊藤光夫だった。どんなレースでも慎重な伊藤光夫は、自分の置かれている状況を冷静に判断している。焦らず、確実に「RM63」をライディングし、アンダーソン、アンシャイトにじりじりと差をつけ、流麗なフォームでゴールインした。

スズキの2年連続優勝、そして、日本人ライダーによる「マン島」での優勝！ 二重の喜びにピットは湧く。

前年より6km／h以上速い平均速度126.93km／hの記録が信じられないような興奮気味の観客が伊藤を祝福する。リーダーボード上、表彰台の真ん中に伊藤光夫。そして、右側にアンダーソン、左側に健闘のアンシャイトが立つ。伊藤の背後には日の丸がはためく。

この1963年を契機に、その後のTTレース及び世界GPは、日本のメーカー3社のうちのどれかによる「支配」がつづき、ますます強馬力、超スピード化するマシンにともなって、ライダーの構成も変貌していく。

1963年の結果を以下に記す。

1963年[S38]マン島TTレースリザルト

50cc　MOUNTAIN COUSE 3周　(1周60.72キロ)

順位	ライダー	メーカー[国籍]	平均時速(km/h)
1	伊藤光夫	SUZUKI	126.8
2	H.Anderson	SUZUKI	
3	H.G.Anscheid	KREIDLER[ドイツ]	
4	森下勲	SUZUKI	
5	市野三千雄	SUZUKI	
6	Plumridge	HONDA	
7	W.D.Ivy	DERBI[スペイン]	
8	Simmonds	TOHATSU[日本]	

125cc　MOUNTAIN COUSE 3周　(1周60.72キロ)

順位	ライダー	メーカー[国籍]	平均時速(km/h)
1	H.Anderson	SUZUKI	142.8
2	F.Perris	SUZUKI	
3	E.Degner	SUZUKI	
4	L.Taveri	HONDA	
5	Schneider	SUZUKI	
6	J.Redman	HONDA	
7	T.Robb	HONDA	
8	高橋国光	HONDA	

250cc　MOUNTAIN COUSE 6周　(1周60.72キロ)

順位	ライダー	メーカー[国籍]	平均時速(km/h)
1	J.Redman	HONDA	151.8
2	伊藤史朗	YAMAHA	
3	B.Smith	HONDA	
4	長谷川弘	YAMAHA	
5	T.Robb	HONDA	
6	Kidson	GUZZI[イタリア]	

350cc　MOUNTAIN COUSE 6周　(1周60.72キロ)

順位	ライダー	メーカー[国籍]	平均時速(km/h)
1	J.Redman	HONDA	151.9
2	J.Hartle	GILERA[イタリア]	
3	F.Stastny	JAWA[チェコスロバキア]	
4	Mizune	AJS[イギリス]	
5	Aheam	NORTON	
6	M.Duff	AJS	

500cc　MOUNTAIN COUSE 6周　(1周60.72キロ)

順位	ライダー	メーカー[国籍]	平均時速(km/h)
1	S.M.B.Hailwood	MV[イタリア]	167.4
2	J.Hartle	GILERA	
3	P.W.Read	GILERA	
4	M.Duff	MATCHLESS[イギリス]	
5	A.Shepherd	MATCHLESS	
6	Dunphy	NORTON	

[日本のレース、自動車産業関連]
5月：第1回日本グランプリ自動車レース　(スズカ・JASA・日本自動車スポーツ協会)　マイカー増
10月：第6回全日本クラブマンロードレース　(青森・三沢基地・MCFAJ)　11月：第1回世界選手権日本GPロードレース　(スズカ・MFJ)　名神高速一部区間完成(栗東〜尼崎)　二輪車メーカー10社に激減(ホンダ・ヤマハ・スズキ・川崎・富士重・新三菱・トーハツ・丸正・メグロ・BS)　年間自動車新車登録100万台超　ヤマハ WGPに復帰

[当時の世相]
ケネディ大統領暗殺　日米衛星TV　ボウリング　力道山刺殺　鉄腕アトム　今日は赤ちゃん　TPO　公害　ガバチョ　およびでない

第20章 日本の挑戦 1964

(1) 4サイクルか2サイクルか?

　前年、つまり1963年のマン島TT以降、世界GPシリーズでは2サイクル・マシンの著しい飛躍があった。そして、2サイクルでは通用しないというロードレースの定説は、完全に覆された。50、125の二つの世界タイトルを握ったスズキ、また、再発進で躍動するヤマハ。先輩格のホンダとしても、うかうかしていられないという状況になってきた。
　また日本のメーカーのみならず、MZ、ヤワなど、他の2サイクル・マシンが台頭し、GPは「ツーかフォアか?」という様相も呈しはじめた。
　前年の世界GPシリーズに組み入れられた、鈴鹿サーキットでの「日本GP」が開催され、ホンダは休止していた50ccに、DOHC2気筒4バルブの超小型精密機械ともいえるマシンを開発、高回転と高出力の極致を追求する。
　そして64年には、このモデルをさらに発展させ、前後ホイールに整流板を設置し、軽い自転車のキャリパー式ブレーキなど、軽量化と空気抵抗対策を講じた「RC114」で参戦する。
　またホンダは、125ccも4気筒として、これはやがては5気筒(!)に、さらに250ccも4気筒か

ら、何と6気筒（！）へと進化していく。スズキの50ccは、単気筒で12・5馬力／1万4000回転に。そして、125は「RT63」の改良型で、基本的変化はないが、エンジンの出力は30馬力／1万3000回転。そして250の「RZ61」の改良型は公表値で54馬力／1万2500回転と、世界最高の馬力を示した。
　ヤマハは、前年の改良型で闘う戦略を採り、250クラスを中心として、TTレースの結果は5位だったが、この年の250ccクラスでメーカー・チャンピオンを獲得する。
　そしてヤマハはこの後、ホンダ6気筒に対抗した水冷V型4気筒のRD56を開発。1967年の最終的なモデルでは、エンジン冷却を水冷化した250ccで、何と75馬力！　をマークしたという。マン島TTはもちろんのこと、GPでもこの年も無敵を誇り、3年連続で世界チャンピオンを獲得する。
　スズキのワークス50マシンも、最終的には2気筒14段ギヤ！　になるのだが、小さなエンジンの狭いパワーバンドを有効に引き出すには、多段になるのもやむを得ないとはいえ、たとえば220以上もコーナーがあるというマン島のマウンテン・コースで、そんな複雑な作業ができるものなのだろうか。
　これについて、スズキで実際にそのワークスマシンに乗っていた伊藤光夫は語る。
「63年のときは10速、2気筒になってからは14速でした。タコメーターとにらめっこというのは、その通りなんですが、でも、頭のなかでは、いま何速に入っているかはわかっています（50cc2気筒RK65の公表値は16500回転で16馬力！　を発生するが、実際の走行に使える回転数は700回転ほど)

かない。したがってライダーは常に16000回転以上を保持するため、頻繁なギアチェンジのテクニックが要求される＝著者注）。スピードと回転の上がり具合で、そのへんはわかりますし、コースのどこを何速で走るかということも考えているんです。マン島で14速を使ったのは、マウンテンからケッペルゲートへの下りですね。ストレートは12か13速で走りました」

対して、ホンダは、

「ホンダの50は、最終的なモデルだと4バルブ2気筒。最高回転は2万4000回っていましたよ」（田中楨助）

『RC115』だと9速で、それ以上はクランクケースにギヤが入らないのです。もし、それ以上にしようとすれば、グリップでの切り替えになってしまいます。操作しやすい範囲となれば、9速までぐらいでしょう」（谷口尚巳）

（2）〝日本製マシン＋外国人ライダー〟

1964年からの日本のワークスマシンは、世界中どこのメーカーでもイメージできない、そして、つくれないような新鋭機種開発のバトルになっていた。

この模様を外国のメディアは、「彼ら日本人は風変わりなレースマシンを開発し、最も優秀なライダ

414

ーを得ることで、それまでに見ることのできなかったスピードを可能にした」と評した。

この論評にもあるように、日本のメーカーは、自社の強力なマシンのポテンシャルを最大限に引き出せる実力のライダーを中心とする、「日本製マシンと外国人ライダー」という組み合わせによる参戦体制になっていく。

そういった状況、またライダーへの対応は、日本のメーカーが望んだのか、あるいは外国人ライダーからの要望からそうなったのか？ そして、では日本人ライダーでは世界に通用しないということなのか？

スズキの伊藤光夫、ヤマハの本橋明泰と砂子義一、ホンダの谷口尚巳と田中禎助、そして、高橋国光と北野元。

かつて、各社のワークス・ライダーであったこれらの人々は、この点についていま、どんな意見を持っているだろうか。

伊藤光夫

「あれだけ日本のマシンが速くなれば、彼ら外国人からの売り込みも、当然多くなってきましたね。外国では、ライダーをマネージメントしているのはメーカーではなく、シェルなどのガソリン会社とか、部品メーカーと契約しているケースが多い。そうした彼らのスポンサー経由での話が主なんです」

田中禎助

「タベさん（タベリ）のように、本人からの申し入れもありますし、こちらから声かける場合もありま

す。あるいはライダー同士の紹介からとか」

その点、ヤマハは後から参戦ということもあって、早くから外国人ライダーを起用していたが?

本橋明泰

「私のGPレース参加は遅いのですが、すでにヤマハは外国人ライダーが主流でした。そのことについて随分話し合ったこともあるんですが、日本のライダーを育てるという雰囲気はあまりなかったですね。私が初めて海外でレースして戻ったとき、ともかく3年やらせてくれ、必ず成果を出すと言いつづけたんですが……。

だけど、すごかったですよ! メーカーとしては、絶対にそのような(育てるような)要素はない、力しかないって! レースに外国人が出る、私が出る、そういう問題じゃないんですね。勝つためには、こっちの策がいい。単にそれだけなんです。その点では、すごくきびしかった」

砂子義一

「プロ野球の助っ人と同じなんですよ。即戦力、即使えるライダーが必要だった。それでないと(世界に)通用しなかったんだ」

だが、日本人ライダーだって、ときには負傷することがあったかもしれないが、マン島以来、そして「鈴鹿」ができてロードレースにも慣れて、急速に世界レベルに近づいていった時期である。それとも、日本メーカーは、そんなにも「結果」を急いでいたということなのか。あの頃、日本人ライダーでは通用しないと見限ったのか?

416

谷口尚巳

「そうですねぇ……。軽量車クラスは何とかいけると思うのですが、あの当時、一人のライダーが複数のクラス、いわゆる掛け持ちで乗ったわけです。いまのように、500専門とか125一本でということではなかった。そうなると、重量車クラスは（日本人では）しんどかったでしょうね。350クラスになると、スピードもかなりあるし、剛性が強すぎるのです。クルマ（車体）が捩れたときに戻る〝反動〟を利用してコーナリングできるのは、外国人の方が腕力があるというのか、ねじ伏せる力があるというか──。

それと、キャリアの問題です。いろいろなコースに慣れているし、レースのキャリアが違います。先ほどの車体剛性ですが、ここの箇所をこうして補強してくれませんかって言うと、おやじ（宗一郎）さんが、『お前らいい加減にしろ、あそこを補強しろ、ここを補強しろって追加していったら、戦車になっちまうじゃないかっ！』『そんなことしていたら車重ばかり増えて、また馬力あげなければならなくなる』と。

馬力上げるのって、ものすごい開発費用がかかるんです。そうであるなら、そんなマシンであっても乗りこなしてしまう外国人ライダー使った方が〝安い〟というか、早いんですね。

それに、ケガしたり死亡したときの補償問題が、日本人と外国人とでは随分違うのです。トム・フィリスがレース中に亡くなったときですが、彼の奥さんが『主人の不注意で事故になってしまい、みなさん申し訳ございませんでした』とチームに謝りに来たんですね。

バイクに対する文化の違いと一緒で、日本人の家族の方が、これからの生活のことや、いろいろな面で、むずかしい問題が多いんじゃないですか。外国人ライダーですと、まあ、それなりの契約金が動いていますから、割り切っているんじゃないでしょうけど」

本橋明泰

「ヤマハは、性能の面でホンダ、スズキに遅れていましたが、フィル・リードが64年にチャンピオンを取ったのは、リードの力で取ったのであって、クルマの性能としてはまだ無理だったと思います。ヤマハの立場は、ホンダにもスズキにも追いつかなければならないということで、ものすごく悲痛だった。もう必死でしたね。

それで、レース毎に改良したクルマをどんどん送ることになるのですが、日本で、私たちが開発してテストするんです。鈴鹿に行って走るんですが、前にフィル・リードが来て走ったときのタイムより遅いんです。だから、私の立場は、はっきり言ってテストライダーでした。

ですから、テスト（成果）にならない。リードより速いタイムでテスト走行していれば、彼らは、私たちのやっていることを信頼してくれる。彼らがチャンピオン取ったのですが、でも、私たちのテストがなかったら、ああ上手くは行かなかったでしょうね。

でも、私自身は、レースに出たい出たい！と思っていまして——。必死に頑張っていたら、1967年にチャンスがくるのですが……」

高橋国光

「メーカーの立場とすれば、同じライダーと3年続けて契約するなんてことはあり得ないんです。その年そのシーズンで、即、いい結果出さないとだめなんです。それは一面では非情だけれど、それだけみんな燃えていたんです。

そして、ホンダは61年62年と2クラス制覇した。完全優勝の目標を達成したので、ワークスとしての活動が縮小されていくんですね。

そんな時期に、僕に与えられた仕事は、市販レーサーでの転戦でした。ホンダはGPレースマシンの技術を『RC』から移して、『CR72』をつくり始めたのです。その目的は、海外を含めて、クラブマンのレースにも使えるようにという意味での市販車でした。

そして1963年に僕は、その『CR72』250ccマシンで、世界GPを回ることになったんです。

でも、市販レーサーでしょ、(ワークスに)勝てるわけありませんよ。

そして、誰と行ったらいいんですかって訊いたら、『お前一人』だって。『イタリアのイモラへ行って、ジム・レッドマンの泊まっているホテルに行けば、すべてわかるから』。

わかっているのは、それだけ。大きな荷物抱えて、まるで〝母を訪ねて三千里″ってところ（笑）。イタリア語通じるわけないし、ドロボーにあっちゃいけないから、トランク三つ持って歩いて行った。

それで、何とか電車のキップ買って、どうにかジムのいるホテルに着いたんですよ。

そのうちに、日本から『CR72』が送られてきたんで、それをタウナス（イギリスの自動車）に積んで、ジムとメカニックのノビと転戦し始めたんです。その転戦はGPだけでなくサンデーレースにも出

るんですが、草レースの方がスタートマネーがよくて、お金どんどん入るから、その面ではおもしろかったですけどね（笑）。
でも、GPレースでは、ワークスと一緒じゃないし、正式なメカニックもいないのだから、いい成績を出せるわけがない。
そこで途中から、『ワークスRC』でやる方に回ったんですが、でも僕は、そんなストレス抱えながらも、マン島に行ける喜びでいっぱいだったし、自信もあった。
ところが、そのときの監督がね、『クニさん調子悪そうだから日本に帰りなさい』って、帰されちゃった。あれは何だったんでしょうね、何が何だかわからないんですよ。
そんなこんなで、日本人のレースに対する情熱というか取り組み方ね、日本人がチャレンジするという（熱い）ものがなくなってしまったんです。
その頃ですよね、鈴鹿で自動車（四輪）レースやるようになって――。レーシングドライバーのいない四輪メーカーは、（二輪の）実績のあるライダーを次々に雇い始めたのです。
時代の変わり目だったんですね。それで、田中健二郎さん、北野君、僕で、ニッサンに行った。第一、レースへの取り組み方が違いますし、文化も生活も、何から何まで違う。そういった状況で、日本から凄いライダーが出るというのはむずかしいと思っていました」

砂子義一

「僕なんかもそうです。プリンス自動車が四輪乗らないかってきたから、渡りに舟ということで、自動車に……」

本橋明泰

「それと、メーカーの立場からすれば、輸出が好調になってきたこともあるでしょうね。地元、ローカルのライダーに乗せた方が、ローカル・マーケットにはメリットになる」

砂子義一

「それはあるだろうね。ホンダがF1始めて、そしてサーティーズが勝ったとき、向こうの連中からみれば、ホンダというより〝ジャパニーズ・マシン〟が勝ったといって気分悪くしているんだから。それぐらいだから、日本人ライダーが海外でレースするのは、かなりの弊害を覚悟しなきゃならなかった。マン島ならイギリスのライダーに勝ってほしい、オランダならそこのライダーに……。ヨーロッパにはそういった意識が強いんだね」

たしかに、日本の風土的な問題もあるかもしれない。だが、そうなるとライダーとしてのテクニック、知識などの能力は二の次ということになるのだろうか。

伊藤光夫

「たしかに彼ら（外国人ライダー）はプロフェッショナルですよ。そのあたりは社員ライダーとは違ったものがあります。ただ、クルマの開発についてのことやメカニズムのことは、彼らにはできないのです」

谷口尚巳

「スズキが50ccで絶好調の頃、ラルフ・ブライアンとルイジ・タベリが日本から送ったクルマで走ったんですが、カーブにくるとエンストしてしまうというんです。スペインのレースとか、いろいろなところで走っても同じ現象が出る、と。

それを知って本田宗一郎さんが私や技術者にすごく怒ったのです。『あなたたちがやっていることが何十年か後になって、何だってことになるから。とにかくセッティングが悪いというなら、谷口、行って直してきなさい、これは歴史に残ることなんですよ!』

私は、ちゃんと荒川コースでセッティングして送っているんですから問題ないと思っていたんです。でも、『とにかく行って直してこい!』って言われるものですから、誰と行くんですか?『ちゃんと紙に書いてやるから、一人で行ってきなさい』。フランスのルーアンまで、どうやって行くんですか?

それで、一人で行きましたよ(笑)。そして、飛行場に着いてそれ見せればいい』ですって。こんな些細なこと、向こうのメカニックもライダーもわからーのセットが変わるだけのことなんです。トラブルの原因調べたら、単に気圧の差でキャブレターのセットが変わるだけのことなんです。こんな些細なことが歴史に残ることなんですよ!」

田中楨助

そうなると、日本人ライダーというのは、単にレースに出るだけでなく、テストライダーも兼務しなければならないということなのか。ライダーならレース専門というわけにはいかないのか?

「シーズン入る前に、日本で全部仕立てて、走りに走り込んで、具合悪いところを直し、キャブなんかのセッティングから全部、これならいけるだろう、となってから送り出すんです。このへんは、各社、みんな同じじゃないですか。

ただ、日本人ライダーにも有利なところもあるのです、自分がテストしていますからね。来たるシーズンの3ヵ月、4ヵ月前からテストを重ねていますから、クルマの特徴や、どうしても調整ができないことはどうするかなど。また、コースに合わせたセッティングはどうするか。そういったメカニズム的な部分は、テストしている者の強みです」

たしかに、社員であって、レースにも出るライダーはそうかも知れないが、では、高橋や北野などはどうなのか。彼らは完全なレース専門の契約ライダーだから、そういった余計な（？）仕事からは除外されるのではないか？

高橋国光
「いや、そこは、レーサー試験室に所属ですから、みんな一緒、同じなんです」

谷口尚巳
「でも、どちらかというと、クニさん、北野君は、優勝仕掛け人だったですけどね」

423

（3）世界を制した日本の技術

日本のメーカーは、世界最高のマシンをつくることに成功した。当初からの《夢》、日本人ライダーがそのマシンで結果を出すという歴史もつくった。

高橋国光は、1961年・西ドイツGP250・スペインGP125・フランスGP125で優勝。北野元は、1961年アメリカGP250で優勝。田中禎助は、1962年イタリアGP125で優勝。

そして伊藤光夫は、1963年マン島TTレース50で優勝した。

こういった素質、あるいは結果を出せる能力が日本人ライダーにあるのだが、日本という地理的、風土的宿命に、伸びる芽が充分育ち切れないうちに、その出番がなくなってしまったともいえる。

ただ、若干なりとも日本人の国際的ライダーが育ってほしいと願ったのは、どのメーカーも同じだったはずだ。

1964年のマン島TTには、ホンダからは引きつづいて谷口が、スズキは伊藤に加えて、越野晴雄を初参加させた。そして、1965年にはやはりスズキが片山義美を、また、1967年にはヤマハが本橋明泰を出場させている。

ただ、1964年（昭和39）以降のマン島TT及び世界GPシリーズは、日本製マシンによる外国人ライダー同士のポイント争いという局面になり、そしてメーカーは、レース結果を市場拡大につなげる

という競争を激化させていた。そこには、外国のオートバイ・メーカーが入り込む余地さえなくなり、レースは日本による〝世界支配〟になっていった。

そういった大きな節目のなかで、オートバイのレースから退かねばならなくなったライダー、また、さらにテスト＆レースの兼務がつづくライダー、あるいは、自動車レースへ転向のライダーなど、それぞれの道が彼らの前に開かれていく。

北野元

「一周10キロ程度のコースと、マン島60キロではまったく違うのです。外国人ライダーに乗せた方が手っ取り早いというのは、コース熟知の差だったでしょう。60キロのコースが『わかる』ようになるには最低3年、いや5年かな？ 350クラスだったら、絶対に5年はかかります」

砂子義一

「TTコースの下の道を調子よく走って、ウォーン！ていってマウンテン側に入るよね。すると、霧が出ているんだ。でも、エンジンかぶらせちゃいけないから、回転上げたり下げたり、フィフォーフィフォーって感じでしか走らせられない。とにかく、先が見えないんだからね。それがヤツらは、後ろからウォーン！って抜いて行くんだね！ こっちはついて行こうにも怖くてダメ。彼らは、次の場所がどうなっているのか、全部わかっているんだ」

高橋国光

「そう、目をつぶっていても走れるって感じ……」

谷口尚巳

「彼らは、頭のなかで"勘定"しながら走っているんです。ここから次のカーブまで、何秒経ったら、クルマを右にバンク、そして次に左にバンクとか。全部、頭のなかで読んで走っている。センターライン見ながら走っているのとは、わけが違う……」

北野元

「横を見ながら、横の（景色の）感じで、コースを覚えているんですね」

本橋明泰

「ヤマハに以前、高井幾次郎がいて、これがテストするマシンは絶対なのです。アメリカのケニー・ロバーツが日本に来て走っても、タイムは高井の方が速い！ でも、レースになったら、高井はケニーにまったく勝てない。

私も、フィル・リードが日本に来たらタイム的には勝てるんだけど、レースになると絶対に勝てないんだ。レースはまったく別物なんです。とくに、マン島はね！

だから、いくらテストで走ってもプラスにならないのです。やはり、レース現場で、相手がいて、そこで相手と一緒にやって、はじめてレースですから。その経験を積まないことにはどうにもならない。

鈴鹿ができて、日本でもサーキットで走れるようになりましたが、でも、マン島ではその応用がまったく効かない。

コーナーを曲がるにしても、アウト・イン・アウトというようなセオリーが頭にこびりついていたら、

まったくダメでしょう。そんなセオリーは、あそこには通用しない。インにつきっきりで走るところがあれば、アウトからアウトに抜けなければならないコーナーもある」

伊藤光夫

「そう、道路のカマボコ型路面を上手く使って走らないと……」

日本のメーカーが日本製のマシンで覇権を競い、年が変わるたびに、世界GPチャンピオンのメーカーが入れ替わるという時代――。

それは、敗戦で打ちひしがれた日本にはじまり、そこから、日本人が「世界に飛躍し、自信を取り戻す」という当初の目的を一応果たし、さらにそこから「市場開拓」というレースに、闘いは変貌していった。

その渦のなかに日本人ライダーは巻き込まれ、ライダーとしてのアイデンティティが不透明になってきた時代でもあった。

別表に、本田宗一郎マン島TTレース出場の宣言をした年から1970年までの、世界GPシリーズにおける「チャンピオン・メーカー」と「ライダー」をまとめた。さらに、1964年から1970年までのTTレースの結果を表にした。ここから、年毎に変わっていった勢力地図と、その変遷を見ることができる。

参戦する日本メーカーの間でも、GPレースを続けることの意義、また、エスカレートのし過ぎが招いたマシン開発への巨額の投資、市販車へのフィードバック、あるいは市販車に付与するメリットの有

無など、さまざまなジレンマも生じてきた。

そして、1967年（昭和42）。この年をもって、ホンダとスズキは、世界GPレースへの「ワークス参戦」から撤退するのである。

第21章 終章 マン島は独自の道を歩む

(1) 新・車両規定と"メーカー離れ"

ホンダ、スズキが世界GPから撤退し、ヤマハも翌1969年に撤退した。代わってカワサキが参戦を開始したが、それは、ホンダ、ヤマハ、スズキが出ていた頃の状況とは違っていた。

日本メーカーの熾烈なマシン開発競争は、ある面ではおもしろいし、頼もしかった。なぜかといえば、技術者がレースに勝つという目的でマシンを開発しようとすれば、人間は「スピード」を求めるためなら、こんなことまでする！そして、こんなものまでつくりだす、ということになるからである。そして、そんな技術的な「地平」は、ライダー、さらには人間の能力が追いつこうが追いつくまいが関係ないのだ……というところまで達してしまう。

ロードレースというものは、最初は市販車性能の向上という目的から始まったが、それが行き着くところまで行ってしまうと、果たして、人間が主なのか、マシンが主なのか。そもそもは人間あってのレースのはずが、本末転倒になってしまうのだ。

たとえば大排気量車なら、それなりの馬力やスピードが出ても当然かもしれない。しかし、排気量50ccで17馬力近く、エンジン回転数は2万回転、最高速度が175km／h！のマシンまで出現してしま

430

うと、その"競い合い"はいったい何なんだ、何を求めての活動なんだ、ということになるのではないか。

1960年代後半の、エスカレートしつづけるマシンの開発競争は、ちょうど、1930年代の終わりにヨーロッパに吹き荒れた異様なナショナリズム――ファシズムに犯された国威発揚の異様な時代に、ひょっとしたら似ていたのかもしれない。

FIMは、大資本を投資することができる大メーカーだけが主流のGPレースでは、限られた範囲の者しか出場できなくなり、この状態が続いて行けば、やがてはロードレースそのものの衰退を招くと判断した。

そして、小規模なメーカーであっても、また、プライベートであってもレースに参加できるように。また、スピードレースを本来の「スポーツ」としての内容とするために、大幅な車両規定の改革の必要性に迫られる。

「レギュレーションが変われば、そこでまた新たな闘いが始まるのだろうが、ある程度の上限を超えさせないための方法はあるだろう。たとえば、いまのF1のようにタイヤは溝つきでなければいけないとか。要するにレギュレーションの内容次第で、状況は変わると思う」（高橋国光）

1949年（昭和24）に始まった世界GPシリーズの、もともとの発想は、戦前にエスカレートしてしまった轍を踏まないよう、出力向上のための過給機（スーパーチャージャー）など、補足的機構の使用を禁止して、エンジンは基本構造での競争にとどめることからはじまった。

そして、自然吸気の250ccなら、その排気量以内のエンジンであれば、それ以外の部分は、二つの車輪でさえあれば、車体寸法や重量など一切自由という内容である。その時代にあっては、特別にエンジン性能を高めるようなデバイスを使わなければ、マシンの発展は、まずは穏やかな程度のレベルで推移していくだろうとの考えで、これはその時点では間違ってはいなかった。

だが、エンジンがいじれないなら、空気抵抗を減らそうとして「フル・カウリング」が考えだされたように、そして、それが禁止されれば、また新たなカウルがというように、規定（レギュレーション）と現実（エンジニアの夢）の進化くらべは、いつもイタチゴッコであろう。そして、新たな規定ができれば、必ず、その範囲内での進化が始まる。

それでも、何らかの制限を考えないことには天井知らずのマシン開発に歯止めがかからない。そこで、FIMは1966年辺りから、ワークスを初め関係者の意見を聴取し、規則改定の必要時期にきていることを確認する。1969年（昭和44）FIMは創設以来初の車両規定の大改革を決定するのである。

新車両規定

排気量　シリンダー数　変速ギヤ段数　実施年

50cc　単気筒　6段以下　1970年から

125cc	2気筒以下	6段以下 1970年から
250cc	2気筒以下	〃 〃 （プラス重量制限）
350cc	3気筒以下	〃 〃
500cc	4気筒以下	〃 1972年から

　その「車両規定」は前記のようなものだが、このような制限は、メーカーには「レース参戦」のメリットが薄れることでもある。従来のように、排気量さえ守ればどのようなものでもいいというところが、メーカーにとっての、レーシング・マシン研究・開発の意義だったからだ。どんなアイデアでも、どんな材質でも、どんな構造でも、いい！　とにかく、速くて強いマシンをつくりだす。そこに、人間の叡智のすべてをぶつける。そこにこそ価値があり、そして、その結果やそこから得られる〝果実〟が、他の製品や他分野にも応用できる。そこに「ワークス・レース」の存在意義があったのだ。

　もちろん、ワークスほどのカネや技術がなくてもマシンがつくれて、レースに参加できるというのは、スピードレースを「スポーツ」としてとらえるなら、そうした広い〝間口〟というべき規定の方がいいだろう。

　だが、メーカーは、アマチュアやクラブマン・スポーツ育成のために、ワークスとして出場しているわけではない。あくまでも、そのメーカーの最新・最高の技術力と開発力を駆使して凝縮したものが、

433

ワークス・マシンというかたちになるわけだから、ここまで制約された条件下での活動ということになれば、そのメリットは少なすぎる。

さらには、ワークス活動でシノギを削った日本の3メーカーは、その激しいバトルの結果、すでに充分な成果を世界に見せつけたともいえる。よほどのことがない限り、「日本」を追い抜くことはできないだろう。そこまで考えると、もはやメーカーにとっては、GPレース活動はさほどの意味を持たなくなってくる。

一方においては、こういった条件なら参加できると考えるメーカーも現われる。60年代末の例でいえば、小規模だが、日本からのカワサキの参戦（1969年）がそれにあたるであろう。

（2）世界GPとの訣別

新しい車両規定はワークスの撤退を促進した。それはワークスだけの問題ではなく、それまでの大掛かりなイベントに協力していたスポンサー企業も、その活動を縮小することになった。それは同時に、そうしたスポンサーと契約していたライダーも、必然的にレースから遠ざかるということになる。そうなるとGPレースの主催者は、より多くのチームの参加を促すために、多額の賞金や高度の待遇を示す必要が出てくる。

それと、エスカレートしてハイスピード化したレースは、いかに車両規定を改めても、すでに全体的

にマシンの性能が上がっているから、もはや、怠惰でレイジィなレースになることはない。高度にスピードアップされたレースがつづくのは当然だ。

スピードとコースの関連はむずかしいが、しかし、マン島TTのコースを除いては、そのほとんどが近代的で人工的なサーキットで、レースが行なわれる。それに走り慣れてしまったGPライダーにとっては、あの〝マウンテン・コース〟は決して心地よいステージではない。

TTコースで走ることの危険性、それを否定できる人の数はそんなに多くないはずだ。つまり、あのコースはかなり危ないのである！　だが、危険性への考え方、あるいは、リスクをどのくらい背負うかという判断は、あくまで個人の考え方による。

そういった観点から、TTの「伝統」は維持されていると思われるが、しかし、そんな伝統を理解できないライダーが出てきても、これまたフシギではない。

マン島では、路面の問題、安全性への配慮、いろいろある。とくにライダーへの報酬は、TTレースの場合、セニア・クラス優勝でも「200ポンド」と、これは1930年以来まったく変わっていない。もともとTTでの勝利は「栄誉」なのであって、レース出場の費用や成功した時の報酬は、パーツ・メーカーなどから得た多額の契約金を充てていた。したがって、主催者からの賞金などは、そもそも期待の外であった。

ところが、ワークスが撤退し、プライベートや小規模企業の参加が増えてくれば、賞金をアテにするようにもなるし、待遇についても、他のレース並みのことを要求してくるライダーもいる。

しかし、仮にそういった要求をされても、TTレースは一般公道で行なわれるレースだから、入場料をとるわけにはいかない。わずかなグランドスタンドの観戦料があるのみである。
一流ライダーの参加が減ると、運営費用を捻出するために、多くが参加しやすいプロダクション・モデルのクラスも入れる。そうやってクラス分けを多くして、多くの参加者を募り、そのエントリーフィーでまかなう。しかし、こうすると必然的に、練習の時間も少なくなる。
こういった状況に、TTレースを続けるべく、マン島政府はレース開催への助成金を出すようになるのだが、それも充分な額ではない。
このような賞金の問題、あるいは、世界GPシリーズとして、マウンテンコースはふさわしいのか。さらにTTレースは、道路幅の問題から、だいたいは2台ずつ出走していくという「インターバル・スタート」で、順位もタイム順で決定する独特のシステムを踏襲してきている。他のサーキットのように、全車一斉にスタートするものではない。
こういったさまざまな問題や矛盾が、TTレースを行なうたびに起こり、数年間、同じような検討が繰り返され、果ては、伝統的なマウンテン・コースに代わる短いサーキットを造る提案も浮上するのだが、しかし、ファンに対してアンケートをとれば、いつも98％以上の反対で「伝統」が勝ってしまう。
そういえば、戦前の一時期も、マン島で人工的サーキット建設の検討があったが、それはもちろん潰れた。その種の提案は、やはり、ここ（マン島！）では通用しないのである。
FIMは苦慮しつつ、諸々の検討をした上で、1976年の終わりに、「マン島TTレース」は世界

GPシリーズにあてはまらないことを発表。そして独自のシステムで、今日も続けられているのである。

（3）戦後日本の「工業」を牽引したオートバイ

GPレースという局面において、たしかに、日本メーカーのマシン開発と勝負へのこだわりは、エスカレートし過ぎたかもしれない。しかし、それがいい影響となっている面も、やはり見逃せない。いまの日本は、オートバイでも自動車でも、世界一の生産国になった。いろいろな工業も科学も発展した。その牽引役となり、その源流を作ったのは、海外でのオートバイ・レースだった。マン島TT挑戦に始まった世界GPへの出場——これなくして、今日の「日本の工業」の発展はあり得ない。

1960年代からその「現場」に居続けた、ヤマハの本橋明泰はいう。

「当時の日本は〝世界に追いつけ追い越せ〟の時代で、それで社会全体が必死だった。そして、その先陣を切ったのがオートバイ・メーカーだったのではないかと思います。オートバイ・メーカーが海外レースに挑戦して、オートバイ製造に関わる部品メーカーが、それと一

緒になって、同じように情熱を燃やした。それと同じことを、彼らもやった。ピストン、ベアリング、リングなどなど……。われわれヤマハが必死に開発している、それと同じことを、彼らもやった。ピストン、ベアリング、リングなどなど……。われわれヤマハが必死に開発している、それと同じことを、彼らもやった。クランクケースが上手くいかない、これでは次のテストまでに間に合わない——そうすると、神戸製鋼さんなどは（勤務）時間に関係なしに、間に合わせてくれたり……。みんなが、それぞれの分野で、一台のマシンつくるために、全部のエネルギーを注ぎ込んだ。

マン島にGPにと外へ出ていった当時のホンダさんだって、中小企業ですよね。でも、あのとき使ったお金の額って、いまだったら、狂気の沙汰じゃないですか。あの当時で、一つのレースに一人70万円くらいの（遠征）費用がかかって、そしてそれを20人も30人も送り込むんですから！

それと、マシンの開発費用を、仮に計算したらどのくらいになるんでしょうか。そういった資金、いったいどうやって捻り出したのか……。でも、『将来』に賭けたんでしょうね、ホンダもヤマハも——。気持ちは一緒だったんです」

「ヤマハの場合、すぐに天竜川沿いに6・5キロのテストコースを造ってしまったんだからね、あの当時の人たちって、本当にすごいと思いましたね」（**伊藤光夫**）

そういった「投資」をするに際し、すでにオートバイがどんどん売れていて儲かっていたというならわかるが、しかし、そんな状況ではなかった。

そして、工場を建てるとか、そうしたモノとして残るような投資なら、まだわかる。しかし、「レース」という、どういうものなのか、また、どうなるかもわからないようなコトに「投資」した意義——これ

が理解されるには、相当の時間がかかったのも事実だろう。

「鈴鹿サーキットを造ったというのも、偉大なことだろう、あのサーキットのお陰で、自動車メーカーもレースやりだして、急速に発展したんだから」（高橋国光）

「鈴鹿サーキットを造るというので、おやじさん（宗一郎）に、『日本ではまだ無理ですよ』って言ったんです。そうしたら『先のことは心配するな、いずれF1までやるようになる』と――。

四輪の生産を始めた時もそうでした。『おめえら冗談じゃねえ、いまから30年も40年もたったら見てみろ！ そのときには、一家に2台や3台のクルマを持つようになるんだぞ。そうなってから（四輪を）始めようとしたって遅いんだ。みんないまから、自動車研究の基礎をつけておきなさいっ！』……。

先を見る目って、そしてそれを持った人って、すごいですね」（谷口尚巳）

オートバイから自動車が発展する。どこの国でも同じような傾向にあるが、日本の自動車ほどオートバイの進化に影響されたものはないだろう。

自動車メーカー技術者からみれば、オートバイから得るものは少ないかもしれないが、彼らが考え出すものを製品にする場合、かたちにするまでのシステム、考え方、材質、製法技術などで、レース・マシンの開発・製造という高度な試練で鍛えられた分野が、それを支えた。

そして、その分野を日本で先に育てていたのが、「二輪」とその「レース」だったのである。

（4）マン島よ、自らの道を行け！

TTレースがワールド・チャンピオンシップ（世界GPシリーズ）から外れたことで、多くのファンは、マン島でのレースが終わりになると考えたが、それも無理はないかもしれない。

だが一方では、世界GPからの離脱は、マン島での新しいレースを始められることでもある。こう楽観的に考える趨勢が、以前とは異なる「TT」を形成していく。

こうした「楽観的な」考えの人たちに共通していたのは、戦後のTTレースがワールド・シリーズになって30年近く、そのなかで、ワークスマシン同士の争いという色彩があまりにも強くなり、結局はお互いの〝潰し合い〟と濃密な商業主義の場になってしまったこと。そうした点への懐疑であった。

また、前述したが、「一流」になって世界を転戦するライダーから発せられる他のコースとの比較、そして待遇や、TTレース独自の運営方式への不満や要求は、「世界最大にして最古のロードレース」を継続してきたマン島の人々には耐え難いことでもあった。

そしてそれは、人工的なサーキットでは決して得られない、マシンのセットアップや開発・創造のテクノロジー、このコースだけに求められる独特のライディング・テクニック、あるいはメンタリティーなど、「マン島TTレース」だけが提供できる「価値」がわからないことへの落胆にもつながっていた。

もともとTTレースは、ヨーロッパ大陸に遅れをとっていたイギリス車の性能向上をめざすことを目

的に始まったのであり、イギリスではオートバイのエンジン排気量として主流であった350ccと500cc、それに"軽量"250ccと「サイドカー」を加えて、この4クラスを中心にして歴史を重ねてきた。

そして、TTレースの存在価値が高まるにつれ、その高まりと反比例するように、TTレースの「テーゼ」を侵食するような、"隠れワークスマシン"、「シャマチュア」、そしてトレードライダーといった「商業主義」が入り込んできた。そして、「マシン」が介在する競技には付きものであるかもしれない、そうした商業主義に対し、さまざまに試行錯誤しながらも、可能な限りの「制御」をしてきたのがTTレースでもあった。

もちろん、それは完全なものではなかったかもしれない。しかし、「これ以上のことはやめよう」という暗黙の了解と「不文律」のなかで、アマチュア=クラブマンも、そしてトレードライダー=プロも共存してきたのだ。

ところが、「マン島TTレース」が1949年から世界GPシリーズのひとつになってくると、世界GPに共通の「要素」が入り込み、TTは、そのルールと"お仕着せ"に従わざるを得なくなる。しかし、マン島が譲歩しようにも不可能だったのは、公道コースでのレースであること。そして、「マン島」には適さず、「インターバル・スタート/タイムレース」という方式の継続だった。

これは人工サーキット同士で、コースの長さや、ストレートが長い/短い、コーナーが多いといった

違いとは、根本的な「差異」なので、ライダーによっては、マン島のレースをまったく好まないという者もいた。

だが、GPシリーズの一環となれば、ポイントがかかっているし、GPを構成する主体はワークスであるから、ライダーやチームが「好む」かどうかにはまったく関係なく、TT出場を欠かすことはできない。TTレースに対して、いろいろな要求が出てくるというのも、こういうところからだった。

とはいえ、一方「マン島TT」の側も、「世界GP」という大きな〝冠〟がほしかった部分はあったかもしれない、とくに終戦直後の時期には——。

GPシリーズということで、世界中のワークスマシンとライダーがやってくる。白熱のレースシーンに、普段の人口の何倍ものギャラリーがやって来る。お金が落ち、商業は潤うが、しかし、TTレース運営側に直接つながるような収入はない。クローズド・サーキットのように、入場料、観戦料は入らない。スタート＆ゴールライン前のグランドスタンドでの、わずかな席料など微々たるものだ。

結局は、参加者のエントリーフィーや協賛スポンサー料でまかなうしかなく、それは主催者にとっては苦しくても、しかし、世界GPの格式は保たねばならない。

こういった物理的問題も、エスカレートし過ぎたワークスレースを支えることの、むずかしさのひとつになっていた。したがって、「GPからの別離」を楽観的に捉える人々にとっては、これは新たな「TT再生」の好機と考えられたのである。

TTレース関係者は、まず「TT」にとっていま、どんなレースならマウンテン・コースで行なうこ

442

とができて、そしてどんなレースがそれにふさわしいかという課題に取り組んだ。その結果、「セニア500」と「サイドカー1000cc」は継続し、それ以外は、多少実験的であるかもしれないが、GPレースとはまったく異なるクラスを設けるということにした。

それは、300〜500ccの2サイクルと600〜1000ccの4サイクル、つまり「TTフォーミュラI」と「TTフォーミュラII」、そして「TTフォーミュラIII」まで、市販車をベースとしたマシンによるプログラムだった。そして、これらを主流にしての新しいTTレースの道を開いたのである。マン島が掲げたこのカテゴリー（レギュレーション）は、やがて諸国へも広がり、世界チャンピオンシップにもなっていくのだが、当初、従来のワークスレースを見慣れた人にとっては、やや物足りなく感じたものだった。

しかし、そんなネガティブな要素を超えて、まず確認できたことは、レースの運営を助けるエントリーの増大と、こんなにも多くのライダーがマウンテン・コースを走りたがっているという事実だった。TTの再生は、こうして、まずアマチュア・ライダーとファンが支えた。そして、マン島の政府議会が運営への助成金を出す決定をした。これで、マン島TTレースは存続の見通しがついたのである。

こうして、1977年、マン島で〝再生TT〟レースが行なわれた。〝事件〟は、幾度も世界チャンピオンになった出たことがないライダーだけの集まりだけではなかった。幾度も世界チャンピオンになったフィル・リードが、ホンダのサポートを受けたマシンとともに、マン島に還ってきたことから始まった。

このフィル・リードは、実は、1972年以降、世界GPからTTをボイコットすることに関して、最も熱心で積極的なライダーの一人であったのだ。

そして、前年1976年のリードの戦績は、彼のキャリアの初期にヤマハで得た成功や、1974〜75年のMVアグスタでの成功には比較にならない低レベルのものだった。そこから、このときのリードの参戦は、TTレース関係者にとっては、リードはアマチュアを相手にして、以前より高額になった賞金を狙っていると映った。

一方のフィル・リードは、「TTレースがGPシリーズではなくなったので、今度はプレッシャーがない」として、要するにこれまでは、GPにTTが含まれていたことが問題だったのだと強調した。つまり、TTレースそのものに対する悪意はなかったというのだが、それでも、多くのTTファンやレースオフィシャル、マン島の人々は、彼の「復帰」について反感を隠さなかった。ファンの多くは、彼の復帰がアマチュアには簡単に勝てるということでの賞金目当てであると糾弾し、非難の投書を新聞に送り、一部のオフィシャルは、同僚にストライキを起こす提案を行なった。そして、ストライキには批判的なオフィシャルであっても、もしリードが目の前で転倒しても自分は手を貸さないと主張した。リード自身も、こうした非難から、ガソリンスタンドで給油を拒まれたりもした。

リードの復帰宣言によって巻き起こった、こうした人々の非難の声も、そこから生じた軋轢(あつれき)も、裏返せば、人々が持っていたTTレースに対する熱気の賜物である。

444

リードの復帰は、このように、ファンに複雑な反応を引き起こした。ただ、彼の参加によって、GPのポイントに関係なくマウンテン・コースを走りたいという多くのトップライダーが、ふたたびマン島に戻って来るということにもつながっていった。

そして、TTレースの新しいカテゴリーからは、GPとは違ったスターライダーも誕生した。ジョイ・ダンロップ、そして、デビッド・ジェフリース。さらに、大先輩のマイク・ヘイルウッドも、マン島に戻ってきた。

マイクはレースに出るだけでなく、レース合間のコースチェック係を引き受け、「M」のマークのついたマーシャル用オートバイでコースを走ったりした。そんなマイクの走りを初めて見るという観衆も多かったが、その走りは、あれでコースのチェックができるのか？……というほどに、華麗にしてすさまじい速さだったようだ⁉

1975年に初めてTTレースに出場したジョイ・ダンロップは、2000年までに25回の勝利を獲得し、TTレースに三代に渡って勝利者を出しているジェフリース家のデビッドは、スズキで出場した2002年TTフォーミュラIで、それまでの最高ラップレコードを破る時速126・68マイル＝202・68km／h！を記録するなど、「新TT」はこうした新しい多くのスターを輩出した。

ただ、そのデビッド・ジェフリースは2003年のTTレース中にこの世を去り、その3年前にはTTレース3週間後にエストニアのレースに125ccで出場したジョイ・ダンロップも事故死してしまった。

TTのみならず世界GPを制したロードレースキング、マイク・ヘイウッドも1979年、イギリスで無謀運転のドライバーに巻き込まれた不運な交通事故で落命、もっともっと活躍できるスター達が欠けてしまったのは全く残念な極みだ。

その後と現在の「TT」は、時代の変化に応じたカテゴリーでレースを組み、今日では、TTスーパーバイク、スーパーストックTT、TTサイドカーA／B、ジュニア・スーパースポーツTT、セニアTT、ラップ・オブ・オーナー・クラシックパレードというのが、そのプログラムになっている。プロフェッショナルからクラブマンまで、幅広いライダーの祭典として継続されているのが「マン島TT」で、それはあたかも、『どんなことがあっても起き上がる』というマンクス精神そのものなのである。

世界選手権ロードレースシリーズ

メーカーチャンピオン

昭和	50cc	125cc	250cc	350cc	500cc
1954年 [29]		NSU	NSU	AJS	ジレーラ
1955年 [30]		MV Agusta	MV Agusta	モトグッツィ	ジレーラ
1956年 [31]		MV Agusta	MV Agusta	モトグッツィ	MV Agusta
1957年 [32]		モンディアル	モンディアル	ジレーラ	ジレーラ
1958年 [33]		MV Agusta	MV Agusta	MV Agusta	MV Agusta
1959年 [34]		MV Agusta	MV Agusta	MV Agusta	MV Agusta
1960年 [35]		MV Agusta	MV Agusta	MV Agusta	MV Agusta
1961年 [36]		ホンダ	ホンダ	ノートン	MV Agusta
1962年 [37]	スズキ	ホンダ	ホンダ	ホンダ	MV Agusta
1963年 [38]	スズキ	スズキ	ホンダ	ホンダ	MV Agusta
1964年 [39]	スズキ	ホンダ	ヤマハ	ホンダ	MV Agusta
1965年 [40]	ホンダ	スズキ	ヤマハ	ホンダ	MV Agusta
1966年 [41]	ホンダ	ホンダ	ホンダ	ホンダ	ホンダ
1967年 [42]	スズキ	ヤマハ	ホンダ	ホンダ	MV Agusta
1968年 [43]	スズキ	ヤマハ	ヤマハ	MV Agusta	MV Agusta
1969年 [44]	クライドラー	カワサキ	ベネリ	MV Agusta	MV Agusta
1970年 [45]	デルビ	スズキ	ヤマハ	MV Agusta	MV Agusta

ライダーチャンピオン

昭和	50cc	125cc	250cc	350cc	500cc
1954年 [29]		R.ホラウス(NSU)	W.ハース(NSU)	F.アンダーソン(モトグッチ)	G.デューク(ジレーラ)
1955年 [30]		C.ウッビアリ(MV)	H.ミュラー(NSU)	B.ローマス(モトグッチ)	G.デューク(ジレーラ)
1956年 [31]		C.ウッビアリ(MV)	C.ウッビアリ(MV)	B.ローマス(モトグッチ)	J.サーティーズ(MV)
1957年 [32]		T.プロビーニ(モンディアル)	C.サンドフォード(モンディアル)	K.キャンベル(モトグッチ)	L.リベラッティ(ジレーラ)
1958年 [33]		C.ウッビアリ(MV)	T.プロビーニ(MV)	J.サーティーズ(MV)	J.サーティーズ(MV)
1959年 [34]		C.ウッビアリ(MV)	C.ウッビアリ(MV)	J.サーティーズ(MV)	J.サーティーズ(MV)
1960年 [35]		C.ウッビアリ(MV)	C.ウッビアリ(MV)	J.サーティーズ(MV)	J.サーティーズ(MV)
1961年 [36]		T.フィリス(ホンダ)	M.ヘイルウッド(ホンダ)	G.ホッキング(MV)	G.ホッキング(MV)
1962年 [37]	E.デグナー(スズキ)	L.タベリ(ホンダ)	J.レッドマン(ホンダ)	J.レッドマン(ホンダ)	M.ヘイルウッド(MV)
1963年 [38]	H.アンダーソン(スズキ)	H.アンダーソン(スズキ)	J.レッドマン(ホンダ)	J.レッドマン(ホンダ)	M.ヘイルウッド(MV)
1964年 [39]	H.アンダーソン(スズキ)	L.タベリ(ホンダ)	P.リード(ヤマハ)	J.レッドマン(ホンダ)	M.ヘイルウッド(MV)
1965年 [40]	R.ブライアンズ(ホンダ)	H.アンダーソン(スズキ)	P.リード(ヤマハ)	J.レッドマン(ホンダ)	M.ヘイルウッド(MV)
1966年 [41]	H.G.アンシャイト(スズキ)	L.タベリ(ホンダ)	M.ヘイルウッド(ホンダ)	M.ヘイルウッド(ホンダ)	G.アゴスチーニ(MV)
1967年 [42]	H.G.アンシャイト(スズキ)	B.アイビー(ヤマハ)	M.ヘイルウッド(ホンダ)	M.ヘイルウッド(ホンダ)	G.アゴスチーニ(MV)
1968年 [43]	H.G.アンシャイト(スズキ)	P.リード(ヤマハ)	P.リード(ヤマハ)	G.アゴスチーニ(MV)	G.アゴスチーニ(MV)
1969年 [44]	A.ニエト(デルビ)	D.シモンズ(カワサキ)	K.カルザース(ベネリ)	G.アゴスチーニ(MV)	G.アゴスチーニ(MV)
1970年 [45]	A.ニエト(デルビ)	D.ブラウン(スズキ)	R.ゴールド(ヤマハ)	G.アゴスチーニ(MV)	G.アゴスチーニ(MV)

1964年[S39]マン島TTレースリザルト

50cc MOUNTAIN COUSE 3周 (1周60.72キロ)

順位	ライダー	メーカー[国籍]	平均時速(km/h)
1	H.Anderson	SUZUKI	129.7
2	R.Bryans	HONDA	
3	森下勲	SUZUKI	
4	Anscheidt	KREIDLER[ドイツ]	
5	伊藤光夫	SUZUKI	
6	谷口尚巳	HONDA	
7	L.Taveri	KREIDLER	
8	T.Provini	KREIDLER	
	越野晴雄	SUZUKI	

125cc MOUNTAIN COUSE 3周 (1周60.72キロ)

順位	ライダー	メーカー[国籍]	平均時速(km/h)
1	L.Taveri	HONDA	147.4
2	J.Redman	HONDA	
3	R.Bryans	HONDA	
4	Malina	CZ[チェコスロバキア]	
5	Scheimann	HONDA	
6	Beale	HONDA	
	越野晴雄	SUZUKI	
	F.Peris	SUZUKI	
	Schneider	SUZUKI	
	H.Anderson	SUZUKI	

250cc MOUNTAIN COUSE 6周 (1周60.72キロ)

順位	ライダー	メーカー[国籍]	平均時速(km/h)
1	J.Redman	HONDA[4気筒]	155.9
2	A.Shepherd	MZ[ドイツ]	
3	A.Pagani	PATON[イタリア]	
4	Mlina	CZ[チェコスロバキア]	
5	Boughey	YAMAHA	
6	Hunt	AERMACHI	
	P.W.Read	YAMAHA	
	T.Provini	BENELLI[イタリア]	
	L.Taveri	HONDA	
	Ahean	SUZUKI[水冷4気筒]	
	Schneider	SUZUKI	
	F.Peris	SUZUKI	

350cc MOUNTAIN COUSE 6周 (1周60.72キロ)

順位	ライダー	メーカー[国籍]	平均時速(km/h)
1	J.Redman	HONDA	157.6
2	P.W.Read	AJS	
3	M.Duff	AJS	
4	D.Minter	NORTON	
5	Woodman	AJS	
6	Dunphy	NORTON	

500cc MOUNTAIN COUSE 6周 (1周60.72キロ)

順位	ライダー	メーカー[国籍]	平均時速(km/h)
1	S.M.B.Hailwood	MV[イタリア]	161.5
2	D.Minter	NORTON	
3	F.Stevens	MATCHLESS	
4	Woodman	MATCHLESS	
5	Jenkins	NORTON	
6	Mccosh	NORTON	

[日本のレース、自動車産業関連]
5月：第2回日本グランプリ自動車レース（スズカ・JAF）　11月：第2回世界選手権日本GPロードレース（スズカ・MFJ）　レンタカー　谷田部自動車高速試験場完成　タクシー2キロ100円　トーハツ、二輪車生産中止

[当時の世相]
東京オリンピック　アイビールック　海外観光旅行自由化　東海道新幹線

1965年[S40]マン島TTレースリザルト

50cc MOUNTAIN COUSE 3周 (1周60.72キロ)

順位	ライダー	メーカー[国籍]	平均時速(km/h)
1	L.Taveri	HONDA[2気筒]	128.2
2	H.Anderson	SUZUKI[水冷2気筒]	
3	E.Degner	SUZUKI	
4	Mates	HONDA	
5	Plumridge	DERBI[スペイン]	
6	Griffiths	HONDA	
	伊藤光夫	SUZUKI	
	R.Bryans	HONDA	

125cc MOUNTAIN COUSE 3周 (1周60.72キロ)

順位	ライダー	メーカー[国籍]	平均時速(km/h)
1	P.W.Read	YAMAHA[水冷2気筒]	150.8
2	L.Taveri	HONDA[4気筒]	
3	M.Duff	YAMAHA	
4	Woodman	MZ[ドイツ]	
5	H.Anderson	SUZUKI[水冷2気筒]	
6	R.Bryans	HONDA	
7	B.Ivy	YAMAHA	
8	E.Degner	SUZUKI	
	片山義美	SUZUKI	

250cc MOUNTAIN COUSE 6周 (1周60.72キロ)

順位	ライダー	メーカー[国籍]	平均時速(km/h)
1	J.Redman	HONDA[6気筒]	155.5
2	M.Duff	YAMAHA	
3	F.Perris	SUZUKI[水冷4気筒]	
4	T.Provini	BENELLI[イタリア]	
5	Stastny	JAWA	
6	Williams	MONDIAL	
	P.W.Read	YAMAHA	
	B.Ivy	YAMAHA	

350cc MOUNTAIN COUSE 6周 (1周60.72キロ)

順位	ライダー	メーカー[国籍]	平均時速(km/h)
1	J.Redman	HONDA[日本]	161.2
2	P.W.Read	YAMAHA	
3	G.Agostini	MV[イタリア]	
4	Beale	HONDA	
5	Jenkins	NORTON	
6	Milani	AERMACH	

500cc MOUNTAIN COUSE 6周 (1周60.72キロ)

順位	ライダー	メーカー[国籍]	平均時速(km/h)
1	S.M.B.Hailwood	MV[イタリア]	146.7
2	J.Dunphy	NORTON[イギリス]	
3	M.Duff	MATCHLESS	
4	Blume	MATCHLESS	
5	Griffiths	MATCHLESS	
6	Mccosh	MATCHLESS	

[日本のレース、自動車産業関連]
10月：第3回世界選手権日本GPロードレース　(スズカ・MFJ)　名神高速道路開通(名古屋〜神戸)　富士スピードウェイ完成(6キロ)　原付き外二輪車乗員ヘルメット　交通事故急増　運転免許保有者2000万人超

[当時の世相]
3C時代(カー、カラーTV、クーラー)　ムチウチ症　過密都市　オバQ　朝永振一郎ノーベル賞　スロット・レーシングカーブーム　公務員初任給21,600円

1966年[S41]マン島TTレースリザルト

50cc MOUNTAIN COUSE 3周 (1周60.72キロ)

順位	ライダー	メーカー[国籍]	平均時速(km/h)
1	R.Bryans	HONDA[2気筒]	137.8
2	L.Taveri	HONDA	
3	H.R.Anderson	SUZUKI[水冷2気筒]	
4	E.Degner	SUZUKI	
5	Gleed	HONDA	
6	Simmonds	HONDA	
	片山義美	SUZUKI	

125cc MOUNTAIN COUSE 3周 (1周60.72キロ)

順位	ライダー	メーカー[国籍]	平均時速(km/h)
1	B.Ivy	YAMAHA[水冷2気筒]	156.3
2	P.W.Read	YAMAHA	
3	H.Anderson	SUZUKI[水冷2気筒]	
4	M.Duff	YAMAHA	
5	F.Perris	SUZUKI	
6	S.M.B.Hailwood	HONDA[5気筒]	
7	R.Bryans	HONDA	
8	L.Taveri	HONDA	
9	Curry	HONDA	
10	Cass	BULTACO[スペイン]	

250cc MOUNTAIN COUSE 6周 (1周60.72キロ)

順位	ライダー	メーカー[国籍]	平均時速(km/h)
1	S.M.B.Hailwood	HONDA[6気筒]	162.9
2	S.Graham	HONDA	
3	P.Inchley	VILLIERS[イギリス]	
4	Stastny	CZ[チェコスロバキア]	
5	Findley	BULTACO[スペイン]	
6	Smith	BULTACO	
	P.W.Read	YAMAHA[水冷4気筒]	
	B.Ivy	YAMAHA	

350cc MOUNTAIN COUSE 6周 (1周60.72キロ)

順位	ライダー	メーカー[国籍]	平均時速(km/h)
1	G.Agostini	MV[3気筒イタリア]	161.4
2	P.WILLIAMS	AJS[イギリス]	
3	C.Conn	NORTON	
4	Aheam	NORTON	
5	Bocek	JAWA[チェコスロバキア]	
6	Blanchard	AJS	

500cc MOUNTAIN COUSE 6周 (1周60.72キロ)

順位	ライダー	メーカー[国籍]	平均時速(km/h)
1	S.M.B.Hailwood	HONDA	164.9
2	G.Agostini	MV	
3	G.Conn	NORTON	
4	Blanchard	MATCHLESS	
5	Chandler	MATCHLESS	
6	Stastny	JAWA	

　TTは、春先から始まった船員ストライキが長引き、トレーニングの始まる1週間前に延期され、一時は中止となる見通しだったが、参加者の強い要望でACUはアルスターGPの後、8月末に開催する。
　この年、TTは還暦を迎え（Diamond Jubilee）、1907年のレースに出場したWalter Jacobsに記念杯が贈られる。
　ホンダが50、125クラスのワークス参加を中止、スズキも50以外のワークス活動を縮小する。
　250、500、750ccプロダクションモデルの新しいクラスが設けられる。

[日本のレース、自動車産業関連]
10月：日本選手権ロードレース（スズカ・MFJ）　自動車有害ガス排出基準の実施　日産自動車、プリンスと合併　マイカー元年

[当時の世相]
総人口1億人突破　赤字国債　ミニスカート　航空機事故多発　ベトナム戦争　中国文化大革命　大学紛争　グループサンズ、フォークソング　ビートルズ来日

1967年[S42]マン島TTレースリザルト

50cc MOUNTAIN COUSE 3周（1周60.72キロ）

順位	ライダー	メーカー[国籍]	平均時速(km/h)
1	S.Graham	SUZUKI[RK67水冷2気筒12〜14段]	132.6
2	H.G.Anscheidt	SUZUKI	
3	T.Robb	SUZUKI	
4	Walpole	HONDA	
5	Griffiths	HONDA	
6	Lawley	HONDA	

250cc MOUNTAIN COUSE 6周（1周60.72キロ）

順位	ライダー	メーカー[国籍]	平均時速(km/h)
1	S.M.B.Hailwood	HONDA[6気筒]	164.9
2	P.W.Read	YAMAHA[水冷4気筒]	
3	R.Bryans	HONDA	
4	Simmonds	KAWASAKI	
5	B.Smith	KAWASAKI	
6	Chatterton	YAMAHA	

500cc MOUNTAIN COUSE 6周（1周60.72キロ）

順位	ライダー	メーカー[国籍]	平均時速(km/h)
1	S.M.B.Hailwood	HONDA	168.9
2	P.Williams	MATCHLESS	
3	S.Spencer	NORTON	
4	Cooper	NORTON	
5	Stevens	PATON[イタリア]	
6	Hartle	MATCHLESS	

125cc MOUNTAIN COUSE 3周（1周60.72キロ）

順位	ライダー	メーカー[国籍]	平均時速(km/h)
1	P.W.Read	YAMAHA[水冷4気筒]	155.9
2	S.Graham	SUZUKI[水冷2気筒10段]	
3	本橋明泰	YAMAHA	
4	Simmonds	KAWASAKI	
5	Carruthers	HONDA	
6	Curry	HONDA	

350cc MOUNTAIN COUSE 6周（1周60.72キロ）

順位	ライダー	メーカー[国籍]	平均時速(km/h)
1	S.M.B.Hailwood	HONDA[6気筒]	167.5
2	G.Agostini	MV[イタリア]	
3	D.Woodman	MZ[ドイツ]	
4	A.Pagani	AERMACH[イタリア]	
5	Conn	NORTON	
6	Milani	AERMACH	

　ホンダ、スズキはTT及び他のGPシリーズもワークスレースから撤退することを発表する。ヤマハもこの年のシリーズ終了後1969年からの撤退を表明する。
　1962年から始まった50ccクラスの開催は、この年が最後となる。

[日本のレース、自動車産業関連]
6月：全日本選手権鈴鹿ロードレース（スズカ・MFJ）　8月：全日本選手権鈴鹿12時間耐久ロードレース（スズカ・MFJ）　自動車排出ガス規制（COモード2.5%）実施　首都高速道路環状線開通　BS（ブリヂストン）二輪車生産中止　自動車保有1000万台超　生産世界2位　中央高速（調布、八王子）

[当時の世相]
産業公害　交通戦争　原宿族　日照権　海外旅行ブーム　ミニスカート　ゴーゴー　都電廃止　公務員初任給25,200円

1968年[S43]マン島TTレースリザルト

50cc MOUNTAIN COUSE 3周 （1周60.72キロ）

順位	ライダー	メーカー[国籍]	平均時速(km/h)
1	B.Smith	DERBI[スペイン]	117.3
2	C.Walpole	HONDA[2気筒]	
3	E.Griffith	HONDA	
4	Lock	HONDA	
5	Pink	HONDA	
6	Udall	HONDA	

125cc MOUNTAIN COUSE 3周 （1周60.72キロ）

順位	ライダー	メーカー[国籍]	平均時速(km/h)
1	P.W.Read	YAMAHA[水冷4気筒]	158.6
2	W.D.Ivy	YAMAHA	
3	K.Carruthers	HONDA	
4	T.Robb	BULUTACO	
5	Keith	BROWN-SP	
6	Murry	HONDA	

250cc MOUNTAIN COUSE 6周 （1周60.72キロ）

順位	ライダー	メーカー[国籍]	平均時速(km/h)
1	W.D.Ivy	YAMAHA[水冷4気筒]	159.3
2	R.Pasolini	BENELLI[イタリア]	
3	H.Rosner	MZ	
4	Uphill	SUZUKI	
5	Gould	YAMAHA	
6	Smith	YAMAHA	

350cc MOUNTAIN COUSE 6周 （1周60.72キロ）

順位	ライダー	メーカー[国籍]	平均時速(km/h)
1	G.Agostini	MV[イタリア]	167.5
2	R.Pasolini	BENELLI	
3	B.Smith	HONDA	
4	Woodman	AERMACH[イタリア]	
5	Cooper	AERMACH	
6	Findley	AERMACH	

500cc MOUNTAIN COUSE 6周 （1周60.72キロ）

順位	ライダー	メーカー[国籍]	平均時速(km/h)
1	G.Agostini	MV[イタリア]	162.6
2	B.Ball	SEELEY MATCHLESS[イギリス]	
3	B.Randle	NORTON	
4	Smith	MATCHLESS	
5	Lund	MATCHLESS	
6	Caruthers	NORTON	

50ccクラスは翌年から廃止された。
この年を最期にホンダ、スズキがWGPから撤退した。

[日本のレース、自動車産業関連]
安全ベルト　自動車取得税　乗用車の生産、トラック、バス超える

[当時の世相]
3億円事件　心臓移植　住宅マンションブーム　たばこハイライト80円

1969年[S44]マン島TTレースリザルト

125cc MOUNTAIN COUSE 3周（1周60.72キロ）

順位	ライダー	メーカー[国籍]	平均時速(km/h)
1	D.Simmonds	KAWASAKI	145.7
2	K.Carruthers	AERMACH[イタリア]	
3	R.Dickinson	HONDA	
4	S.Murray	HONDA	
5	J.Kidd	HONDA	
6	C.Ward	BULTACO[スペイン]	

250cc MOUNTAIN COUSE 6周（1周60.72キロ）

順位	ライダー	メーカー[国籍]	平均時速(km/h)
1	K.Carruthers	BENELLI[イタリア]	153.5
2	F.Perris	SUZUKI	
3	S.Herrero	OSSA[スペイン]	
4	M.Chatterton	YAMAHA	
5	F.Whiteway	SUZUKI	
6	D.Chatterton	YAMAHA	

350cc MOUNTAIN COUSE 6周（1周60.72キロ）

順位	ライダー	メーカー[国籍]	平均時速(km/h)
1	G.Agostini	MV[イタリア]	162.9
2	B.Steenson	AERMACH	
3	J.Findlay	AERMACH	
4	T.Dickie	SEELEY[イギリス]	
5	T.Grotefeld	YAMAHA	
6	S.Griffiths	AJS	

500cc MOUNTAIN COUSE 6周（1周60.72キロ）

順位	ライダー	メーカー[国籍]	平均時速(km/h)
1	G.Agostini	MV[イタリア]	167.6
2	A.Barnett	KIRBY METISSE[イギリス]	
3	T.Dickie	SEELEY	
4	D.Woodman	SEELEY	
5	J.Findley	NORTON	
6	R.Chandler	SEELEY	

FIM、マシン規定の大幅変更を決定する
50cc：単気筒　125cc・250cc：2気筒以下　350cc：3気筒以下　500cc：4気筒以下　ミッションギヤ6速以下

[日本のレース、自動車産業関連]
ヤマハ WGPから撤退、カワサキの参戦　自動車のシートベルト他安全対策強化　東名高速道路（東京～名古屋）開通

[当時の世相]
GNP世界2位　アポロ月着陸　寅さんシリーズ　SL機関車引退　米あまり　国鉄グリーン車　内ゲバ　赤軍派

1970年[S45]マン島TTレースリザルト

125cc MOUNTAIN COUSE 3周(1周60.72キロ)

順位	ライダー	メーカー[国籍]	平均時速(km/h)
1	D.Braun	SUZUKI	142.8
2	B.Jansson	MAICO[ドイツ]	
3	G.Bartusch	MZ[ドイツ]	

250cc MOUNTAIN COUSE 6周(1周60.72キロ)

順位	ライダー	メーカー[国籍]	平均時速(km/h)
1	K.Carruthers	YAMAHA	153.8
2	R.Gould	YAMAHA	
3	G.Bartusch	MZ	

350cc MOUNTAIN COUSE 6周（1周60.72キロ）

順位	ライダー	メーカー[国籍]	平均時速(km/h)
1	G.Agostini	MV[イタリア]	162.8
2	A.Barnet	AERMACH	
3	P.Smart	YAMAHA	

500cc MOUNTAIN COUSE 6周（1周60.72キロ）

順位	ライダー	メーカー[国籍]	平均時速(km/h)
1	G.Agostini	MV[イタリア]	162.4
2	P.Williams	MATCHLESS	
3	B.Smith	KAWASAKI	

[日本のレース、自動車産業関連]
自動車排出ガス規制強化策発表　米国 マスキー法案可決　マイカー4世帯に1台　交通事故死者数最高に

[当時の世相]
大阪万博　よど号ハイジャック　自動販売機時代　三島由紀夫自殺　光化学スモッグ　歩行者天国　FAX登場　鼻血ブー　ジャンボ　公務員初任給36,100円　鉛公害

エピローグに代えて

『TTを通じて』25のエッセイ

（1）継続への信念

オートバイと自動車の発達で、ヨーロッパ大陸に遅れをとったイギリスで始まったマン島のレース。それは住民との問題や、「TT」起源のテーゼとは異なっていく流れ、性能向上によるスピードアップと安全性の追いかけっこ、またコース変更の問題など、何度となく中止に追い込まれそうになりながら、しかし、その都度、最善の解決策と急場しのぎの方策を巧みに調和させ、1世紀を超える長さののちの今日まで、レースを継続させてきた。

人工のレースコースとは異質の場で行なわれる「スピード・レース」が連綿と百年もつづいた。今後も新たな課題が出てくるであろうが、おそらくは、したたかに、このレースは継続されるだろう。

これまでにもさまざまな問題に直面しつつ、だが「TT」の姿を今日にまで伝えてきたのは「継続」への挑戦であった。そして、それを支えてきたのは、世界で唯一無二の「クラシック・ロードレース」を誇りとする、確固たる信念にほかならない。

その信念は、継続のためのさまざまな方策を考えだして実行してきた、TT運営者、政府、そしてマン島市民のそれぞれが共有するものであろう。

今日では〝公道レース〟といってしまうと、何か暴走を連想させるような、そして安易なイメージがあるかもしれない。しかし、とうの昔に、このレースは消滅していただろう。もし、「TT」がそのような浅薄な内容のものであれば、「公道コース」でのレースであるとか「クラシック・ロードレース」としなければいけないのではないか。

そして、TTレースの存在が挑戦の連続で成り立っているとすれば、そのTTレースへの出場は、その「挑戦の歴史」に挑むことでもある。

しかし、いったい何が、人をして、それほどまでに「レース」に駆り立て、突き進めるのか？ この点は理解に苦しむところがあるかもしれない。

（２） 挑戦に駆り立てるもの

何かに挑戦するとすれば、その挑戦の結果が成功して、そこから得られる何らかの「対価」を期待することから始まるのが通例であるかもしれない。そして、今日ではとくに、「挑戦」は功利の対象となっている気配すらある。

だが、本田宗一郎（ホンダ）、そのあとに続く鈴木俊三（スズキ）、そして川上源一（ヤマハ）らが１

457

東京・湯島で自動車修理工としての腕を磨いた本田宗一郎は、故郷に「アート商会浜松支店」構えた。本田の修理技術は高く、クルママニアの歌手・藤山一郎は出先でアート商会の技術の高さに舌を巻いた逸話は有名。ハンドル後のサングラスが宗一郎。

1960年代に行なった「挑戦」は、これに成功すれば、これだけの利益が得られるだろう、儲かるだろう……といった現代的な功利目的の図式は、まるで当て嵌まらないものだった。

たとえば、本田宗一郎が「TTレース出場宣言」を出すより前に、ブラジル・サンパウロでのレース出場に声がかかり、ドリーム号エンジンをあわただしく改造したマシンを急造して、大村美樹雄を送りだしたとき——。

このとき宗一郎は、大村に、「とにかく完走すること」と「外国のレース情報」を持ってくることを求めた。これは宗一郎が、原付きエンジンつくりを始めてから、ようやく本格的なオートバイができるようになって、ゆくゆくは自分がつくったマシンでレースをしてみたい！　その願望が強く根底にあったからだろう。

それは本田宗一郎が若き頃、東京は本郷湯島にあった自動車修理工場「アート商会」に、見習い修理工で就職したことに始まる。

主人の榊原郁三・真一兄弟が、大正時代のレース黄金期に、自家製の「アート・ダイムラー」号や「アート・カーチス」号でオーバルコースのレースに出場するたびに、宗一郎は整備工として随行し、そして親方のレース車に、メカニックとして同乗した。そうした環境が、レースのおもしろさと、レースで磨かれる自分を発見する喜びを、本田宗一郎にもたらした。

やがて、親方から整備技術を認められ、暖簾分けした「アート商会・浜松支店」を持った本田宗一郎は、いずれは自分もレースに出るという夢を抱きながらも、それは戦争で中断されてしまう。

そして戦後にアート商会から独立し、原付きエンジンの製作を手掛けながら、いつかは自分の力で、志半ばに終わった戦前の《夢》の復活を果たしたい。そんな意欲が宗一郎にあったことは充分に理解できる。

ただ、そんな願望が、そのまま「TT」につながっているとは思えない、やはり、発端はブラジル・レースだっただろう。

（3）世界との大きなギャップ

本田宗一郎は大村から、サンパウロのレースは、当時の日本で始まっていたような「トラック・レー

ス」ではなく、本当のサーキットでの「ロードレース」であること。そして、そのレースには、当時の世界GPライダーが顔を揃え、彼らが操るマシンがいかに優秀なものであるかということを聞いた。外国のレベルは、宗一郎が想像する以上の高いところにある。彼はこのことを実感したはずだ。そして宗一郎は、その大きなギャップを埋めるには、とにもかくにも外国のレースに出て見なければ始まらない。このように痛感したのだろう。

しかし、外国のレースといっても、さまざまなものがある。そこで、戦前のレーシング・ライダーが多田健三に倣い、「出るならTT」といっていたほどに、「TTレース」はロードレースにおける一人ブランドであった。そこから、宗一郎もまずは「TTレース」にその目標を定めたのではないかと考える。

ただ、実際に宗一郎が「TTレース」の現場を目の当たりにするのは、実は、「TT出場宣言」を出した後のことである。

そしてそこで、自らの眼で「TT」をつぶさに視察した宗一郎は、自分が思い描いていたものとはあまりにもレベルが異なることを、ほとんど体感として知ったのではないか。

その結果、「TT宣言」の内容では、すぐにでも出場するかの如き雰囲気であったものが、まだ駄目だ、まだ行けない、いつになったら……というようにして、5年の時間が焦燥とともに経過していったのであろう。

（4） 挑戦の共有

挑戦の気持ちを持つのは、さしてむずかしいことではない。しかし、それを実行に移すとなれば、さまざまな難関が立ちふさがる。本田宗一郎が「TTレース」出場をぶち上げたこと自体がすでに"挑戦"であって、それは自分に対してのものでもあった。

何といっても、自分の会社が倒産するかもしれないという時期に、「TTレースだ！」といっているのだ。普通なら、冗談じゃない、俺たちの明日はどうなるの！……である。しかし藤沢武夫の言にもあるように、会社が苦境に立っているからこそ、みんなで将来への飛躍する《夢》を共有することが大事だったのである。

そうした理念から始まり、そして従業員共通のものとして、《夢》にかける社風が根付いていたから、5年後の初出場につながっていくのだ。

そして、「挑戦」が実際に動き出せば、資金も要る。レース活動をすれば、オートバイ製造会社としては、通常の生産体制にも支障は出てくる。また、上手く行かなかったらリスクも大きいなど、挑戦につきものの壁は高い。

初めての「TT」から帰った谷口尚巳や田中楨助に、宗一郎は、「俺の家を売っぱらったってかまわないから、思いっきりやれっ！」と激励とねぎらいの言葉をかけている。はからずも飛びだしたこの発

言からも、当時のホンダに、TTレースに出場するための潤沢な資金があったとは思えない。

たしかにこの時期、画期的な新製品であるスーパーカブが売れそう……という気配はあった。ただ、宗一郎が「挑戦」する機会が来たとなれば、藤沢武夫は、どんなことをしてでも資金の工面をしたのではないか。社員もまた、ここまで来たなら、もっとやってみてくれ！　そんな共通の認識と将来への期待が、本田宗一郎の情熱に結びつき、世紀の挑戦を支えたのであろう。

スズキのTT出場へのきっかけは、1959年の浅間レースにおける本田宗一郎から鈴木俊三への誘いであった。そして、2サイクル・エンジンが売り物のスズキであったが、世界的なレースとなれば、2サイクル・エン

'59年の「TTレース速報」が貼り出された正門横の掲示板に見入る社員。本田技術研究所は埼玉県・白子にあり、木製の正門からもその規模を伺うことができるようだ。当時ホンダの社員は3,000名に満たなく全員の目が、マン島での一挙手一投足に注目していた。

ジンでの出場には誰もが首をかしげる、そんな時代であった。

だが、鈴木俊三は、あえて2サイクル・エンジンでの出場を決断する。しかし、出場してみればまったくレベルが違っていて、何年も散々な結果に終わり、そのたびごとに試行錯誤とマシン構造変更がつづいた。

幸いにして1962年から50ccクラスが導入され、小排気量に有利とされる2サイクルの本領を発揮。スズキは、同クラス優勝のみならず、世界GPチャンピオンと、TTレースでの日章旗掲揚という悲願を伊藤光夫が達成する。

マン島TTレース、そしてGPレースも、スズキの2サイクル技術で制覇したいという途方もない挑戦に、エンジニアも、いったいいくら金がかかるのか、いや、そもそもどのくらいの予算でことを進めればいいのか……という状態だったという。しかし、鈴木俊三は一言もカネのことは言わず、スズキには無かったテストコースも一気に作ってしまうのであった。

スズキの母体となった会社が、戦前からつづく鈴木織機であったというものの、湯水のように資金があったわけではない。

ここでも、鈴木俊三が「うちもTTに出てみよう、だが、やるなら2サイクルで」としたポリシーに、開発技術陣が発奮し、従業員もまた、同郷・浜松のホンダと同じように、世界へ挑戦する自分を実感したのであろう。

スズキもまた、そういった全社的な共感が挑戦を支えたのだが、ただ、250ccクラスは最後まで、

満足できる結果を得られぬままに終わってしまった。挑戦はすべて上手くいくものではなく、しばしば、ダメージと裏腹であることも示す。

（5）三者三様

同じ浜松出身で、3社のうちでは、オートバイつくりも「TT」出場も、ともに再後発の立場であったヤマハはどうか。

ヤマハは、戦後の原付きブームが去り、次々とメーカーが消え去っていった時期、スポーツ型オートバイの需要に合わせるように市場参入したが、そのデビューには必ずレースを利用したメーカーだった。

125の「YA1」は第一回浅間で、175の「YC」は富士登山で、そして250「YD1」は第2回浅間で優勝した。あたかも、新型車の開発とともにレース用オートバイも研究していたかと思うくらいに、タイミングよくレースで優勝しつづけた。

これは川上源一の「最後発のメーカーだからこそ、最も過酷なことに挑戦し、優秀性を示す」というセオリー、その舞台がレースだったのである。

川上は、製品を出すにあたって、何をして何を証明すればいいのかを知り、オートバイならスピードレースだと考えたのではないか。

川上が出身の「日本楽器」が製造するピアノ、ハーモニカ、諸楽器などは、それが認められるためには、数多くのコンクールで聴衆に直接アピールすることが早道だ。もちろんこれは、きびしく批評されるという怖さも含まれるが、こんな楽器と同じような方策を、川上がオートバイとスピードレースとの関連に当て嵌めたと考えてもおかしくはない。

それと、初期ヤマハの製品は、"アンチ・ヤマハ"からすれば、どれも押しなべて、当時のドイツ車の模倣であった。しかし、そんな風に酷評されても、「模倣でも、本場以上の出来栄えである」ことが証明できれば、それはヤマハの高度な技術を示すことになる（この「模倣」ということでも、楽器製造と似た部分があるのではないか。なぜなら、まったく違ったかたちをした「バイオリン」というのは、楽器＝バイオリンとしてはあり得ないからである）。

だが、レースに勝ちさえすればオートバイが何台売れるといった、そんな打算的な考えが優先したとは思えない。もし商売第一を考えるならば、ほかに有効なカネの使い道はあっただろうし、また、レースなどで負ければ恥をかくだけである。やはり、技術の高さ、信頼性を知ってもらいたい、そのためのレースというのが根底にあってのことだった。

これを契機に、ヤマハは急伸するのだが、もし、初戦のレース挑戦が惨めな結果に終わっていたら、その後のヤマハがいまのように健在であるかどうかはわからない。しかし、川上源一はそれも承知で、あえて、日本楽器という本体まで危うくするかもしれない一大決心をした。そして、そこから「ヤマハ」は生まれたのだ。

川上は、そうした国内の成功から、1958年5月、ホンダの「TT」出場の1年前、アメリカの「カタリナGP」に伊藤史朗を出場させた。これも、ホンダが同じく進出の機会を窺うアメリカ市場を拓くための手段として、多くの人がバカンスに集まる西海岸リゾート地のレースをターゲットにしたのだ。

しかし、ヤマハの場合、こういった挑戦の手法がすべて上手くいったからラッキーなのであって、失敗していれば、挑戦はすなわち破滅である。

そしてヤマハも、1961年の「TT」出場を機に、世界GPへの挑戦を始めるのだが、スズキと同じ2サイクルエンジンのヤマハは、まず250ccを主たるターゲットとした。そして、そこで成功するや、1965年には125ccクラスにもその戦線を広げた。

かように3社の「TT」挑戦のキッカケや方針は異なり、戦略も違っていたのだが、しかしこの3社は、やがて「TT」のみならず、世界GPでも、日本車同士で壮絶な争いを繰り広げるに至る。

本田宗一郎、鈴木俊三、川上源一から始まった「挑戦」は、企業の成長とともに、ビジネス中心の「投資・開発実験場」（ラボラトリー）としてのレースへ、自ずと違ったベクトル（力量による方向・針路）に向きはじめ、それは営利会社として当然のことでもあるが、しかし、その「挑戦」の端緒は、スピードに憑かれ、技術力に賭けた男たちが理想を追い求めることから始まったものだった。

（6）裾野産業への波及

そして、彼らの挑戦意識が、もし、独善的な野望や余興的な小手調べの類いから始まったことであれば、とても多くの共感を得ることはできなかったであろう。ドン・キホーテ的と言われようが、失敗したらどうするんだと言われようが、成功することもなかったであろう。人が、数パーセントの可能性に賭ける信念に共鳴し、自分もそのなかにいるチャレンジャーの一員だという意識があったからにほかならない。

前述したように、日本3メーカーの挑戦の糸口はそれぞれに異なる。しかし、その根底をなすものは同じだ。成功の約束なき挑戦は、やがて、たゆまぬ努力によって実を結び、結果的には企業として成功していくのである。

しかし、仮にホンダだけが挑戦して、そしてそれが成功したとしても、それだけで日本のオートバイが世界を制覇するまでになっただろうか。

その「制覇」の結果、欧米諸国のなかには、「黄禍」（Yellow Peril＝黄色の禍根）、すなわち、招かざる黄色い肌の勢力がわれらを脅かそうとしているという侮蔑的表現を、活字にするものまで現われたのだ。

また、ある時期は、「レースで強くても、市販製品は別物」といった風に揶揄された。それほどに、「T

T」や世界GPでの成功は大きな反響となったが、これが一社だけの成功であったら、これほどの騒ぎにはならなかったであろう。

当事者とすれば大変なことだったかもしれないが、やはりライバル同士、3社がしのぎを削ってそれぞれの成果を上げた。つまり、日本のオートバイ（の全体！）は凄いものだという評価と、それに繋がる高度な日本の工業技術を世界が認めたのは、日本の数社が同じような高レベルにあったからだ。

オートバイでも自動車でも、完成車を仕上げるには、金型や工作機械の生産財（資本財）産業、鉄鋼やFRP、ゴム、新金属などの素材産業、キャブやタイヤ、プラグ、ハンドルなどの部品産業なくしてあり得ないのだが、高度なマシンつくりは、こうした関連産業にとっても初めての挑戦であった。

こうした「挑戦」で、有形無形にかかわらず、日本の工業とその裾野産業は飛躍的な発展を遂げた。

そしてそれは、自動車のみならず他の工業製品にも波及した。

（7）日本という財産

そして、世界の工業先進国を自負していた欧米が、日本があまりにも短い期間で成功した、その秘訣を探ろうとしたとき、彼らが気づいたことは、労働を尊（たっと）び、進取の気風に富み、挑みはじめたらとことん進み、一人の天才も必要だが、それだけでなく、多勢の力と知恵を集約する能力と、独自に発展していた日本古来の手工芸や発明品、そして繊細な感覚と手工業の活用、改良好き、こだわりとクォリティ

への志向などの日本人の特性であった。さらに、盆栽や日本庭園に見られる自然界の事象を縮小する美意識、再現力もその特徴である。

そして、日本の風土に育まれたその特異な技術は、それは決して国家でなく、「日本人」そのものの価値なのであった。

だが、「TT」に端を発した世界への挑戦と、その成功に対して、当時の国民意識や、当時の社会やメディアは、ある特殊な業種の特定な出来事としか捉えていなかった。当時の識者の多くが国際性に疎かったこともあって、二輪の世界への挑戦が、「日本と日本人」の価値をどれほど高めたか。そのことの〝大きさ〟に、ほとんど気づいていなかったのである。

敗戦から23年、そして明治維新から100年経った1968年、日本のGNPは世界第2位にのしあがった。その根底には、いち早く「TT」を契機に世界に挑戦した「スピードレース」によって、日本が「工業立国」として飛躍したこと。そして同時に、関連産業の裾野が広がったという事実と歴史があったからではないか。

たしかに、日本の復興期においては、外国からは〝エコノミック・アニマル〟などと冷笑され、この国にあった必要な文化を失ったこともあった。そうしたものは、これから修復しなければならないかもしれない。しかし、いま改めて「TTレース」に挑戦したことの意義を、もう一度吟味すべきである。

469

（8）伝統を引き継ぐ

日本のオートバイ・自動車産業、周辺産業、そして「日本」が世界に躍り出る切っ掛けとなったのは、「マン島TTレース」という舞台だった。どんな名優でも、それなりの舞台があって初めて、その演技の才能が発揮されるのと同様に、どんなに優れたマシンをつくっても、試練と挑戦の場がなければ、その真価を認めさせることはできない。その意味で、その機会となった舞台には大いに感謝しなければならない。

第一次、第二次世界大戦で中断、また近年では、2001年に発生した牛のBSE（口蹄病(こうていびょう)）問題で急遽(きゅうきょ)中止したこともあったが、それを例外とすれば、「TTレース」は延々と百年の間、開催されている。

その間、種々の問題にぶつかりながらも、「TT」を維持し続けていることはすでに述べたが、それはマン島の人々をはじめとして、「世界一のロード・レース」（Road Racing Capital of the World ／ Most Famous Road Race of the World）にのめりこんだ人々がずっと培(つちか)ってきた、TTレースの伝統を引き継いでいくという強い意志の結果であろう。

現在では、「TT」はマン島の一大シンボルであり、観光経済を潤すもののひとつであるかもしれない。だが、これは結果として、そういったプラス面を生んだのであって、ハナから、そうした効果を目論ん

で始まったことではない。

仮に、「マン島」が生き抜くために何かを考えるなら、違った観光立国、リゾート立国としての他の手段もあったであろう。そして、そうしておけば、これまで何度もTTレースが「人命」に関わる問題でつつかれるような「リスク」を負うこともなかったであろう。

それほどのリスクや批判を承知の上で、「継続」への情熱を傾けるというのは、やはり「伝統の重み」の方が勝っているからにほかならない。

すると、その「TTレース伝統の重み」とは、いったい何なのか。世界最古・世界最長のロードレースの魅力は、果たして何なのか。

（9）ロードレースの変化

これまで述べてきたように、スピードレースは、少なからず人命へのリスクを包有する。しかし、「より速く・より高く・より遠くへ」というのは、古来から、人類が抱えてきた欲求でもある。往時においては「速さ」と「遠くへ」が一緒になって、長距離のロードレースが始まったのだが、現代においては「速さ」がその前面に出るかたちに変わってきた。

だが、単なるスピードだけを競うなら、アメリカ・ユタ州のボンネビルに代表される「世界絶対速度記録」のようなものもある。しかし、これは「ロードレース」とは性質が違う。

たしかに「ロードレース」の魅力は、そのスピードにある。しかし、人間が移動するために作った道を、人間が考え、作り出した乗り物で、いかに速く踏破するか。これが「ロードレース」の原型である以上、単に直線で時速何キロのスピードが出たかどうかは、さしたる問題ではない。

直線もカーブもある。上り下りがある。コースは、狭くなったり広くなったりする。路面も、平坦、凸凹、また、滑る／滑らないというように変化し、そこに風が、前から横から後ろから吹いてくる。こうした自然条件も含む「スピードを阻む」あらゆる要素、それを克服するための「才知」がロードレースなのである。そして、ライダーがその性能を最大限に引き出す。こうした極致の「走り」をマシンに施し、人工的な〝道〟を模したサーキットが出現し、時代の流れから、一般道路でのレースが困難になって、そこでレースが行なわれるようになって、マシンとライダー（ドライバー）のポテンシャルは最大限に発揮できるようになった。

しかし、それは日常の道路とは比較にならない専用のコースであって、いわばサーキットは、最高にいい状態にある道路の縮図ともいえる。同時に、コーナーを曲がりきれなかったときなど、予期せぬ事態へ対処したグリーンゾーンが設置されて、リスクへの対策も講じられている。それは、ライダーとマシンの限界が織り成すレース・シーンを最大に見せるにふさわしい場所になったということであり、そして、そういった施設（コース）でなければ、もはや「ロードレース」は成り立たなくなってしまったということでもある。

(10) 非日常性の昇華

そうだとすれば、マン島のTTコース、たとえばマウンテン・コースなどは、そんな「レース」にはまったく不向きであろう。単にレースを一般公道で行なうというだけなら、モナコやマカオ、またアルスターなどに現存し、24時間レースを行なうル・マンや、アルバート・パークなどの人工コースと一部公道のドッキングも含めれば、世界中にはかなりな数の、公道使用のレース・コースがある。ただ、それらは1周60・4キロの長さと千変万化なロケーションを持つ「TTコース」とはケタが違う。

マン島でのレースは、島の中央から丘陵部を回るコースで行なわれる。あくまでも公道、それも大部分は生活道路である。

違法的な表現だが、公道でも飛ばしたくなる道路もあれば、そんな気は起きない道路もある。私の場合、「TTコース」を走って見ても、ここでスピードを出したいと思う場所はほとんどない。

かつて、私が十数年にわたって、マカオやシンガポールなどの公道サーキットレースに出ていたときも同じだった。こんなところを猛スピードで走らなければならないという、そのことの方が苦しかった。

私の場合はフォーミュラ・カーだったから、オートバイとはニュアンスが多少違うかもしれない。だが、公道コースを疾走する快感が、もしあるとすれば、それは同じ200km／hの速度でも、サーキットでは得られない異次元の世界がかもしだすスピードの魅力であろう。そう、異次元なのだ。

1周60.72kmのうち、コーナー数200以上といわれるマン島TTのコースのうちで、スタート後最初のコーナーがここクォーターブリッジ。右手奥からスタートしてきたレーサーはここで減速し、ユニオンミルズ方面へ走り去る。普段は生活道路で反対側にはパブがある。

　日常の生活道路は、その昔、馬車が、人が、歩くより速く通行できる程度の道路形状が原型であって、そこにはスピードを優先する構造も土壌もなかった。マン島の道路は、その典型だ。

　道路の端っこには側溝があり、道の両側は、欧州に多いゴツゴツの石垣や木立や大木であって、そしてマンホールも電柱もある。住宅など建物の玄関口も道路に面し、十字路も丁字路もある。普段であれば、絶対にこれ以上のスピードで走ってはいけない！と、きびしく制限されているところを、どれだけ速く走れるか？に変貌する。

　普段は何気ない風景が、「TT」の日は一変する。

　モーター・レーシングでなくても、公道閉鎖の競技は、自転車やマラソンなどいろい

ある。だが、マラソンのような躍動感があったり、自転車のように、何かせせこましい走りが織り成す光景なら、さほど日常とかけ離れた雰囲気は少ない。

しかし、あたかも弾丸がぶっ飛んでいくようなレースが開催されれば、その風景は一変してしまう。

ただ、公道のレースから連想されるような、レースマシンの排気音が島のところ構わず響き渡り、轟音の渦になってしまうようなことは、実はない。

これは、一周10キロ足らずのコースと60・4キロの距離の違いがまずあり、加えて、マン島のレースのシステムが、他のレースとは丸っきり違うことによる。

「TT」は、2台づつが10秒あるいは20秒間隔で、1台ごと10秒間隔でなど、その時代とその年の出走台数によって異なるが、スタートラインに並んだ全車が一斉に飛び出すマス・スタートではなく、バラバラに出走する「インターバル・スタート」である。

したがって、コース上のあるポイントでは、1台が過ぎればまた1台というように、コース上にマシンとライダーはバラけるのが常である。まれに、4～5台が競り合う光景もあるが、10台20台がまとまって轟音を響かせるようなことは、まずない。

そして、トップライダーが次に目の前を通過するのは、16分後とか20分後である。長距離コースであるがゆえに、まとまった音にならず断続的になる。

そして、60・72キロのどこからなのか、かすかに伝わるエキゾースト・サウンドがだんだんと近づき、目の前をゴーン！と通過。そしてサウンドが遠のき、ふたたび、しばしの静寂に包まれる。この繰り返

しが、たまらなくいいのだ。

だが観客はそうやって楽しんでも、木立繁る道、爽やかな峠の風も、ライダーにとってはすべて、きわめて厳しい障害でしかない。

ビンテージ風の建物や苔むす石垣の穏やかな景色、木漏れ日あふれる散策路、そうしたものを背景にして、「ＴＴ」の日だけは、背中が丸くなった「ライダー」という名の物体がぶっ飛んでゆく。

普段の日と今日、つまり「ＴＴ」の日の違い——そのバランスと変化は、ものすごく奇妙である。まさに、日常性と非日常性が１８０度ひっくりかえった世界。非日常の世界が厳然と存在することを、この日は実感する。

危険な個所には一応、スポンジやストローバリアで防護がなされているとはいえ、それは気休め程度で、当然事故も起こるし、死傷者が発生しない年はない。

だが、「ＴＴ」はなくならない。いや、なくそうとしない。なぜか？

(11) 危険への考え方

近代モーターレーシングの「識者」たちから、毎年のように、クレージーだ、危険だ、廃止すべきだ、といった声が上がっているのは、百も承知！　同様の声はイギリスにも、そしてマン島市民のなかにもあるのだ。

こういったTTレースが包有する"諸問題"は、「TT」に因縁浅からぬ人たちにとってみれば普通の感覚であって、マン島に生まれ育った人も同様かもしれない。ただ、マン島ローカルの人たちすべてがレース好きなわけでもないし、「TT」の存在に賛成する人ばかりでもない。しかし、それは単に"大きな危険性"が理由というものでもない。

つまり、日本なら、あんな危険なものやめてしまえ！となるのだろうが、そういった単純なことでなく、危険性ばかりを主題としているようにも見えない。要するに、危険やリスクに対する感覚や理解が異なるのである。

人間はそもそも、生まれながらに危険性をはらんでいるのであって、人の行動一つ一つは危険と表裏であり、生きる、あるいは生き抜くということは、危険との闘い、回避、防衛、予見で成り立っている。

こうした「哲理」が強固な風土にあっては、危険だからといって、それから逃げていては、逆に本当の危険がわからない。つまり、リスクの捉え方が違うのだ。

そこには、日本の社会や日本人の精神構造では理解しにくい冒険や、突拍子もないような試みがある。そして、あんなことして、いくらになるんだ？といった"ゼニ勘定"では、絶対に計れないということもある。

欧米諸国民族の祖先に多く見られる、獲物を追いかけ、捕獲して、それを殺さなければ、その日の食料にありつけない狩猟民族。一方、じっくりと田畑で食料を育てる農耕民族を先祖とする血か。いずれにせよ、危険や、それにともなう死生観は、日本を含む「東洋思想」とは大きな違いがある。

477

人間誰しも、その奥底にある野性本能は、実は旺盛で、日常から乖離したパフォーマンスを求め、不可能を可能にすること、危険なことに打ち勝つ喜び、その満足感、周囲からの称賛、こうした魅力に憑かれる者がいる。そして、その度合がハンパでなく、また世界最高レベルのものを求める者がいる限り、「TT」は存続するだろう。

実際に「TT」が行なわれる5月末から6月上旬の2週間は、学校や職場は休みのところが多い。しかし、レースが行なわれる日に、市民がこぞってレース見物に行くわけでもない。また、マウンテン・コースから外れた住宅街や繁華街では、何事もないかのように、いつもの、そして普通の生活風景がある。

公道を閉鎖して行なうレースといっても、四六時中道路が使えないということではなく、基本的に、プラクティスとレースは一日おきに開催され、そして、日曜日のレースはない。これは「TT」発足時に、住民のクレームから、日曜日にはレースを行なわないことを法律に定めたことから来ている。ただ、5月後半の金曜日から2週間後の金曜日までを「TT期間」とするのは、発足時も今日も変わらない。そして毎年、その年頭には、何月何日から何日まで、所定の道路区間をマウンテン・コースとしてレースに使用すること。レース期間中の何月何日の何時から何時までは道路を閉鎖し、住民は迂回路を使用すること。この年のレース開催に、政府はこれこれの税金を拠出する。こういったことが法律に基づいて公布されるのである。

2007年で、1028年の歴史を持つに至る世界最古の議会政治。その社会体制に支えられた「T

「TT」ならではの仕組みである。

(12) 自己責任の確立

ただ、いくら政府公認といっても、レース開催が原因となる混雑や喧噪、不便などに、不満顔の人は数多くいる。

そして、そのなかにふたたび〝危険〟を持ち込むとすれば、それはレース中の死傷事故よりも、レース・シーズンに訪れる外部からのライダーやドライバーが引き起こす（レース以外の）事故に対する不満の方が多いので、事情に疎い者は、救急車や救急ヘリが動く回数で、事故が多いTTレースという判断をしてしまう。

たしかに、ビジターの事故は少ないとはいえない。いかに公道でのレースとはいえ、プラクティス＆レースがない日は通常の生活道路だから、厳格なマナーのもとに遵法運転でなければならないのだが、雰囲気に感化されてしまうのだろうか。自分もレーサーになったような錯覚か、随所に配されている交通警官も手に負えぬような、かなりな疾走風景が展開されてしまうことがある。

それに業を煮やしたのか、あるいは、ライダーなら誰しもレースコースを走りたくなるそうした心境を察したのか、その事情は詳しくない。ともかく、2週間にわたる「TT」シーズンで一回だけある「レースのない日曜日」の一定時間、遠来のツーリストが存分に走れるよう、マウンテン・コースを一方通

行にし、かつ、法定速度には目をつぶったフリー走行タイムを設けてしまったのだ。

数十年前に始まったこのサービス？　は、いつしか、「マッド・サンデー」（Mad Sunday＝狂った日曜日）と呼ばれるまでになった。そして、その通りに、彼らの走りは正直もの凄い。レーサーに負けじとばかりにぶっ飛ばし、それもオートバイばかりでなく、わざわざマン島に持ち込んだとしか思えないフェラーリやロータスなどのスポーツカーも混じっての"狂走"がくり広げられる。

彼らの走りは、たしかに「速い！」けれども、無意味なクネクネ走行はしない。ただ爆音をたてるだけといった幼稚なライディングでもない。そして、自分より明らかに速いライダーが後方から迫ってくれば、すみやかに進路を譲り、彼らのための走行ラインを開けるなど、「マッド・サンデー」なりのルールがある。

近年では、あまりにも多くのライダーが走るので、街なかの速度制限や車線規制が増えたが、それでもやはり事故はつきもの。だが、この"開放処遇"？　をやめる気配はない。その根底には、すべて「自己責任」（one's risk）だという考えがあるからだ。

──速く走ろうがゆっくりだろうが、あなたの運転技量はあなたが一番わかっている。だから、われわれは干渉もしないし、そもそも、あなたの意志に干渉はできない。走りたいなら、走りなさい。それは私ではなく、あなたが決めることだ。

これが前提にあり、それをライダーも承知している。そして、数百台を超えようというオートバイや自動車が、のべつまくなしにコースを走れば、接触事故も転倒もある、大小の事故もある。とはいえ、

480

(13) 日本での自己責任

最悪の事故が毎年のようにあるものでもない。

近年、日本でも自己責任がいわれるようになってきたが、これが日本だったら、危険個所の標示がない、監視員もいなかった、そもそも路面が悪いなどなど、さまざまな"物言い"が出て来るかもしれない。あるいは、運転技量未熟な者に、そんなところを走らせる方が悪い！……になるかもしれない。運転を誤って、橋の欄干突き破り、河に転落すれば、自動車の衝突を防げる構造ではなかった、行政の怠慢だ、……と来る。政府や行政を突っついているつもりなのだろうが、これでは逆に、いつもお上にぶらさがっている怠惰な民衆の姿をさらけ出しているようなものだ。そして、結局は政府や行政をのさばらせ、行政サービスの拡充を理由に、税金と権力、制約が増えるだけなのだ。

果たして、日本の社会で、自己責任の本当の意義が定着するか。これは大いに疑問で、そして、まず無理だろう。

いずれにしても、ＴＴの「サンデー」には、これがアマチュアかと疑うほど、動物的感性豊かで体力十分な"疾走ライダー"が山のようにいる。そして、こういったなかから、さらにその上を求めてレース界に飛び込む者がいるわけだから、そのスピード好きの層の厚さには、あらためて驚く。凄いライダーやドライバーを輩出するこうした土壌は、日本とは比較すべくもない。

（14）反対と互助の兼ね合い

TTレースの期間には、夕暮れ近くなれば、交通遮断された海沿いの目抜き通りは、ジャンプやウイリー、火の輪くぐりのスタントや、ときには驚異なテクニックから、果てはほとんど奇っ怪なものまで飛びだす二輪＆四輪のショー会場となる。花火は上がり、移動遊園地の叫び声が響く。

しかし、24時を過ぎれば、帰路につくのか、三々五々ライダージャケット姿でビールを飲みつつ闊歩するものの、たまに変な酔っ払いを見る程度で、みな結構おとなしい。

そしてふたたび朝になれば、TTシーズン中に行なわれる数十のイベントのなかから"お気に入り"を探しだし、レースの合間に、オートバイで島中を移動するのである。

そういったライダーグループなのだろう、これもけっこうなスピードで走っていた一人がカーブでコケたのを目にしたことがある。

すると、仲間が転倒者を助け起こし、横転したオートバイを道端にどかそうとするや、目の前の家から、後続の小型トラックと乗用車のドライバーが駆けつけ、その手助けをした。そしてほぼ同時に、この家の住人と思われる人がホウキを持って飛び出し、すかさず、転倒したオートバイからこぼれるオイルを、路面の塵と混ぜて、器用に応急の清掃をした。救急車がどうのこうのという局面ではない。

偶然、その場に出会った私は、ものの5分もたたぬ間にスムーズに処理してしまった彼らのとっさの

行為を見守るばかりか、唖然としたほどだ。

果たして、その場所は転倒が多いので、地元の車は気をつけているのか。目の前の住人は、それだからホウキを持って出てきたのか――。いや、そんなことはないだろう。しかし、その光景が、ともかく不自然ではないのである。

地元の友人によれば、「TTに反対の人も、オートバイなんか嫌いな人もいる。けれども、多くの人がTTを続けるというなら、賛成ではないが邪魔はしない。そして協力もしないが、しかし、市民として務めなければならないことはする。その事故も、そうした姿勢と態度の現われではないか」と言う。

そして、私が目にしたようなことは別に珍しいことでもなく、毎年そんな調子だとも言う。

（15）ホスピタリティ

私には「TTシーズン」以外のマン島の雰囲気はわからないが、しかし、とにもかくにもTTの時のライダーにとって、世界にはこんな居心地のいいところがあるのか！と思うほどの〝パラダイス〟ではなかろうか。上記のように、大多数の住民が「TT」好きとも思えないし、ライダー軽視の視線もあるのだろうが、遠来の私たちには、そういった嫌みな雰囲気は伝わってこない。

当方が鈍感なのか、もちろん傲慢なつもりもないのだが、この点についても、地元の人はこう分析する。

「とにかく、毎年この時期になれば、同じような"音"と大勢の人でごったがえし、いま生きている人が生まれる前からそうなんだから、好き嫌い問わず、レースやオートバイには何らかの関心を持って育ってきている。だから『TT』の歴史や、それがイギリスのオートバイ、自動車産業の発展に貢献してきたことも知っているし、レースの危険性も、そして醍醐味も知っている。

レースやオートバイに興味があるなしに関わらず、ほとんどの住民はマン島が果たしてきた役割や、今日の『TT』が世界最古のロードレースであることを知って、それを誇りに思っている。これはマン島ならでこの誰も、成し遂げられない『TT』を維持することのむずかしさも知っている。これはマン島ならではの伝統（tradition）であり、文化的遺産（heritage）でもあって、それを維持する大役を負っていることも知悉している。

問題は、その大役を誰が引き受けるかだが、幸いにして百年の歴史は、世代が替わろうとも、上手に次の世代に引き継がれていくシステム、もしくは習慣を築いてきた。

『TT』の運営は、基本的にはボランティアによって支えられているが、『TT』を手伝うほとんどの人たちは、自分の休暇をそれに充てるべく、年間のスケジュールに組み入れている。そして、『TT』の伝統をきちんと維持することによって、多くのファンが来てくれることも知っている。そうした多くの人たちに認められて、『TT』の存在価値があるのだから、遠くから来てくれるお客をもてなす気持ちは誰にでもあるのではないか」と——。

484

(16) 継続の底力

コースのグランドスタンドから真向かいのリーダーボードに、周回を重ねるライダーのナンバープレートを次々と吊り下げているのは、ボーイスカウトの中学生である。そして、彼らからみればお祖父さんほどのシニアに指導されながら、機敏にその作業をつづける。

これは、IT化によるデジタル数字が瞬時にピカピカ光るボードを見慣れてしまった時代には、何となくホッとするものがある。これを時代遅れと見る者もいよう。だが、数十年も同じ作業が行なわれ、それが世代を超えて引き継がれ、その結果、若年の頃からレースを理解していくことにもなる。それに、「TT」は一台づつスタートするタイムレースだから、いちどきに何台もかたまって走ることは滅多にない。タイム計測には、この方法で充分なのである。

全体で60・4キロになるコースを管理するだけでも、仮に2kmおきに二人づつのオフィシャルを配置すれば60人は必要で、それに加えて、警察官、コース作業員などと考えていくと、優に100人を超える人たちの"奉仕"がなければ、レースは行なえない。

そのコース・オフィシャルにしても、若い世代からシニアまで幅広く、年輩者のなかには、往年の「TT」や「マンクスGP」を実際に走ったベテランもたくさんいる。そのために、事故があった時の処理、コースの清掃など、その手際のよさは際立ち、レースは、滅多に赤旗で中断されることなく進行する。

レース・プログラムの合間になると、決まったように、トタンのバケツや籐の籠、あるいは帽子によ
る「寄付金集め」(donation) が始まる。コース沿道で見物しているファンも、ごく当然のように、な
にがしかの金品をそれに入れる。募金入れには、ポンド、ユーロ、ドル、そして、たまには円。そんな
多種の貨幣やコインが集まる。
 これらの寄付金も、日本の神社のお祭りで、大概は役員や顔役の飲み代になるようなことはなく、基
本的には「TT」運営の一助なのだ。なぜなら、公道コースによるレースでは、クローズド・サーキッ
トのように、入場料やスタンド・チケットなどの売上は、まったくといってよいほど無いからだ。唯一、
観戦するための料金が得られるのは、グランドスタンドのわずかな数の席だけである。
 コースのところどころには、6ポンド（1000〜1500円ほど）程度の有料観戦場所があるが、「TT」
そうした場のほとんどは、教会や企業の建物敷地、まれに少し広めの個人住宅の庭などであり、「TT」
の運営とは別のことだ。
 そのためレースは、クルマ関係の企業スポンサー、マン島政府の補助金、参加者のエントリーフィー
が運営資金になるが、何万何十万のファンが集まっても、彼らからの入場料、観戦料は皆無に等しい。
それに比べ、おしなべて日本をはじめ、諸国のサーキットで開催される〝ビッグイベント〟は、あまり
にも高価すぎないか？
 「TT」コースは公道だから、サーキットのように補修費はかからないと言う者もいるが、しかし、
生活道路としての整備は必要だし、レースになれば清掃も補修も行なわれる。いずれにしても、何万人

も集まるのであれば〝儲かる！〟と思われがちだが、実態は上記の如く、きわめてつつましく、楽ではないのである。

それでも、「マン島TTレース」が健在なのは、前記のように、「TT」を誇りに思う住民の心性、そして、伝統を維持する大役の自負、こういったものが相乗的に機能して、上手くいっているのではないか。

さらに、1970年代に世界GPシリーズから外されようが構わず、独自路線を選び、さまざまに模索しながら、独自に生き抜く方法を探ってきた。

そこには、マン島の国旗に描かれる「三本足の巨人」のように、何ごとにも、どんなことがあっても立ち上がるというケルト文化の真髄が脈々と流れているのであろう。

「TTレース」は、危ないとか時代錯誤だなどと非難され、揶揄されようとも、「TT」を必要とする人々がある限り、存続していくことだろう。

（17）伝統のバックボーン

たしかに「TT」の歴史は長い。しかし、21世紀の今日までつづく存在となること、伝統行事となることを想定して、「TT」が始まったとは思えない。その草創期は、回を重ねながら少しずつ参加者が増え、それにともなって、住民とのトラブルやレースの在り方をめぐる論議が起き、試行錯誤を繰り返

しながら、これまでつづいてきた。おそらく、当時の先達は、今日のようになるとは思ってもいなかったに違いない。

そして、ロードレースの興隆とともに、イギリスのブルックランズをはじめとしてヨーロッパ各地には、レース専用の人工サーキットが建設され、それが当然ということにもなって、「TT」の当事者も、マン島内に同様のコースを造る計画を何度も起こした。そうしなければ、時代の趨勢から「TT」が置いてきぼりにされてもおかしくない状況にあった。

だが、そういった計画を跳ね返すように、「TT」は以前にも増す脚光を浴びる。その理由として、「TTの特異性」が逆に有用に働いていることを実感した先達は、彼らのスタイルを頑なに維持する道を選んだのだ。

そういった彼らの信念が精神的バックボーンとなって、伝統が培われ、その伝承がまた、新たな伝統となったのであって、単なる継続や時空の数字だけでは、持続も伝統も生まれないはずだ。世界中のロードレースがどう変わろうが、「TTレース」はマン島の伝統文化でありつづける。このことを認めているのは、何よりもマン島の人々であろう。だからこそ、「TT」を訪れるファンも、ライダーの聖地などと勝手な浮かれ調子で、彼らのホスピタリティに甘んじることなく、そんな伝統を維持する一員となるべきであると考える。

488

(18) 形式だけの継続

いまや地球上に200弱の国がひしめくなか、日本は悠久の歴史ある希有な存在だから、数々の伝統的芸能、文芸、工芸や伝統の行事もある。日本各地の伝統行事といえば、祭礼が代表的だ。それは神社や土着信仰の宗教行事で、絶対者‥神への畏怖が中心で始まったものだから、好むと好まざるにかかわらず、地元民は関心を持たされる。

また、その季節になれば必ずTV画面に登場する各地の盆踊りや、徳島県の阿波踊り、大阪・岸和田のだんじり、博多どんたく、浅草三社祭、京都の数多い祭りなど、領主など地域権力者の肝入りや大衆のなかから生まれた歌舞音曲、勇猛さ、張り合い、奢侈などに加えて、宗教的色彩が入り混じったお祭りもある。

宗教中心、大衆のなかからを問わず、連綿と今日に伝わる多くのお祭りには、それぞれの根本思想がわかりやすいかたちに表現されているから、大勢のギャラリーに受け、ひいては伝統的行事として継続することになる。

一方で、一時期はその地域を代表する伝統行事といわれながら、その後に途絶えてしまったものもある。それには、人口移動や青壮年層の減少などの物理的要因もあるだろう。だが、そればかりではないはずだ。

先祖がそれなりの意義を基に創りだした〝かたち〟を、郷土芸能の革新などと屁理屈を並べ、安っぽい振り付けや軽業、忍者まがいの出で立ちなどにアレンジするのが流行のようだが、この種のものは、見物受けするその場限りの見世物に見えて仕方ない。「オリジナル」とは何なのか、何が発祥なのか。そのへんを粗末に扱ってはいけないのではないか。

さらに、何代も続いてきた実績に甘んじ、その行事の意義するところやバックボーンがいつの間にか疎かになり、〝かたち〟が単なる形式になり、その時期が来たから仕方なくやるというような、体裁だけを繕ったものになってしまうから衰退して滅ぶのである。継続は力なりというが、単なる継続だけでは「伝統」にはなり得ない。何を大事にし、何を伝えるべきか。それぞれの伝統行事には、過去を未来につないで行く「何か」があるからこそ、多くの賛同者があり、運営費用の捻出も可能となって、継続への地盤が固まっていくのではないか。

(19) イベントは儲け場所か

また、近年、〝村おこし・町おこし〟といったことが話題になっていて、何をやったらいいかということに知恵を絞るのはいいが、総じて、わざとらしい演出による、そして、どのくらい売れるかという魂胆見え見えのイベントが多すぎないか。

そして、その種のイベントに限って、本来の行事を押し潰さんばかりの屋台や出店が並び、にわか商

品の売りまくりに狂騒する。

そういえば、「マン島TT」の場合、他の多くのレース・イベントでは、通常はグランドスタンドやメインゲートの周囲にいろいろな出店が並ぶものだが、「TT」ではその類いは数えるほどしかない。場所がないわけでもないのだが。

したがって、記念にTシャツなどのTT公式グッズを求めようとすれば、そのほとんどは街なかの土産店やスポーツショップなどに置かれていて、そしてどこも同一価格である。当然、主催者へのロイヤリティは含まれているのだろうが、観客が集まるスポットでなく市中で売っているということは、幅広く地元の商店へ「公平」を分配しているようにも見える。

規模の大小を問わず、何かの行事をするには、それなりの費用がかかるものだが、らいは浮かせたい程度の気持ちならけっこうだ。しかし、"儲かった、もうかった"と有頂天になっているイベントが長く続いたためしはない。

やはり、地元の人々、そしてお客様に何を提供するのか。「根本的な理念」が存在して、それと「節度ある経済活動」が調和したものでなくてはならないのではないか。

(20) 日本のモータースポーツ・イベント

日本の数多い伝統行事にくらべれば、クルマ関係はまだまだ寂しい水準にあって、文化と呼ぶには程

戦前のMCレースは、篤志家や輸入元などが開催に大きく貢献していた。'35年10月に井の頭公園（現東京都武蔵野市・'17年開園）で行なわれた1級車レースで、ゼッケン1（中央）は、後に日本高速機関が製作したHOSKのエンジン設計を手がけた清水春男。

遠い。

日本でも、大正の始めから昭和16年頃まで"レース黄金期"があったことは、本書で述べたが、しかし、それはほとんどが「興業」であった。戦後、1955年（昭和30）に「ロードレース」の先駆が芽生えたというものの、本格的基盤は鈴鹿サーキットや富士スピードウェイができてからだから、今日まで50年にも満たない。

だが、そうして新設された「鈴鹿」や「富士」が当時の社会に与えた影響は、実は小さいものではなかった。それまで、オートバイの躍進（とくに海外での！）に遅れを取っていた四輪自動車も、日本グランプリという名のついたレースの開催で目が覚めたかのように、急速な性能の向上と生産量の増大を見た。

そして「サーキット」は、庶民のマイカー・

ブームの起爆剤ともなった。

　メディア上でも、自動車専門誌は当然のこととして、折から登場していた男性週刊誌やテレビ、ラジオの話題として、クルマが採り上げられることが多くなる。まだカーステレオが一般化する前であり、今日では信じがたいことかもしれないが、ラジオは別売品であって、オプション設定になっていることが少なくなかった。そして、そうであるがゆえに、ラジオは最も手に入れたいアクセサリーのひとつだった。

　庶民にとって、自動車を持つことなど夢のまた夢であった時代から、それが現実化するという社会は、意外にあっけなくやってきた。そして、クルマのなかに音声を流しながら、それといっしょにドライブする。こんな夢のようなことが実際に可能になったのだ。

　いささか個人的な体験に近すぎる情景になってしまうのだが、一仕事終えた夜に、ようやく手に入れたマイカーを走らせ、そのなかでロイ・ジェームスや小島正男、ケン・田島（漆原一郎）などの「ディスクジョッキー」番組を聴くというのは、私だけではなく、当時の若者にとっては至福の時間であった。

　そしてそんなDJのなかでも、ロンドンで生まれ育ったケン田島は、サーキットでの場内アナウンスも行なっていて、レース世界にもなじみが深い存在だった。ビリー・ボーン楽団の名演「波路はるかに」で始まる彼のトークとアメリカン・ポップスに、車中で耳を傾けた記憶を持つドライバーは、私ひとりではないはずだ。

　何より「高度成長」の旗手などと持ち上げられた当時の壮年・若年たちだったが、その実状は、クル

マやガソリンを手に入れるためには食費を切り詰めることまでしていた。その代償として得た、クルマという自由な移動空間。そんな苦労と満足感は、クルマのなかで聴くディスクジョッキーによって、ようやく充たされたのである。

そして、あたかも枯れ葉に火がつくようにして、自動車はこの国に広がっていった。1967年には、その保有台数1千万台超。また、オートバイは800万台超。生産台数では世界第2位となっていて、数の上では、あっという間の先進国入りだ。

しかし、幸いにしてマイカーを手に入れることができた者でも、名ばかりの有給休暇、残業と休日出勤に追われ、買ったクルマをドライブする時間もない。ようやくゲットしたさまざまなモノで自分を覆い、ささやかな幸せ感にひたるものの、実際の〝中身〟はまだまだ貧しいのである。

モノに囲まれた満足感から脱却して、精神的余裕をたっぷりとたたえた社会にならないと、たとえばモーター・レーシングのような高度なイベントはなかなか普及しない。単にクルマが普及し、それが数字上で増大したとしても、それをもちいてのスポーツやイベントの拡大につながるかというと、そう簡単には行かないのである。

また、日本において、モーター・レーシングの草創期から関わった私自身が当時の世相を振り返ってみても、「レーシング・ドライバー」という立場は羨望の的であること以上に、それが批判の対象となる側面も持っていた。大きな「動産」というべきクルマというものを、レースという名のもとに弄ぶ不_{もてあそ}逞の輩！　当時の大人たちには、クルマもレースもこのように映っていた。

幸か不幸か日本では、このような世相や土壌の上に「モータースポーツ」が始まったのである。したがって欧米のように、クルマができた、じゃあどっちが速い？……というところからイベント化していったような〝正常進化〟にはならない。

また、モータースポーツやそのイベントというのは、もともと、二輪＆クルマ産業とは密接な関係にある。そこから、どうしても企業の宣伝の一環という捉え方が拭えず、本来のスポーツ性とは異質なものであるとの見方があったことも否めない。いや、この点に関しては、今日でもそうした〝空気〟が多分にある。

近年、F1レースなどがメディアに載ることによって、多少はモータースポーツやモーターレーシングが欧米並みに理解されるようになってきたことは嬉しいが、しかし、モータースポーツやモーターレーシングが欧米並みに社会との密着性を持つまでには、まだ時間がかかるのではないか。

それと、日本では何か新しい種目を導入しようとするとき、押しなべて、まず最高レベルのものを先端に掲げ、それから底辺を拡げようとする習性がある。

本来は、まず底辺があって、それが広がり、それを基盤に厚い「層」ができて、そのなかからステップアップする者はしていく。こういう〝階段〟が望ましいと思われるのだが、やはり、せっかちで効率万能主義、経済優先に慣らされてしまったこの国の社会構造では無理なのか。

だが、「鈴鹿」や「富士」ができる前から、クラブ・イベントは盛んで、少なくともオートバイの世界では、それなりの土壌が育ちつつあった。だから、日本のオートバイは「マン島」にまでつながった

のであり、常に底辺での普及と、それまで歩んで来た経緯の尊重を行なっていかないと、社会的な認知は得られない。

1978年に始まった鈴鹿8時間耐久オートバイ・レース、自動車のフォーミュラ・ニッポン、GTカー選手権。レースではないが、ガソリン1リットルで何km走行できるかを競う燃費競技など、長く継続しているイベントも多い。

ただ、こういったイベントはサーキットや企業のバックアップがあるので、継続力はあるのだが、オートバイや自動車の"競走ものイベント"が、さらに地に足の着いたレベルのものとなるなるには、まだ暫くの年数が必要だろう。

だが、時の経過に期待するのでなく、堅固なバックボーンに基づく継続への努力が、結果的には認知度に比例していくのではないか。

(21) 日本のモータースポーツ・イベント 2

これまでに数々のモータースポーツ・イベントが開催され、それがサーキットや企業主体のものであれば継続しやすいが、ボランティア活動となると、新しい試みが生まれては消えということで、この類いのイベントの継続はなかなかむずかしい。

そのなかで、これはロードレースのようなスピード・イベントではないが、すでに「30年間」にわた

って、この日本で「継続」されてきたモータースポーツのイベントがある。野山という自然、そして地元住民と主催者、それに参加者。これらがともに上手く折り合いながら、この2007年で、ついに30周年となったのは、オートバイの「トライアル」の競技会である。そしてその名を『イーハトーブ・トライアル』という。

　トライアルという競技は、ロードレースのスピードや、不整地にそれなりの高速走行が可能なコースを造らなければならないモトクロスと異なり、原野、森林などの自然地をそのまま利用してライダーのテクニックを競うものだから、騒音や自然破壊が少ないことも利点である。

　この競技は、大まかにいえば、総距離100キロのコースとすれば、ところどころに岩盤や河川、急坂などを利用して、通常では走れないような場所に、長さ数十mから100m程度のスペシャル・セクションを設け、その「走破が困難な箇所」を、できる限りオートバイに乗ったままで足を地面に着かずに、かつ転倒せずに走破できるかをポイントで算定する。そして、ツーリング気分で次のセクションに到達し、同じことを何回か繰り返し、減点の少なさを競う。

　この競技は、「TT」が始まったのとほぼ同じ1900年代に、イギリスでオートバイの耐久性を試し合ったことから、「トライアル」という独立した種目になったのだが、日本にこれが入ってきたのは1961年（昭和36）頃だった。

　その当時、すでに「モトクロス」（はじめはアメリカ式に「スクランブル」と呼んだ）が始まっていて、同じように不整地を使う競技ということでほとんど混同され、モトクロスとトライアルとの違いに明

ロード、モトクロスに続いて日本ではトライアル競技が広まったが、実状を把握できなかった当時、恥ずかしながら筆者はマチレス350G3C（英）に試乗して、「ジャンプ接地時の安定性に欠ける」とか、「高速直進安定性が悪い」など見当外れの印象を記してしまった。

そう、恥ずかしながら私などは、いち早く輸入された本場のトライアル車（マチレスG3C）を試乗して、「このクルマはジャンプの着地安定性に欠ける」とか「高速での直進性が悪い」などと、誠に赤っ恥のトンマな記事を書いてしまったほどなのだ。

しかし、やがてモトクロスの〝動〟に対しトライアルの〝静〟として、そして、スピードの競い合いでなく、徒歩でも登れそうにない箇所を、オートバイで走破するのだという ことが、少しずつわかってきた。そして、トライアルだけの特殊テクニックや、自己との対話や試練を新しい魅力と感じるライダーたちの間に、じわじわと広まっていった。

そして、スポーツ型オートバイを見よう見まねで、トライアル車風に改造し、アマチュ

アのイベントが行なわれるにつれて、1970年初頭には、ついに日本メーカーもトライアル専用車を販売し始める。

そこから、日本にも多くのすぐれたトライアル・ライダーが生まれ、イギリスで、6日間にわたって原野・山岳地帯を走破するトライアルの世界最高峰イベントである「スコティッシュ6日間・SSDT (Scottish Six Days Trial)」に出場するライダーも出現する。

しかし、一時期は、オリンピックの馬術競技に代わって、このトライアルがオリンピック種目になる話があったほどの人気も、数年で陰りだしてしまった。

トライアルの普及に尽力してきた日本の〝パイオニア〟たちも、それがどうしてなのか、よくわからない。ひょっとしたら、あまりにも「日本流」のトライアルになってしまって、やたらと技巧を要求する高度なコース設定になったり、また、楽しみでやるはずの競技が「教義」じみてきた。そんな様相もあったのではないか。

何より必要なのは、まず「楽しめる」こと。そして、トライアルの魅力が率直に味わえるものにしなければならない。こう考えたトライアル界の先駆者、万澤康夫、成田省造らは、それを実践できる場所を探して奔走した。

また、その観点からすると、「SSDT」のスコットランド的な、伸び伸びとした景色のなかでトライアルを行ないたくなってくる。そんなテーマのもとに、「地形探し」が始まった。

彼らが白羽の矢を立てたのは、岩手県・北上大地の裾野、普代村(ふだい)を中心に雄大に広がる草原の地域で

第3のモータースポーツとして日本でもトライアル人気が徐々に広がり、ロードレース、モトクロスについで国内にも定着した。ホンダ・バイアルス（バイク＋トライアルの造語）125で、本場・SSDTのパイプラインに挑戦中の万澤康夫。

あった。……といっても、彼らが勝手にそう決めたのであって、地元や役所関係がどう対応してくるのかは、まったくわからない。

その後の経緯について、当事者である成田省造は以下のように語る。

「まず、村役場の観光課に、トライアル競技の内容を詳しく説明しました。とくに、『レース』ではないのだということをしっかりといいました。

そして、競技が２日間に渡るため、村ならびに周辺で、宿泊が必要になる。つまり、宿泊施設の利用者が増えます。さらに、トライアルは自然そのもので行なう競技なので、イベントを行なっても、自然破壊にはつながらないことも説明しました。

また、仮にコースを設定するとして、そのスタート地点を探すに際し、幸いに近くに小

ンダの『アクト牧場』がありまして、ここからすぐに全面的な協力が得られたこと。それと、岩手県内の販売店の多くから、ボランティアの協力が得られたことも大きかったですね。

そして、コースとなる途中通過の町や村、駐在所、とくに道路沿いの農家や民家には、イベントの日にはオートバイが何台も通過するけど、決して怪しい者ではない、と（笑）。そして趣旨を説明して、協力もお願いしました。

それと、通過する町村の販売店ですね、こちらに故障した時の修理願いをする。また、ガソリンスタンドには日曜営業の協力を依頼しました。トライアル車は、燃料タンクの容量が小さいので。

そして、一般公道以外の国有地でも、地図上に道があれば走行の許可申請をし、必要ならば使用料を払うこと。当初に考えたコースには、山が荒れ放題で道もない場合もあったんですが、これは人力作戦で復旧させたりもしましたね」

このような作業と地元への理解を求めながら、第1回が始まり、今日では毎年の行事として認知されるまでになった。そして、近隣の他の町村からは、自分のところもコースに組み入れてほしいという要望が出て来るまでになった。

イベント名の『イーハトーブ』は、岩手県花巻市に生まれ、大正から昭和初期に活動した詩人・童話作家の宮沢賢治が、風光明媚な岩手地方の理想郷を表わすエスペラント語の造語として、作品中に用いたもの。このネーミングも、宮沢賢治の子息から使用の快諾を得て、使っているものだという。

30年も継続していれば、時代の変化で、思いもよらぬ問題にぶつかることもあるだろう。この『イー

「ハトーブ」の継続性について、主催者でありエントラントでもある成田省造は次のように述べる。

「岩手の自然の素晴らしさ以上に、そこの人々の寛大さにまず感謝しています。参加ライダー側からも、自然保護の大切さと、『走らせてもらっている』という感謝の気持ちが底辺にあるので、それも大会が続けられる要因のひとつでしょう。

宿泊施設、町村役場、観光協会、オートバイ販売店、ガソリンスタンドなどなど、多岐にわたる地元の支援もありがたいことです。コースの途中では、飲み物やトウモロコシなど、個人で提供して下さる方々もいて、毎年の再会を楽しみにしている人たちも多くなりました。

トライアルという競技内容から、大きな事故を起こしていないのも幸いしています。モータースポーツのイベントを、ボランティアで支えていくのは大変なのですが、いまでは、出光のメインスポンサー、そして地元のTV岩手の協力、さらに参加者からのエントリー・フィーなどで運営していますが、何よりも大切なのはよき理解者との出会いでした。

地元の人達に迷惑はかけない、地元に過大な負担はかけない、誤ったことはしない。こうしたこちらサイドの姿勢と、先方からも、そのように行動してくれる連中だという心の絆と言いますか、お互いの信頼でしょうね。

それに、むずかしい事柄があった場合には、理解者、協力者とともに、どんなことができるのか、残された可能性の道筋を探り、その具体化に向けた努力をするのです。不可能な場合には無理を通さず、いかにすれば可能になるかを考えるのも大切です。

何かの行事でもそうですが、いったん、ことが進みだし、運営も軌道にのりだすと、こういった理解者をないがしろにする傾向がありますが、問題はいつでも発生するのです。その時にソッポ向かれることのないようなお付き合いも重要です」

数少ない例といえる、ボランティアが中心のモータースポーツ・イベント『イーハトーブ・トライアル』は、普代村を中心とした地域の理解がまずあって、それに、当初からの発起人代表である万澤康夫を中心とするスタッフと協力者が、イベントの趣旨を厳格に履行しつづけた。その結果が、いまや、山村に根づいた新しい伝統行事という位置付けを得るまでになった。

トライアルという理知的な競技の性格が、そのまま、イベントへの取り組みになっていると思われるほど、彼らは、綿密な作業と気配りを積み重ねてきた。そしてそれが、継続と成功への道を築いてきた。やはり、イベントの主題は何かということ。そして、それを実践できる環境なのか。こうした前提がしっかりしていて、それに、どれだけの人が力を合わせることができるのかということだ。

バックボーンのしっかりした「継続」は多くの賛同者を得て、そこから新たな文化を生む伝統が作られる。しかし、形式だけの継続は見放され、破綻（はたん）に向かうだけである。

(22) 名物から伝統へ

地域によっては過疎化が進み、未利用地の活用や町村おこしの目玉を探すところも多い。モータース

ポーツは、二輪四輪含めれば種類は多いので、そのような地域の風土に合うジャンルは案外多いものである。

ロードレースはコースの問題がからむのでむずかしいとしても、前述のトライアルをはじめ、モトクロス、マウンテンラリー、ダートトライアル、ジムカーナ、エコランなど、この地形ならこの競技ができそうだと思える場所があれば、二輪＆四輪界は、そうした町村に積極的に手助けをすべきだろうが、そんな検討さえ見られないのは残念だ。

そういった検討への意欲もない環境であれば、底辺の普及はおろか、モータースポーツの文化だ社会的認知だなどといっても、物事は変わらない。

2006年の「マン島TTレース」を、石原慎太郎・東京都知事が視察し、火山噴火で災害を被った東京都伊豆七島の「三宅島」の経済復興を目的に、島の周回公道26キロを利用するロードレース開催という提案を投げかけた。

私は、日本にも、そのようなことが可能な場所があってもいいと願ってはいる。だが、いまの日本が「TT」を参考にしようにも、両者の立場はあまりにも違いすぎる。

歴史とか文化とかを言う以前に、そのロケーションをみれば、マン島は1日に何便ものフェリーで3～4時間、三宅島へは夜行で6時間を要して、それも1日1便だ。通常の定期便数、輸送量を臨時に増大するにしても、根本的な限界があり、多くのギャラリーを動員できるものではない。

こういった物理的問題もさることながら、「TT」と同じような他国の公道コースは、いくつかの道

路の組み合わせで、日常生活に及ぼす弊害を最小限にしようとしつつ、レースができるよう配慮されている。

また、エスケープ・ゾーン（コース脇に設定された緊急避難のためのスペース）の確保がむずかしい公道での走行は、特別のテクニックが要求され、多くの日本のライダーは未経験ということもある。危険という観点からすれば、それこそ自己責任を強調しなければならないが、日本ではその土壌もまったく未成熟である。

ただ、私はいずれは、ロードレースを実現してほしいと思っている。しかし、最初にレースありきの発想でなく、まず、三宅島をモータースポーツの適所として根づかせることから始める方がいい。トライアル、モトクロス、エンデューロなど、いずれはロードレース開催の下地となることのできるジャンルは少なくない。拙速な答えを出さず、やがては、ビッグイベントを開催する方向性を捨てずに、下地作りから始めれば、将来のプログラム作りはむずかしくない。

そして、まず継続させることを第一の約束事にすることだ。それが多くの人からの信頼と認知につながり、名物行事へと育っていく。伝統は、作ろうとして作れるものではない。名物行事となって、将来に続く価値があるというものが認められ、やがては伝統へ昇華するのである。そう、まず名物作りから始めようではないか。

(23) きれいに齢をとる

「ねぇー、あなたたち、ペン持ってない？」「ありますよ、ハイ」「そうじゃないのよ、サインペンよ。ほら、あそこにフィル・リードがいるでしょ。サインもらうの！」

マン島・マウンテンコース、そのパドック内のカフェで、旧知の編集者である近藤健二とギネスを飲んでいるところに、60歳近いと思われる婦人が喜々として語りかけてきた。

2007年5月25日～6月9日、「TT百年祭」(CENTENARY TT) を祝うため、マン島にはファンがヨーロッパ各地からだけでなく、アメリカやオーストラリアなどからも詰めかけた。そして、マン島の道路という道路は、各国のナンバープレートを付けたオートバイや自動車でごったがえした。

この年の「TTシーズン」中にマン島に結集したファンは30数万人ともいわれ、1950～70年代、TTレースが「世界GP」に組み入れられていた時代を彷彿とさせるような賑わいになった。

けっして広くはないマン島、そのどの箇所でもオートバイと自動車が走り回り、政府が補助金を出して一般家庭の部屋を民宿に提供しても間に合わないほど、ホテルをはじめとする宿泊施設は満杯となり、キャンプ場も同様だった。

グランドスタンドやパドックは、乳母車を押す夫婦、ステッキをつき、お互い助け合いながら静かに雑踏のなかを歩く老夫婦、そんな世代を超えた人々の姿であふれる。

そして、「あ、ジョン・サーティーズだ！ アゴスチーニがいた！」、さらには、レッドマン、フランク・ペリスもいる！」、あたかも、尋ね人を探しあててたかのように名ライダーたちに駆け寄って、サインを得たり、一緒の写真に収まって相好を崩す。まさに年齢など無関係！ 老若男女とはよく言ったもので、まさに年齢など無関係！ さらに、彼らがレースや「TT」への知識と理解がすこぶる豊富なことに驚くと同時に、何より、往年のライダーやレースの歴史に対する尊敬度がものすごく深いことも印象的だ。

TTレースには、数十年も前に活躍したマシンが走る「名誉のラン」（Lap of Honour）というクラスが常設されている。そしてこの年、百周年となった「TT」は、往年のTTチャンピオンが当時のマシンで走行する「チャンピオン・パレード」によって、その栄誉とリスペクトは頂点に達した。

登場したのは、ジム・レッドマン／250ccホンダRC164、ルイジ・タベリ／125ccホンダRC149、ケビン・シュワンツ／スズキGSXR、ブライアン・リード／ヤマハTZらをはじめとする、50人に及ぶチャンピオンたちである。

往時のレーシング・シーンを沸かせたチャンピオンたちは、ほとんどが50歳以上になっているはずなのだが、「あれ、いまでも走っているんだっけ？」と勘違いするくらいに、誰もが年齢を感じさせない。

なかでも、1956〜60年にかけて、6回のTT優勝と、500＆350ccの世界GPチャンピオンに7回も輝き、無敵MVアグスタの時代を築き、そして四輪レースに転じて、1964年にはF1の世

界チャンピオンも獲得、歴史上、誰も成し得ぬ、二輪と四輪の双方で頂点を極めたジョン・サーティーズ（John Surtees MBE）の存在感は圧巻だった。

サーティーズがガレージから500cc4気筒のMVアグスタを引きだすと、それまで、あちこちから響いていた、古いマシンを調整するエンジン音がピタリと止んだ。

あのジャコモ・アゴスチーニも、そしてフィル・リードも、誰もが大先輩サーティーズの一挙手一投足を注視する。それは、往年のチャンピオンに向けての限りない畏敬であり、それはほとんど、大役者が舞台に立ったただけで、観客席の空気がピシッと張りつめるのに似る。

三歩四歩とマシンを押し出し、そして、ポン！とシートに腰をおろす。ブッブッブッリーン、ブリンブリンと、4本のマフラーから、ボールのように丸まった排気音がとびはねる。往年のMVサウンドが響く。

何かに呪縛された（じゅばく）ように、人々がパドックのジョン・サーティーズを囲む。そして、サーティーズがエンジンの調子をみるアイドリング・サウンドだけが、その奇妙な静寂を割り裂いて響く。

あくまでも記念パレードなので、レースのようにひっちゃきになって走るわけではない。しかし、黒のレーシングスーツを身にまとい、ジェット型ヘルメットの裾から白髪を覗かせた75歳に手が届こうとするサーティーズは、ストレートを200km／hを超えるスピードで走り抜け、そこからフル・ブレーキングでコーナーに進入する。

そんなチャンピオンとその栄光のマシンの姿に、観衆は驚愕ととともに、温かい賛辞を贈る。ルイ

ジ・タベリ、ジャコモ・アゴスチーニ、トミー・ロブ、ロン・ハスラム、フィル・リード……。サーティーズだけでなく、往年のチャンピオンたちは、みな同じように快走した。もう、このままレースにしちまってもいいくらいに——。

1963年の50ccクラスを制し、マン島に日の丸を掲げた唯一無二の日本人ライダーである伊藤光夫も、当時のスズキの50ccマシンを走らせる。ヘルメットで覆った白髪の存在こそ隠せないが、"老ライダー"の姿はそこにはない。

そして、ライダーからメカニック、オフィシャル、観衆。小学生くらいの年頃から、彼らの祖父、いや曾祖父かもしれない三代、四代もの世代が、みな同じ光景に接している。

高齢の人々がいずれも上手に、きれいに齢を重ねているのは、共通した情熱がそうさせるのであろうか。このへんがどうも、急速に高齢化が進む日本の風景とは違う気がする。

(24)「TT」に魅せられて……

日本のオートバイなしに、世界のロードレースは成り立たない。TTレースも、日本メーカーの現地法人（UKホンダやスズキヨーロッパなど）がそれなりにサポートしているが、1976年を最後に世界GPシリーズから離脱したこともあって、日本のロードレース界と「TT」は疎遠になっている。そして、TTレースに対する現在の日本での受け止め方は、"偉大なローカルレース"になってしまった。

ワークスが出ないレースでは話題にならない、そして、メーカーのPRにもならない。その結果、必然的に記事にもならない。そんな状況がつづいていたのだ。

その後、2000年になって、日本人ライダー・前田淳が毎年「TT」に出場するようになった。だが、残念ながら、彼は2006年TTのプラクティスで事故死してしまった。ここに、心からの哀悼の意を表します。

こういったシチュエーションでは、TTレースがいかに「世界最古にして最大のロードレース」であっても、日本のロードレース環境から見ていれば、日本人ライダーの参加といった状況にはならない。こうした流れになってしまっても、それは不思議ではないかもしれない。

しかし、世界中で「TT」に憧れる者は消え失せることはない。日本であっても、それは同じだ。そしてそれは現役ライダーにとどまらず、OBクラスのライダーにも波及する。日本のレースという場から、かつては「TT」を夢見たものの、それは叶えられなかった一方では、人工的なコース（サーキット）とは違った「ロードレース」に、新たな魅力を感ずるという若い世代のライダーもいる。

そのようなOBライダーの代表が、大阪の宇野順一郎である。そして、「TT」への夢は果たせぬままに現役を退いたが、一度でもいいから、あの「マウンテン・コース」を走ってみたいという願望を持ちつづけ、それはずっと消えることがなかった。また、そうしなければ死んでも死にきれないといった心境にもなったようだ。

65歳を過ぎた宇野は、2004年、往年のマシンが走るクラスである「名誉のラン」(ラップ・オブ・オナー)への出場が認められ、ブリヂストンの50ccマシンで走った。そして、2007年の「百周年」も、貴重なマシンであるトーハツ50ccツインを走らせた。

また、日本からのサイドカー・クラスへの出場は31年ぶりであるという、日本人のチームがある。埼玉県の渡辺正人・吉田秀幸の二人で、彼らもまた「TT」に憑かれた人々だ。この両者は日本での現役ライダーだが、かつて日本人で海外のサイドカー・レースに挑戦し続けた、熊野正人や熊谷義定らに影響されて、「TT」への夢を見つづけ、そして、43歳になって、その念願を果たしたのである。

一方、ライダーやメカニックとしてレースに参加する立場でなくとも、TTレースに魅せられた人たちも多い。10年も20年もつづけて、カメラマン、ライター、あるいはレースファンとして、マン島TTに通う人々がいる。中村和美、杉谷進、磯部孝夫、小林ゆきといった面々は、そんな「TT」に魅せられた人々である。

また、もし日本のメーカーが「TT」をずっとサポートしていたとしても、彼らのような日本からのファンが途絶えていたかもしれない。往年ほどの熱狂はないにしても、日本と「TT」のきずなが保たれ、パイプ役を果たしていたのは、TTレースに魅せられた「彼ら」に負うところが多い。

二輪＆四輪メーカーの若い従業員や関連産業に従事する者も、自分たちの企業が世界に飛躍した「源」が何であったのかという、その舞台を探るくらいの情熱があってしかるべきだ。また、オートバイ・マ

ニアを自称するなら、そして、メディアに携わる者であるなら、やはり一度は「TT」を観戦するといいと思う。自分にそのくらいの投資をしても、マン島TTレースは、十分にオツリをくれるはずだ。

(25) "忘却文化国"からの脱却を

このごろ、何かにつけ、ワールド（グローバル）スタンダードが喧（かまびす）しいが、それは時として、"アメリカン・スタンダード"の代名詞になっている。しかし、世界中が"アメリカン・スタンダード"であれば平和であって、そうでないところは、あたかも未開の地であるが如き風潮があるのは実に情けない。

私は、日本が好きだ。だから、日本の良いところ、誇れるもの、日本だからできることを、もっと世界にPRし発信していけば、他国の視点は変わり、日本なりの世界貢献ができると信じている。

一方で、日本の社会が改めなくてはならないことは、それこそ山のようにある。その代表的なものを挙げれば、諸国に比べて、日本は「歴史意識」が希薄にして低いということだ。そして、このような国は珍しいのではないかとさえ思う。

日常生活での例を挙げよう。たとえば、何かほっとするようなニュースやいくつかの成功話がある一方で、醜聞もまた、日々の話題にこと欠かない。でも、半年も経てば、そのどっちも、「え、誰だっけ？」「あれ、何のこと？」になってしまう。だから、何かの過ちや不始末を仕出かした者にとっては、こんなにありがたい社会はない。すぐに忘れてくれるからだ。

512

その一方で、本来ならば、いつまでも讃えられるべき出来事があり、もっと賞賛されてもいいすばらしい結果をだした人物もいる。しかし、これらの美談や〝オナー〟にとっては、こんなに冷たく寂しい社会はない。すぐに忘れられてしまうからだ。

古来より日本人は、前進や進歩とか、何より「先」をめざすことが好きだった。そして、何か揉めごとがあれば、「水に流す」「済んでしまったことは仕方ない」といった、見方によっては意味不明な理屈で、とにかく前に進むのが肝心であるともした。

こういった〝先急ぐ〟民族性だから、常に目先が忙しく、また「工業化」の進捗も急ピッチだったのかもしれないが、しかし、ここ数十年来の社会は、その傾向が少し激しすぎるのではないか。

とくに、戦時中の報道管制や言論統制から解放された「戦後」は、もの言えぬ時代からの解放ということで、一気にマスコミが活躍する時代となった。

民衆は新しいこと、珍しいことに狂奔した。最初は活字媒体が、ついで民放ラジオが（1951年）、やがてテレビが（1953年）、そして週刊誌も1959年に始まり、それらが競い合うようにこれでもかとばかりに新ネタを煽った。

マスコミ、とくに新登場のテレビに踊らされる民衆を、評論家・大宅壮一（1900〜1970）は、鋭く「一億総白痴化」と呼んだ。GHQの検閲制度が廃止されて（1949年）、わずか15年ほどで、マスコミが及ぼす弊害も露呈しはじめた。

もちろん、人は多くの選択肢をもつ方がいい。だから、情報量は多い方がいい。だが、膨大な情報量

に翻弄されるなかで、自己を失う傾向もある。いや、これほど多量の情報量では、その混迷と自失の方が多いかもしれない。要は、その人の解析力や知性、理性の問題ではあるのだが、しかし人は、さほどの進化を遂げてはいない。

とはいえ、そんな日本の"忘却文化"は、マスコミに流されない社会になるまでの徒花、あるいは、民衆の自己防衛のひとつなのかもしれない。つまり、膨大な情報量のなかから、何が必要で何が不要なのかを選別するのは困難。また、その判断もむずかしいことから、それを素通りさせて、「次」に目を移す方がはるかにラクなのである。そして、こういった社会の背景にあるのは、ズバリ「余裕の無さ」である。

あまりにも惨めであった、あの「戦後」の時代。それを克服するのは、まず経済力であり、すなわちカネとモノであった。すべてはここから復興した戦後・日本社会の後遺症は、現代でも残っている。モノカネ優先の社会構造は50年以上も続いていて、学校教育もまた、そのなかにある。

つまり、モノカネに不自由しない人生が送れる → 優秀な学校に入れる合格点のとれる勉強をする → 良い企業に就職できる → 幸福になる。

だが、だんだんと、そうではないのではないか、これでいいのかといった疑問も出始めた。21世紀初頭の日本社会は、そんなジレンマのなかにある。

一方では、小学校から英語授業を行なって"国際人"に育てるとか、正しく金銭が扱えるように、株取引／投資の教育！ をするなど、古い人間から見ればクレージーとしか思えないような試みもなされ

ている。しかし、子供の教育に欠けているものは、英語でも商取引でもないはずだ。

人間はなぜ存在するのか・人はなぜ生きなければならないのか・勉強とは何なのか・人はなぜ働かなくてはならないのか——。こうした人間の「根源」に立脚したカリキュラムが、おろそかにされているように思えてならない。

他国のように、宗教が生活に溶け込んでいるところであれば、それらは日常的に、そして信仰とパラレルに、生活のなかにこんな「哲学」が自然と入り込んでいくのだろう。だが日本には、そんな宗教的な土壌がない。

しかし、そうした土壌が仮になくても、生きるということの哲学が尊重される社会構造ならば、アイデンティティ（自我同一性）も確立され、膨大な情報量に踊らされることもなくなる。

そこから、人は何を残し、何を捨て去るのかという取捨判断力が磨かれ、何でもかんでも忘れてしまう、もしくは忘れたフリをする社会風潮も正されるのではないか。いまもってクレームが絶えない諸外国から発せられる日本の「戦争処理」の問題も、この〝忘却文化〟に起因しているはずだ。

本書がテーマとしたモータースポーツにおいても、そして実業や芸能の分野においても、どうしていまの自分があるのかは何（誰）によって成っているかということがわかっている者は大成している。しかし、ほとんどは、自分一人でいまがあると思っている。これもまた、〝忘却文化〟のひとつである。

そして、その人がその世界で高い評価を得たとして、そういう〝オナー〟が生じたのは、そもそもは、

その人の前に「大きな舞台」があったからである。そして、その舞台——たとえばマン島TTレースや世界GPといったものは、多くの先人たちがつくり、そして育ててきたものだ。

日本のモーター・レーシングにとっては、「富士」や「鈴鹿」といったサーキットが造られたこと、そしてレースという体系を手掛けた先人がいて、はじめて今日の隆盛がある。

欧米の長い「スピードの歴史」も、戦前のカラッチオラから、戦後のスターリング・モス、ジャック・ブラバム、ジム・クラーク。そして、メルセデス・ベンツ、ポルシェ、ロータス。こうした人とマシンの歴史の積み重ねがあって、その上に今日がある。

先人が築いてきたことを、後進が高めていく。このプロセスが上手く運んでいる根源には、生きることへの哲学、そして人としての〝余裕〟があるのかもしれない。

そうした土壌があって、今日があり、そして自分がある。こうしたすぐれた「堆積」と「循環」。これらがすばらしく機能しつづけている典型、それが「マン島TTレース」なのである。

あとがき

不朽の挑戦
マン島TTレースから世界へ飛躍した日本の偉業

太平洋戦争での敗戦、そしてそこからの復興。そんな日本の土台造りのエネルギーを世界に示し、大きな影響を与えた挑戦を五つあげるとすれば、黒部ダム、新幹線、青函トンネル、瀬戸大橋、そして、マン島TTレース出場と世界GPレース制覇である。

日本が外国に「占領」されていた時期があったことを知らない世代も増えてきた。明治維新からの拙速な近代化はバブル化し、軍部の大東亜共栄圏スローガンに国民は盲動し、中国への侵略を契機に、太平洋全域の戦争に突入した。そして米軍が沖縄を攻略し、形勢不利になるや、内閣は「一億の国民が決起して、地の利を生かして神聖な国土への侵略を阻止すべし」という防衛計画を承認する。

そして、敗戦。アメリカとイギリスが中心の連合国軍に日本は占領され、一億国民は総玉砕の憂き目を見ずに済んだが、しかしすべての社会機構は進駐軍の制約下におかれ、終戦の安堵とともに、外国に占領された国民の悲惨さも知る。

惨めな敗戦を経験して、ようやく目が覚めた日本は、そこから21世紀に向かって邁進し、世界に肩を並べるまでになった。そしてその過程には、日本が日本人が成し遂げてきた事柄が実に数多くある。本文末尾にも触れたように、この国には古来より、何かの問題が起こればこれの解決の本質に触れず、"水に流して"、そして、よかったことも拙かったこともすぐに「忘却」することで、次への安心感につなげる土壌があった。

その上に、ブームというバスに乗り遅れたくないという新しくて珍しい物事に翻弄されたいという風潮が加われば、浮足立った環境で本当に必要な物事に気づかないことになる。それを直そうったって、それが簡単なじゃないことくらいは、よくわかっている。わかってはいるけれど、しかし、忘れてはならないこと、いつまでも語り継ぐ価値あるものがないがしろにされ、あまりにも粗末に扱われる社会になってしまっている。

本著は、たかがレースのドキュメンタリーであるので、このことは、大きなこと、偉そうなことを述べて恐縮している。

だが、どこが勝った、どこが負けた、誰が速かった、誰が転んだといった単なるレース・ストーリーだけだったら、私は、こんな大仕事に取り組みはしない。レースを通して、世間ではなかなか理解してもらえない深部まで、渾身こめて踏み込んでみたつもりだが、果たして、その意を汲み取っていただけるかどうかはわからない。とはいえ、少しでも多くの方々に、こんな意図を理解していただければ、この上なき幸甚である。

私が二輪・四輪のレース活動をしていた頃は、日本レース界が産声をあげたばかりで、現代のＦ１に日本人が参加するような望みどころか、夢すら見られない環境だった。レースの内容も種類も、今日とは比べものにならないが、当時の日本の事情では、それ以上のレベルを求めることの方が無理な時代でもあった。

そのあたりのことは、本文でおわかりいただけると思うが、どこの国でも、その時代における「レベル」の積み重ねによって何事も高度化していくものであり、レースはその典型でもある。

なぜなら、レースは「人間と道具」を併せた競技であるからだ。

戦争での格闘技をスポーツ化したのが古代オリンピックである。そしてそれは、年代を経て、ほんとうのスポーツになった。そして、マラソンに代表される肉体のみの競争がある一方で、肉体と、人間が考え作り出した道具の能力の総合による競い合いという競技も今日では多くなってきた（マラソンでも、最新スパイクの性能なしには、あのタイムはでない）。

そのなかでも、人間と道具を併せて、その両者の〝超限界〟を競い合うという競技。その典型がオートバイや自動車のレースではないか。

本著でいう「レース」とは、スピードが中心のロードレースを指す。しかし、オートバイや自動車レースとは何かと、もし尋ねられれば、私は「人間の叡知結集のマシンと人間能力の限界を競い合うもの」と端的に答える。……というか、それくらいの表現しか思い浮かばない。

それ以上の「中身」を探ろうとすれば、活字だけでなく、映像から音声までのあらゆる伝達手段を用

520

いなければ説明できない。そのくらいに、レースには深いものがある。私のレース経験で、スタートラインから1メートルも走れなかったこと、また、ゴール目前でのリタイアなどがある。何ヵ月もかかったトレーニングやテストが、一瞬の間に崩れ去る。そんな挫折をあじわうとき、「レースって何なんだ……」と思う。

一方、運よく勝利と多額の報酬を手にし、有頂天になりながら、この先の人生や次のレースへの不安がよぎるときもまた、「レースって何なんだ？」という感慨がつきまとっていた。それについて随分考えたことがあって、実際に原稿にしたこともあったが、まだ分析しきれていないと思っていた時、英国の文献にそれを補足してくれる内容があった。ここで私なりのまとめ方をすれば、それは次のようなことになるだろう。

レースに携わる人、とりわけレーシング・ライダー（ドライバー）にとってレースは、人間の葛藤、競争心、歓喜、落胆など、人間の基本的感情が勝利の喜びや悲痛といった具体的なかたちになって現われる。

勝利をめざしての不屈の精神、野望、繊細さ、狡猾さ、知恵、愚行、嫉妬、欺瞞、駆け引きがある。そして、誰もが持っていて、しかしそれをうまく使うことができない自制心、あるいは護身感覚（防衛心）も、それらをコントロールする。

そして、名誉を得るために費やした失望や幻滅のなかに、逆に、やりとげて輝く自分を発見したり、また、名声へ向けての孤独な道とその歩き方も知る。そして、メーカーの企図と、自動車産業という強

マン島TTレースは、人がオートバイや自動車を造りだし、それがレースにつながってゆく過程で、大な力を持ったビジネスが動いているなかに、自分がいることも知る——。

まさに「レースとは何か」をずっと具現しつづけてきたものだ。

日本から「TT」に初めて本格的な参戦をしたのはホンダであり、その功績は凄いものがある。そして、それにスズキとヤマハが追随し、それにともなう周辺技術も含む、メーカー同士の強烈なシノギ合いが、日本を世界一のオートバイ生産国に導くとともに、それにともなう諸々の技術革新を成し遂げてきた。

だが、日本経済を世界に飛躍させる牽引になったこと、そしていま、自動車も世界一になったこと。これらがみな、オートバイの"開拓"に影響されたものであり、そして何よりも、「日本と日本人」の底力を世界に見せつけることになった。その切っ掛けが「マン島TTへの挑戦」であったこと。この歴史と事実に、日本人だけが気づいていない。

私はその観点から、戦後日本の「五大世界挑戦」に数えられる「TT」への取り組みをまとめてみたのだが、2007年で百周年を迎えた「TTレース」そのものがどういうものであるかがわからなければ、それへのチャレンジの価値も理解されないだろう。

そして、なぜTTレースなるものがマン島に生まれ、たび重なる死傷事故など、少なからぬリスクをともないつつも、そんな「ロードレース」が一世紀も続き、これからもその伝統を引き継いでいこうという文化がある。では、その土壌や背景は、いったいどうなっているのか。

そのへんへの疑問と興味もあって、私の乏しい知識と拙文では十分に理解していただけなかったかも

しれないのだが、ケルトの歴史まで含めて、このような"多岐にわたる"文面の展開となった。二輪の書物として、いささか煩わしい点が多々あるとは承知しているが、この点にも、どうかご寛容を賜わりたい。

なお、二輪自動車には、バイクやモーターサイクル、そして四輪自動車にはカーやオートモビルなどいろいろな呼び方があるが、本文中では、「オートバイ」「自動車」とした。あるいは二輪・四輪ともに、話し言葉のなかでは「クルマ」も使用。そして、レーシング・オートバイやレーシング自動車は「マシン」という表記に統一した。この点も、ご了解をいただきたい。

オートバイ、自動車工業の発達は、それ自体が挑戦の連続であって、その発展にレースが果たした役割については、拙著『サーキット燦々（さんさん）』（2005年2月 三栄書房発行）にまとめた。これと併せて本著をご笑覧願えれば、「戦後日本」の姿はある程度おわかりいただけるものと思う。

また、本著は自動車とはあまり縁のない方々にも目を通していただければ幸いと存じ、専門用語などの個所には、（）印の注釈を、巻末に記載するようにした。

なお、文中において、自動車界、モーターレーシング界の先達、同輩、親友などへの敬称は、著作物ということでもあり、基本的にそれを省略させていただいた。この点についても、書物の上ということでご容赦を賜わりたいとともに、非礼をお詫び致します。

そして、本著制作にあたり、マン島TTレースに出場した以下の方々にお集まりいただき、座談会を催した。文中に登場するこれらの方々のコメントは、基本的に、その座談会から引用したものである。

そのメンバーは、

谷口尚巳氏（元ホンダ　ファクトリーライダー・TTレース出場年　1959・1960・1961・1964）

砂子義一氏（元ヤマハ　ファクトリーライダー・TTレース出場年　1961・1963）

伊藤光夫氏（元スズキ　ファクトリーライダー・TTレース出場年　1960・1961・1962・1963・1964・1965）

田中楨助氏（元ホンダ　ファクトリーライダー・TTレース出場年　1959・1960）

高橋国光氏（元ホンダ　ファクトリーライダー・TTレース出場年　1961・1962・1963）

北野　元氏（元ホンダ　ファクトリーライダー・TTレース出場年　1960・1962）

本橋明泰氏（元ヤマハ　ファクトリーライダー・TTレース出場年　1967）

そして、以下の方々には、貴重なお話をうかがう機会を得たり、また資料の提供など、本著のためにご協力をいただいた。

塩崎定夫氏（本田技研工業㈱元埼玉製作所＆鈴鹿製作所建設、生産、技術担当部長鈴鹿サーキット初代総支配人）

高斎　正氏（作家）

秋元紀一氏（東京MCショー元事務局長・1968年MCFAJサイドカーレース選手権者）

有馬行夫氏（モータージャーナリスト）

近藤健二氏㈱東京エディターズ代表取締役・月刊ミスターバイク元編集長）

福原廣昌氏（二輪車新聞副編集長・月刊オートバイ元編集長）

福島新介氏（八重洲出版資料室長・月刊／別冊モーターサイクリスト元編集長）

神田頼樹氏（英国在住のモータージャーナリスト・ペンネーム…いわたげん）

青池　武氏（日本自動車研究者・ジャーナリスト会議‥RJC会員）

福永　頌氏（モータージャーナリスト、ペンネーム‥鈴木五郎・元トーハツ［東京発動機］レースチーム　マネージャー）

古谷重治氏㈱イデア代表取締役社長・月刊ライディングスポーツ元編集長）

村越政雄氏㈱ムラコシ代表取締役）

成田省造氏（元トライアルライダー・バイクショップ成田代表）

菊地　優氏㈱道祖神　取締役・企画開発部長）

海野和久氏㈱道祖神　バイクツアー課長）

Mrs.K.Carran（1952年よりマン島に在住・日本のチームがTT初出場時、多大なお世話をしてくれた方）

Mr.Paul Phillips (TT&Motorsport Development Manager:Department of Tourism & Leisure)

なお、本著原稿を書き始め、TTのことを調べる内に、単なるレースだけでは解らないことが次から次へと噴き出し、この分野について、あの事柄の背景は……など、際限なく広がってしまった。しだいに原稿用紙の枚数ばかりふえ乱雑乱脈、思案投げ首の日々。どうにもこうにも、足が地につかず、上手く構成が進まない。

そこへ助け舟をだしてくれたのが、自動車専門誌編集者を経て、現在、自動車ジャーナリスト、ライター（AJAJ：日本自動車ジャーナリスト協会所属）で活躍する旧知の家村浩明君である。家村君の文才、編集力に助けられながら、私の愚稿もようやく息を吹き返し、刊行にこぎつけることができた。

なにごとも、一人ではできないもの。多くの方々には言葉に表せないお世話になりましたことを、衷心より厚く御礼申し上げる次第です。

2007年12月　　大久保　力

〔注〕　＊かっこ内の数字は本文ページ＊

① DKW（一一）　ドイツを代表する2サイクルエンジン専門オートバイメーカー。昭和初期には世界最大の生産台数を誇った。

② MZ（一一）　旧東ドイツを代表するオートバイメーカーで2サイクルエンジンを得意とした。

③ OHV（三四）　オーバー・ヘッド・バルブの略。4サイクルエンジンの吸排気弁の機構を表す用語で、吸気・排気の弁がシリンダー上部にあるもの。

④ アドラー（四九）　旧西ドイツの2サイクルエンジンオートバイ。俊足で有名だった。

⑤ オクタン（四九）　ガソリンの燃焼効率を表す単位。

⑥ プロトタイプ（五〇）　試作車。

⑦ SOHC（五〇）　シングル・オーバー・ヘッド・カムシャフトの略。4サイクルエンジンの吸排気弁の動作を制御するカムシャフトがシリンダー上部に一つあるもの。

⑧ 月刊誌『モーターサイクリスト』（六一）　現八重洲出版のモーターサイクル専門誌。創始者の酒井文人によって1958年に日本のクラブマンレースが生まれた。

⑨ "岡持"（七一）　出前用に作られた取っ手が付いた店屋物入れの容器。

⑩ ボトムリンクサス（七五）　前輪緩衝装置の一種で車軸をフォークからのびたリンクで支持する構造。

⑪ 125ccでは12馬力（八二）　当時の世界GPに出場のレーシング・エンジンの水準は、ドイツのNSU125ccで18馬力／11500回転。250で37馬力／11200回転。イタリアのグッツィ350が35馬力／7500回転、同じくイタリアのジレーラ500では70馬力／10500回転。リッター換算馬力100〜150馬力以上。

⑫ ダウンハンドル（八三）　ライダーが前傾姿勢で乗れるように形状が工夫されたオートバイのハンドル。

⑬ "押し掛け"（八三）　オートバイを押してクラッチをつなぎエンジンを始動する方式。

⑭ ツインカム（八三）　吸排気弁を独立して駆動するシャフトが2本ある構造。

⑮ コンプレッション（八三）　圧縮比。

⑯ ギヤ・レシオ（八四）　ギヤとギヤの組み合わせの比率。

⑰ 半クラッチ（八四）　クラッチを完全に切らないで、クラッチ板を半分滑らせながら後輪に動力を伝える操作。

⑱ DOHC（八六）　ダブル・オーバー・ヘッド・カムシャフトの略。シリンダーヘッドに吸気、排気弁を駆動するシャフトが2本あるもの。高回転、高出力エンジンに用いられる。ツインカムと同義語。

⑲ 田中仁彦（一一四）『ケルト神話と中世騎士物語』中央公論新社（一一四）22頁『ケルト世界の没落』

⑳ 田中仁彦『ケルト神話と中世騎士物語』中央公論新社（一一八）12頁『ケルト人の宗教』18頁『ケルト的変身譚』

528

⑴ 外燃機関（一二五）　動力機関をシリンダー外部から熱して出力をとりだす構造。蒸気機関が代表的。

⑵ 内燃機関（一二五）　燃料をシリンダー内部で燃焼させ出力をとりだす構造。

⑶ ACU（一四〇）AUTO CYCLE UNION イギリスの自動車ユーザー団体。

⑷ ベルトで駆動（一四一）　駆動輪をチェーンやシャフトでなくベルトで駆動するタイプのもの。

⑸ サイドバルブ・エンジン（一四二）　吸排気弁がシリンダーの横にあるタイプのエンジンを言う。

⑹ ブルックランズ（一五一）　1907年イギリスにできた世界初のサーキット。

⑺ スリーブ・バルブのエンジン（一六二）　シリンダーの内部壁を強固な材質で覆ったもの。

⑻ アルミニウムシリンダー（一六二）　従来は鋳鉄が主流であったが、軽量で冷却に優れた軽合金のアルミニウムシリンダーが開発された。

⑼ 2ポートOHC（一六二）　2ポート・オーバー・ヘッド・カムシャフトの略。4サイクルエンジンの吸排気弁の動作を制御するカムシャフトがシリンダー上部にあり、かつ排気弁が2つあるもの。

⑽ rpm（一六六）　レボリューション・パー・ミニッツの略。エンジンが一分間に回る数。

⑾ 内拡式のドラム・ブレーキ（一六七）　ブレーキの制動板

⑿ ディスク・ブレーキ（一六七）　円盤状の制動板を外側から挟んで制動力を得るもの。

⒀ ブレーキシュー（一六七）　ブレーキ内部の制動板。

⒁ ハンドル・ダンパー（一六八）　高速走行や不整地走行でハンドルがぶれないように制御する補機。

⒂ 「チューブ空気」のタイヤ（一六八）　初期のタイヤはゴムの固まりだけで、やがて空気を貯めるものを内部に設けえる現在の形になり、それから、チューブを用いなくても空気が漏れない構造に進化する。

⒃ 「スタデッド・タイヤ」から「リブド・タイヤ」（一六八）　舗装路が少なかった時代はタイヤのパターンが粗かった（スタデッド）が、段々と高速化になると直進性能を高めるため縦溝（リブド）に進化していった。

⒄ 「オートバイ・ソロ」（一七〇）　一人乗りのオートバイ。

⒅ 「ツーリスト・トロフィー」の意義（一七六）　長い距離を旅行する姿をレースコースに置き換え、模擬化することから始まったTTは単にスピードと商業ベースのためにあるものではない、というテーゼ。

⒆ オーバル・コース（一八七）　楕円形のレースコース。

⒇ 「大正デモクラシー」（一九二）　大正時代に顕著になった民主主義、自由主義の風潮。

㉑ 「ジャポニズム」（一九二）　19世紀後半にフランスで流行した日本趣味。

(42) ロードレーサー・モデル（一九二）　ロードレース車風の市販車やレースにも使える市販車。

(43) GHQ（一九五）　ゼネラル・ヘッド・クォーターズの略。占領軍最高司令部。

(44) 軍用保護自動車法（二〇一）　大正年間に軍部が奨励した自動車産業育成。

(45) 関東軍主導の傀儡国「満州国」（二〇六）　現中国東北部に駐屯した日本の陸軍部隊は、太平洋戦争の発端となった満州国を主導した。

(46) 招魂祭レース（二一二）　招魂神社に奉納するために開催したダートトラックレース。

(47) ガーターフォーク・サスペンション（二一六）　初期オートバイや自動車の前輪緩衝装置。通称松葉フォーク。

(48) プランジャー・タイプのサスペンション（二一六）　後輪の緩衝装置で初期オートバイに多い。

(49) エンジンのコンプレッション・レシオ（圧縮比）（二二一）　シリンダーの中のピストンが上死点と下死点にある時の燃焼室の差。小さいほどレシオが高いと表現する。

(50) 予選の設定タイム（二二三）　決勝進出を決めるタイムの下限。

(51) スーパーチャージャー（二二六）　過給器の一種。クランクシャフトからの動力で空気を圧縮してシリンダーに送り込む装置。

(52) ギヤトレインDOHC（二二九）　ギヤトレイン・ダブル・オーバー・ヘッド・カムシャフトの略。シリンダーヘッドに位置する2本のカムシャフトに動力を伝達する際にギヤを用いるものを言う。通常の市販車はチェーンで伝達するものが多い。

(53) テレスコピック型（二三九）　筒形の前輪緩衝装置。望遠鏡のテレスコープから名付けられた。

(54) ウエット（二四六）　雨天や濡れた路面用に開発されたタイヤ。

(55) コンパウンド（二四六）　ゴム質。

(56) ドライのタイヤ（二四六）　晴天や乾燥した路面用のタイヤ。

(57) パターン（二四六）　タイヤのグリップを有効に生かす表面の模様。

(58) 点火電極（二四八）　点火プラグの火花を飛ばす部分。

(59) 電極に付着したカーボン（二四八）　燃料の燃えかす。

(60) ロータリーディスクバルブ・エンジン（二五三）　シリンダーに送る混合気を制御する円盤状の吸気構造。

(61) ポツダム宣言（二五六）　ドイツ東部の街ポツダムで日本に降伏を勧告することを定めた。

(62) ヤミ物資（二五七）　法律に反した行為で取得する物。

(63) "もくたん"（木炭）や代用燃料（二五七）　ガソリン、軽油が不足した戦後に裁断した樹木を燃やしてエンジンを回した動力方式と、ガソリンに代わるアルコールなどの燃料。

(64)「プレス・フレーム」(二六九) 鋼板を合わせて造る車体。

(65) 表日本グループ(太平洋側)と裏日本グループ(日本海側)(二七五) 日本海側の地域を指すが、現在は蔑視語の扱いにつき使用しない。本書では時代背景を表す意味で当時の呼称を用いた。

(66) バルブ・スプリング露出の単気筒(二九三) 吸排気弁を作動させるためのバネで、シリンダー外部に出ているもの。

(67)「マルチ・シリンダー」(二九三) シリンダーの数が多いもの。多気筒エンジン。

(68) "スピード・ブレーカー"(二九七) 最高速度を競う競技。

(69) タコメーター(二九九) エンジンの回転数を示す計器。

(70) デスモドローミック(三〇三) 吸排気弁をスプリングなしで開閉するドゥカティ独特の構造。

(71) 逆キャンバー(三二五) 路面がマシンのバンクと同方向に傾斜しているため、グリップが得られづらく、コーナーの曲がり方が難しい。

(72) マシンをバンク(三二五) コーナーを曲がるときにマシンを傾けて走行すること。

(73) ピストンバルブ(三三四) 2サイクルエンジンの基本的構造で、上下するピストンで吸排気を行なう構造。

(74)「RT60」(三三四) スズキの50ccワークスレーサー。

(75)『突っ込みと立ち上がり』(三三八) 思いっきり速いスピードでカーブに進入し、急激な制動を活かして回りながら、カーブ出口で思いっきり加速する走法。

(76) 鈴鹿も富士も(三四五) 1962年に竣工の鈴鹿サーキット、1966年竣工の富士スピードウェイ。

(77) ダブル・バックボーン・フレーム(三五八) 軽く固い材質のパイプの骨格が2本あるフレーム。

(78) 後方排気(三六〇) シリンダーの後ろ側から排気する構造。

(79) 東西冷戦(三八六) 第二次世界大戦後、アメリカとソビエトがそれぞれの政治形態を主張し、互いに覇権を目指して対立した時代。

(80) テグナーの東ドイツ(三八六) 第二次世界大戦後、ドイツは二分された。その後、1990年に統一。

(81) エキスパンション・チャンバー(三八六) 2サイクルエンジン用で、特にレース用に出力を増す構造の排気管。

(82) 14段ギヤ(四一二) 通常の市販車は多くても6段ギヤだが、スズキは50ccエンジンの出力を最大限に生かすため、多くのギヤを組み込んでいった。その進化は6段から8段、10段となり、ついに14段へと発展していった。

(83) パワーバンド(四一三) エンジン馬力が最大に出る回転の範囲。

(84)「モトクロス」(四九七) 不整地を使っての競技、別名スクランブル。

参考文献一覧
本著制作にあたりまして、下記文献・書籍の内容を引用並びに参考とさせていただきました。

[TT Mixture]　David Wright著　2003年発行／Amulree Publications
[The History of the TT]　2001年発行／A Duke production
[Motorcycle]　1950～1965年発行／England
[Motorcycling]　1950～1965年発行／England
[Isle of Man THE MOST COMPREHENSIVE GUIDE]
[The People's Chronology]　James Trager著　1985年11月発行／平凡社
[JAPANESE RACING MOTORCYCLE HISTORY]　1988年12月発行／八重洲出版
[Marlboro Grand Prix Guide]　Werner Haefliger Pully著　発行／Switzerland
[The Challenge & Dream of Honda 500 Grand Prix Motorcycle Wins]　Mat Oxley著　発行／Hazleton Publishing
[東洋の思想]　岡倉天心著　2007年1月第25刷／講談社
[日本文化論の系譜]　大久保喬樹著　2003年5月発行／中央公論新社
[ケルト神話と中世騎士物語]　田中仁彦著　2004年5月11版発行／中央公論新社
[大車輪]　2003年11月19日初版発行／三栄書房
[伝説のブラフシューペリア]　三輪研史著　2000年9月発行／サンワ出版
[日本の軍用バイク]　三輪研史著　1999年11月発行／サンワ出版
[バイクの島、マン島に首ったけ]　小林ゆき著　2005年3月発行／枻出版社
[オートバイ放談]　伊藤兵吉著　1960年10月発行／西東社
[生涯疾走・酒井文人遺稿集]　2004年4月発行／八重洲出版
[月刊モーターサイクリスト]　1958年9月、1959年8月、1962年1、2、3月発行／モーターサイクル出版社(現八重洲出版)
[輸入車100年史]　1988年1月発行／八重洲出版
[日本のオートバイ史]　2005年5月発行／モーターマガジン社
[オートバイ アーカイブス]　2005年5月発行／モーターマガジン社
[自動車ガイドブック第10巻]　1963年10月発行／自動車工業振興会
[モーターサイクル]　1955年10月発行／日本織物出版社
[挑戦と感動の軌跡 ヤマハ発動機50周年記念誌]　2005年7月1日発行／ヤマハ発動機
[本田技研工業社報VOL.45]　1959年7月発行／本田技研工業
[スズキファン スズキフラッシュ]　1963年8月発行／鈴木自動車工業
[進駐軍モーターサイクルクラブ]　蔦森 樹著　1984年3月発行／群雄社出版
[サーキット燦々]　大久保 力著　2005年2月発行／三栄書房
[モーターファン]　1955年6月～1959年発行／三栄書房

写真・図版提供

| 秋元紀一 | 伊藤光夫 | 北野 元 | 塩崎定夫 | 砂子義一 | 高橋国光 | 田中楨助 |
| 谷口尚巳 | 田中楨助 | 本橋明泰 | 八重洲出版 | | | |

マン島座談会写真撮影
服部真哉

マン島TTレース出場選手座談会出席者プロフィール

砂子義一 （スナコ　ヨシカズ）
出生年／出身地　1932年(S7)／大阪府旭区

オートバイ業界最後発参入のヤマハは、レースでの実績を強調した。しかし、そのワークス活動も1957年で休止。それだけに1961年に世界GPに乗り出したとき、最も歓喜したのは砂子だろう。ヤマハ販売店での整備士時代に、バイクに乗せたら滅法速いとの評判で1956年の富士登山レースに出場していきなり優勝。「ヤマハサーカス軍団」の中堅で、浅間火山レースを荒らしまくるも、その後は、出番のない悶々とした時期が続いたからだ。荒し、世界に出た砂子を待っていたのは不運なマシントラブルの連続。思うような走りができないまま四輪へ転向することになった。世界GP当時の無念はプリンスで花開き、第3回日本グランプリの優勝を筆頭に、数々のタイトルを手にする。現在は、四輪レースでジュニアの砂子智彦が「砂子塾長」の名前で活躍、本人以上の成績を期待する、ステージママならぬサーキットパパの父子鷹として奮闘中。愛称、ヨッちゃん。

主たるレース歴

2輪レースの部

年	イベント	クラス	マシン	決勝結果
1956	第4回富士登山レース	250cc以下	ヤマハYC1	優勝
1957	第2回全日本オートバイ耐久ロードレース	250ccライト	ヤマハYD-B	2位
1959	第2回全日本モーターサイクルクラブマンレース大会	国際レース	ヤマハYDS	4位
1961	アメリカGP	250cc	ヤマハRD48	5位
	マン島TTレース	125cc	ヤマハRA41	リタイア
		250cc	ヤマハRD48	リタイア
	ダッチTT(オランダ)	125cc	ヤマハRA41	9位
	ベルギーGP	125cc	ヤマハRA41	13位
		250cc	ヤマハRD48	6位
1963	マン島TTレース	250cc	ヤマハRD56	リタイア
	ダッチGP(オランダ)	250cc	ヤマハRD56	4位
	ベルギーGP	250cc	ヤマハRD56	2位
	第1回日本GP	125cc	ヤマハRD56	7位

4輪レースの部

年	イベント	レース	マシン	決勝結果
1964	第2回日本GP	T-VI	グロリア	リタイア
		GT-II	スカイラインGT	2位
		T-V	スカイライン1500	4位
1965	第2回KSCC1時間	GT-II	スカイラインGT	3位
1966	第3回日本GP	GP	プリンスR380	優勝
	全日本ドライバー選手権第2戦	全日本T	スカイラインGT	優勝
	第5回クラブマン鈴鹿	T-II	スカイラインGT	優勝
	☆'66全日本ドライバー選手権	チャンピオン		
1967	第4回日本GP	GP	ニッサンR380AII	3位
1968	日本GP	GP	ニッサンR381	6位(クラス2位)
1969	フジスピードカップ	スピードカップ	ニッサンR380	3位(クラス2位)
	鈴鹿1000km	1000km	フェアレディ2000	3位(クラス優勝)
	シェヴロン6時間(オーストラリア)	6時間	ニッサンR380III	優勝
1970	北海道スピードウェイオープニング	スポーツマン	ニッサンR380	2位
	富士1000km	1000km	スカイラインGTR	2位(クラス優勝)
1971	第6回富士ツーリストトロフィー	TT	スカイラインHT・GTR	リタイア

谷口尚巳 （タニグチ ナオミ）

出生年／出身地　1936年(S11)／東京都豊島区

市販車開発に携わった当初から、車両分析をはじめ技術面でも卓越した技量が高く評価されていた。TT初陣に抜擢されたホンダ生え抜きライダー。チームリーダーの鈴木義一を補佐する、ライダーのまとめ役でもあった。堅実なレース運びで常に上位入賞し、確実にポイントを稼ぐライダーとしてチームに不可欠な存在だから、ホンダ社内ライダーではTTレース出場の回数が最も多い。ホンダが世界GP撤退後退社し、横浜市青葉台でレストランを開業。オートバイ談義で賑わう店で繁盛する。しかし60歳を過ぎて、もう一度オートバイに触れる人生に戻りたいと、根っからのライダー気質が噴き上がる。そのためには、ライディングできる身体を取り戻すのが先決と、実利をかねて道路工事の警備員など、あえて肉体労働に従事する徹底ぶり。輸入オートバイのインストラクターや三宅島イベントでは往年のライディングを披露する永遠のライダーだ。愛称、タニさん。

主たるレース歴

2輪レースの部

年	イベント	クラス	マシン	決勝結果
1955	第1回全日本オートバイ耐久ロードレース	250ccライト	ホンダ・ドリームSAZ	2位
1957	第2回全日本オートバイ耐久ロードレース	350ccジュニア	ホンダ・ドリームSAZ	3位
1958	第1回全日本モーターサイクルクラブマンレース大会	国際	ホンダC75Z	リタイア
1959	マン島TTレース	125cc	ホンダRC142	6位
	第3回全日本オートバイ耐久ロードレース	耐久125ccウルトラライト	ホンダRC142	リタイア
1960	マン島TTレース	125cc	ホンダRC143	6位
		250cc	ホンダRC161	6位
1961	マン島TTレース	125cc	ホンダ2RC143	8位
		250cc	ホンダRC162	5位
	アルゼンチンGP	125cc	ホンダ2RC143	5位
	リマGP(チリ)	125cc	ホンダ2RC144	2位
1962	第1回全日本ロードレース選手権大会(鈴鹿)	セニア50cc	ホンダRC112	5位
		セニア125cc	ホンダRC145	3位
1963	第1回日本GP	50cc	ホンダRC113	9位
1964	マン島TTレース	50cc	ホンダRC114	6位
	第2回日本GP	50cc	ホンダRC115	3位
1967	シンガポールGP	125cc		3位
		350cc		1位

4輪レースの部

年	イベント	レース	マシン	決勝結果
1968	富士24時間	24時間	ホンダS600	20位(クラス5位)

伊藤光夫 （イトウ　ミツオ）
出生年／出身地　1937年(S12)／静岡県磐田市

根っからのスズキマンという印象があるため、元ホンダ社員だったとは意外な気がした。スズキの市販車開発ライダーで製品分析能力を高く買われ、レーシングライダーとしての道を歩み始める。初レースとなった1959年浅間火山レースに出場した翌年にはTTレースに参戦と、いきなりの世界デビューに当惑したのは本人だろう。それも未完成部分だらけの2サイクルマシンでだ。2サイクルエンジンで世界を制覇する野望と共に歩みだした茨の道も、遂に日本のマシンで日本人ライダーによるTT優勝の夢を現実のものとした。後にも先にも日本人によるTT優勝者は伊藤だけである。2007年のTT百年記念レースに出場した伊藤は、押し寄せるファンに逐一丁寧なサインで応えた。地元の人々は改めて彼の偉大な功績を思い起こしたようだ。現役ライダーを離れてからは、日本のロードレース諸規定を整えるべくMFJ技術委員他の要職につき、今日のレース基盤造りに貢献した。愛称、ミッちゃん。

主たるレース歴

2輪レースの部

年	イベント	クラス	マシン	決勝結果
1959	第3回全日本オートバイ耐久ロードレース	耐久125ccウルトラライト	スズキRB125	リタイア
1960	マン島TTレース	125cc	スズキRT60	リタイア
1961	マン島TTレース	125cc	スズキRT61	リタイア
		250cc	スズキRV61	リタイア
1962	フランスGP	50cc	スズキRM62	6位
	マン島TTレース	50cc	スズキRM62	5位
	ベルギーGP	50cc	スズキRM62	3位
	西ドイツGP	50cc	スズキRM62	3位
	東ドイツGP	50cc	スズキRM62	2位
	イタリアGP	50cc	スズキRM62	2位
	アルゼンチンGP	50cc	スズキRM62	4位
		125cc	スズキRM62	3位
	第1回全日本ロードレース	セニア50cc	スズキRM62	9位
1963	USGP（デイトナ）	50cc	スズキRM63	優勝
	マン島TTレース	50cc	スズキRM63	優勝
	ベルギーGP	50cc	スズキRM63	5位
	フィンランドGP	50cc	スズキRM63	2位
1964	USGP	50cc		3位
		125cc		2位
	スペインGP	50cc	スズキRM64	3位
	マン島TTレース	50cc	スズキRM64	5位
	ダッチTT(オランダ)	50cc	スズキRM64	3位
	ベルギーGP	50cc	スズキRM64	4位
	西ドイツGP	50cc	スズキRM64	3位
1965	西ドイツGP	50cc	スズキRK65	4位
	スペインGP	50cc	スズキRK65	7位
	フランスGP	50cc	スズキRK65	4位
	マン島TTレース	50cc	スズキRK65	リタイア
	ダッチTT(オランダ)	50cc	スズキRK65	4位
	ベルギーGP	50cc	スズキRK65	4位
	第3回日本GP	50cc	スズキRK65	3位
1966	第4回日本GP	50cc	スズキRK66	4位
		125cc	スズキRK67	3位
1967	日本GP	50cc	スズキRK69	優勝

4輪レースの部

年	イベント	レース	マシン	決勝結果
1969	富士300kmゴールデン第2戦	ミニカー	フロンテニアルコ	3位
1970	鈴鹿ダイヤモンド	Fジュニア	フロンテRF	優勝

田中楨助　(タナカ　テイスケ)

出生年／出身地　1937年(S12)／埼玉県川越市

タニさんより、やや遅れてホンダ入社。市販実験車を理論的に評価する姿勢は、そのままライディングにも表れ、プリンシプルを重視する貴重なライダーとして注目された。当初TT初陣のメンバー表には載っていなかったが、同僚・秋山の不慮の事故死により急きょ抜擢されたのは当然の成り行きだった。堅実なレース運びはタニさんと似ているようだが、時として一発賭ける思い切りのよさが功を奏し、加えてメカにも精通、オールマイティーな能力でホンダチームの世界制覇に貢献した。1962年のイタリアでは、高橋国光に続き、日本人で二人目のGP優勝を飾っている。一時期、四輪レースも経験、ホンダがGPレース撤退後も会社に残り、専ら市販車、海外向けレーシングマシン開発に従事、黙々と業務をこなす姿からは往年の名ライダーと気付かぬ社員は少ない…、と当時の同僚は語る。真摯な性格と根っからのホンダスピリッツは多くの社員ライダーを育てた。愛称、テイさん。

主たるレース歴

2輪レースの部

年	イベント	クラス	マシン	決勝結果
1958	第1回全日本モーターサイクルクラブマンレース大会	模範レース250cc	ホンダ・ドリーム250	優勝
1959	マン島TTレース	125cc	ホンダRC141	8位
	第3回全日本オートバイ耐久ロードレース	耐久250ccライト	ホンダRC160	6位
1960	マン島TTレース	125cc	ホンダRC143	9位
1961	イタリアGP	125cc	ホンダRC143	2位
		250cc	ホンダRC161	7位
	アルスターGP	125cc	ホンダRC143	7位
1962	イタリアGP	125cc	ホンダRC145	優勝
	アルスターGP	125cc	ホンダRC145	4位
	フィンランドGP	50cc	ホンダRC111	5位
	西ドイツGP	250cc	ホンダRC164	3位
	東ドイツGP	50cc	ホンダRC111	7位
		125cc	ホンダRC145	
	第1回全日本ロードレース選手権大会(鈴鹿)	セニア50cc	ホンダRC112	6位
		セニア125cc	ホンダRC145	5位
		セニア250cc	ホンダRC164	4位
	マレーシアGP	125cc		優勝
		250cc		優勝
		500cc		優勝
1964	第2回日本GP	125cc	ホンダ4RC146	4位

4輪レースの部

年	イベント		レース	決勝結果
1964	第2回日本GP	GT-I	ホンダS500	9位
1965	第1回KSCC1時間	T-A	ホンダS600	優勝
1966	鈴鹿500km	500km	ホンダS600	3位
	鈴鹿1000km	1000km	ホンダS600	8位
1967	鈴鹿500km	500km	ホンダS800	リタイア

本橋明泰 （モトハシ　アキヤス）
出生年／出身地　1939年(S14)／東京都杉並区

著者が初めて彼のライディングを目にしたのは1962年に鈴鹿で開催された第一回全日本ロードレース大会だった。けして派手な走法でなく、確実にラップタイムをあげていくライダーが、大学を出たばかりの本橋だった。ヤマハの先輩、伊藤史朗、野口種晴、大石秀夫ら浅間時代から走っているライダーとは全く違ったテクニックを駆使し、正に本物のロードレース走法を研究、実践した新しいタイプの典型だ。ヤマハの世界GP挑戦も、当初は浅間出身ライダーの布陣で望んだが、成績は芳しくなく、最初から近代ロードレースで育った本橋らの出番が回ってきた。だが、本橋が本領を発揮する前に、ヤマハは外国人ライダー採用を主流とする方針を打ち出した。そして、世界GPからの撤退。「あと三年、挑戦の機会を与えてくれたら…」と、今でも悔しがる。愛称、アキさん。

主たるレース歴

2輪レースの部

年	イベント	クラス	マシン	決勝結果
1962	第1回全日本ロードレース選手権大会(鈴鹿)	250cc	ヤマハTD1	23位
1966	オランダGP	125cc	ヤマハRA97	5位
	日本GP	125cc	ヤマハRA97	4位
		250cc	ヤマハRD05	3位
1967	マン島TTレース	125cc	ヤマハRA31	3位
		250cc	ヤマハRD05	リタイア
	第5回日本GP	250cc	ヤマハRD05	2位

4輪レースの部

年	イベント	レース	マシン	決勝結果
1969	富士スピードフェスティバル	セダン	スカイラインGTR	9位(クラス5位)
1970	東京クラブ連合第1戦	T-Ⅱ	スカイラインGTR	優勝
	鈴鹿500km	500km	スカイラインGTR	9位(クラス3位)
	北海道スピードウェイオープニング	スポーツマン	ブルーバードSSS	6位(クラス3位)
	富士1000km	1000km	ブルーバードSSS	6位(クラス優勝)
1971	富士1000km	1000km	ダットサン240Z	リタイア
	オートスポーツトロフィー第6戦	FL500	アローSⅢ	優勝
1972	バレンタイントロフィーダッシュ	FL500	アローSⅡ	5位
	チームエイト8周年記念	FL500a	アロー	リタイア
	日本GP	FJ	アローSⅢM	20位
	日本オールスター	FJ	アローSⅢ	2位

高橋国光 （タカハシ　クニミツ）
出生年／出身地　1940年(S15)／東京都小金井市

生家は自転車店。四人兄弟の三男。長男・伊佐男氏はインターハイ自転車競技で活躍するなど、走る家庭の中で育う。中学時代から自動車関連の職業につくことを決め、整備士の勉強後、自動車整備工場に就職。仕事の合間に乗り回していたオートバイの仲間の溜まり場・村山モータースに出入りする内に望月　修や杉田和臣ら名ライダーの所属するハイスピリッツクラブに加盟し、浅間で開催された第一回全日本モーターサイクルクラブマンレース大会にBSAで出場。この350ccジュニアクラスで優勝、さらに翌年開催された第二回大会にも優勝して、ホンダワークス入りした。1961年西ドイツGPで、日本人として初めてGPで優勝するなど、華々しい成績を残すが、1962年のTTレースで瀕死の重傷を負う。再起を危ぶまれるも奇跡のカムバックは北野に似る。四輪レースでは、日産ワークス及びプライベートで活躍後、チームクニミツを起こし、現在でもスーパーGTの現場で指揮をとる。誰にも優しくする性格は、ご夫人との話題にもこと欠かないが、かつて自らレースを放棄して重傷のドライバーを救出したエピソードは本当の心根の表れだろう。「今日の自分があるのは、多くの人たちのおかげ」と語る感謝の気持ちが彼の精神基盤だ。2002年日本自動車殿堂入り。愛称、クニさん。

主たるレース歴

2輪レースの部

年	イベント	クラス	マシン	決勝結果
1958	第1回全日本モーターサイクルクラブマンレース大会	350cc	BSA	優勝
1959	第2回全日本モーターサイクルクラブマンレース大会	500cc	BSA	優勝
	第3回全日本オートバイ耐久ロードレース	耐久500cc	BSA	2位
1960	西ドイツGP	250cc	ホンダRC161	6位
	アルスターGP	250cc	ホンダRC161	5位
	アルスターGP	125cc	ホンダRC143	6位
	イタリアGP	250cc	ホンダRC161	4位
	イタリアGP	125cc	ホンダRC143	6位
1961	フランスGP	250cc	ホンダRC162	3位
	フランスGP	125cc	ホンダ2RC143	6位
	東ドイツGP	250cc	ホンダRc162	3位
	東ドイツGP	125cc	ホンダ2RC143	3位
	マン島TTレース	250cc	ホンダRC162	4位
	西ドイツGP	250cc	ホンダRC162	優勝
	アルスターGP	250cc	ホンダRC162	6位
	アルスターGP	125cc	ホンダ2RC143	優勝
	スウェーデンGP	250cc	ホンダRC162	3位
	スウェーデンGP	125cc	ホンダRC162	2位
	アルゼンチンGP	250cc	ホンダRC162	2位
	アルゼンチンGP	125cc	ホンダ2RC143	3位
1962	US GP(デイトナ)	50cc		優勝
		125cc		優勝
		オープン		優勝
	スペインGP	50cc	ホンダRC111	2位
		125cc	ホンダRC145	優勝
	フランスGP	50cc	ホンダRC111	2位
		125cc	ホンダRC145	優勝
	マン島TTレース	125cc	ホンダRC145	リタイア
		250cc	ホンダRC164	4位
1963	スペインGP	125cc	ホンダRC146	3位
		250cc	ホンダRC164	4位
	フランスGP	125cc	ホンダRC146	4位
	マン島TTレース	125cc	ホンダRC146	8位
	ダッチTT(オランダ)	125cc	ホンダRC146	5位
	ベルギーGP	250cc	ホンダRC164	6位
	アルスターGP	125cc	ホンダRC146	5位
		250cc	ホンダRC164	1位
	東ドイツGP	50cc	ホンダRC113	8位
		250cc	ホンダ2RC164	11位
	イタリアGP	125cc	ホンダ2RC146	3位
	第1回日本GP	50cc	ホンダRC113	11位

4輪レースの部

年	イベント	レース	マシン	決勝結果
1965	第2回クラブマン鈴鹿	GT-Ⅱ	フェアレディ	リタイア
1966	第3回日本GP	GT	フェアレディ	優勝
1967	第4回日本GP	GP	ニッサンR380AⅡ	2位
1968	日本GP	GP	ニッサンR381	リタイア
1969	シェヴロン6時間(オーストラリア)	6時間	ニッサンR380Ⅲ	優勝
1970	北海道スピードウェイオープニング	スポーツマン	ニッサンR380	
	全日本ドライバー選手権第4戦	全日本T-Ⅱ	スカイラインGTR	
	富士1000km	GTS-Ⅱ	ダットサン240Z	優勝
	☆'70全日本ドライバー選手権	チャンピオン		
1971	日本GP	T-b	スカイラインHT・GTR	優勝
1972	富士300キロスピード	スーパーT	スカイラインHT-GTR	優勝
1973	鈴鹿1000km	1000km	フェアレディ240Z-R	優勝
1974	富士グラン300キロ	GC	マーチ73S・BMW	優勝
1975	富士ビクトリー200キロ	GC	マーチ73S・BMW	優勝
1977	鈴鹿ビッグ2&4	F2000	マーチ7 42・BMW	優勝
	日本GP	F1GP	ティレル007・フォード	9位
	☆'77鈴鹿F2000選手権	チャンピオン		
1978	JAF鈴鹿GP	F2	コジマKE008・BMW	優勝
1981	富士300キロスピード	GC	ロイスRM1/マーチ792・BMW	優勝
1984	鈴鹿1000km	JEC	ポルシェ956	
1985	鈴鹿1000km	JEC	ポルシェ962C	優勝
	☆'85全日本耐久選手権	チャンピオン		
1986	富士1000km	JEC	ポルシェ962C	優勝
	☆'86全日本耐久選手権	チャンピオン		
1987	全日本ツーリングカー選手権	JTC	スタリオン・ターボ	優勝
	富士500マイル	JSPC	ポルシェ962C	
	☆'87全日本スポーツプロトタイプカー耐久選手権	チャンピオン		
1988	SUGOグランチャンピオン	GC	MCS8/ローラT8850・無限	2位
1989	鈴鹿1000km	JSPCC	ポルシェ962C	優勝
	☆'89全日本スポーツプロトタイプカー耐久選手権	チャンピオン		
1990	富士インター	F3000	ローラT90/50・無限	3位
1993	全日本ツーリングカーin Racing Park	JTC	スカイラインGTR	優勝
1994	SUGO GT&F3選手権	JGTC	ポルシェ911RSR	優勝
1995	ル・マン24時間(フランス)	24時間	ホンダNSX	8位(クラス優勝)
	十勝24時間	24時間	ホンダNSX	優勝
1998	CP MINE GT	JGTC	ホンダNSX	優勝
1999	全日本富士GT	JGTC	ホンダNSX	優勝
	NICOS CUP GTオールスター戦	GTオールスター	ホンダNSX	2位

北野 元 （キタノ　モト）
出生年／出身地　1941年(S16)／京都府

少年の頃よりのオートバイ好きが高じ、ホンダディーラーの整備士に就業。そんな環境で日本初のモトクロス大会開催を知る。矢も盾もたまらず自前のホンダドリームを改造して参加、いきなり誰も想像しなかったオープンクラス優勝を果たす。その縁で第二回全日本モーターサイクルクラブマンレースに出場。ここでも優勝し、ホンダワークスでTTへ。とんとん拍子の出世街道も好事魔多し。二度目のTT遠征で、練習中の事故で重傷を負う。誰しもこれで天賦の才能も終わりかと思ったが、不死鳥の如くカムバック。その後も世界GPの貴重なポイントゲッターとしてホンダの世界制覇に貢献した。四輪レースに転向後も日産R381等を駆り、天才ドライバーぶりを発揮。その卓越したテクニックとクールなレース運びは多くのファンを魅了した。最近は、口実を見つけては友人を集め、飲んでレース談義に熱中。そんな時、チョッピリ昔の自慢話がでるも、数々のタイトルを手にした経歴に似合わぬシャイな性格は現役当時から変わらない。東京板橋でオートバイタイヤショップ「ウルフ」を経営。愛称、キタさん。

主たるレース歴

2輪レースの部

年	イベント	クラス	マシン	決勝結果
1959	第1回全日本モトクロス大会	オープン	ホンダ350SB	優
1959	第2回全日本モーターサイクルクラブマンレース大会	125cc	ホンダCB92	優勝
		250cc総合成績	ホンダCR71	優勝
	第3回全日本オートバイ耐久ロードレース	耐久125ccウルトラライト	ホンダCB92	優勝
1960	マン島TTレース	250cc	ホンダRC161	5位
	マン島TTレース	125cc	ホンダRC143	19位
	ベルギーGP	125cc	ホンダRC143	7位
1961	USGP(デイトナ)	250cc		優勝
		オープン		7位
1962	マン島TTレース	250cc	ホンダRC164	リタイア
	東ドイツGP	250cc	ホンダRC164	4位
	イタリアGP	250cc	ホンダRC164	4位
	フィンランドGP	350cc	ホンダRC170	6位
	第1回全日本ロードレース選手権大会(鈴鹿)	セニア125cc	ホンダRC145	23位
		セニア250cc	ホンダ2RC164	9位
		セニア350cc	ホンダRC170	2位

4輪レースの部

年	イベント	レース	マシン	決勝結果
1964	第2回日本GP	GT-I	ホンダS600	2位
1965	第2回クラブマン鈴鹿	GT-II	フェアレディ	2位
1966	バサースト500(オーストラリア)	500マイル	ブルーバード	クラス優勝
1967	全日本自動車クラブ対抗	TS	ブルーバードSSS	優勝
1968	日本GP	GP	ニッサンR381	優勝
1969	日本GP	GP	ニッサンR382	2位
1970	レース・ド・ニッポン	RdN	フェアレディZ432	優勝
	富士300マイル	300マイル	ニッサンR382	優勝
1971	富士グラン300マイル	GC	ダットサン240Z	優勝
	☆'71全日本ドライバー選手権	チャンピオン		
1972	富士インター200マイル	スーパーT	スカイラインHT-GTR	優勝
1973	日本GP	TS-a	サニー1400クーペ	優勝
	マロリー・パーク(イギリス)	Splサルーン	サニー1200クーペ	2位(クラス優勝)
1975	富士グラン250キロ	GC	マーチ74S・BMW	2位
1976	富士グラン250キロ	GC	マーチ74S・BMW	2位
1989	ハイランドツーリングカー300km	グループA	スカイラインGTR	優勝

マン島TTレース(WGPシリーズ期間[除く1930年])に出場した日本人ライダー

年代	クラス	ライダー	マシン	順位
1930年 (昭和5)	350cc	多田健蔵	ヴェロセット [KTT単気筒4段]	15位
1959年 (昭和34)	125cc	谷口尚巳	ホンダ [RC142 2気筒 5段変速]	6位
		鈴木義一	ホンダ [RC142 2気筒 5段変速]	7位
		田中楨助	ホンダ [RC141 2気筒 5段変速]	8位
		鈴木淳三	ホンダ [RC142 2気筒 5段変速]	11位
1960年 (昭和35)	125cc	谷口尚巳	ホンダ [RC143 2気筒 6段変速]	6位
		鈴木義一	ホンダ [RC143 2気筒 6段変速]	7位
		島崎貞夫	ホンダ [RC143 2気筒 6段変速]	8位
		田中楨助	ホンダ [RC143 2気筒 6段変速]	9位
		北野元	ホンダ [RC143 2気筒 6段変速]	19位
		松本聡男	スズキ [RT60 2気筒 6段変速]	15位
		市野三千雄	スズキ [RT60 2気筒 6段変速]	16位
		伊藤光夫	スズキ [RT60 2気筒 6段変速]	NS
	250cc	北野元	ホンダ [RC161 4気筒 5or6段変速]	5位
		谷口尚巳	ホンダ [RC161 4気筒 5or6段変速]	6位
		鈴木義一	ホンダ [RC161 4気筒 5or6段変速]	R
1961年 (昭和36)	125cc	島崎貞夫	ホンダ [2RC143 2気筒 6段変速]	5位
		谷口尚巳	ホンダ [2RC143 2気筒 6段変速]	8位
		伊藤史朗	ヤマハ [RA41 単気筒 6段変速]	11位
		大石秀夫	ヤマハ [RA41 単気筒 6段変速]	12位
		野口種晴	ヤマハ [RA41 単気筒 6段変速]	17位
		砂子義一	ヤマハ [RA41 単気筒 6段変速]	R
		市野三千雄	スズキ [RT61 2気筒 6段変速]	R
		増田俊吉	スズキ [RT61 2気筒 6段変速]	R
		伊藤光夫	スズキ [RT61 2気筒 6段変速]	R
	250cc	高橋国光	ホンダ [RC162 4気筒 6段変速]	4位
		谷口尚巳	ホンダ [RC162 4気筒 6段変速]	5位
		伊藤史朗	ヤマハ [RD48 2気筒 6段変速]	6位
		砂子義一	ヤマハ [RD48 2気筒 6段変速]	R
		市野三千雄	スズキ [RV61 2気筒 6段変速]	12位
		伊藤光夫	スズキ [RV61 2気筒 6段変速]	R
		増田俊吉	スズキ [RV61 2気筒 6段変速]	R
1962年 (昭和37)	50cc	伊藤光夫	スズキ [RM62 2気筒 8段変速]	5位
		市野三千雄	スズキ [RM62 2気筒 8段変速]	6位
		鈴木誠一	スズキ [RM62 2気筒 8段変速]	8位
		島崎貞夫	ホンダ [RC111 単気筒 6段変速]	10位
	125cc	島崎貞夫	ホンダ [RC145 2気筒 6段変速]	R
		高橋国光	ホンダ [RC145 2気筒 6段変速]	R
	250cc	北野元	ホンダ [RC164 4気筒 6段変速]	R
1963年 (昭和38)	50cc	伊藤光夫	スズキ [RM63単気筒9段変速機]	1位
		森下勲	スズキ [RM63単気筒9段変速機]	4位
		市野三千雄	スズキ [RM63単気筒9段変速機]	5位
	125cc	高橋国光	ホンダ [RC146 4気筒 9段変速]	8位
	250cc	伊藤史朗	ヤマハ [RD56 2気筒 7段変速]	2位
		長谷川弘	ヤマハ [RD56 2気筒 7段変速]	4位
		砂子義一	ヤマハ [RD56 2気筒 7段変速]	R
		高橋国光	ホンダ [RC164 4気筒 7段変速]	R
1964年 (昭和39)	50cc	森下勲	スズキ [RM64 単気筒 9段変速]	3位
		伊藤光夫	スズキ [RM64 単気筒 9段変速]	5位
		越野晴雄	スズキ [RM64 単気筒 9段変速]	R
		谷口尚巳	ホンダ [RC114 4気筒 7段変速]	6位
1965年 (昭和40)	50cc	市野三千雄	スズキ [RK65 2気筒 12段変速]	R
		伊藤光夫	スズキ [RK65 2気筒 12段変速]	R
	125cc	片山義美	スズキ [RT65 2気筒 9段変速]	R
1966年 (昭和41)	50cc	片山義美	スズキ [RK66 2気筒 12段変速]	R
1967年 (昭和42)	50cc	片山義美	スズキ [RK67 2気筒 14段変速]	R
	125cc	本橋明泰	ヤマハ [RA31 4気筒 9段変速]	3位
		片山義美	スズキ [RT67 2気筒 10段変速]	R
	250cc	本橋明泰	ヤマハ [RD05 4気筒 8段変速]	R
1976年 (昭和51)	250cc	片山敬済	ヤマハ [TZ250 2気筒 6段変速]	2位
	350cc	片山敬済	ヤマハ [TZ350 2気筒 6段変速]	9位
	500cc	片山敬済	ヤマハ [TZ352 2気筒 6段変速]	4位

著者略歴

大久保　力（おおくぼ　りき）

1939年（昭和14年）7月東京都小金井市生まれ
　自動車・道路交通行政ジャーナリスト。二輪・四輪レース活動の傍ら、1959年より、主に下記の誌紙に新型車テスト、運転テクニック、自動車交通政策問題、エッセイ、青少年の悩み事相談等、幅広い執筆活動を行う。

　月刊モーターサイクリスト・別冊モーターサイクリスト・ドライバー（モーターサイクル出版社　現八重洲出版）　月刊モトライダー（三栄書房）　月刊カートップ（交通タイムス社）　月刊自家用車（内外出版社）　月刊オートバイ（モーターマガジン社）　The 2W（東京海上保険）　自動車ジャーナル"わ"（わパブリッシング）他、週刊誌・小冊子・政党機関紙等。
　著作、監修の代表作には、はつらつ人生バイク無量（ニューズ出版）、鉄槐の鼓動（東京FM出版）、サーキット燦々（三栄書房）、自動車交通政策の課題（2＆4政策研究会）、リキさんのレーシング日本史（http://www.honda.co.jp/riki-san）等がある。

主たる自動車団体関係
　日本自動車ジャーナリスト協会（AJAJ）会員
　日本外国特派員協会（FCCJ）会員
　JAF（日本自動車連盟）元加盟団体代表・元スポーツ委員会登録部会委員
　MFJ（現日本モーターサイクルスポーツ協会）元ロードレース委員・元競技役員
　元MFJマカオ支部顧問
　鈴鹿サーキット・富士スピードウェイ・スポーツランド菅生・筑波サーキット元競技役員
　東京モーターサイクルショー創設初代会長
　全国オートバイ協同組合連合会顧問
　全国二輪車用品連合会顧問
　日本二輪車オークション協会相談役

主たるモーターレーシング活動（主要種目の抜粋）
1955年頃より始めたバイクツーリングが基となり、サンデーレース等に参加。当時の名門クラブTOC所属をきっかけに、二輪レースへ本格的に出場、自動車レース発足と共に四輪レースへ転向する。

年月	レース名	クラス	サーキット	順位	クラス	車種
1960.5	アマチュアオートレース大会	50cc	大井オートレース場	1		ホンダ・スーパーカブ
1960.5	第2回全日本モトクロス	251cc以上	朝霧高原	R		BSAゴールドスター
1960.9	第3回全日本クラブマンロードレース	50cc	宇都宮清原	R		トーハツ・ランペット
〃		125cc	宇都宮清原	R		トーハツLD2
1961.7	第4回全日本クラブマンロードレース	125cc	米軍ジョンソン基地	R		トーハツLD2
1961.10	全日本ダートトラックレース	125cc	浜松オートレース場	R		トーハツ
1962.7	第5回全日本クラブマンロードレース	125cc	米軍博多雁の巣基地	R		トーハツLD3
1962.10	MFJ全日本ロードレース選手権	50cc	鈴鹿サーキット	14		スズキ
1963.5	第1回日本グランプリ自動車レース大会	C-Iクラス	鈴鹿サーキット	9	C-I, 1	スバル450
1963.10	第6回全日本クラブマンロードレース	125cc	米軍三沢基地	R		スズキ

年月	レース名	クラス	サーキット	順位	クラス	車種
1964.5	第2回日本グランプリ自動車レース大会	T-1	鈴鹿サーキット	1		スバル400
1964.7	第1回全日本ヒルクライム		磐梯高原	1		スバル400
1964.9	第6回アルペンラリー		日本アルプス	23		スバル450
1965.5	MFJ全日本ロードレース選手権	90cc	鈴鹿サーキット	6		BS90
1965.9	第1回ゴールデンビーチトロフィー		船橋サーキット	NS		日産フェアレディ1600
1965.11	第1回日韓親善オートレース大会	125cc	韓国ソウル	1		スズキ
〃		90cc	韓国ソウル	3		スズキ
1965.11	第12回マカオGP:ACPトロフィー	スポーツカーDクラス	マカオ	1		トライアンフ・スピットファイアー
1966.5	第3回日本グランプリ自動車レース大会	特殊ツーリングカー	富士スピードウェイ	R		ダイハツ・ベルリーナ
1966.11	第13回マカオGP	GPクラス	マカオ	11	2	コンパーノ・スパイダー
1967.4	フジ24時間耐久レース		富士スピードウェイ	R		ホンダS800
1967.5	第4回日本グランプリ自動車レース大会	GTカー	富士スピードウェイ	NS		ポルシェ911S
1967.11	第14回マカオGP	GPクラス	マカオ	4		ホンダS800
〃		ツーリングカー		R		DKW F12
1968.3	フジ24時間耐久レース	GT-1	富士スピードウェイ	12	2	ホンダS800
1968.5	'68日本グランプリ自動車レース大会		富士スピードウェイ	DNQ		ホンダWM
1968.7	フジ1000kmレース	GTS-1	富士スピードウェイ	2		ホンダS800
1968.11	第15回マカオGP	GPクラス	マカオ	R		ホンダ・ワールド
1969.5	'69 JAF GP		富士スピードウェイ	NS		ロータス41フォードF2
1969.6	マカオ ギア101耐久レース	1600cc以下	マカオ	1		ホンダS800
1969.10	'69日本グランプリ自動車レース大会		富士スピードウェイ	DNQ		エバ・カンナム・ホンダ1300
1969.11	第16回マカオGP	GPクラス	マカオ	R		ブラバムBT16コルト F3
1970.3	'70シンガポールGP	GPクラス	シンガポール	NS		ブラバム・フォードF2
1970.5	'70JAF GP	FJクラス	富士スピードウェイ	失		ブラバム・ホンダ600 FJ
〃		GPクラス	富士スピードウェイ	NS		ブラバム・日産1600
1970.8	NETスピードカップ	MINI CUP	富士スピードウェイ	1		ブラバムBT16ホンダ600FJ
1970.11	第17回マカオGP	GPクラス	マカオ	10		ブラバムBT28アルファロメオ F2
1971.5	'71JAF GP	GPクラス	富士スピードウェイ	13		ブラバムBT28アルファロメオ F2
1971.11	全日本オールスターレース	FLB	鈴鹿サーキット	3		ブラバム・フォードF2
1971.11	第18回マカオGP	GPクラス	マカオ	2		ブラバムBT28アルファロメオ F2
1972.4	'72シンガポールGP	GPクラス	シンガポール	R		ブラバムBT28アルファロメオ F2
1972.4	'72マレーシアGP	GPクラス	クアラルンプール	5		ブラバムBT28アルファロメオ F2
1972.5	'72JAF GP	GP-Iクラス	富士スピードウェイ	1		ブラバムBT28アルファロメオ F2
1972.11	第19回マカオGP	GPクラス	マカオ	5		ブラバム・トヨタ2TG F2
1973.5	'73JAF GP	GP-II	富士スピードウェイ	9		ロータス69トヨタ2TG F2
1973.11	第20回マカオGP	GPクラス	マカオ	R		ロータス69トヨタ2TG F2
1974.5	'74 JAF GP	FJクラス	鈴鹿サーキット	NS		KE1300無限 FJ
1975.11	第22回マカオGP	GPクラス	マカオ	6		マーチ743無限1300 FJ
1975.12	'75フィリピンGP	GPクラス	マニラ ケソン	3		マーチ743無限1300 FJ
1985.9	第1回香港-北京4000kmラリー	Sクラス	中国	1		ホンダCRX
1986.9	第2回香港-北京4000kmラリー	Sクラス	中国	1		ホンダCRX
1987.9	第3回香港-北京4000kmラリー	Sクラス	中国	R		ホンダ・プレリュード
1988.10	FIA'88オーストラリア・ラリー		パース	R		ホンダ・プレリュード

DNQ:予選不通過　NS:スタート不能　R:リタイア　失:失格

百年のマン島 ―TTレースと日本人―

2008年5月15日　初版第1刷発行

著者	大久保 力（おおくぼ　りき）
	©Riki Okubo 2008
発行人	古谷重治
発行所	株式会社イデア
郵便番号・住所	〒142-8577 東京都品川区戸越5-4-3
電話	03-5750-6011
発売元	株式会社三栄書房
郵便番号・住所	〒162-8447 東京都新宿区馬場下町1-1
電話	03-5155-3112
デザイン	後藤恵二
DTP	林　聖蔵、邊田りな
印刷製本所	図書印刷株式会社

●落丁・乱丁本は、送料発行所負担にてお取替えいたします。

Printed in Japan
ISBN978-4-7796-0407-2